U0514302

万卷楼
国学经典
修订版

汲取先贤智慧
铺就成功阶梯
万卷楼

万卷楼国学经典 修订版

吕氏春秋

〔战国〕吕不韦 等 著
夏华 等 编译
汪银峰 修订

北方联合出版传媒（集团）股份有限公司
万卷出版有限责任公司
2024年·沈阳

图书在版编目（CIP）数据

吕氏春秋 /（战国）吕不韦等编著；夏华等编译；汪银峰修订. 一沈阳：万卷出版有限责任公司，2023. 5（2024.3 重印）

（万卷楼国学经典：修订版）

ISBN 978-7-5470-6207-4

Ⅰ. ①吕…　Ⅱ. ①吕…②夏…③汪…　Ⅲ. ①杂家②《吕氏春秋》—注释③《吕氏春秋》—译文　Ⅳ. ① B229. 2

中国国家版本馆 CIP 数据核字（2023）第 035390 号

出 品 人：王维良
出版发行：北方联合出版传媒（集团）股份有限公司
　　　　　万卷出版有限责任公司
　　　　　（地址：沈阳市和平区十一纬路 29 号　邮编：110003）
印 刷 者：辽宁新华印务有限公司
经 销 者：全国新华书店
幅面尺寸：170mm × 240mm
字　　数：510 千字
印　　张：24
出版时间：2023 年 5 月第 1 版
印刷时间：2024 年 3 月第 2 次印刷
责任编辑：高　爽
装帧设计：徐春迎
责任校对：张　莹
ISBN 978-7-5470-6207-4
定　　价：58.00 元
联系电话：024-23284090
邮购热线：024-23284050

出版说明

“读万卷书，行万里路”这是中国古人“修身”的两条基本途径。晋代著名史学家陈寿给自己的书斋命名为“万卷楼”，此后，历代以“万卷楼”命名的书斋，由宋至清有数十家：宋代有方略、石待旦等；元代有陈杰、汪惟正等；明代有项笃寿、杨仪、范钦等；清代有孙承泽、黄彭年等。可见，“读万卷书”的理想在中国传统知识分子中是何等的根深蒂固。

读“万卷书”不仅是古人的理想，当我们懂得了读书的意义，都会自然而然地产生强烈的“博览群书”的愿望。然而，人类历史悠久，书籍浩如汪洋大海，时代发展到今天，科技与经济的发展更使得人类的精神领域空前丰富，获取信息与知识的途径不断增加。“万卷书”早已不再是一个象征性的概念，如何从这“万卷”之中，找到最值得细细品读的作品，已经成为人们必须解决的问题。

爱因斯坦曾说过：“在阅读的书中找出可以把自己引到深处的东西，把其他一切统统抛掉。”这正是在阐述读书时选择的重要性。而他所说的把我们“引到深处的东西”无疑就是我们所需要深度阅读的作品，也就是我们常说的经典作品。

卡尔维诺对经典作出的定义之一是：经典就是我们正在重读的。的确，在对经典作品反反复复的品味中，人们思想得到了升华，从浅薄走向思考，最后走到通达。我们都曾有这样的感触，面对海量的书籍和信息，一方面，人们在向着功利性浅阅读大张其道，另一方面，我们的精神深处又在不断地呼唤能够滋养自己内心的深度阅读。因此，经典的价值不仅没有因为浅阅读时代的到来而有所损失，反而更显示出其珍贵来。

在惜字如金的中国传统典籍当中，从来不乏这种需要反复品味的经典。从先秦诸子到历代的经史子集，这些经典为一代代的中国人提供了取之不尽的精神滋养，为中华文化的传承和发展建立了基础。我们把这种包蕴中国文化的学问称为国学。国学的范围非常广泛，它包含了文学、历史、哲学、艺术、语言、音韵等在内的一系列内容。

包罗万象的国学经典为我们提供了广泛的教育。阅读国学经典，也就是在与我们的“先圣先贤”对话和交流，一步步地揳进我们的历史和传统。这个过程可以让我们领会先贤的旨趣，把握他们的神髓，形成恢宏的历史意识，可以让我们通晓文义、熟习经史、通彻学问，让我们成为博学之士。另一方面，国学经典所代表的传统学问，更是具有极为厚重的伦理色彩。阅读国学经典的过程，不仅是增进知识的过程，而且是一个熏陶气质、改善性情、提高涵养的过程，这个过程在潜移默化中培养着行谊谨厚、品行端方、敦品励行的谦谦君子。

当然，随着时代的发展，国学早已不再是人们追求事功的唯一法典，我们也不赞成对国学的功能无限夸大。但毫无疑问，阅读国学经典，必能促进我们对真、善、美的崇敬之心，唤起我们对伟大、深邃、美好事物的敏感和惊奇，同时也让我们了解到先贤们在探寻知识过程中思考的重大课题和运用的基本原则。这些作品体现着我们民族精神的精髓，如《周易》所阐述的“自强不息”的君子人格，《论语》所强调的“和而不同”的包容精神，《诗经》所培养的温柔敦厚的情感，《道德经》所闪耀的思辨智慧，等等，它们共同构筑了中华民族传统的精神范式。品读先贤留下的经典，恰如与他们进行一次次心灵的直接触碰，进而去审视我们自己的内心，见贤思齐，激浊扬清。

正是基于对国学经典的这种认识，我们精选了这套《万卷楼国学经典》系列丛书，以期引导步履匆匆的现代人走近国学经典、了解国学经典。在选编过程中，我们希望能够体现这样一些特点。

首先，我们希望这套丛书能够最具代表性。在选目中，我们注重于最经典、最根源的作品，在有限的时间内，把那些最具影响力，最应该知道的作品提交给读者。四书五经、先秦诸子、唐诗宋词等这些具有符号意义的作品无疑是最应该为我们所熟知的，因此，丛书所选的 30 种作品都是这些经典中的经典。

其次，我们希望能够做出好读的经典。在面对国学作品时，佶屈的文言和生僻的字词常让普通读者望而却步。所以，我们试图用简洁易懂的形式呈现经典，使读者可随时随地以自己的时间、自己的速度来进入阅读。因此，我们为原著精心添加了注音、注释和译文，使读者能够真正地“无障碍阅读”。同时，我们还邀请北京大学、南京大学、复旦大学等知名学府的古代文学方面专家对丛书进行了整体修订，对原文字句及标点进行核准，适当增删注释条目、校订注释内容，对白话翻译做进一步校订疏通，使图书内容臻于完善，整体品质得到了大幅度提升。作为一名读者，也许你会常常感慨，以前没有花更多的时间去读更多的经典，如今没有机会或能力来细读，但实际上，读经典什么时间开始都不算晚，“万卷楼”就是一个极好的途径。重读或是初读这些经典，一样可以塑造我们未来的生活。

第三，我们希望呈现一套富有美感的读物。对于经典而言，内容的意义永远排在第一位，但同时，我们也希望有精彩的形式与内容相匹配，因而，我们在编辑过程中选取了大量的古代优秀版画作为本书的插图，对图片的说明也做了精心设计。此外，图书的编排、版式等细节设计都凝聚了我们大量的思索。我们希望这套经典不只是精神的食粮，拥有文本意义上的价值，更能带来无限美感，成为诗意的渊薮。

“经典作品是这样一些书，我们越是道听途说，以为我们懂了，当我们实际读它们，我们就越是觉得它们独特、意想不到和新颖。”卡尔维诺经典的评论让人击节叹赏，我们也希望这套丛书能够彰显经典的价值，使读者在细细品读中真正融化经典，真正做到“开茅塞、除鄙见、得新知、增学问、广识见”。同时，经典又是可以被享受的。当我们走进经典之时，不能只作为被动的接受者，也可用个人自我的方式进入经典，做精神的逍遥之游，对经典作品进行贴近个体生命的诠释和阅读，在现实社会之中营造自由的人生意境和精神家园，获取一种诗意盎然的人生。

怎样阅读本书

译文： 流畅、贴切，以现代白话完整展现原著全貌。

注释： 准确、简明，极具启发性。

插图： 精选历代精品版画，美妙传神，增强美感。

原文： 根据权威版本，精心核校，确保准确性，对生僻字反复注音，使读者无障碍阅读。

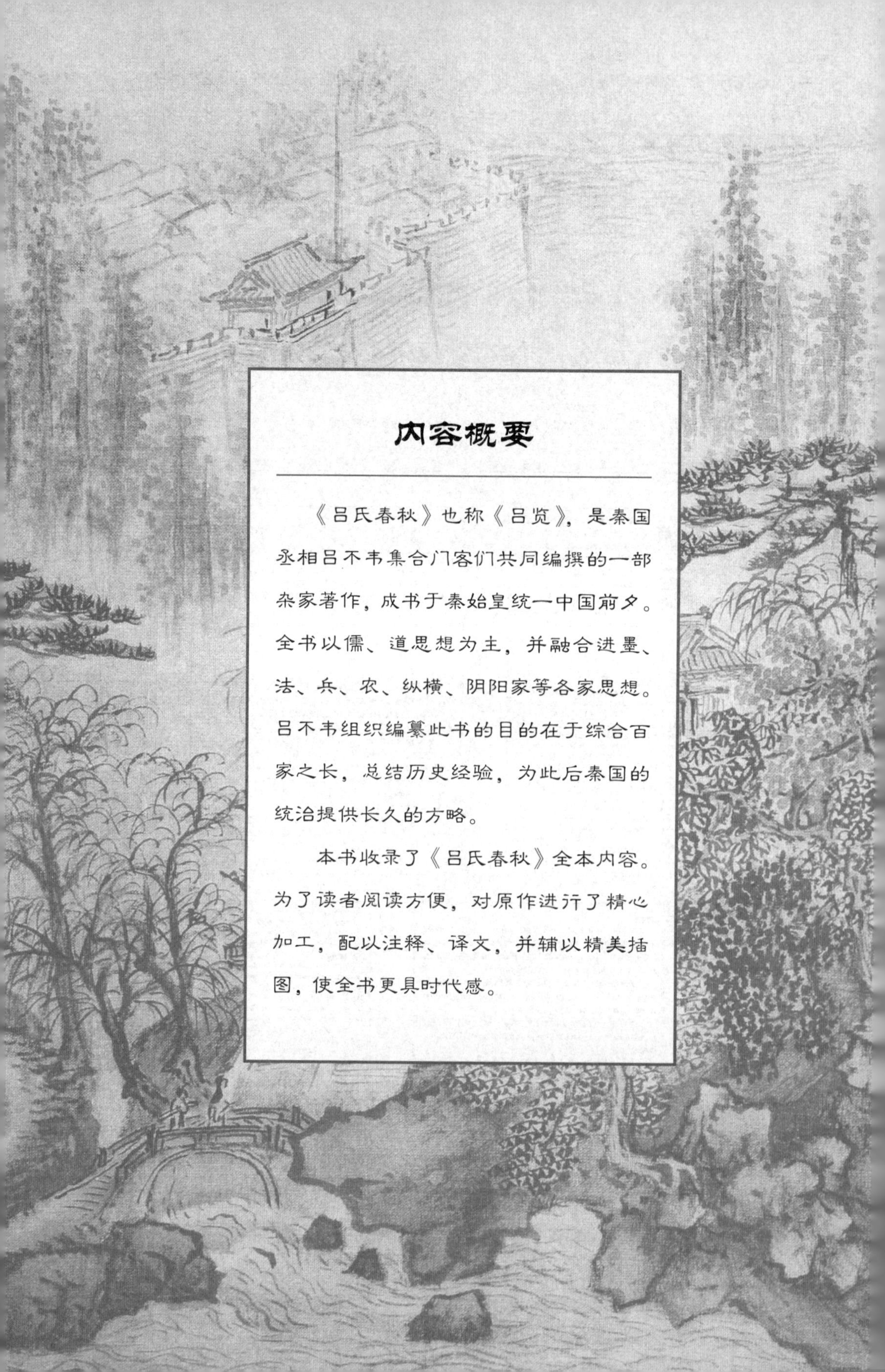

内容概要

《吕氏春秋》也称《吕览》，是秦国丞相吕不韦集合门客们共同编撰的一部杂家著作，成书于秦始皇统一中国前夕。全书以儒、道思想为主，并融合进墨、法、兵、农、纵横、阴阳家等各家思想。吕不韦组织编纂此书的目的在于综合百家之长，总结历史经验，为此后秦国的统治提供长久的方略。

本书收录了《吕氏春秋》全本内容。为了读者阅读方便，对原作进行了精心加工，配以注释、译文，并辅以精美插图，使全书更具时代感。

目录

纪

览

论

纪

孟春纪第一

孟　春

原　文

孟春之月，日在营室，昏参中，旦尾中[①]。其日甲乙，其帝太皞，其神句芒，其虫鳞，其音角，律中太蔟，其数八，其味酸，其臭膻，其祀户，祭先脾。东风解冻，蛰虫始振，鱼上冰，獭祭鱼[②]，候雁北。天子居青阳左个，乘鸾辂，驾苍龙，载青旂，衣青衣，服青玉，食麦与羊，其器疏以达。

是月也，以立春。先立春三日，太史谒之天子曰："某日立春，盛德在木。"天子乃斋。立春之日，天子亲率三公、九卿、诸侯、大夫以迎春于东郊。还，乃赏公卿、诸侯、大夫于朝。命相布德和令[③]，行庆施惠，下及兆民。庆赐遂行[④]，无有不当。乃命太史守典奉法，司天日月星辰之行，宿离不忒，无失经纪，以初为常[⑤]。

是月也，天子乃以元日祈谷于上帝。乃择元辰，天子亲载耒耜[⑥]，措之参于保介之御间，率三公、九卿、诸侯、大夫躬耕帝籍田。天子三推，三公五推，卿、诸侯、大夫九推。反，执爵于太寝[⑦]，三公、九卿、诸侯、大夫皆御，命曰"劳酒"。

是月也，天气下降，地气上腾，天地和同，草木繁动。王布农事，命田舍东郊，皆修封疆，审端径术。善相丘陵阪险原隰，土地所宜，五谷所殖，以教道民，必躬亲之。田事既饬，先定准直，农乃不惑。

是月也，命乐正入学习舞。乃修祭典，命祀山林川泽，牺牲无用牝，禁止伐木，无覆巢，无杀孩虫、胎夭、飞鸟，无麛无卵，无聚大众，无置城郭，掩骼霾髊。

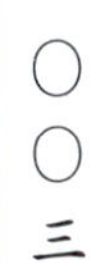

是月也，不可以称兵，称兵必有天殃。兵戎不起，不可以从我始。无变天之道，无绝地之理，无乱人之纪。

孟春行夏令，则风雨不时，草木早槁⑧，国乃有恐；行秋令，则民大疫，疾风暴雨数至，藜莠蓬蒿并兴；行冬令，则水潦为败，霜雪大挚，首种不入。

注释

①**营室**：北方星宿。**参**：西方星宿。**尾**：东方星宿。②**獭祭**：水獭在吃鱼时，会把鱼陈列在水边，就像先进行祭祀一样，所以被称为獭祭。③**布德和令**：宣扬德教与宣布禁令。布，宣布。和，通“宣”。④**庆赐**：褒奖、赏赐。⑤**初**：指制定历法以冬至点在牵牛初度为准。**常**：法。⑥**耒耜**：中国古代的一种翻土农具，形如木叉，上有曲柄，下面是犁头，用以松土，可看作犁的前身。⑦**太寝**：帝王的祖庙。⑧**槁**：干枯、枯萎。

译文

孟春正月，太阳的位置在营室宿。黄昏时分，参宿出现在南方中天。拂晓时刻，尾宿出现在南方中天。孟春在天干中属甲乙，它的主宰之帝是太皞，佐帝之神是句芒，它应时的动物是龙鱼之类的鳞族，声音是中和的角音，音律与太蔟相应。这月的数字是八，味道是酸味，气味是膻气，要举行的祭祀是户祭，祭祀时，祭品以脾脏为尊。春风吹融了冰雪，蛰伏的动物开始苏醒活动。鱼儿从深水区向上游到冰层下，水獭捕到鱼，把它摆在岸边像是在祭祀。候鸟大雁从南往北飞行。天子居住在东向明堂的左侧室，乘坐饰有青凤图案的带有响铃的车子，车前驾着青色的马，车上插着绘有龙纹的青色旗子，天子穿着青色的衣服，佩戴着青色的饰玉，吃的食物是麦子和羊，使用的器物纹理空疏而通达。

●云中君

这个月有立春的节气。在立春前三天，太史向天子禀告说：“某日立春，大德在木。”天子于是斋戒，准备迎春。立春那天，天子亲自率领三公、九卿、诸侯、大夫到东郊去迎接春的降临。迎春归来，就在朝中赏赐三公、九卿、诸侯、大夫，并命令相国宣布道德，发布禁令，实行褒奖，救济穷人，惠及所有百姓。褒奖赏赐之事，要通达施行，不要有不当之处。于是命令太史尊奉六典八法，主管推算日月星辰运行的工作。太阳所在的位置、月亮所经过的地方，以及日月星辰运行的度数和轨迹，要计算得没有一点差错和失误，制定历法仍以冬至点在牵牛初度为准。

这个月里，天子在吉日向上帝祈求五谷丰登，并选择好的时辰，亲自用车装载着耒耜，放在骖乘——车右和御者中间，率领三公、九卿、诸侯、大夫，到帝籍田亲自耕作。推耒耜入土，天子推三下，三公推五下，卿、诸侯、大夫推九下。礼毕返回，天子在祖庙举行宴饮，慰劳群臣，三公、九卿、诸侯、大夫都去侍酒。这次宴饮名叫“劳酒”。

这个月里，上天之气下降，地中之气上升，天地之气混同一体，草木开始萌发。国君宣布农事，命令农官住在东郊，监督农民整治耕地的疆界，审视并修整田间的小路；很好地考察丘陵、山地、平原、洼地等各种地形，什么土地适宜种什么农作物，什么谷物应用什么方法种植，要用这些教诲来引导农民，而且务必亲自去做。农事布置完毕，先确定田地的界线、路径的宽窄，农民才没有疑惑。

这个月里，命令乐官进入太学教学子练习舞蹈。同时修订祭祀的典则，命令祭祀山林河流时不用母畜做祭品。禁止砍伐树木，不许摧毁鸟巢，不许杀害幼小的禽兽，不许捕捉小兽和掏取鸟卵，不得聚集民众，不得建立城郭，要掩埋枯骨尸骸。

这个月里，不可以举兵征伐，举兵必定遭受天灾。在不能兴兵征伐的时节，兵戎之事不可以由己方引发。发布政令不要违背自然的规律，不要无视土地的条件，不要扰乱礼义的纲纪。

孟春正月如果发布应在夏天发布的政令，那么，风雨就不能正常来去，草木就会过早地干枯，人民就会感到惶恐。如果发布应在秋天发布的政令，那么，百姓就会遭受瘟疫，狂风暴雨就会多次袭来，野草就会大量生长。如果发布应在冬天发布的政令，那么，大水就会毁害生物，霜雪就会严重地伤害庄稼，麦子就不能成熟收获。

本　生①

原　文

始生之者，天也；养成之者，人也。能养天之所生而勿撄（yīng）之②，谓之天子。天子之动也，以全天为故者也。此官之所自立也。立官者，以全生也。今世之惑主，多官而反以害生，则失所为立之矣。譬之若修兵者，以备寇也。今修兵而反以自攻，则亦失所为修之矣。

夫水之性清，土者扫（gǔ）之③，故不得清。人之性寿，物者扫之，故不得寿。物也者，所以养性也，非所以性养也。今世之人，惑者多以性养物，则不知轻重也。不知轻重，则重者为轻，轻者为重矣。若此，则每动无不败。以

此为君，悖；以此为臣，乱；以此为子，狂。三者国有一焉，无幸必亡。

今有声于此，耳听之必慊(qiè)已，听之则使人聋，必弗听。有色于此，目视之必慊已，视之则使人盲，必弗视。有味于此，口食之必慊已，食之则使人瘖(yīn)，必弗食。是故圣人之于声色滋味也，利于性则取之，害于性则舍之，此全性之道也。世之贵富者，其于声色滋味也，多惑者。日夜求，幸而得之则遁焉④。遁焉，性恶得不伤？

万人操弓，共射一招⑤，招无不中。万物章章，以害一生，生无不伤；以便一生，生无不长。故圣人之制万物也，以全其天也。天全，则神和矣，目明矣，耳聪矣，鼻臭矣，口敏矣，三百六十节皆通利矣。

若此人者，不言而信，不谋而当，不虑而得；精通乎天地，神覆乎宇宙；其于物无不受也，无不裹也，若天地然；上为天子而不骄，下为匹夫而不惛；此之谓全德之人。

贵富而不知道，适足以为患，不如贫贱。贫贱之致物也难，虽欲过之，奚由？出则以车，入则以辇，务以自佚，命之曰招蹶(jué)之机⑥。肥肉厚酒，务以自强，命之曰烂肠之食。靡曼皓齿，郑卫之音，务以自乐，命之曰伐性之斧。三患者，贵富之所致也。故古之人有不肯贵富者矣，由重生故也；非夸以名也，为其实也。则此论之不可不察也。

注　释

①**本生**：阴阳家的学说，即以养生为人生根本。②**撄**：伤害。③**扫**：搅乱使之浑浊。④**遁**：同“循”，放纵不能自禁。⑤**招**：箭靶。⑥**蹶**：本义为跌倒，此处指足部的疾病。

译　文

最初创造出生命的是天，养育生命并使它成长的是人。能够保养上天创造的生命而不摧残它，这样的人称作天子。天子的一举一动都是把保全生命作为要务。这是职官设立的来由。设立职官，正是用来保全生命。如今世上糊涂的君主，大量设立职官却反而因此妨害生命，这就失去了设立职官的本意了。譬如训练军队，是用以防备敌寇的。可是如今训练军队却反而用以攻杀自己，那就失去了训练军队的本来意义了。

水本来是清澈的，泥土使它浑浊，所以水无法保持清澈。人本来是可以长寿的，外物使他迷乱，所以人无法达到长寿。外物本来是供养生命的，不该损耗生命去追求它。可是如今世上糊涂的人大多损耗生命去追求外物，这样做是不知轻重的。不知轻重，就会把

重的当作轻的，把轻的当作重的了。像这样做，无论做什么，没有不失败的。持这种态度去做君主，就会惑乱糊涂；做臣子，就会败坏纲纪；做儿子，就会狂放无礼。这三种情况，国家只要存在其中一种，就无可幸免，必定灭亡。

假如有这样一种声音，耳朵听到它肯定感到惬意，但听了就会耳聋，人们一定不会去听。假如有这样一种颜色，眼睛看到肯定感到惬意，但看了就会使人眼瞎，人们一定不会去看。假如有这样一种食物，嘴巴吃到它肯定感到惬意，但吃了就会使人声哑，人们一定不会去吃。因此，圣人对于声音、颜色、滋味的态度是有利于生命的就取用，有害于生命的就舍弃，这是保全生命的方法。世上富贵的人对于声色滋味的态度大多是糊涂的。他们日日夜夜地追求这些东西，幸运地得到了，就放纵自己不能自禁。放纵自己不能自禁，生命怎么能不受伤害。

一万人拿着弓箭，共同射向一个目标，这个目标没有不被射中的。万物繁盛茂美，如果用以伤害一个生命，那么这个生命没有不被伤害的；如果用以养育一个生命，那么这个生命没有不长寿的。所以圣人制约万物，是用以保全生命的。生命全然无损，精神就和谐了，眼睛就明亮了，耳朵就灵敏了，嗅觉就敏锐了，口齿就伶俐了，全身的筋骨就通畅舒展了。

像这样的人，不用说话就有信义，不用谋划就会得当，不用思考就有所得。他们的精神通达天地，覆盖宇宙。对于外物，他们无不承受，无不包容，就像天地一样。他们上做天子而不骄傲，下做百姓而不忧闷。像这样的人，称得上是德行完美的人。

富贵而不懂得养生之道，就足以成为祸患，与其这样，还不如贫贱。贫贱的人获得东西很难，即使想要过度地沉迷于物质享受之中，又从哪儿去弄到呢？出门乘车，进门坐辇，务求安逸舒适，这种车辇应叫作“导致脚病的器械”。吃肥肉，喝醇酒，极力勉强自己吃喝，这种酒肉应该叫作“腐烂肠子的食物”。迷恋女色，陶醉于淫靡之音，极尽享乐，这种美色、音乐应该叫作“砍伐生命的利斧”。这三种祸患都是富贵所招致的。所以古代就有不肯富贵的人了，这是由于重视生命的缘故，并不是用轻视富贵钓取虚名来夸耀自己，而是为保全生命。既然这样，那么以上这些道理是不可不明察的。

重　己[①]

原　文

倕(chuí)[②]，至巧也。人不爱倕之指，而爱己之指，有之利故也。人不爱昆山之玉、江汉之珠，而爱己之一苍璧小玑[③]，有之利故也。今吾生之为我有，而利我亦大矣。论其贵贱，爵为天子，不足以比焉；论其轻重，富有天下，不可以易之；论其安危，一曙失之，终身不复得。此三者，有道者之所慎也。

有慎之而反害之者，不达乎性命之情也。不达乎性命之情，慎之何益？是师者之爱子也，不免乎枕之以糠；是聋者之养婴儿也，方雷而窥之于堂；有殊弗知慎者。夫弗知慎者，是死生存亡可不可，未始有别也。未始有别者，其所谓是未尝是，其所谓非未尝非，是其所谓非，非其所谓是，此之谓大惑。若此人者，天之所祸也。以此治身，必死必殃；以此治国，必残必亡。夫死殃残亡，非自至也，惑召之也。寿长至常亦然。故有道者，不察所召，而察其召之者，则其至不可禁矣。此论不可不熟。

使乌获疾引牛尾④，尾绝力勯(dān)，而牛不可行，逆也。使五尺竖子引其棬，而牛恣(zì)所以之，顺也。世之人主、贵人，无贤不肖，莫不欲长生久视，而日逆其生，欲之何益？凡生之长也，顺之也；使生不顺者，欲也；故圣人必先适欲。

室大则多阴，台高则多阳，多阴则蹷(jué)，多阳则痿，此阴阳不适之患也。是故先王不处大室，不为高台，味不众珍，衣不燀(chǎn)热。燀热则理塞，理塞则气不达；味众珍则胃充，胃充则中大鞔(mèn)；中大鞔而气不达，以此长生可得乎？昔先圣王之为苑囿园池也，足以观望劳形而已矣；其为宫室台榭也，足以辟燥湿而已矣；其为舆马衣裘也，足以逸身暖骸而已矣；其为饮食酏(yǐ)醴(lǐ)也，足以适味充虚而已矣；其为声色音乐也，足以安性自娱而已矣。五者，圣王之所以养性也，非好俭而恶费也，节乎性也。

注 释

①**重己**：重视自己的生命。②**倕**：相传是尧帝时期的巧匠。③**苍璧**：为石多玉少的劣等玉石。**小玑**：质量较差的珠。④**乌获**：战国时秦国的大力士。

译 文

倕是手指最灵巧的人，但是人们不爱惜他的手指，却爱惜自己的手指，这是由于它属于自己所有，而有利于自己的缘故。人们不爱惜昆山的美玉、江汉的明珠，却爱惜自己的一串含石质很多的次等玉石，一颗不圆的小珠，这是由于它属于自己所有，而有利于自己的缘故。如今我的生命属于我所有，而给我带来的利益也是极大的。以它的贵贱而论，即使贵为天子，也不足以同它相比；以它的轻重而论，即使富有天下，也不能同它交换；以它的安危而论，一旦失掉它，终身不可再得到。正是由于这三个方面的原因，有道之人对生命特别小心谨慎。有人虽然对生命小心翼翼，然而实际上却在损害它，这是由于不通晓生命天性的缘故。不通晓生命的天性，即使对生命小心翼翼，又有什么益处？这正如盲人

爱儿子，免不了把他枕卧在谷糠里；聋子养育婴儿，正当响雷的时候却抱着他在堂上向外张望。这种情况同不知小心谨慎的人相比，其效果又有什么不同？对生命不知小心爱惜的人，他们对死与生、存与亡、可与不可从来没有分辨清楚过。那些分辨不清死与生、存与亡、可与不可的人，他们认为正确的从来不是正确的，他们认为错误的从来不是错误的。他们把错误的东西当作正确的，把正确的东西当作错误的，这种情况叫作“大惑”。像这种人，正是上天降祸的对象。持这种态度修身，必定死亡，必定遭祸；持这种态度治理国家，国家必定残破，必定灭亡。死亡、灾祸、残破、灭亡，这些东西都不是主动找上来的，而是惑乱所招致的。长寿的得来也常是这样。所以，有道之人不去考察招致的结果，而是考察导致它们的原因，那么，结果的实现就是不可制止的了。这个道理不可不深知。

假使让古代的大力士乌获用力拽牛尾，即使把力气用尽，把牛尾拽断，也不能让牛跟着走，因为这违背牛的习性。如果叫一个小孩牵着牛鼻环，牛就会顺从地听任其指挥，这是由于顺应牛的习性的缘故。世上的人君、贵人，不论好坏，没有不想长寿的。但是他们每日都在违背他们生命的天性，即使想要长寿，又有什么益处？但凡生命长久都是顺应它的天性的缘故。使生命不顺的是欲望，所以圣人一定首先节制欲望，使之适度。

房屋过大，阴气就多；台子过高，阳气就盛。阴气多就会生蹷疾，阳气盛就会得痿病。这是阴阳不适度带来的祸患。因此，古代帝王不住大房，不筑高台，饮食不求丰盛珍异，衣服不求过厚过暖。衣服过厚过暖，经脉就会闭结，经脉闭结，气就会不通畅。饮食丰盛珍异，胃就会过满，胃过满，胸腹就会闷胀，胸腹闷胀气就会不够通畅。以此求长生，能办到吗？从前，先代圣王建造苑囿园池，规模只要足以游目眺望、活动身体就行了；他们修筑宫室台榭，大小高低只要足以避开干燥和潮湿就行了；他们制作车马衣裘，只要足以安身保暖就行了；他们置备饮食甜酒，只要足以合乎口味、填饱饥肠就行了；他们创作音乐歌舞，只要使自己性情安乐就行了。这五个方面是圣王用来养生的方法。他们之所以要这样，并不是喜好节俭、厌恶浪费，而是为了调节性情使其适度。

贵　公[1]

原　文

昔先圣王之治天下也必先公，公则天下平矣，平得于公。尝试观于上志[2]，有得天下者众矣，其得之以公，其失之必以偏。凡主之立也生于公。故《鸿范》曰[3]：“无偏无党，王道荡荡；无偏无颇，遵王之义；无或作好，遵王之道；无或作恶，遵王之路。”

天下非一人之天下也，天下人之天下也。阴阳之和，不长一类；甘露时雨，不私一物；万民之主，不阿一人[4]。伯禽将行，请所以治鲁，周公曰：

“利而勿利也。”荆人有遗弓者，而不肯索，曰：“荆人遗之，荆人得之，又何索焉？”孔子闻之曰：“去其‘荆’而可矣。”老聃(dān)闻之曰：“去其‘人’而可矣。”故老聃则至公矣。天地大矣，生而弗子，成而弗有，万物皆被其泽、得其利，而莫知其所由始，此三皇、五帝之德也。

管仲有病，桓公往问之，曰：“仲父之病矣，渍甚，国人弗讳，寡人将谁属国？”管仲对曰：“昔者臣尽力竭智，犹未足以知之也，今病在于朝夕之中，臣奚能言？”桓公曰：“此大事也，愿仲父之教寡人也。”管仲敬诺，曰：“公谁欲相？”公曰：“鲍叔牙可乎？”管仲对曰：“不可。夷吾善鲍叔牙，鲍叔牙之为人也清廉洁直，视不己若者，不比于人；一闻人之过，终身不忘。”“勿已，则隰朋其可乎？”“隰朋之为人也上志而下求，丑不若黄帝，而哀不己若者。其于国也，有不闻也；其于物也，有不知也；其于人也，有不见也。勿已乎，则隰朋可也。”夫相，大官也。处大官者，不欲小察，不欲小智，故曰：“大匠不斫，大庖(páo)不豆，大勇不斗，大兵不寇。”桓公行公去私恶，用管子而为五伯长；行私阿所爱，用竖刁而虫出于户。

人之少也愚，其长也智。故智而用私，不若愚而用公。日醉而饰服，私利而立公，贪戾(lì)而求王，舜弗能为。

注　释

①**贵公**：贵在公正。②**上志**：古代典籍。③**《鸿范》**：《尚书》中的一篇，又作《洪范》。④**阿**：偏私。

译　文

从前，先代圣主治理天下，一定把公正无私放在首位。做到公正无私，天下就安定了。天下获得安定是由于公正无私。试考察一下古代的记载，曾经取得天下的人是相当多的。如果说他们取得天下是由于公正无私，那么他们丧失天下必定是由于偏颇有私。但凡立君的本意，都是出于公正无私。所以《鸿范》说：“不要偏私，不要结党，王道多么平坦宽广。不要偏私，不要倾侧，遵循先王的法则。不要滥逞个人偏好，遵循先王的正道。不要滥发个人怨怒，要遵循先王的正路。”

天下不是某一个人的天下，而是天下人的天下。阴阳相和，不只生长一种物类。甘露时雨，不偏私一物。万民之主，不偏袒一人。伯禽将去鲁国，临行前请示治理鲁国的方法。周公说：“施利给人民而不要谋取私利。”有个荆人丢了弓，却不肯去寻找，他说：“荆人

丢了它，反正还被荆人得到，又何必寻找呢？”孔子听到这件事，说：“他的话中去掉那个‘荆’字就合适了。”老聃听到以后说：“再去掉那个‘人’字就合适了。”所以老聃这样的人，算是达到公的最高境界了。天地是多么伟大啊，生育人民而不把他们作为自己的子孙，成就万物而不占为己有。万物都承受它的恩泽，得到它的好处，然而却没有哪一个人知道这些事物是从哪里来的。这也正是三皇五帝的品德。

管仲有病，桓公去探望他，说：“你的病相当重了。如果你病情危急，不幸与世长辞，我将把国家托付给谁呢？”管仲回答：“过去我尽心竭力，尚且不足以了解这样的人。如今病重，危在旦夕，又怎么能谈论这件事呢？”桓公说：“这是大事啊，望你能教导我。”管仲恭敬地答应了，说：“您想用谁为相？”桓公说：“鲍叔牙可以吗？”管仲回答：“不行。我与鲍叔牙相好。鲍叔牙的为人，清白廉正，看待不如自己的人，不屑与之为伍，一旦闻知别人的过失，便终生不忘。”桓公说：“不得已的话，隰朋大概还可以吧？”管仲说：“隰朋的为人，既能以先王圣贤为楷模，又能不耻下问。自愧其德不如黄帝，又怜惜不如自己的人。他对于国政，不该管的，就不去打听；他对于事务，不需要了解的，就不去过问，他对于别人，没必要关注的，就装作没看见。不得已的话，那么隰朋还可以胜任。”相，是一种很高的职位。居于高位的人，不应该在小的地方花费精力，不应该玩弄小聪明。所以说，手艺高超的木匠不去亲自动手砍削，高超的厨师不去亲自排列食器，大勇之人不去亲自格斗厮杀，正义之师不去劫掠为害。桓公坚持公正，抛却私怨，起用管子而成为五霸之长；后来，他行为偏私，庇护所爱，任用竖刁而致使死后国家大乱，不得殡殓，尸虫爬出门外。

人年轻的时候愚昧，岁数大了聪明。如果聪明而用私，不如愚昧而行公。天天醉醺醺却要整饬纲纪，自私自利却要公正，贪婪残暴却要称王天下，即使舜也办不到。

去　私[1]

原　文

天无私覆也，地无私载也，日月无私烛也[2]，四时无私行也，行其德而万物得遂长焉。黄帝言曰[3]：“声禁重，色禁重，衣禁重，香禁重，味禁重，室禁重。”尧有子十人，不与其子而授舜；舜有子九人，不与其子而授禹，至公也[4]。

晋平公问于祁黄羊曰：“南阳无令，其谁可而为之？”祁黄羊对曰：“解狐可。”平公曰：“解狐非子之仇邪？”对曰：“君问可，非问臣之仇也。”平公曰：“善。”遂用之。国人称善焉。居有间，平公又问祁黄羊曰：“国无尉，其谁可而为之？”对曰：“午可。”平公曰：“午非子之子邪？”对曰：“君问可，非问臣之子也。”平公曰：“善。”又遂用之。国人称善焉。孔子闻之曰：“善

哉！祁黄羊之论也，外举不避仇，内举不避子。”祁黄羊可谓公矣。

墨者有钜子腹䵍(tūn)居秦，其子杀人，秦惠王曰：“先生之年长矣，非有它子也，寡人已令吏弗诛矣，先生之以此听寡人也。”腹䵍对曰：“墨者之法曰：‘杀人者死，伤人者刑。’此所以禁杀伤人也。夫禁杀伤人者，天下之大义也。王虽为之赐，而令吏弗诛，腹䵍不可不行墨者之法。”不许惠王，而遂杀之。子，人之所私也，忍所私以行大义，钜子可谓公矣。

庖人调和而弗敢食，故可以为庖。若使庖人调和而食之，则不可以为庖矣。王伯之君亦然，诛暴而不私，以封天下之贤者，故可以为王伯；若使王伯之君诛暴而私之，则亦不可以为王伯矣。

注　释

①**去私**：驱除私心，本篇是墨家学说。②**烛**：照耀。③**黄帝言曰**：此句与前后文义并不相关，可能是《重己》篇所引用的话，后人抄写错误，录入本篇。④**公**：公平、公正。

译　文

天覆盖万物，没有偏私；地承载万物，没有偏私；日月普照万物，没有偏私；春夏秋冬更迭交替，没有偏私。天地、日月、四季都施与恩德，于是万物得以生长。黄帝说过：“音乐禁止淫靡，色彩禁止炫目，衣服禁止厚热，香料禁止浓烈，饮食禁止丰美，宫室禁止高大。”尧有十个儿子，但他不把帝位传给自己的儿子而传给了舜；舜有九个儿子，但他不把帝位传给自己的儿子而传给禹，他们是最公正无私的人了。

晋平公问祁黄羊说：“南阳缺个县令，谁可以担任这个职务？”祁黄羊回答：“解狐可以。”平公说：“解狐不是你的仇人吗？”祁黄羊回答：“您问谁可以担任这个职务，不是问谁是我的仇人。”平公称赞说：“好！”就任用了解狐。国人对此都说好。过了一段时间，平公又问祁黄羊说：“国家没有军尉，谁可以担任这个职务？”祁黄羊回答：“祁午可以。”平公说：“祁午不是你的儿子吗？”祁黄羊回答：“您问谁可以担任这个职务，不是问谁是我的儿子。”平公称赞说：“好！”就又任用了祁午。国人对此都说好。孔子听说了这件事，说：“祁黄羊的这些话太好了！推举外人不回避仇敌，推举亲信不回避儿子。”祁黄羊可以称得上是公正无私了。

墨家有个很有成就的人叫腹䵍，住在秦国，他的儿子杀了人。秦惠王对腹䵍说：“先生的年纪已经很大了，又没有别的儿子，我已经下令司法官不杀他了。希望先生你在这件事上听从我的话吧。”腹䵍回答：“墨家的规矩是‘杀人者处死，伤人者受刑’，这是用来禁止杀人、伤人的手段和方法。严禁杀人、伤人，这是天下的大道、大义。大王您虽然赐给我恩惠，命令司法官不杀我的儿子，但是我腹䵍却不可不执行墨家的规矩。”腹䵍没有应允惠王，最终杀了自己的儿子。儿子是人们所偏爱的亲人，很有成就的腹䵍忍心杀掉自己心爱的儿子去遵行天下大义，可以算得上公正无私了。

厨师调和五味而不敢私自食用，所以可以做厨师。假使厨师调和五味而私自把它吃掉，那么这样的人就不可以做厨师了。成就王霸之业的君主也是如此，诛杀暴君，自己却不占有他的土地，而是把它分封给有德之人，所以能够成就王霸之业。假使他们诛杀暴君而把他的土地占为己有，那么这样的君主就不能成就王霸之业了。

仲春纪第二

仲　春

原　文

仲春之月，日在奎[1]，昏弧中[2]，旦建星中。其日甲乙，其帝太皞，其神句芒，其虫鳞，其音角，律中夹钟，其数八，其味酸，其臭膻，其祀户，祭先脾。始雨水，桃李华，苍庚鸣[3]，鹰化为鸠。天子居青阳太庙，乘鸾辂，驾苍龙，载青旂，衣青衣，服青玉，食麦与羊，其器疏以达。

是月也，安萌牙，养幼少，存诸孤；择元日，命人社；命有司，省囹圄(líng yǔ)，去桎梏，无肆掠，止狱讼。

是月也，玄鸟至。至之日，以太牢祀于高禖(méi)[4]。天子亲往，后妃率九嫔御，乃礼天子所御，带以弓韣(dú)，授以弓矢，于高禖之前。

是月也，日夜分，雷乃发声，始电。蛰(zhé)虫咸动，开户始出。先雷三日，奋铎以令于兆民曰[5]："雷且发声，有不戒其容止者，生子不备，必有凶灾。"日夜分则同度量，钧衡石，角斗桶[6]，正权概。

是月也，耕者少舍，乃修阖(hé)扇，寝庙必备，无作大事，以妨农功。

是月也，无竭川泽，无漉陂池，无焚山林。天子乃献羔开冰，先荐寝庙。上丁，命乐正入舞舍采，天子乃率三公、九卿、诸侯亲往视之。中丁，又命乐正入学习乐。

是月也，祀不用牺牲，用圭璧，更皮币。

仲春行秋令，则其国大水，寒气总至，寇戎来征；行冬令，则阳气不胜，麦乃不熟，民多相掠；行夏令，则国乃大旱，暖气早来，虫螟为害。

注释

①**日在奎**：指太阳的位置运行到奎宿的区域。奎，星宿名，二十八宿之一。②**弧**：星宿名，又名弧矢，在鬼宿之南。③**苍庚**：黄鹂。④**高禖**：即郊禖。禖，主管嫁娶和生育之神，因其祠堂在郊外，所以叫郊禖。⑤**奋铎**：振动木铎。木铎，以木为舌的铃铛。古代宣布政教法令，要巡行振鸣木铎以引起众人警觉。⑥**角**：校正。**斗、桶**：两种古量器。

译文

仲春二月，太阳的位置在奎宿。黄昏时分，弧矢星座出现在南方中天。拂晓时刻，建星出现在南方中天。这个月在天干中属甲乙，它的主宰之帝是太皞，佐帝之神是句芒，它应时的动物是龙鱼之类的鳞族，声音是中和的角音，音律与夹钟相应。这个月的数字是八，味道是酸味，气味是膻气，要举行的祭祀是户祭，祭祀时，祭品以脾脏为尊。这个月开始下雨，桃李开始开花，黄鹂开始鸣叫，天空中的鹰逐渐为布谷鸟取代。天子居住在东向明堂的正室，乘坐装饰有以青凤命名的带响铃的车子，车前驾着青色的马，车上插着绘有龙纹的青色的旗子。天子穿着青色的衣服，佩戴着青色的饰玉，吃的食物是麦子和羊，使用的器物的纹理空疏而通达。

这个月，要保护植物的萌芽，养育儿童和少年，抚恤众多的孤儿。选择好的日子，命令老百姓祭祀土神。命令司法官减少关押的人犯，去掉手铐脚镣，不要杀人陈尸和鞭打犯人，制止诉讼之类的事情。

这个月，燕子来到。燕子来到的那天，用牛羊豕三牲祭祀高禖之神。天子亲自前往，后妃率领宫中所有女眷陪同，在高禖神前为天子所御幸而有孕的女眷举行礼仪，给她带上弓袋，并授给她弓和箭。

这个月，日夜平分，开始打雷，出现闪电。蛰伏的动物都苏醒了，开始从洞穴中钻出来。打雷的前三天，振动木铎向老百姓发布命令：“凡是不警戒房中之事，在响雷时交合的，他生下的孩子必有先天残疾，而自己也必有凶险和灾祸。”日夜平分，所以要统一和校正各种度量衡器具。

这个月，耕作的农夫稍事休息，清理一下门户。祭祀先祖的寝庙一定要完整齐备而没有毁坏。不要兴兵征伐，以免妨害农事。

这个月，不要弄干河川沼泽及蓄水的池塘，不要焚烧山林。天子向司寒之神献上羔羊，打开冰窖，然后把冰先献给祖先。上旬的丁日，命令乐正进入太学教练舞蹈，把彩帛放在前边行祭祀先师的礼节。天子率领三公、九卿、诸侯亲自去观看。中旬的丁日，又命令乐正进入太学教授音乐。

这个月，一般的祭祀不用牲畜做祭品，而用玉圭、玉璧，或者用皮毛束帛来代替。

仲春二月，如果发布应在秋天发布的政令，国家就会洪水泛滥，寒气就会突然到来，敌寇就会来侵犯。如果发布应在冬天发布的政令，阳气就禁受不住，麦子就不能成熟，人民就会频繁出现劫掠之事。如果发布应在夏天发布的政令，国家就会出现干旱，热气过早来到，庄稼就会遭到虫害。

贵　生[1]

原　文

圣人深虑天下，莫贵于生。夫耳目鼻口，生之役也。耳虽欲声，目虽欲色，鼻虽欲芬香，口虽欲滋味，害于生则止。在四官者不欲，利于生者则弗为。由此观之，耳目鼻口不得擅行，必有所制。譬之若官职不得擅为，必有所制。此贵生之术也。

尧以天下让于子州支父，子州支父对曰："以我为天子犹可也。虽然，我适有幽忧之病，方将治之，未暇在天下也。"天下，重物也，而不以害其生，又况于它物乎？惟不以天下害其生者也，可以托天下。

越人三世杀其君，王子搜患之，逃乎丹穴。越国无君，求王子搜而不得，从之丹穴[2]。王子搜不肯出，越人熏之以艾，乘之以王舆。王子搜援绥登车，仰天而呼曰："君乎！独不可以舍我乎？"王子搜非恶为君也，恶为君之患也。若王子搜者，可谓不以国伤其生矣。此固越人之所欲得而为君也。

鲁君闻颜阖得道之人也，使人以币先焉。颜阖守闾，鹿布之衣[3]，而自饭牛。鲁君之使者至，颜阖自对之。使者曰："此颜阖之家邪？"颜阖对曰："此阖之家也。"使者致币，颜阖对曰："恐听缪（miù）而遗使者罪，不若审之。"使者还反审之，复来求之，则不得已。故若颜阖者，非恶富贵也，由重生恶之也。世之人主多以富贵骄得道之人，其不相知，岂不悲哉！

故曰：道之真以持身，其绪余以为国家[4]，其土苴以治天下。由此观之，帝王之功，圣人之余事也，非所以完身养生之道也。今世俗之君子，危身弃生以徇物，彼且奚以此之也？彼且奚以此为也？

凡圣人之动作也，必察其所以之，与其所以为。今有人于此，以随侯之珠弹千仞之雀[5]，世必笑之。是何也？所用重，所要轻也。夫生，岂特随侯

珠之重也哉？

子华子曰："全生为上，亏生次之，死次之，迫生为下。"故所谓尊生者，全生之谓。所谓全生者，六欲皆得其宜也。所谓亏生者，六欲分得其宜也。亏生则于其尊之者薄矣。其亏弥甚者也，其尊弥薄。所谓死者，无有所以知，复其未生也。所谓迫生者，六欲莫得其宜也，皆获其所甚恶者，服是也，辱是也。辱莫大于不义，故不义，迫生也。而迫生非独不义也，故曰迫生不若死。奚以知其然也？耳闻所恶，不若无闻；目见所恶，不若无见。故雷则掩耳，电则掩目，此其比也。凡六欲者，皆知其所甚恶，而必不得免，不若无有所以知。无有所以知者，死之谓也，故迫生不若死。嗜肉者，非腐鼠之谓也；嗜酒者，非败酒之谓也；尊生者，非迫生之谓也。

注　释

①**贵生**：珍惜生命，以生命为贵，是道家子华子学派的学说。②**丹穴**：采丹砂的竖井。③**鹿布之衣**：粗布做的衣服。④**绪余**：丝的末端，指无关紧要的轻微之物。⑤**随侯之珠**：与和氏璧齐名的宝珠，相传是大蛇为了报答随侯的恩德而献上的宝物。

译　文

圣人深思熟虑天下的事，认为没有什么比生命更宝贵。耳目鼻口是受生命支配的。耳朵虽然想听音乐，眼睛虽然想看色彩，鼻子虽然想嗅芳香，嘴巴虽然想尝美味，但只要对生命有害就会被禁止。对于这四种器官来说，即使是本身不想做的，但只要有利于生命就会去做。由此看来，耳目鼻口不能任意独行，必须有所制约。这就像各种职官，不得独断专行，必须有所制约一样。这就是珍惜生命的方法。

尧把天下让给子州支父，子州支父回答："让我当天子还是可以的，虽是这样，我现在正害着过度忧劳的病，正要治疗，没有余暇顾及天下。"天下是最珍贵的，可是圣人不因它而危害自己的生命，又何况其他的东西呢？只有不因天下而危害自己生命的人，才可以把天下托付给他。

越国人连续杀了他们的三代国君，王子搜对此很忧惧，于是逃到一个山洞里。越国没有国君，找不到王子搜，一直追寻到山洞。王子搜不肯出来，越国人就用燃着的艾草熏他出来，让他乘坐国君的车。王子搜拉着登车的绳子上车，仰望上天呼喊道："国君啊，国君啊！这个职位怎么偏偏让我来干啊！"王子搜并不是厌恶当国君，而是厌恶当国君会招致的祸患。像王子搜这样的人，可说是不肯因国家而损害自己生命的了。这也正是越国人想要找他当国君的原因。

鲁国国君听说颜阖是个有道之士，想要请他出来做官，就派人带着礼物先去致意。颜

阖住在陋巷，穿着粗布衣裳，自己在喂牛。鲁君的使者来了，颜阖亲自接待他。使者问："这是颜阖的家吗？"颜阖回答："这是我的家。"使者献上礼物，颜阖说："怕您把名字听错了而会给您带来处罚，不如搞清楚再说。"使者回去查问清楚了，再来找颜阖，却找不到了。像颜阖这样的人，并不是本来就厌恶富贵，而是由于看重生命才厌恶它。世上的君主，大多凭借富贵傲视有道之人，他们如此不了解有道之人，难道不可悲吗？

所以说：道的精神用来保全自身，骨血的部分用来治理国家，残渣用来治理天下。由此看来，帝王的功业是圣人闲暇之余的事，并不是用以全身养生的方法。如今世俗所谓的君子损害身体舍弃生命来追求外物，他们这样做将达到什么目的呢？他们又将采用什么手段达到目的呢？

大凡圣人有所举动的时候，必定明确知道所要达到的目的与达到目的所应采用的手段。假如有这样一个人，用随侯之珠去弹射千仞高的飞鸟，世上的人肯定会嘲笑他。这是为什么呢？这是因为他所耗费的太贵重，所追求的太轻微了。至于生命，其价值岂止像随侯珠那样贵重呢？

子华子说："全生是最上等的，亏生次一等，死又次一等，迫生是最低下的。"所以所谓珍惜生命，说的就是全生。所谓全生，是指六欲都能获得适宜的满足。所谓亏生，是指六欲只有部分得到满足。生命受到亏损，生命的天性就会削弱，生命亏损得越厉害，生命的天性削弱得也就越厉害。所谓死，是指没有办法知道六欲，等于又回到它未生时的状态。所谓迫生，是指六欲没有一样满足，六欲所得到的都是它们十分厌恶的情形。屈服属于这一类，耻辱属于这一类。在耻辱当中没有比不义更大的了。所以行不义之事就是迫生。但是构成迫生的不仅仅是不义，所以说迫生不如死。根据什么知道是这样呢？比如，耳朵听到讨厌的声音，就不如什么也没听到；眼睛看到讨厌的东西，就不如什么也没见到。所以打雷的时候人们就会捂住耳朵，闪电的时候人们就会遮住眼睛，迫生不如死就像这类现象一样。六欲都知道自己十分厌恶的东西是什么，如果这些东西一定不可避免，那就不如根本没有办法知道六欲。没有办法知道六欲就是死。因此迫生不如死。嗜好吃肉，不是说连腐臭的老鼠也吃；嗜好饮酒，不是说连变质的酒也喝；珍惜生命，不是说连迫生也算在内。

情　欲

原　文

天生人而使有贪有欲。欲有情，情有节[1]。圣人修节以止欲，故不过行其情也。故耳之欲五声，目之欲五色，口之欲五味，情也。此三者，贵贱、愚智、贤不肖欲之若一，虽神农、黄帝其与桀、纣同。圣人之所以异者，得其情也。由贵生动[2]，则得其情矣；不由贵生动，则失其情矣。此二者，死生存亡之本也。

俗主亏情，故每动为亡败。耳不可赡(shàn)，目不可厌[3]，口不可满，身尽府种，筋骨沈滞，血脉壅塞，九窍寥寥，曲失其宜，虽有彭祖，犹不能为也。其于物也，不可得之为欲，不可足之为求，大失生本，民人怨谤，又树大仇；意气易动，跻然不固；矜势好智，胸中欺诈；德义之缓，邪利之急。身以困穷，虽后悔之，尚将奚及？巧佞(nìng)之近，端直之远，国家大危，悔前之过，犹不可反。闻言而惊，不得所由。百病怒起，乱难时至。以此君人，为身大忧。耳不乐声，目不乐色，口不甘味，与死无择。

古人得道者，生以寿长，声色滋味，能久乐之，奚故？论早定也[4]。论早定则知早啬[5]，知早啬则精不竭。秋早寒则冬必暖矣，春多雨则夏必旱矣，天地不能两，而况于人类乎？人之与天地也同，万物之形虽异，其情一体也，故古之治身与天下者，必法天地也。

尊酌者众则速尽，万物之酌大贵之生者众矣，故大贵之生常速尽。非徒万物酌之也，又损其生以资天下之人，而终不自知。功虽成乎外，而生亏乎内。耳不可以听，目不可以视，口不可以食，胸中大扰，妄言想见[6]，临死之上，颠倒惊惧，不知所为。用心如此，岂不悲哉？

世人之事君者，皆以孙叔敖之遇荆庄王为幸。自有道论之则不然，此荆国之幸。荆庄王好周游田猎，驰骋弋(yì)射，欢乐无遗，尽傅其境内之劳与诸侯之忧于孙叔敖。孙叔敖日夜不息，不得以便生为故，故使庄王功迹著乎竹帛，传乎后世。

注 释

①**情**：感情，指人的好恶、喜怒哀乐。**节**：节制。②**由贵生动**：从尊重生命出发。③**厌**：满足。④**论**：这里指贵生的信念。⑤**啬**：爱惜。⑥**想见**：这里指因病胡思乱想而看到幻影。

译 文

天生育人而使人有贪心、有欲望。欲望中有感情，感情具有节度。圣人遵循节度以克制欲望，所以不会放纵自己的感情。耳朵想听音乐，眼睛想看色彩，嘴巴想吃美味，这些都是情欲。这三方面，人们无论是高贵的，还是卑贱的，愚笨的，还是聪明的，贤明的，还是不才的，欲望都是同样的。即使是神农、黄帝，他们的情欲也跟夏桀、商纣相同。圣人之所以不同于一般人，是由于他们具有适度的感情。从尊生出发，就会具备适度的感情，不从尊生出发，就会失掉适度的感情。这两种情况是决定死生存亡的根本。

世俗的君主缺乏适度的感情，所以动辄灭亡。他们耳朵的欲望不可满足，眼睛的欲望不可满足，嘴巴的欲望不可满足，以致全身浮肿，筋骨积滞不通，血脉阻塞不畅，九窍空虚，全都丧失了正常的机能。到了这个地步，即使有彭祖在，也是无能为力的。世俗的君主对于外物，总是想得到不可得到的东西，追求不可满足的欲望，这必然大大丧失生命的根本，又会招致百姓怨恨、指责，给自己树立大敌。他们意志容易动摇，变化迅速而不坚定，他们夸耀权势，好弄智谋，心怀欺诈，不顾道德正义，追逐邪恶私利，最后搞得自己走投无路。即使事后对此悔恨，还怎么来得及？他们亲近奸诈的人，疏远正直的人，致使国家处于极危险的境地，即使后悔以前的过错，已然不可挽回。闻知自己即将灭亡的话这才惊恐，却仍然不知这种后果因何而至。各种疾病暴发出来，反叛内乱不断发生。靠这些治理百姓，只能给自身带来极大的忧患。耳听乐音而不觉得快乐，眼看色彩而不觉得高兴，口吃美味而不觉得香甜，实际上跟死没什么区别。

古代的得道之人，生命得以长寿，音乐、色彩、美味能长久地享受，这是什么缘故？这是由于尊生的信念早就确立的缘故啊！尊生的信念及早确立，就可以知道及早爱惜生命，知道及早爱惜生命，精神就不会衰竭。秋天早寒，冬天就必定温暖；春天多雨，夏天就必定干旱。天地尚且不能两全，又何况人类呢？在这一点上，人跟天地相同。万物形状虽然各异，但它们的精神是一样的。所以，古代修养身心与治理天下的人一定效法天地。

酒樽中的酒，舀的人越多，消失越快。万物消耗君主生命的太多了，所以君主的生命常常很快耗尽。不仅万物消耗它，君主自己又损耗它，亲自为天下人操劳，而自己却始终没有察觉。在外虽然功成名就，可是自身生命却已损耗。以致耳不能听，眼不能看，嘴不能吃，心中大乱，口说胡话，精神恍惚，临死之前，神经错乱，惊恐万状，行动失常。耗费心力到了这个地步，难道不可悲吗？

世上侍奉君主的人都把孙叔敖受到楚庄王的赏识看作是幸运的事。但是由有道之人来评论却不是这样，他们认为这是楚国的幸运。楚庄王喜好四处游玩打猎，跑马射箭，欢乐无虞，而把治国的辛苦和身为诸侯的忧劳都推给了孙叔敖。孙叔敖日夜操劳不止，无法顾及养生之事。正因为这样，才使楚庄王的功绩载于史册，流传于后世。

当　染[1]

原　文

墨子见染素丝者而叹曰：“染于苍则苍，染于黄则黄，所以入者变，其色亦变，五入而以为五色矣，故染不可不慎也。”

非独染丝然也，国亦有染。舜染于许由、伯阳，禹染于皋(gāo)陶、伯益，汤染于伊尹、仲虺(huī)，武王染于太公望、周公旦。此四王者，所染当，故王天下，立为天子，功名蔽天地。举天下之仁义显人，必称此四王者。夏桀染于干

辛、歧踵戎，殷纣染于崇侯、恶来，周厉王染于虢（guó）公长父、荣夷终，幽王染于虢公鼓、祭公敦。此四王者，所染不当，故国残身死，为天下僇（lù）。举天下之不义辱人，必称此四王者。齐桓公染于管仲、鲍叔，晋文公染于咎犯、郤（xì）偃，荆庄王染于孙叔敖、沈尹蒸，吴王阖庐染于伍员、文之仪，越王句践染于范蠡、大夫种。此五君者，所染当，故霸诸侯，功名传于后世。范吉射染于张柳朔、王生，中行寅染于黄藉秦、高强，吴王夫差染于王孙雄、太宰嚭（pǐ），智伯瑶染于智国、张武，中山尚染于魏义、椻长，宋康王染于唐鞅、田不禋（yīn）。此六君者，所染不当，故国皆残亡，身或死辱，宗庙不血食，绝其后类，君臣离散，民人流亡。举天下之贪暴可羞人，必称此六君者。

凡为君，非为君而因荣也，非为君而因安也，以为行理也②。行理生于当染。故古之善为君者，劳于论人而佚于官事，得其经也。不能为君者，伤形费神，愁心劳耳目，国愈危，身愈辱，不知要故也。不知要故，则所染不当；所染不当，理奚由至？六君者是已。六君者，非不重其国、爱其身也，所染不当也。存亡故不独是也，帝王亦然。

非独国有染也，士亦有染。孔子学于老聃、孟苏、夔靖叔。鲁惠公使宰让请郊庙之礼于天子，桓王使史角往，惠公止之，其后在于鲁，墨子学焉。此二士者，无爵位以显人，无赏禄以利人。举天下之显荣者，必称此二士也。皆死久矣，从属弥众，弟子弥丰，充满天下。王公大人从而显之，有爱子弟者随而学焉，无时乏绝。子贡、子夏、曾子学于孔子，田子方学于子贡，段干木学于子夏，吴起学于曾子。禽滑氂学于墨子，许犯学于禽滑氂，田系学于许犯。孔墨之后学显荣于天下者众矣，不可胜数，皆所染者得当也。

注 释

①**当染**：即所受到的感染应当适当。②**行理**：施行大道。

译 文

墨子看到染素丝的人，叹息说："放入青色染料当中，素丝就变成青色，放入黄色染料当中，素丝就变成黄色，染料变了，素丝的颜色也随着变化，染五次就会变成五种颜色了，所以染色不可不慎重啊。"

不仅染丝这样，国家也有类似于染丝的情形。舜受到许由、伯阳的熏陶，禹受到皋陶、伯益的熏陶，商汤受到伊尹、仲虺的熏陶，武王受到太公望、周公旦的熏陶。这四位帝王，因为所受的熏陶合宜得当，所以能够统治天下，立为天子，功名盖天地。凡列举天下仁义、显达之人，一定都推举这四位君王。夏桀受到干辛、歧踵戎的熏陶，殷纣受到崇侯、恶来的熏陶，周厉王受到虢公长父、荣夷终的熏陶，周幽王受到虢公鼓、祭公敦的熏陶。这四位君王，因为所受的熏陶不得当，结果国破身死，被天下人耻笑。凡列举天下不义，蒙受耻辱之人，一定都举这四位君王。齐桓公受到管仲、鲍叔牙的熏陶，晋文公受到咎犯、郄偃的熏陶，楚庄王受到孙叔敖、沈尹蒸的熏陶，吴王阖庐受到伍员、文之仪的熏陶，越王勾践受到范蠡、大夫文种的熏陶。这五位君主，因为所受的熏陶合宜得当，所以称雄诸侯，功业盛名流传到后世。范吉射受到张柳朔、王生的熏陶，中行寅受到黄藉秦、高强的熏陶，吴王夫差受到王孙雄、太宰嚭的熏陶，智伯瑶受到智国、张武的熏陶，中山尚受到魏义、椻长的熏陶，宋康王受到唐鞅、田不禋的熏陶。这六位君主，因为所受的熏陶不得当，结果国家都破灭了，他们自身有的被杀，有的受辱，宗庙毁灭不能再享受祭祀，子孙断绝，君臣离散，人民流亡。凡列举天下贪婪残暴、蒙受耻辱之人，一定都举这六位君主。

身为国君，不是为了获得显荣的地位，也不是为了获取安逸，为的是实施大道。大道的实施在于熏陶适宜得当。所以古代善于为君的，将精力用在选贤任能上，而对于官署政事则采取安然置之的态度，这是掌握了为君的正确方法。不善于为君的，伤身劳神，心中愁苦，耳目劳累，而国家却越来越危险，自身却蒙受越来越多的耻辱，这是由于不知道为君的关键所在。不知道为君的关键，所受的熏陶就不会得当。所受的熏陶不得当，大道从何而至？以上六个君主就是这样。六位君主不是不看重自己的国家，也不是不爱惜自己，而是由于他们所受的熏陶不得当啊。所受的熏染适当与否关系到存亡，不但诸侯如此，帝王也是这样。

不仅国家有受熏陶的情形，士也是这样。孔子向老聃、孟苏、夔靖叔学习。鲁惠公派宰让向天子请示祭祀天地与祖先的礼仪，桓王派名叫角的史官前往，惠公把他留了下来，他的后代在鲁国，墨子向他的后代学习。孔子、墨子这两位贤士，没有爵位来使别人显赫，没有赏赐俸禄来给别人带来好处，但列举天下显赫荣耀之人，一定都称举这二位贤士。这二位贤士都死了很久了，可是追随他们的人更多了，他们的弟子越来越多，遍布天下。王公贵族追随他们使他们更显耀，有爱子弟的，让他们的子弟跟随孔墨的门徒学习，从来没有中断过。子贡、子夏、曾子向孔子学习，田子方向子贡学习，段干木向子夏学习，吴起向曾子学习，禽滑鳌向墨子学习，许犯向禽滑鳌学习，田系向许犯学习。孔墨后学在天下显贵尊荣的太多了，数也数不尽，这都是由于熏陶他们的人得当啊。

功　名[1]

原　文

由其道，功名之不可得逃，犹表之与影[2]，若呼之与响。善钓者，出鱼

乎十仞之下，饵香也；善弋者，下鸟乎百仞之上，弓良也；善为君者，蛮夷反舌殊俗异习皆服之，德厚也。水泉深则鱼鳖归之，树木盛则飞鸟归之，庶草茂则禽兽归之，人主贤则豪桀归之。故圣王不务归之者，而务其所以归。强令之笑不乐，强令之哭不悲，强令之为道也，可以成小而不可以成大。

缶醯(xī)黄，蚋聚之，有酸，徒水则必不可。以狸致鼠，以冰致蝇，虽工不能。以茹鱼去蝇，蝇愈至，不可禁，以致之之道去之也。桀、纣以去之之道致之也，罚虽重，刑虽严，何益？

大寒既至，民暖是利；大热在上，民清是走。是故民无常处，见利之聚，无之去。欲为天子，民之所走，不可不察。今之世，至寒矣，至热矣，而民无走者，取则行钧也。欲为天子，所以示民，不可不异也。行不异，乱虽信今③，民犹无走。民无走，则王者废矣，暴君幸矣，民绝望矣。故当今之世，有仁人在焉，不可而不此务；有贤主，不可而不此事。

贤不肖不可以不相分，若命之不可易，若美恶之不可移。桀、纣贵为天子，富有天下，能尽害天下之民，而不能得贤名之。关龙逢、王子比干能以要领之死争其上之过，而不能与之贤名。名固不可以相分，必由其理。

注　释

①功名：即求取功名之道。**②表：**即表木。在道旁竖起一个木杆，上横一短木，表示可以向君王提意见。**③信：**疑“倍”字之误。

译　文

遵循一定的途径获得功名，功名就无法逃脱，正如日影无法摆脱日晷，回声必然伴随呼声一样。善于钓鱼的人能把鱼从十仞深的水下钓出来，这是由于钓饵香美的缘故；善于射猎的人能把鸟从百仞高的空中射下来，这是由于弓好的缘故；善于做君主的人能够使四方各族归顺他，这是由于恩德崇厚的缘故。水泉很深，鱼鳖就会游向那里；树木繁盛，飞鸟就会飞向那里；百草茂密，禽兽就会奔向那里；君主贤明，豪杰就会投奔他。所以，圣明的君主不勉强使人们投奔，而是尽力创造使人们投奔的条件。被强迫的笑不快乐，被强迫的哭不悲哀，强制命令这种做法只可以成就虚名，而不能成就大业。

瓦器中的醋黄了，蚊子之类的昆虫就聚在那里了，那是因为有酸味的缘故，如果只是水，就一定不会这样。用猫招引老鼠，用冰吸引苍蝇，纵然做法再巧妙，也达不到目的。用臭鱼驱除苍蝇，苍蝇会越来越多，不可禁止，这是由于用吸引它们的方法去驱除它们的

缘故。桀、纣企图用破坏太平安定的暴政求得太平安定的局面，惩罚即使再重，律法即使再严，又有什么益处？

严寒到了，人们就追求温暖；酷暑当头，人们就奔向清凉之地。因此，人们没有固定的居所，他们总是聚集在可以看到利益的地方，离开那些没有利益的地方。想要当天子，对于人们奔走的原因不可不仔细察辨。如今的人世，寒冷到极点了，炎热到极点了，而人们之所以不奔向谁，是由于天下君主所作所为都是同样糟糕啊！所以想当天子的人，他展示给人们的东西，不可不与此有区别。如果君主的言行与暴虐之君没有什么不同，那么即使比现今更加昏乱，人们还是没有逃亡。如果人们不离开、逃亡，成就王业的人就不会出现，暴君就庆幸了，人们就绝望了。所以在今天的世上如果有仁义之人在，不可不勉力从事这件事，如果有贤明的君主在，不可不致力于这件事。

贤明与不肖的名声全由自己的言行而定，不能由别人给予，这就像命运不可更改，美恶不可移易一样。桀纣贵为天子，拥有天下，能残害全天下的人，但是不能为自己博得一个好名声。关龙逢、王子比干能以死谏诤其君主的过错，却不能给他们争得好名声。名声本来就不能由别人给予，它只能遵循一定的途径获得。

季春纪第三

季　春

原　文

季春之月：日在胃[1]，昏七星中，旦牵牛中。其日甲乙，其帝太皞，其神句芒，其虫鳞，其音角，律中姑洗[2]，其数八，其味酸，其臭膻，其祀户，祭先脾。桐始华，田鼠化为鴽，虹始见，萍始生。天子居青阳右个，乘鸾辂，驾苍龙，载青旂，衣青衣，服青玉，食麦与羊，其器疏以达。

是月也，天子乃荐鞠衣于先帝[3]，命舟牧覆舟，五覆五反，乃告舟备具于天子焉，天子焉始乘舟。荐鲔于寝庙，乃为麦祈实。

是月也，生气方盛，阳气发泄，生者毕出，萌者尽达，不可以内。天子布德行惠，命有司发仓窌[4]，赐贫穷，振乏绝，开府库，出币帛，周天下，勉诸侯，聘名士，礼贤者。

是月也，命司空曰："时雨将降，下水上腾；循行国邑，周视原野；修利堤防，导达沟渎，开通道路，无有障塞；田猎罼(bì)弋，罝罘(jū fú)罗网[5]，喂兽之药，无出九门。"

是月也，命野虞无伐桑柘。鸣鸠拂其羽，戴任降于桑，具栚曲籧筐，后妃斋戒，亲东乡躬桑。禁妇女无观，省妇使，劝蚕事。蚕事既登，分茧称丝效功，以共郊庙之服，无有敢堕。

是月也，命工师令百工审五库之量，金铁、皮革筋、角齿、羽箭干、脂胶丹漆，无或不良。百工咸理，监工日号，无悖于时，无或作为淫巧，以荡上心。

是月之末，择吉日，大合乐，天子乃率三公、九卿、诸侯、大夫，亲往视之。

是月也，乃合累牛、腾马、游牝于牧。牺牲驹犊，举书其数。国人傩(nuó)，九门磔禳(zhé ráng)，以毕春气。

行之是令，而甘雨至三旬。季春行冬令，则寒气时发，草木皆肃，国有大恐。行夏令，则民多疾疫，时雨不降，山陵不收。行秋令，则天多沈阴，淫雨早降，兵革并起。

注释

①**日在胃**：指太阳的位置在胃宿的区域。胃，星宿名，二十八宿之一。②**姑洗**：十二律之一，属阳律。③**鞠衣**：躬桑时所穿的如初生桑叶颜色的衣服。④**窌**：地窖。⑤**罝罘罗网**：泛指一切捕捉禽兽的网。罝罘，捕兔的网。罗，捕鸟的网。

译文

季春三月，太阳的位置在胃宿。初昏时刻，七星出现在南方中天，拂晓时刻，牛宿出现在南方中天。季春于天干属甲乙，它的主宰之帝是太皞，佐帝之神是句芒，应时的动物是龙鱼之类的鳞族，声音是中和的角音，音律与姑洗相应。这个月的数字是八，味道是酸味，气味是膻气，要举行的祭祀是户祭，祭祀时，祭品以脾脏为尊。这个月梧桐树开始开花，田野里鹌鹑之类的鸟取代了鼹鼠，彩虹开始出现，浮萍开始长出。天子居住在东向明堂的右侧室，乘坐饰有用青凤命名的带响铃的车子，车前驾着青色的马，车上插着绘有龙纹的青色旗帜，天子穿着青色的衣服，佩戴着青色的饰玉，吃的食物是麦子和羊，使用的器物纹理空疏而通达。

这个月，天子向太皞等先帝进献桑黄色的衣服，祈求蚕事如意，命令主管船只的官吏把船底翻过来检查，船底船身要反复检查五次，才向天子报告船只已经齐备，天子于是开始乘船。向祖宗进献鲔鱼，来祈求麦子籽实饱满。

这个月，春天的生养之气正盛，阳气向外发散，植物的萌芽部分长出来了，这个时候

不能收纳财货。天子要施德行惠，命令主管官吏打开粮仓钱库，拿出粮食钱币赐予贫困没有依靠的人，赈济缺乏钱财衣食的人，又打开储藏财物的仓库，拿出钱财，赈济天下，鼓励诸侯聘用名士，对贤人以礼相待。

这个月，天子命令司空说：应时的雨水将要降落，地下水也将向上翻涌，应该巡视国都和城邑，全面视察原野，整修堤防，疏通沟渠，开通道路，使之没有障碍壅塞。打猎所需要的各种网具和毒药不能带出城去。

这个月，命令主管山林的官吏禁止人们砍伐桑树、柘树。此时鸣鸠振翅高飞，戴任落在桑间。人们准备蚕箔，放蚕箔的支架以及各种采桑的筐篮。王后、王妃斋戒身心，面向东方亲自采摘桑叶。这时要禁止妇女去游玩观赏，同时减少她们的杂役，鼓励她们采桑养蚕。蚕事已经完成，把蚕茧分给妇女，要她们缫丝，然后称量每人所缫之丝的轻重，考核她们的绩效，用这些蚕丝来供给祭天祭祖所用祭服的需要，不许有人懈怠。

这个月，命令主管百工的官吏让百工仔细检查各种库房中器材的数量和质量，金铁、皮革、兽筋、兽角、兽齿、羽毛、箭杆、油脂、粘胶、丹砂、油漆，不许质地不好。各种工匠都从事自己的工作，监督百工的官员每日发布号令，所制器物不违背时宜，不得制作过分奇巧的器物来引起上位者的奢望。

这个月的月末，选择吉日，举行音乐舞蹈合演，天子亲自率领三公、九卿、诸侯、大夫前去观看。

这个月，使公牛、公马与母牛、母马在放牧中交配，对选作祭品的牲畜和马驹、牛犊，都记下它们的头数。国人举行驱逐灾疫的傩祭，在九门宰割牲畜禳除邪恶，以此来结束春气。

推行与这个月的时令相符合的政令，及时雨就会降落，三旬降落三次。季春如果施行应在冬天施行的政令，那么，寒气就会时时发生，草木就会枝叶枯萎，人民就会惶恐不安；如果施行应在夏天施行的政令，那么民间就会流行瘟疫，应时之雨就不能按时降落，山陵上的庄稼就不能成熟收获。如果施行应在秋天施行的政令，那么，天气就会经常阴晦，淫雨就会过早降落，战事就会到处发生。

尽　数[1]

原文

天生阴阳、寒暑、燥湿，四时之化，万物之变，莫不为利，莫不为害。圣人察阴阳之宜，辨万物之利以便生，故精神安乎形，而年寿得长焉。长也者，非短而续之也，毕其数也。毕数之务，在乎去害。何谓去害？大甘、大酸、大苦、大辛、大咸，五者充形则生害矣。大喜、大怒、大忧、大恐、大哀，五者接神则生害矣。大寒、大热、大燥、大湿、大风、大霖、大雾，七者动精

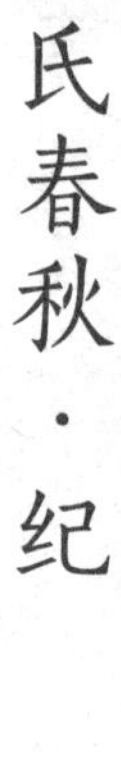

则生害矣。故凡养生，莫若知本，知本则疾无由至矣。

精气之集也，必有入也。集于羽鸟，与为飞扬；集于走兽，与为流行；集于珠玉，与为精朗；集于树木，与为茂长；集于圣人，与为夐明。精气之来也，因轻而扬之，因走而行之，因美而良之，因长而养之，因智而明之。

流水不腐，户枢不蝼(lóu)，动也。形气亦然，形不动则精不流，精不流则气郁。郁处头则为肿、为风，处耳则为挶②、为聋，处目则为䁾③、为盲，处鼻则为鼽(qiú)④、为窒，处腹则为张、为疛⑤，处足则为痿、为蹶。

轻水所，多秃与瘿(yǐng)人⑥；重水所，多瘇(zhǒng)与躄(bì)人⑦；甘水所，多好与美人；辛水所，多疽与痤人⑧；苦水所，多尪(wāng)与伛人⑨。

凡食无强厚味，无以烈味重酒，是以谓之疾首。食能以时，身必无灾。凡食之道，无饥无饱，是之谓五藏之葆。口必甘味，和精端容，将之以神气，百节虞欢，咸进受气。饮必小咽，端直无戾。

今世上卜筮祷祠，故疾病愈来。譬之若射者，射而不中，反修于招，何益于中？夫以汤止沸，沸愈不止，去其火则止矣。故巫医毒药，逐除治之，故古之人贱之也，为其末也。

注　释

①**尽数**：享受天年，即重视养生之道，本篇是方技家的理论。②**挶**：出现重听的耳病。③**䁾**：眼睛出现大量分泌物的病。④**鼽**：鼻塞不通。⑤**疛**：小腹病。⑥**瘿**：颈部肿胀的病。⑦**瘇**：脚肿。**躄**：跛脚。⑧**疽**：痈疽。即恶疮。**痤**：痤疮。⑨**尪**：脊背疼痛，指鸡胸。**伛**：背部弯曲畸形。

译　文

上天产生阴阳、寒暑、燥湿，以及四时的更替、万物的变化，没有一样不给人带来益处，也没有一样不对人产生危害。圣人能洞察阴阳变化的合宜之处，能辨析万物有利的一面，以利于生命，因此，精神安守在形体之中，寿命能够得以长久。所谓长久，不是说寿命本来短而使它延长，而是使寿命终其天年。终其天年的关键在于避开危害。什么叫避开危害？过甜、过酸、过苦、过辣、过咸，这五种东西充满形体，那么生命就受到危害了。过喜、过怒、过忧、过恐、过哀，这五种东西和精神交接，那么生命就受到危害了。过冷、过热、过燥、过湿及过多的风、过多的雨、过多的雾，这七种东西摇动人的精气，那么生命就受到危害了。所以凡是养生，没有比懂得这个根本再重要的了，懂得了根本，疾病就无从产生了。

精气聚集在一起，一定要有所寄托。聚集在飞禽上，便表现为飞翔；聚集在走兽上，便表现为行走；聚集在珠玉上，便表现为精美；聚集在树木上，便表现为繁茂；聚集在圣人身上，便表现为聪明睿智。精气到来，依附在轻盈的形体上就使它飞翔，依附在可以跑动的形体上就使它行走，依附在具有美好特性的形体上就使它精美，依附在具有生长特性的形体上就使它繁茂，依附在具有智慧的形体上就使它聪明。

流动的水不会腐恶发臭，转动的门轴不会生虫朽烂，这是由于不断运动的缘故。人的形体、精气也是这样。形体不活动，体内的精气就不运行，精气不运行，气就会积滞。积滞在头部就造成肿病、风疾，积滞在耳部就造成㖞疾、耳聋，积滞在眼部就造成瞒疾、目盲，积滞在鼻部就造成鼽疾、窒息，积滞在腹部就造成胀疾、小腹疾病，积滞在脚部就造成痿症、蹶症。

水中含盐分及其他矿物质过少的地方，头上无发和颈部肿胀的人就多，水中含盐分及其他矿物质过多的地方，脚肿和痿躄不能行走的人就多；水味甜美的地方，美丽和睦康健的人就多；水味辛辣的地方，生长疽疮和痈疮的人就多；水味苦涩的地方，患鸡胸和驼背的人就多。

凡饮食不要滋味过浓，不吃厚味，不饮烈酒，它是招致疾病的开端。饮食能有节制，身体必然没灾没病。饮食的原则，要保持不饥不饱的状态，这样，五脏就能得到健康。一定要吃可口的食物，进食时，要精神和谐，仪容端正，用精气将养，周身就会舒适愉快，都受到了精气的滋养。饮食一定小口下咽，坐要端正，不要歪斜。

如今社会上崇尚占卜祈祷，所以疾病反而愈增。这就像射箭的人，射箭没有射中箭靶，不纠正自己的毛病，反而去修正箭靶的位置，这对射中箭靶能有什么帮助？用滚开的水阻止水的沸腾，沸腾越发不能阻止，撤去下面的火，沸腾自然就止住了。巫医、药物，其作用只能驱鬼治病，所以古人轻视这些东西。因为这些东西对于养生来说只是细枝末节。

先　己[1]

原　文

汤问于伊尹曰:“欲取天下,若何?”伊尹对曰:“欲取天下,天下不可取;可取,身将先取。”凡事之本,必先治身,啬其大宝。用其新,弃其陈,腠(còu)理遂通。精气日新,邪气尽去,及其天年,此之谓真人。

昔者,先圣王成其身而天下成,治其

●伊尹

身而天下治。故善响者不于响于声，善影者不于影于形，为天下者不于天下于身。《诗》曰："淑人君子，其仪不忒。其仪不忒，正是四国。"言正诸身也。故反其道而身善矣；行义则人善矣；乐备君道，而百官已治矣，万民已利矣。三者之成也，在于无为。无为之道曰胜天，义曰利身，君曰勿身。勿身督听，利身平静，胜天顺性。顺性则聪明寿长，平静则业进乐乡，督听则奸塞不皇。故上失其道，则边侵于敌；内失其行，名声堕于外。是故百仞之松，本伤于下，而末槁于上；商、周之国，谋失于胸，令困于彼。故心得而听得，听得而事得，事得而功名得。五帝先道而后德，故德莫盛焉；三王先教而后杀，故事莫功焉；五伯先事而后兵，故兵莫强焉。当今之世，巧谋并行，诈术递用，攻战不休，亡国辱主愈众，所事者末也。

夏后伯启与有扈战于甘泽而不胜，六卿请复之，夏后伯启曰："不可。吾地不浅，吾民不寡，战而不胜，是吾德薄而教不善也。"于是乎处不重席，食不贰味，琴瑟不张，钟鼓不修，子女不饬，亲亲长长，尊贤使能，期年而有扈氏服。故欲胜人者，必先自胜；欲论人者，必先自论；欲知人者，必先自知。《诗》曰："执辔如组。"孔子曰："审此言也，可以为天下。"子贡曰："何其躁也！"孔子曰："非谓其躁也，谓其为之于此，而成文于彼也。"圣人组修其身而成文于天下矣。故子华子曰："丘陵成而穴者安矣，大水深渊成而鱼鳖安矣，松柏成而途之人已荫矣。"

孔子见鲁哀公，哀公曰："有语寡人曰：'为国家者，为之堂上而已矣。'寡人以为迂言也。"孔子曰："此非迂言也。丘闻之，得之于身者得之人，失之于身者失之人。不出于门户而天下治者，其唯知反于己身者乎！"

注释

①**先己**：要治国、平天下先要修养自身德行。本篇阐述的是道家伊尹学派的学说。

译文

汤问伊尹："要取得天下，该怎么办？"伊尹回答："一心只想取得天下，天下不可能取得；如果说天下可以取得的话，首先要修养自身。"大凡做事的根本，一定要首先修养自身，爱惜自己的身体。不断吐故纳新，肌理就会保持畅通。精气日益增长，邪气完全除去，就会终其天年，这样的人叫作"真人"。

过去，先代圣王修养自身，治理天下的大业自然成就，端正自身，天下自然太平安定。所以，改善回声的，不致力于回声，而在于改善产生回声的声音；改善影子的，不致力于影子，而在于改善产生影子的形体；治理天下的，不致力于天下，而在于修养自身。《诗经》说：“那个善人君子，他的仪态很端庄。他的仪态很端庄，给四方各国做出榜样。”这说的正是修养自身啊。因此，回心向道，自身就可以达到美好的境界了；行为合宜，就会受到他人的称赞了；乐施君道，百官就能治理好了，万民就能获得好处了。这三方面的成功，都在于实现无为。无为之道就是听任天道，无为之义就是要修养自身，无为之君就是凡事不亲自去做。不亲自去做也会不偏听，修养自身就会平和清净，听任天道就会顺应天性。顺应天性就会聪明、长寿；平和清净事业就会有所发展，百姓乐于归依，不偏听就会奸邪闭塞，不至惶惑。所以，君主不行君道，边境就会遭受敌人侵犯，国内丧失德行，就会在国外名声败坏。因此，百仞高的松树，下面树根受了伤，上面的枝叶必然干枯，商、周两代末世，国君心中计谋无当，政令在外自然难以推行。所以，心有所得，听就会有所得；听有所得，政事就会处理得当；政事处理得当，自然功成名立。五帝把道放在首位，而把德放在其次，所以没有任何人的德行比五帝更美好了。三王把教化放在首位，而把刑罚放在其次，所以没有任何人的功业比三王更出色了。五霸把功业放在首位，而把武力征伐放在其次，所以没有任何人的军队比五霸更强大了。当今世上，各种诡计一齐实施，奸诈骗术接连使用，攻战不止，灭亡的国家、受辱的君主越来越多，其原因就在于他们所致力的方向是细枝末节。

夏后伯启同有扈氏在甘泽交战，没有取胜。六卿请求再战，夏后伯启说：“不行。我的土地并不小，我的人民也不少，但同有扈氏交战却没能取胜，这是由于我的恩德太少，教化不好的缘故啊！”于是夏后伯启居处不用两层席，吃饭不多吃，琴瑟不设，钟鼓不列，子女不修饰打扮，亲近亲族，敬爱长者，尊重贤人，任用能士。一年之后，有扈氏就归服了。因此，想要克制别人的，一定先要克制自己；想要评论别人的，一定先要评论自己；想要了解别人，一定先要了解自己。

《诗经》说：“手执缰绳驭马，如同编织花纹一样。”孔子说：“明悉这句话的含义，就可以治理天下了。”子贡说：“照《诗经》所说的去做，举止太急躁了吧！”孔子说：“这句诗不是说驭者动作急躁，而是说丝线在手中编织，而花纹却在手外成形。”圣人修养自身，而大业成就于天下。所以子华子说：“丘陵生成了，穴居的动物就可以安身；大水深渊生成了，鱼鳖就安身了；松柏茂盛了，行路的人就在树荫下歇息了。”

孔子谒见鲁哀公，哀公说：“有人告诉我说：‘治理国家的人，在朝堂之上治理就行了。’我认为这是迂腐之言。”孔子说：“这不是迂腐之言。我听说自身有所得的人，在别人那里也会有所得；在自身有所失的人，在别人那里也会有所失。不出门却把天下治理得很好，这恐怕只有懂得修养自身的国君才能做到吧！”

论　人①

原　文

主道约，君守近。太上反诸己，其次求诸人。其索之弥远者，其推之弥疏；其求之弥强者，失之弥远。

何谓反诸己也？适耳目，节嗜(shì)欲，释智谋，去巧故，而游意乎无穷之次，事心乎自然之涂，若此则无以害其天矣。无以害其天则知精，知精则知神，知神之谓得一。凡彼万形，得一后成。故知一，则应物变化，阔大渊深，不可测也。德行昭美，比于日月，不可息也。豪士时之，远方来宾，不可塞也。意气宣通，无所束缚，不可收也。故知知一，则复归于朴，嗜欲易足，取养节薄，不可得也。离世自乐，中情洁白，不可量也。威不能惧，严不能恐，不可服也。故知知一，则可动作当务，与时周旋，不可极也。举措以数，取与遵理，不可惑也。言无遗者，集肌肤，不可革也。谗人困穷，贤者遂兴，不可匿也。故知知一，则若天地然，则何事之不胜？何物之不应？譬(pì)之若御者，反诸己，则车轻马利，致远复食而不倦。昔上世之亡主，以罪为在人，故日杀僇而不止，以至于亡而不悟。三代之兴王，以罪为在己，故日功而不衰，以至于王。

何谓求诸人？人同类而智殊，贤不肖异，皆巧言辩辞以自防御，此不肖主之所以乱也。凡论人，通则观其所礼，贵则观其所进，富则观其所养，听则观其所行，止则观其所好，习则观其所言，穷则观其所不受，贱则观其所不为。喜之以验其守，乐之以验其僻，怒之以验其节，惧之以验其特，哀之以验其人，苦之以验其志。八观六验，此贤主之所以论人也。论人者，又必以六戚(qī)四隐。何谓六戚？父、母、兄、弟、妻、子。何为四隐？交友、故旧、邑里、门郭。内则用六戚四隐，外则用八观六验，人之情伪、贪鄙、美恶无所失矣。譬之若逃雨，污无之而非是。此先圣王之所以知人也。

注　释

①**论人**：是指衡量、识别、评定人。本篇阐述的是道家伊尹学派的观点。

译文

做君主的方法很简单，君主要奉行的原则就在近旁。最高的是向自身寻求，其次是向别人寻求。越向远处寻求的，离开它就越远，寻求它越花力气的，失去它就越容易。

什么叫向自身寻求呢？使耳目适度，节制嗜好欲望，放弃智巧计谋，摒除虚浮伪诈，让自己的意识在无限的空间中遨游，让自己的思想立于无为的境界。像这样，就没有什么可以危害自己的身心了。没有什么危害自己的身心，就能知道事物的精微，知道事物的精微，就能够懂得事理的玄妙，懂得事理的玄妙就叫作得道。万物在得道之后才能生成。所以懂得得道的道理，就会适应事物的变化，博大精深，不可测度。德行就会彰明美好，与日月并列，不可熄灭。豪杰贤士就会随时到来，从远方来归，不可遏止。精神、元气就会畅通，无所束缚，不可收敛。所以懂得得道的道理，就能重新返璞归真，嗜欲容易满足，所取养身之物少而有节制，这种人不可多得啊。就会超脱世俗，怡然自乐，内心洁白，前途不可限量，威武不能使他恐惧，严厉不能使他害怕，不可屈服。所以懂得得道的道理，就会举动与事合宜，随着时势应酬交际，不可困窘。举止依照礼数，做事遵循事理，不会迷乱。言无过失，感于肌肤，不可改变。奸人窘困，贤者显达，不可隐匿。所以懂得得道的道理，就会像天地一样，那么什么事情不能胜任？什么事情不能得当？这就像驾驭马车的人，反躬自求，就会车轻马快，即使跑很远的路再吃饭，中途也不会疲倦。过去，古代亡国的君主认为罪在别人，所以每天杀戮不停，以至于亡国仍不醒悟。夏、商、周三代兴旺发达的君王，认为罪在自己，所以每天勤于功业，从不松懈，以至成就了王者大业。

什么叫向别人寻求？人同类而智慧不同，贤与不肖相异。人们都用花言巧语来作为防范，这是昏君惑乱的缘故。大凡衡量、评定人，如果他显达，就观察他礼遇的都是什么人；如果他尊贵，就观察他举荐的都是什么人；如果他富有，就观察他赡养的都是什么人；如果他听言，就观察他采纳的话都是什么；如果他闲居在家，就观察他喜好的都是什么；如果他学习，就观察他说的都是什么；如果他困窘，就观察他不接受的都是什么；如果他贫贱，就观察他不做的都是什么。使他高兴，借以检验他的节操；使他快乐，借以检验他的邪念；使他发怒，借以检验他的气度；使他恐惧，借以检验他的独特；使他悲哀，借以检验他的仁爱之心；使他困苦，借以检验他的意志。以上八种观察和六项检验，就是贤明的君主用以衡量、评定人的方法。衡量、评定别人又一定用六戚、四隐。什么叫六戚？即父、母、兄、弟、妻、子六种亲属。什么叫四隐？即朋友、熟人、乡邻、亲信这四种亲近的人。在内凭着六戚、四隐，在外凭着八观、六验，人的真伪、贪鄙、美恶就能完全知晓，没有遗漏。就像是避雨一样，所往之处无一处没有雨水，无所逃避。这就是先代圣王用以识别人的方法。

圜道[1]

原文

天道圜（huán），地道方[2]，圣王法之，所以立上下。何以说天道之圜也？精气

一上一下，圜周复杂，无所稽留，故曰天道圜。何以说地道之方也？万物殊类殊形，皆有分职，不能相为，故曰地道方。主执圜，臣处方，方圜不易，其国乃昌。

日夜一周，圜道也。月躔二十八宿③，轸与角属，圜道也。精行四时，一上一下各与遇，圜道也。物动则萌，萌而生，生而长，长而大，大而成，成乃衰，衰乃杀，杀乃藏，圜道也。云气西行，云云然④，冬夏不辍(chuò)；水泉东流，日夜不休；上不竭，下不满，小为大，重为轻，圜道也。黄帝曰："帝无常处也，有处者乃无处也。"以言不刑蹇(jiǎn)，圜道也。人之窍九，一有所居则八虚，八虚甚久则身毙。故唯而听，唯止；听而视，听止；以言说一，一不欲留，留运为败，圜道也。一也齐至贵，莫知其原，莫知其端，莫知其始，莫知其终，而万物以为宗。圣王法之，以令其性，以定其正，以出号令。令出于主口，官职受而行之，日夜不休，宣通下究，瀸(jiān)于民心，遂于四方，还周复归，至于主所，圜道也。令圜，则可不可，善不善，无所壅矣。无所壅者，主道通也。故令者，人主之所以为命也，贤不肖、安危之所定也。人之有形体四枝，其能使之也，为其感而必知也。感而不知，则形体四枝不使矣。人臣亦然，号令不感，则不得而使矣。有之而不使，不若无有。主也者，使非有者也，舜、禹、汤、武皆然。

先王之立高官也，必使之方，方则分定，分定则下不相隐。尧、舜，贤主也，皆以贤者为后，不肯与其子孙，犹若立官必使之方。今世之人主，皆欲世勿失矣⑤，而与其子孙，立官不能使之方，以私欲乱之也，何哉？其所欲者之远，而所知者之近也。今五音之无不应也，其分审也。宫、徵、商、羽、角，各处其处，音皆调均，不可以相违，此所以不受也。贤主之立官有似于此，百官各处其职、治其事以待主，主无不安矣；以此治国，国无不利矣；以此备患，患无由至矣。

注释

①**圜道**：周而复始，运而不穷的道。圜，通"圆"。②**地道方**：地之道端平正直。③**躔**：指月亮运行过程中与星宿交会。④**云云然**：云气周旋回转的样子。⑤**世**：这里指父死子继。

译文

天道圆，地道方，圣王效法它们，据此以设立君臣上下。怎样解释天道圆呢？精气一上一下，环绕往复，循环不已，无所留止，所以说天道圆。怎样解释地道方呢？万物异类异形，都有各自的名分、职守，不能互相代替，所以说地道方。君主掌握圆道，臣下处守方道，方道、圆道不颠倒改变，这样国家才能昌盛。

太阳一昼夜绕行一周，这是圆道。月亮历行二十八宿，始于角宿，终于轸宿，角宿与轸宿首尾相接，这是圆道。精气四季运行，阴气上腾，阳气下降，相合而成万物，这是圆道。万物有了活力就会萌发，萌发而后滋生，滋生而后成长，成长而后壮大，壮大而后成熟，成熟而后衰败，衰败而后死亡，死亡而后形迹消失，这是圆道。云气西行，纷纭回转，冬夏不止，水泉东流，日夜不停。泉源永不枯竭，大海永不满盈，小泉汇成大海，重水化作轻云，这是圆道。黄帝说："天帝没有固定的居处。如果它固定在一处，就不会无所不在了。"这是说运行不止，这是圆道。人体共有九个孔窍，其中一窍闭塞，另外八窍就会有病。八窍病得厉害，时间久了，人就会死亡。所以，应答时若要听，应答就会停止，倾听时若要看，倾听就会停止。这是说要专精于一官一窍，一官一窍都不应停滞，停滞就成为祸灾，这是圆道。道是最高的，没有谁知道它的来源，也没有谁知道它的终极，没有谁知道它的开始，也没有谁知道它的归宿，然而万物都把它作为本源。圣王取法它，用来保全自己的天性，用来安定自己的生命，用来发号施令。号令从君主之口发出，百官接受而施行，日夜不停，普遍下达，深入到底，合于民心，通达四方，然后又旋转复回，回到君主那里，这是圆道。号令的施行符合圆道，不合宜的就能使它合宜，不好的就能使它美好，这样就没有壅闭之处了。没有壅闭之处就是君道畅通。所以，号令是君主把它当作生命来看待的东西，君主的贤与不肖，国家的安危都由它决定。人有形体四肢，其所以能够支使它们，是由于它们受到触动必定知道。如果受到触动而不知道，那形体四肢就不会听从支使了。臣下也是这样，如果对君主的号令无动于衷，就无法支使他们了。有臣下却不听从支使，不如没有。君主就是要支使本不属于自己的臣下，舜、禹、汤、武王都是这样。

先王设立高官，一定要使它方正。做到方正，职分就确定了，职分确定了，臣下就不会有隐私壅蔽其上。尧舜是贤明的君主，他们都把贤人作为自己的继承人，不肯把帝位传给自己的子孙，然而设立官职仍然一定要使它方正。当今世上的君主，都想父子相传世世代代不失君位，因而把它传给自己的子孙。但他们设立官职反而不能使它方正，用私欲把它搞乱了，这是为什么呢？这是因为他们贪求太多，而见识太短的缘故。五音无不应和，这是由于它们各自的乐律确定。宫、徵、商、羽、角各处在自己的位置上，音都调得很准确，不可以有丝毫谬误，这就是五音无不应和的缘故。贤主设立官职与此相似，百官各守其职，治理分内的事，以此侍奉君主，君主就没有不安宁的；以此治理国家，国家就没有不兴旺的；以此防备祸患，祸患就无从降临了。

孟夏纪第四

孟　夏

原　文

孟夏之月，日在毕[①]，昏翼中[②]，旦婺女中[③]。其日丙丁，其帝炎帝，其神祝融，其虫羽，其音徵，律中仲吕。其数七，其性礼，其事视，其味苦，其臭焦，其祀灶，祭先肺。蝼蝈鸣，丘蚓出，王菩生[④]，苦菜秀。天子居明堂左个，乘朱辂，驾赤骝，载赤旂，衣赤衣，服赤玉，食菽与鸡，其器高以觕。

是月也，以立夏。先立夏三日，太史谒之天子曰："某日立夏，盛德在火。"天子乃斋。立夏之日，天子亲率三公、九卿、大夫以迎夏于南郊。还，乃行赏，封侯庆赐，无不欣说。乃命乐师习合礼乐。命太尉，赞杰俊，遂贤良，举长大。行爵出禄，必当其位。

是月也，继长增高，无有坏隳。无起土功[⑤]，无发大众，无伐大树。

是月也，天子始絺[⑥]。命野虞出行田原，劳农劝民，无或失时。命司徒循行县鄙，命农勉作，无伏于都。

是月也，驱兽无害五谷，无大田猎，农乃升麦。天子乃以彘(zhì)尝麦[⑦]，先荐寝庙。

是月也，聚蓄百药，靡草死，麦秋至。断薄刑，决小罪，出轻系。蚕事既毕，后妃献茧。乃收茧税，以桑为均[⑧]，贵贱少长如一，以给郊庙之祭服。

是月也，天子饮酎(zhòu)[⑨]，用礼乐。行之是令，而甘雨至三旬。

孟夏行秋令，则苦雨数来，五谷不滋，四鄙入保。行冬令，则草木早枯，后乃大水，败其城郭。行春令，则虫蝗为败，暴风来格，秀草不实。

注　释

①**毕**：星宿名，二十八宿之一。②**翼**：星宿名，二十八宿之一。③**中**：中星，即黎明时出现在南方中天的星座。④**王菩**：即栝楼，一种药用植物。⑤**土功**：建筑工程。⑥**絺**：细

葛布。⑦**以彘尝麦**：以猪肉做菜，和麦子一起吃。⑧**以桑为均**：茧税应按桑树的多少来缴纳。⑨**酎**：重酿酒。即经过多次复酿的醇酒。

译　文

孟夏四月，太阳的位置在毕宿，黄昏时刻，翼宿出现在南方中天，拂晓时分，女宿出现在南方中天。孟夏于天干属丙丁，它的主宰之帝是炎帝，佐帝之神是祝融，应时的动物是凤鸟之类的羽族，相配的声音是徵音，音律与仲吕相应。这个月的数字是七，其性是礼，修养身心应做的事是视，味道是苦味，气味是焦气，要举行的祭祀是灶祭，祭祀时祭品以肺脏为尊。这个月，蛤蟆开始发声，蚯蚓从土里钻出来，栝楼长出来了，苦菜开花了。天子住在南向明堂的左侧室，乘坐朱红色的车子，车前驾着赤红色的马，车上插着赤色的绘有龙纹的旗帜，天子穿着赤色的衣服，佩戴着赤色的饰玉，吃的食物是豆子和鸡，用的器物高且大。

这个月有立夏的节气。立夏前三天，太史向天子禀告："某日立夏，大德在于火。"天子于是斋戒，准备迎夏。立夏那天，天子亲自率领三公、九卿、诸侯、大夫到南郊迎接夏季的降临。礼毕归来，赏赐功臣，分封爵位和土地，群臣无不欣喜快乐。命令乐师练习合演礼乐。命令太尉向天子禀报才能出众的人，举荐德行超群的人，形体高大的人。封爵位，给予俸禄，一定要与他们的地位相当。

这个月，万物都在生长壮大，不要使它们有所毁坏。不许大兴土木，不许征发百姓，不许砍伐大树。

这个月，天子开始穿细葛布的衣服。命令主管山林田野的官吏出去视察田地原野，鼓励百姓努力耕作，不要违背农时。命令主管教化民事的官吏巡视天子领地内的各个县邑，命令农夫努力耕作，不要藏伏在国都之中。

这个月，要驱逐野兽，使它们不要伤害五谷，不要大规模进行狩猎。这个月，农民献上新麦，天子于是吃着猪肉、品尝麦子，在品尝之前先进献给祖庙。

这个月，要积聚贮藏各种草药。葶苈之类的草药枯死了，麦子成熟的季节来到了。对罪小的犯人进行判决，释放不足以判刑的犯人。蚕桑之事已经结束，后妃向天子献上蚕茧，于是向养蚕的人收取茧税，税按照桑树的多少来均分，贵贱长幼一视同仁，用这些税收来供给祭天祭祖时所用的祭服。

这个月，天子欢宴群臣，饮用酎酒，观看礼乐表演。实行与这个月的时令相应的政令，及时雨就会十天一至。

孟夏如果施行应在秋天施行的政令，那么，伤害庄稼的苦雨就会频繁来到，各种谷物就不能生长，边境的百姓就会因敌寇侵扰而躲进城堡。如果施行应在冬天施行的政令，那么，草木就会过早地干枯，然后就有大水毁坏城郭。如果施行应在春天施行的政令，那么，虫螟就会成灾，疾风就会袭来，草木就会只开花不结实。

劝　学[1]

原　文

先王之教，莫荣于孝，莫显于忠。忠孝，人君人亲之所甚欲也。显荣，人子人臣之所甚愿也。然而人君人亲不得其所欲，人子人臣不得其所愿，此生于不知理义。不知理义，生于不学。

学者师达而有材，吾未知其不为圣人。圣人之所在，则天下理焉。在右则右重，在左则左重，是故古之圣王未有不尊师者也。尊师则不论其贵贱贫富矣。若此则名号显矣，德行彰矣。故师之教也，不争轻重尊卑贫富，而争于道。其人苟可，其事无不可，所求尽得，所欲尽成，此生于得圣人。圣人生于疾学，不疾学而能为魁(kuí)士名人者，未之尝有也。疾学在于尊师，师尊则言信矣，道论矣。故往教者不化，召师者不化，自卑者不听，卑师者不听。师操不化不听之术而以强教之，欲道之行、身之尊也，不亦远乎？学者处不化不听之势，而以自行，欲名之显、身之安也，是怀腐而欲香也，是入水而恶濡(rú)也。

凡说者，兑之也，非说之也。今世之说者，多弗能兑，而反说之。夫弗能兑而反说，是拯溺而硾(zhuì)之以石也[2]，是救病而饮之以堇也[3]。使世益乱，不肖主重惑者从此生矣。故为师之务，在于胜理，在于行义。理胜义立则位尊矣，王公大人弗敢骄也，上至于天子，朝之而不惭。凡遇合也，合不可必，遗理释义以要不可必，而欲人之尊之也，不亦难乎？故师必胜理行义然后尊。

●曾参

曾子曰：“君子行于道路，其有父者可知也，其有师者可知也。夫无父而无师者，余若夫何哉？”此言事师之犹事父也。曾点使曾参，过期而不至，人皆见曾点曰：“无乃畏邪？”曾点曰：“彼虽畏，我存，夫安敢畏？”孔子畏于匡，颜渊后，孔子曰：“吾以汝为死矣。”颜渊曰：“子在，回何敢死？”颜回之于孔子也，犹曾参之事

父也。古之贤者与其尊师若此，故师尽智竭道以教。

注　释

①劝学：勉励人们勤学。本篇阐述的是儒家学说。**②硾：**古同“缒”，拴着重物使其沉到水下。**③堇：**药草名，有剧毒。

译　文

先王的政教中，没有什么比孝更荣耀，没有什么比忠更显达。忠孝是君主、父母十分希望得到的东西，显荣是子女、臣下十分愿意获得的东西。然而，君主、父母却得不到他们所希望的忠孝，子女、臣下却得不到他们所向往的显荣，这是由于不懂得理义造成的。不懂得理义，是由于不学习的缘故。

从师学习的人，如果他的老师通达而自己又有才能，我没听说过这样的人不会成为圣人。只要有圣人在，天下就太平安定了。圣人在这个地方，这个地方就受到尊重，圣人在那个地方，那个地方就受到尊重，因此古代的圣王没有不尊重老师的。尊重老师就不会计较他们的贵贱、贫富了。像这样，名声就显达了，德行就彰明了。所以，老师施行教诲的时候，也不计较学生的尊卑、贫富，而看重他们是否能接受理义。他们倘若能够接受理义，对他们的教诲就不会不适合。所追求的完全都能得到，所希望的完全都能实现，这种情况在成为圣人之后才会发生。圣人是在努力学习中产生的，不努力学习而能成为贤士名人的，未曾有过。努力学习关键在于尊重老师。老师受到尊重，其言语就会被人信服，道义就会被人称颂而彰明了。因此，应召去教的老师不可能教化他人，呼唤老师来教的人不可能受到教化，自卑的老师不会被人听信，轻视老师的人不会听从教诲。老师如果采用不可能教化他人、不会被人听信的方法去勉强教育人，尽管想使自己的道义得以施行，使自身得以尊贵，不也差得太远了吗？从师学习的人凡处于不可能受到教化、不会听从教诲的地位，自己随意行事，尽管想使自己名声显赫，自身平安，这就如怀揣腐臭的东西希望能够芳香，进入水中却厌恶被水沾湿一样，怎么可能办得到呢？

凡是说教，应该使对方心情舒畅，而不是硬性说教。如今世上说教的人，大多不能使对方心情舒畅，却反去硬性说教。不能使对方心情舒畅，反去硬性说教，这就如同拯救溺水的人却用石头让他沉下去，如同治病却给病人喝下毒药一样，只会适得其反。社会越发混乱，不肖的君主越发昏乱就都由此产生了。所以，做老师的要务在于依循事理，在于施行道义。只要事理被依循，道义得以树立，那么老师的地位就尊贵了，王公大人对他们不敢轻慢，即使上自天子，朝拜这样的老师也不会感到羞愧。但凡师徒相遇而融洽的情况不可能一定实现。如果老师遗弃事理，抛掉道义，去追求不一定会实现的东西，并想要人们尊重他，这不是太难了吗？所以，老师一定要依循事理，遵行道义，然后才能得到尊重并显达。

曾子说：“君子在道路上行走，其中父亲还在的可以看出来，其中有老师的也可以看出来。对那些父亲、老师都不在的人，其他人又能怎么样呢？”这就是说对待老师像对待父

亲一样。曾点派他的儿子曾参外出，过了约定的日期却没有回来，人们都来看望曾点说：“怕不是遇难了吧。”曾点说：“即使他要死，我还活着，他怎么敢自己不小心遭祸而死呢！”孔子被囚禁在匡地，颜渊最后才到，孔子说：“我以为你死了。”颜渊说：“您还活着，我怎么敢死。”颜回对待孔子如同曾参侍奉父亲一样。古代的贤人，他们尊重老师达到这样的地步，所以老师会尽心教诲他们。

尊 师

原 文

神农师悉诸，黄帝师大挠，帝颛顼师伯夷父，帝喾师伯招，帝尧师子州支父，帝舜师许由，禹师大成贽，汤师小臣[1]，文王、武王师吕望、周公旦，齐桓公师管夷吾，晋文公师咎犯、随会，秦穆公师百里奚、公孙枝，楚庄王师孙叔敖、沈尹巫，吴王阖闾师伍子胥、文之仪，越王句践师范蠡、大夫种。此十圣人六贤者，未有不尊师者也。今尊不至于帝，智不至于圣，而欲无尊师，奚由至哉？此五帝之所以绝，三代之所以灭。

且天生人也，而使其耳可以闻，不学，其闻不若聋；使其目可以见，不学，其见不若盲；使其口可以言，不学，其言不若爽；使其心可以知，不学，其知不若狂。故凡学，非能益也，达天性也。能全天之所生而勿败之，是谓善学。子张，鲁之鄙家也，颜涿聚（zhuō），梁父之大盗也，学于孔子。段干木，晋国之大驵（zǎng）也[2]，学于子夏。高何、县子石，齐国之暴者也，指于乡曲，学于子墨子。索卢参，东方之巨狡也，学于禽滑釐。此六人者，刑戮死辱之人也，今非徒免于刑戮死辱也，由此为天下名士显人，以终其寿，王公大人从而礼之，此得之于学也。

凡学，必务进业，心则无营，疾讽诵，谨司闻，观欢愉，问书意，顺耳目，不逆志，退思虑，求所谓，时辨说，以论道，不苟辨，必中法，得之无矜，失之无惭，必反其本。

生则谨养，谨养之道，养心为贵；死则敬祭，敬祭之术，时节为务，此所以尊师也。治唐圃，疾灌寖，务种树；织葩屦，结罝网，捆蒲苇；之田野，力耕耘，事五谷；如山林，入川泽，取鱼鳖，求鸟兽，此所以尊师也。视舆马，慎驾御；适衣服，务轻暖；临饮食，必蠲（juān）絜；善调和，务甘肥；必恭敬，和颜

色，审辞令；疾趋翔[3]，必严肃，此所以尊师也。

君子之学也，说义必称师以论道，听从必尽力以光明。听从不尽力命之曰背，说义不称师命之曰叛，背叛之人，贤主弗内之于朝，君子不与交友。故教也者，义之大者也；学也者，知之盛者也。义之大者，莫大于利人，利人莫大于教。知之盛者，莫大于成身，成身莫大于学。身成则为人子弗使而孝矣，为人臣弗令而忠矣，为人君弗强而平矣，有大势可以为天下正矣。故子贡问孔子曰："后世将何以称夫子？"孔子曰："吾何足以称哉！勿已者，则好学而不厌，好教而不倦，其惟此邪？"天子入太学祭先圣，则齿尝为师者弗臣，所以见敬学与尊师也。

注　释

①**小臣**：指伊尹。②**驵**：从事马匹交易的中间商。③**趋翔**：有节奏地步行。

译　文

神农以悉诸为师，黄帝以大挠为师，帝颛顼以伯夷父为师，帝喾以伯招为师，帝尧以子州支父为师，帝舜以许由为师，禹以大成贽为师，汤以小臣伊尹为师，文王、武王以吕望、周公旦为师，齐桓公以管夷吾为师，晋文公以咎犯、随会为师，秦穆公以百里奚、公孙枝为师，楚庄王以孙叔敖、沈尹巫为师，吴王阖闾以伍子胥、文之仪为师，越王勾践以范蠡、大夫文种为师。这十位圣人、六位贤者没有不尊重老师的。如今，人们地位没有达到五帝那样尊贵，才智没有达到圣人的境界，却想不尊奉老师，这怎么能达到帝、圣的境界呢？这正是五帝之所以废绝，三代之所以不可再现的原因。

况且天造就人，使人的耳朵可以听见，如果不学习，耳有所闻反不如耳聋听不见好。使人的眼睛可以看见，如果不学习，目有所见还不如眼盲看不见好。使人的口可以说话，如果不学习，口有所言反不如口有病说不出话好。使人的心可以认知事物，如果不学习，心有所知反不如狂乱无知好。因此，凡是学习，并不是能给人另外增加什么，而是使人通达天性。只要能够保全上天赋予的人性而不使它受到伤害，这就叫作善于学习。子张本是鲁国的鄙俗小人，颜涿聚本是梁父山上的大盗，他们求学于孔子。段干木本是晋国市场上从事马匹交易的中间商，求学于子夏。高何、县子石本是齐国凶恶残暴的人，被乡里所斥逐，求学于墨子。索卢参本是东方有名的狡诈之人，求学于禽滑釐。这六个人本是该受到刑罚、杀戮，蒙受耻辱的人。如今，由于从师学习，他们不仅免于刑罚、杀戮、耻辱，而且成为天下的知名之士、显达之人，得以终其天年，王公大人因此对他们以礼相待，这些都是得力于学习。

凡学习，一定务求增进学业，这样心中就没有疑惑了。要努力诵习，小心等候机会聆听

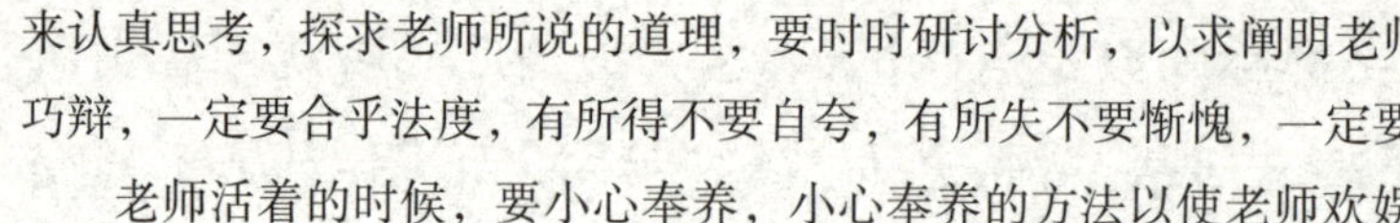

教诲，看到老师欢悦的时候，请教书中的意旨，要顺适老师的耳目，不违背老师的心意。回来认真思考，探求老师所说的道理，要时时研讨分析，以求阐明老师所阐明的道理。不苟且巧辩，一定要合乎法度，有所得不要自夸，有所失不要惭愧，一定要回到自己的本性上来。

老师活着的时候，要小心奉养，小心奉养的方法以使老师欢娱为贵，老师死了要恭敬祭祀，恭敬祭祀的原则以合于四时之节为要，这是尊重老师的做法。为老师修整园地，努力灌溉，积极种植，织麻鞋，结兽网，编蒲苇，走到田野，努力耕耘，种植五谷，走进山林，进入川泽，捕捉鱼鳖，猎取鸟兽，这是尊重老师的做法。为老师察看车马，小心驾驭，使衣服适宜，务求轻暖。备办饮食，一定清洁，好好调和五味，务求甘甜肥美，一定恭恭敬敬，和颜悦色，言辞审慎，力求行步快慢有节，一定恭敬庄重，这是尊重老师的做法。

君子学习，谈论道理一定称引老师的话来阐明道义，听从教诲一定尽心竭力以便发扬光大。听从教诲而不尽心竭力去发扬它，这种行为叫作“背”，谈论道理而不称引老师的话去阐明它，这种行为叫作“叛”。有背叛行为的人，贤明的君主不接纳他们在朝为臣，君子不跟他们交往为友。因此，教育人是一件非常仁义的事，学习是一件非常聪明的事。仁义的事没有比给人带来利益更大的了，而给人带来利益最大的，没有什么能超过教育人。聪明的事没有比修养身心更大的了，而修养身心最重要的，没有什么能超过学习。如果自身的修养完成了，那么，做儿子的不用支使就孝顺了，做臣下的不用命令就忠诚了，做君主的不用勉强就公正了，其中形势最有利的就可以当天下的君主了。所以，子贡问孔子说：“后代将用什么话来称道您呢？”孔子说：“我哪里值得称道啊！如果一定要说的话，那就是喜好学习而不满足，勤于教诲而不疲倦，大概仅此而已！”天子进入明堂祭祀先代圣人，与曾经当过自己老师的人并排站立，不把他们当臣子看待，这是显示重视学习和尊重老师。

诬　徒

原　文

达师之教也，使弟子安焉、乐焉、休焉、游焉、肃焉、严焉。此六者得于学，则邪辟之道塞矣，理义之术胜矣。此六者不得于学，则君不能令于臣，父不能令于子，师不能令于徒。人之情，不能乐其所不安，不能得于其所不乐。为之而乐矣，奚待贤者？虽不肖者犹若劝之。为之而苦矣，奚待不肖者？虽贤者犹不能久。反诸人情，则得所以劝学矣。子华子曰：“王者乐其所以王，亡者亦乐其所以亡，故烹兽不足以尽兽，嗜其脯则几矣。”然则王者有嗜乎理义也，亡者亦有嗜乎暴慢也。所嗜不同，故其祸福亦不同。

不能教者，志气不和，取舍数变，固无恒心，若晏（yàn）阴喜怒无处，言谈日易，以恣（zì）自行，失之在己，不肯自非，愎过自用，不可证移。见权亲势及有

富厚者，不论其材，不察其行，驱而教之，阿而谄之，若恐弗及。弟子居处修洁，身状出伦，闻识疏达，就学敏疾，本业几终者，则从而抑之，难而悬之，妒而恶之。弟子去则冀终，居则不安，归则愧于父母兄弟，出则惭于知友邑里。此学者之所悲也，此师徒相与异心也。人之情，恶异于己者，此师徒相与造怨尤也。人之情，不能亲其所怨，不能誉其所恶，学业之败也，道术之废也，从此生矣。善教者则不然，视徒如己。反己以教，则得教之情也。所加于人，必可行于己，若此则师徒同体。人之情，爱同于己者，誉同于己者，助同于己者，学业之章明也，道术之大行也，从此生矣。

不能学者，从师苦而欲学之功也，从师浅而欲学之深也。草木鸡狗牛马不可谯诟遇之[①]，谯诟遇之，则亦谯诟报人，又况乎达师与道术之言乎！故不能学者，遇师则不中，用心则不专，好之则不深，就业则不疾，辩论则不审，教人则不精；于师愠，怀于俗，羁(jī)神于世，矜势好尤[②]，故湛于巧智，昏于小利，惑于嗜欲，问事则前后相悖，以章则有异心，以简则有相反，离则不能合，合则弗能离，事至则不能受，此不能学者之患也。

注　释

①**谯**：责备。**诟**：耻辱。②**矜**：夸耀。**尤**：突出。

译　文

通达事理的老师施行教育，能使学生安心、快乐、安闲、从容、庄重、严肃。这六方面在教学中实现了，那么邪僻的路就堵死了，正义之道就通行了。这六方面在教学中不能实现，那么君主就不能支使臣下，父亲就不能支使儿子，老师就不能支使学生。人之常情，不能喜欢自己所不安心的事物，不能从自己所不喜欢的事物中有所得。一件事如果做起来就感到快乐，不用说贤人，即使不肖的人仍然会努力去做。一件事如果做起来就感到苦恼，不用说不肖的人，即使贤人同样不能持久。从人之常情出发，就会得到勉励人们学习的道理了。子华子说："成就王业的人乐意做那些使自己成就王业的事，国破家亡的人也乐意做那些使自己灭亡的事，所以煮食禽兽不可能把所煮的禽兽吃尽，人们专吃自己爱吃的肉就够了。"如此说来，成就王业的人特别喜好理义，国破家亡的人特别喜好凶暴傲慢。他们的喜好不同，因此他们所得到的祸福也不同。

不善于教育人的老师心志不和谐，取舍一再变化，根本没有恒心，就像天气的阴晴一样喜怒无常，言谈一天一变，放纵自己的行为，过失在于自己，却不肯自我批评，坚持错

误，自以为是，不能接受意见而有所改变。亲近有权有势的人和富有的人，不衡量他们的才能，不考察他们的品行，急忙跑去教他们，迎合奉承他们，唯恐不及。对于学生中平时操守清白和善、品貌出众、见识广博、勤于向老师请教、接近完成学业的人，却压制他们，诘难、疏远他们，妒忌厌恶他们，学生想要离去却又希望完成学业，而留下来又不安心，愧见父母兄弟，出门愧见挚友、乡亲。这是求学的人所悲伤的，这是由于老师和学生彼此心志不同的缘故。人之常情是憎恶跟自己心志不合的人，这是老师和学生彼此结下怨恨的原因。人之常情是不能爱自己所怨恨的人，不能称颂自己所憎恶的人，学业的败坏，传道授业的废弃，就由此产生了。善于教育人的老师就不是这样的，他们看待学生如同自己一样，设身处地施行教育，这样就掌握教育的真谛了。凡施加给别人的，自己一定能够做到，像这样，就做到师生一体了。人之常情，喜爱跟自己心志相同的人，称颂跟自己心志相同的人，帮助跟自己心志相同的人，学业的彰明，道术的普遍推行，就由此产生了。

不善于学习的人，跟随老师学习粗心大意，却想学得精通，跟随老师学习浅尝辄止，却想学得深入。草木、鸡狗、牛马，不可粗暴地对待它们，如果粗暴地对待它们，那它们也会粗暴地报复人。草木、鸡狗、牛马尚且如此，又何况对待通达事理的老师和道术的传授呢？所以，不善于学习的人，对待老师不忠诚，用心不专一，爱好不深入，求学不努力，辩论不明是非，效法别人不精心，怨恨老师，安于凡庸，精神被时务所束缚，自恃权势，好犯过失，所以沉溺于巧诈，迷恋于小利，惑乱于嗜欲，问事则前后矛盾，言辞详明则又与心相异，言辞简约则与语意相反，分散的事不会综合，复杂的事不会分析，即使再费力气也不能有所成就，这是不善于学习的人的弊病。

用　众

原　文

善学者，若齐王之食鸡也，必食其跖(zhí)数千而后足[1]，虽不足，犹若有跖。物固莫不有长，莫不有短，人亦然。故善学者，假人之长以补其短。故假人者，遂有天下。

无丑不能，无恶不知。丑不能，恶不知，病矣。不丑不能，不恶不知，尚矣。虽桀、纣犹有可畏可取者，而况于贤者乎？

故学士曰："辩议不可不为。"辩议而苟可为，是教也，教大议也。辩议而不可为，是被褐(hè)而出，衣锦而入。

戎人生乎戎、长乎戎而戎言，不知其所受之；楚人生乎楚、长乎楚而楚言，不知其所受之。今使楚人长乎戎，戎人长乎楚，则楚人戎言，戎人楚言

矣。由是观之，吾未知亡国之主不可以为贤主也，其所生长者不可耳，故所生长不可不察也。

天下无粹(cuì)白之狐[②]，而有粹白之裘，取之众白也。夫取于众，此三皇、五帝之所以大立功名也。

凡君之所以立，出乎众也。立已定而舍其众，是得其末而失其本。得其末而失其本，不闻安居。故以众勇无畏乎孟贲(bēn)矣，以众力无畏乎乌获矣，以众视无畏乎离娄矣，以众知无畏乎尧、舜矣。夫以众者，此君人之大宝也。

田骈谓齐王曰："孟贲庶乎患术，而边境弗患；楚、魏之王，辞言不说，而境内已修备矣，兵士已修用矣，得之众也。"

注　释

①**"善学者"三句：**本句指善于学习的人博采众长，像齐王吃鸡一样，要学到很多东西才能满足。跖，鸡脚掌。数千，众多，不是实际数字。②**粹：**纯一，没有夹杂。

译　文

善于学习的人像齐王吃鸡一样，一定要吃上几千鸡跖而后才满足，即使不够，仍然有鸡跖可供取食。事物本来既有长处，也有短处，人也是这样。所以，善于学习的人能取别人的长处来弥补自己的短处。因此，善于汲取众人长处的人，便能占有天下。

不要把不能看作羞耻，不要把不知看作耻辱。把不能看作羞耻，把不知看作耻辱，就会陷入困境。不把不能看作羞耻，不把不知看作耻辱，这是最高尚的。即使桀、纣那样的暴君尚且有令人敬畏、可取之处，更何况贤人呢？

所以有学问的人说：求学者不可使用辩议。如果说辩议可以使用的话，这是指施教者而言，施教才需要大议。求学者不使用辩议，就可以由无知变为贤达，这就像穿着破衣服出门，穿着华丽的衣服归来一样。

戎人生在戎地，长在戎地，而说戎人的语言，自己却不知是从谁那里学来的。楚人生在楚地，长住楚地，而说楚人的语言，自己却不知是从谁那里学来的。假如让楚人在戎地生长，让戎人在楚地生长，那么楚人就说戎人的语言，戎人就说楚人的语言了。由此看来，我不相信亡国的君主不可能成为贤明的君主，只不过是他们所生长的环境不允许罢了，因此，对于人所生长的环境不可不注意考察啊。

天下没有纯白的狐狸，却有纯白的狐裘，这是从许多狐狸的皮毛当中选取出来制成的。善于从众人中汲取长处，这正是三皇五帝建立极大功名的原因。

但凡君主地位的确立，都是凭借着众人的力量。君位一经确立就舍弃众人，这是得到细枝末节而丧失了根本。凡是得到细枝末节而丧失了根本的君主，从未听说过他的统治会

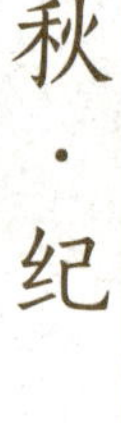

安定稳固。所以，依靠众人的勇敢就不惧怕孟贲了，依靠众人的力气就不惧怕乌获了，依靠众人的眼力就不惧怕离娄了，依靠众人的智慧就不惧怕尧、舜了。依靠众人，这是统治人们的根本大法。

田骈对齐王说："即使孟贲对于众人的力量也感到忧虑，无可奈何，因而齐国的边境无须担忧。楚国、魏国的君主不善言辞，而国内备战的各种设施已经修整完备了，兵士已经训练有素可以打仗了，这都是得力于众人的力量！"

仲夏纪第五

仲　夏

原　文

仲夏之月，日在东井，昏亢中，旦危中。其日丙丁，其帝炎帝，其神祝融，其虫羽，其音徵，律中蕤宾，其数七，其味苦，其臭焦，其祀灶，祭先肺。小暑至，螳螂生，䴗始鸣，反舌无声[①]。天子居明堂太庙，乘朱辂，驾赤骝，载赤旂，衣朱衣，服赤玉，食菽与鸡，其器高以粗，养壮狡[②]。

是月也，命乐师修鞀鞞鼓[③]，均琴瑟管箫，执干戚戈羽，调竽笙埙篪，饬钟磬柷敔。命有司为民祈祀山川百原，大雩帝，用盛乐。乃命百县雩祭祀百辟卿士有益于民者，以祈谷实，农乃登黍。

是月也，天子以雏尝黍，羞以含桃，先荐寝庙。令民无刈蓝以染，无烧炭，无暴布，门闾无闭，关市无索。挺重囚，益其食，游牝别其群，则絷腾驹，班马正。

是月也，日长至，阴阳争，死生分。君子斋戒，处必掩，身欲静无躁，止声色，无或进，薄滋味，无致和，退嗜欲，定心气，百官静，事无刑，以定晏阴之所成。鹿角解，蝉始鸣，半夏生，木堇荣。

是月也，无用火南方，可以居高明，可以远眺望，可以登山陵，可以处台榭。

仲夏行冬令，则雹霰伤谷，道路不通，暴兵来至。行春令，则五谷晚熟，百螣时起，其国乃饥。行秋令，则草木零落，果实早成，民殃于疫。

注　释

①反舌：百舌鸟。**②壮狡：**力大强健的人。**③鞀鞞：**乐曲演奏时，用来指挥的鼓。

译　文

仲夏五月，太阳的位置在井宿。黄昏时刻，亢宿出现在南方中天，拂晓时刻，危宿出现在南方中天。仲夏于天干属丙丁，它的主宰之帝是炎帝，佐帝之神是祝融，应时的动物是凤鸟一类的羽族，相配的声音是徵音，音律与蕤宾相应。这个月的数字是七，味道是苦味，气味是焦气，要举行的祭祀是灶祭，祭祀时祭品以肺脏为尊。这个月，小暑来到了，螳螂出现了，伯劳鸟开始鸣叫，百舌鸟寂然无声。天子住在南向明堂的中间正室，乘坐朱红色的车子，车前驾着赤红色的马，车上插着赤色的绘有龙纹的旗帜，吃的食物是豆子和鸡，用的器物高而且大，供养力大勇猛的人。

这个月，命令乐师修整鞀鼓鞞鼓，调节琴瑟管箫，营造干戚戈羽，调和竽笙埙篪，整饬钟磬柷敔。命令主管官吏为百姓祈求雨水，祭祀名山大川及众水之源，并且举行盛大的雩祭，使用众多的舞乐，演奏隆重的乐曲，向天帝祈求风调雨顺。命令天子领地内的各县大夫同时举行雩祭，祭祀前世有功于百姓的君主公卿，向他们祈求五谷丰登，农民在这个月要进献黍子。

这个月，天子就着雏鸡品尝黍子，连同樱桃一起，先敬献于祖庙。命令百姓不要割蓝草来染东西，不要烧木炭，不要晒布匹，城门和闾门不要关闭，关卡和集市不要征税，宽缓重刑的囚犯，增加他们的饮食。放牧时，把怀孕的母马与其他马群分开，要拴住公马，免得它们踢伤母马，要颁布有关养马的政令。

这个月，夏至到来，阴阳相争，死生相别。君子斋戒静修身心，居处必深邃，身体要安静，远离女色，不许嫔妃进御，减少羹味，不要使它齐和，去掉一切嗜欲，安定心气，各种器官安静无为，做事不要盲动，以待确定阴阳的成败。这个月，鹿角脱落了，知了开始鸣叫，半夏长出苗，木槿开了花。

这个月，不要在南方用火，可以住在楼阁，可以眺望远方，可以登上山陵，可以待在台榭。

仲夏如果施行应在冬天施行的政令，那么雹霰就会伤害五谷，道路就会毁坏不通，贼兵就会到来；如果施行应在春天实行的政令，那么五谷就会晚熟，虫害就会时时发生，国家就会遇到饥荒；如果施行应在秋天施行的政令，那么草木就会零落，果实就会过早成熟，百姓就会因疫病流行而遭受灾祸。

大乐[1]

原文

音乐之所由来者远矣，生于度量[2]，本于太一。太一出两仪，两仪出阴阳。阴阳变化，一上一下，合而成章。浑浑沌沌，离则复合，合则复离，是谓天常[3]。天地车轮，终则复始，极则复反，莫不咸当。日月星辰，或疾或徐，日月不同，以尽其行。四时代兴，或暑或寒，或短或长，或柔或刚。万物所出，造于太一，化于阴阳。萌芽始震，凝渫以形。形体有处，莫不有声。声出于和，和出于适。和适，先王定乐，由此而生。

天下太平，万物安宁，皆化其上，乐乃可成。成乐有具，必节嗜欲。嗜欲不辟，乐乃可务。务乐有术，必由平出。平出于公，公出于道，故惟得道之人，其可与言乐乎！

亡国戮(lù)民，非无乐也，其乐不乐。溺者非不笑也，罪人非不歌也，狂者非不武也，乱世之乐，有似于此。君臣失位，父子失处，夫妇失宜，民人呻吟，其以为乐也，若之何哉？

凡乐，天地之和，阴阳之调也。始生人者，天也，人无事焉。天使人有欲，人弗得不求；天使人有恶，人弗得不辟(pì)。欲与恶所受于天也，人不得兴焉，不可变，不可易。世之学者，有非乐者矣，安由出哉？

大乐，君臣、父子、长少之所欢欣而说也。欢欣生于平，平生于道。道也者，视之不见，听之不闻，不可为状。有知不见之见、不闻之闻、无状之状者，则几于知之矣。道也者，至精也，不可为形，不可为名，强为之名，谓之太一。

故一也者制令，两也者从听。先圣择两法一，是以知万物之情。故能以一听政者，乐君臣，和远近，说黔首，合宗亲。能以一治其身者，免于灾，终其寿，全其天。能以一治其国者，奸邪去，贤者至，成大化；能以一治天下者，寒暑适，风雨时，为圣人。故知一则明，明两则狂。

注释

①**大乐**：合于道的音乐。本篇是阴阳家的乐论。②**度量**：指音律度数的增减。③**天常**：自然的永恒规律。

译 文

音乐的由来相当久远了，它产生于度量，本源于太一。太一生天地，天地生阴阳。阴阳变化，一上一下，会合而成形体。浑浑沌沌的，分离了又会合，会合了又分离，这就叫作自然的永恒规律。天地像车轮一样转动，到尽头又重新开始，到终极又返回，无不恰到好处。日月星辰的运行，有的快，有的慢。日月轨道不同，都周而复始地运行在各自的轨道上。春夏秋冬更迭出现，有的季节炎热，有的季节寒冷，有的季节白天短，有的季节白天长，有的季节属柔，有的季节属刚。万物的产生，从太一开始，由阴阳生成。因阳而萌芽活动，因阴而凝练成形。万物的形体各占一定的空间，无不发出声音。声音产生于和谐，和谐来源于合度。先王制定音乐，正是从这个原则出发的。

天下太平，万物安宁，一切都顺应正道，音乐才可以创作出来。创作音乐有条件，必须节制嗜欲。只有不放纵欲望，才可以专力从事音乐。从事音乐有方法，必须从平和出发。平和产生于公正，公正产生于道。所以只有得道的人，大概才可以跟他谈论音乐吧！

被灭亡的国家，遭受屠戮的人民，不是没有音乐，只是他们的音乐并不表达欢乐。即将淹死的人不是不笑，即将处死的罪人不是不唱，精神狂乱的人不是不手舞足蹈，只是他们的笑、唱、舞蹈没有丝毫的欢乐。乱世的音乐，与此相似。君臣地位颠倒，父子本分沦丧，夫妇关系失当，人民痛苦呻吟，以此制乐，又会怎样呢？

凡音乐都是天地和谐、阴阳调和的产物。最初产生人的是天，人不得参与其事。天使人有了欲望，人不得不追求；天使人有了憎恶，人不得不躲避。人的所有欲望和憎恶是从天那里继承下来的，人不能自己做主，不可改变，不能移易。世上的学者有反对音乐的，他们的主张是根据什么产生的呢？

大乐是君臣、父子、老少欢欣喜悦的产物。欢欣从平和中产生，平和的境界从道中产生。所谓道，看它，看不见，听它，听不到，也无法描绘出形状。有谁能够懂得在不见中包含着见，在不闻中包含着闻，在无形中包含着形，那他就差不多懂得道了。道这个东西是最精妙的，无法描绘出它的形状，无法给它命名，勉强给它起个名字，就叫它“太一”。

所以“一”处于制约、支配的地位，“两”处于服从、听命的地位。先代圣人弃“两”用“一”，因为知道万物生成的真谛。所以能够用“一”处理政事的，可以使君臣快乐，远近和睦，人民欢悦，兄弟和谐；能够用“一”修养身心的，可以免于灾害，终其天年，保全天性；能够用“一”治理国家的，可以使奸邪远离，贤人来归，实现大治；能够用“一”治理天下的，可以使寒暑适宜，风雨适时，成为圣人。所以懂得用“一”就聪明，持“两”就惑乱。

侈 乐[1]

原 文

人莫不以其生生，而不知其所以生。人莫不以其知知，而不知其所以

知。知其所以知之谓知道，不知其所以知之谓弃宝，弃宝者必离其咎。世之人主，多以珠玉戈剑为宝，愈多而民愈怨，国人愈危，身愈危累，则失宝之情矣。乱世之乐与此同，为木革之声则若雷，为金石之声则若霆（tíng），为丝竹歌舞之声则若噪。以此骇心气、动耳目、摇荡生则可矣，以此为乐则不乐。故乐愈侈而民愈郁，国愈乱，主愈卑，则亦失乐之情矣。

凡古圣王之所为贵乐者，为其乐也。夏桀、殷纣作为侈乐，大鼓、钟、磬、管、箫之音，以巨为美，以众为观，俶（tì）诡殊瑰，耳所未尝闻，目所未尝见，务以相过，不用度量。宋之衰也作为千钟，齐之衰也作为大吕，楚之衰也作为巫音，侈则侈矣，自有道者观之，则失乐之情。失乐之情，其乐不乐。乐不乐者，其民必怨，其生必伤。其生之与乐也，若冰之于炎日，反以自兵。此生乎不知乐之情，而以侈为务故也。

乐之有情，譬之若肌肤形体之有情性也，有情性则必有性养矣。寒、温、劳、逸、饥、饱，此六者非适也。凡养也者，瞻非适而以之适者也。能以久处其适，则生长矣。生也者，其身固静，感而后知，或使之也。遂而不返，制乎嗜欲，制乎嗜欲无穷，则必失其天矣。且夫嗜欲无穷，则必有贪鄙悖乱之心、淫佚奸诈之事矣，故强者劫弱，众者暴寡，勇者凌怯，壮者傲幼，从此生矣。

注 释

①侈乐：指乐器种类多、形体大、形状奇，演奏的曲调怪诞、纷乱嘈杂的音乐。

译 文

人无不依赖自己的生命来生存，但是却不知道自己赖以生存的是什么。人无不依赖自己的知觉去感知，但是却不知道自己赖以感知的是什么。知道自己能够感知的原因，就叫懂得道，不知道自己能够感知的原因，就叫舍弃宝物，舍弃宝物的人必定遭殃。世上的君主，大多把珍珠、玉石、长戈和利剑看作宝物。这些宝物越多，百姓就越怨恨，国家就越危险，君主自身就越有忧患，那就失掉宝物的本来意义了。动乱时代的音乐与此相同，演奏木制、革制乐器的声音就像打雷，演奏铜制、石制乐器的声音就像霹雳，演奏丝竹乐器的声音、歌舞的声音就像喧哗。如果用这样的声音惊扰人的精神，震动人的耳目，摇荡人的性情，那是可以的，但是如果把这样的声音做成音乐，那就不能使人快乐了。所以音乐越是奢侈放纵，人民就越是抑郁不乐，国家就越是混乱，君主的地位就越是卑微，这样，也就失去音乐的本来意义了。

古代圣王之所以重视音乐，是因为它能使人快乐。夏桀、殷纣制作奢侈放纵的音乐，随意增加大鼓、钟、磬、管、箫等乐器的声音，把声音巨大当作美好，把乐器众多当作壮观，他们的音乐奇异瑰丽，人们的耳朵不曾听到过，眼睛不曾看到过，他们的音乐务求过分，不遵法度。宋国衰败的时候制作千钟，齐国衰微的时候制作大吕，楚国衰微的时候制作巫音，盛大是够盛大了，然而在有道之人看来，却失去了音乐的本来意义。失去了音乐的本来意义，这样的音乐不能使人快乐。音乐不能使人快乐的君主，他的人民必定生怨，他的生命必定受到伤害。他的生命遇到了这种音乐，就像冰遇到炎热的太阳一样，反倒伤害了自己。产生这种后果是由于不懂得音乐的本来意义，而致力于奢侈放纵的缘故。

音乐有真谛，就像是肌肤身体有本性一样。有本性，就一定有生长、保养的问题了。寒冷、炎热、劳累、安逸、饥饿、饱足，这六种情况都不是适中的。但凡保养，是指要看到不适中的情况，并使生命处于适中的环境。能够使生命长久地处于适中的环境，生命就长久了。生命这个东西，自身本是清净无知的，感受到外物而后才有知觉，这是由于外物的影响！如果放纵其心而不约束，就会被嗜欲所牵制，如果被嗜欲所牵制，就必定危害身心了。再说嗜欲无穷无尽，那就必然会产生贪婪、卑鄙、犯上作乱的思想，产生淫邪放纵、奸佞欺诈的事情了。所以强横的劫掠弱小的，人多势众的侵害势孤力单的，勇猛的欺凌怯弱的，强壮的侮辱幼小的，诸如此类的事情就由此而产生了。

适　音[1]

原　文

耳之情欲声，心不乐，五音在前弗听。目之情欲色，心弗乐，五色在前弗视。鼻之情欲芬香，心弗乐，芬香在前弗嗅(xiù)。口之情欲滋味，心弗乐，五味在前弗食。欲之者，耳目鼻口也；乐之弗乐者，心也。心必和平然后乐，心必乐然后耳目鼻口有以欲之。故乐之务在于和心，和心在于行适。

夫乐有适，心亦有适。人之情，欲寿而恶夭，欲安而恶危，欲荣而恶辱，欲逸而恶劳。四欲得，四恶除，则心适矣。四欲之得也在于胜理，胜理以治身则生全以，生全则寿长矣；胜理以治国则法立，法立则天下服矣，故适心之务在于胜理。

夫音亦有适，太巨则志荡，以荡听巨则耳不容，不容则横塞，横塞则振。太小则志嫌，以嫌听小则耳不充，不充则不詹(shàn)，不詹则窕(tiǎo)。太清则志危，以危听清则耳溪极，溪极则不鉴，不鉴则竭。太浊则志下，以下听浊则耳不收，不收则不抟，不抟则怒。故太巨、太小、太清、太浊，皆非适也。

●因乐求贤

何谓适？衷，音之适也。何谓衷？大不出钧[2]，重不过石，小大轻重之衷也。黄钟之宫[3]，音之本也，清浊之衷也。衷也者适也，以适听适则和矣。乐无太，平和者是也。

故治世之音安以乐，其政平也；乱世之音怨以怒，其政乖也；亡国之音悲以哀，其政险也。凡音乐通乎政而移风平俗者也，俗定而音乐化之矣。故有道之世，观其音而知其俗矣，观其政而知其主矣。故先王必托于音乐以论其教，《清庙》之瑟，朱弦而疏越，一唱而三叹，有进乎音者矣。大飨（xiǎng）之礼[4]，上玄尊而俎生鱼[5]，大羹（gēng）不和，有进乎味者也。故先王之制礼乐也，非特以欢耳目、极口腹之欲也，将以教民平好恶、行理义也。

注　释

①**适音**：即音律要合乎标准，大不出钧，重不过石。②**钧**：度量钟音律度大小的器具。③**黄钟**：古乐律十二律之一。④**大飨**：没调味的肉汁。⑤**俎**：祭祀时盛祭品的礼器。

译　文

耳朵的本能想要听声音，如果心情不愉快，即使音乐在耳边也不听；眼睛的本能想要看彩色，如果心情不愉快，即使彩色在眼前也不看；鼻子的本能想要嗅芳香，如果心情不愉快，即使香气在身边也不嗅；口的本能想要尝滋味，如果心情不愉快，即使美味在嘴边也不吃。有各种欲望的是耳、眼、鼻、口，而决定愉快或不愉快的是心情，心情必须平和然后才能愉快。心情必须愉快，然后耳、眼、鼻、口才有各种欲望。所以，愉快的关键在于使心情平和，使心情平和的关键在于行为和谐适中。

愉快有个适中问题，心情也有个适中问题。人的本性希望长寿而厌恶短命，希望安全而厌恶危险，希望荣誉而厌恶耻辱，希望安逸而厌恶烦劳。以上四种愿望得到满足，四种厌恶得以免除，心情就适中了。四种愿望能够获得满足，在于遵循事物的情理。依循事物的情理来修身养性，生命就保全了；生命得以保全，寿命就长久了。依循事物的情理来治

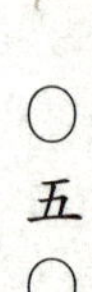

理国家，法度就建立了，法度建立起来，天下就归附了。所以，使心情适中的关键在于遵循事物的情理。

音乐也有个适中的问题。声音过大就会使人心志摇荡，以摇荡之心听巨大的声音，耳朵就容纳不了，容纳不了就会充溢阻塞，充溢阻塞，心志就会摇荡。声音过小就会使人心志得不到满足，以不满足之心去听微小的声音，耳朵就充不满，充不满就感到不够，不够心志就会不满足。声音过轻就会使人心志高扬，以高扬之心听轻清之音，耳朵就会空虚疲困，空虚疲困就听不清，听不清，心志就会衰竭。声音过浊就会使人心志低下，以低下之心听重浊之音，耳朵就拢不住音，拢不住音就专一不了，专一不了就会动气。所以，音乐的声音过大、过小、过清、过浊都不合宜。

什么叫合宜？声音大小清浊适中就叫合宜。什么叫大小清浊适中？钟音律度最大不超过一钧，最重不超过一石，这就是大小轻重适中。黄钟律的宫音是乐音的根本，是清浊的基准。合乎基准就是合宜，以适中的心情听适中的声音就和谐了。音乐各方面都不要过分，平正和谐才合宜。

所以太平盛世的音乐安宁而快乐，是由于它的政治安定，动乱时代的音乐怨恨而愤怒，是由于它的政治乖谬，濒临灭亡国家的音乐悲痛而哀愁，是由于它的政治险恶。但凡音乐与政治相通，并起着移风易俗的作用，风俗的形成是音乐潜移默化的结果。所以政治清明的时代，考察它的音乐就可以知道它的风俗了，考察它的政治就可以知道它的君主了。因此，先王一定要通过音乐来宣扬他们的教化。宗庙里演奏的瑟，安着朱红色的弦，底部凿有小孔。宗庙之乐，只由一人领唱，三人应和，其意义已经超出音乐本身了。举行大飨祭礼时，只献上盛水的酒器，俎中盛着生鱼，大羹不调和五味，其意义已经超出滋味本身了。所以，先王制定礼乐的目的，不仅仅是用来使耳目欢愉，满足口腹的欲望，而是要教导人们端正好恶、实施理义。

古　乐

原　文

乐所由来者尚也，必不可废。有节有侈，有正有淫矣。贤者以昌，不肖者以亡。

昔古朱襄氏之治天下也，多风而阳气畜积，万物散解，果实不成，故士达作为五弦瑟，以来阴气，以定群生。

昔葛天氏之乐，三人操牛尾，投足以歌八阕（què）：一曰《载民》，二曰《玄鸟》，三曰《遂草木》，四曰《奋五谷》，五曰《敬天常》，六曰《建帝功》，七曰《依地德》，八曰《总禽兽之极》。

昔陶唐氏之始，阴多滞伏而湛积，水道壅塞，不行其原，民气郁阏而滞著，筋骨瑟缩不达，故作为舞以宣导之。

昔黄帝令伶伦作为律。伶伦自大夏之西，乃之阮隃之阴，取竹于嶰溪之谷，以生空窍厚钧者，断两节间，其长三寸九分，而吹之以为黄钟之宫，吹曰“舍少”。次制十二筒，以之阮隃之下，听凤皇之鸣，以别十二律[1]。其雄鸣为六，雌鸣亦六，以比黄钟之宫适合。黄钟之宫皆可以生之，故曰黄钟之宫，律吕之本。黄帝又命伶伦与荣将铸十二钟，以和五音，以施《英韶》。以仲春之月，乙卯之日，日在奎，始奏之，命之曰《咸池》。

帝颛顼生自若水，实处空桑，乃登为帝。惟天之合，正风乃行，其音若熙熙凄凄锵锵。帝颛顼好其音，乃令飞龙作效八风之音，命之曰《承云》，以祭上帝。乃令鱓先为乐倡，鱓乃偃寝，以其尾鼓其腹，其音英英。

帝喾命咸黑作为声，歌《九招》《六列》《六英》。有倕作为鼙、鼓、钟、磬、吹苓、管、埙、篪、鞀、椎、钟。帝喾乃令人抃，或鼓鼙，击钟磬，吹苓，展管篪。因令凤鸟、天翟舞之。帝喾大喜，乃以康帝德。

帝尧立，乃命质为乐。质乃效山林溪谷之音以歌，乃以麋𩊱置缶而鼓之，乃拊石击石，以象上帝玉磬之音，以致舞百兽。瞽叟乃拌五弦之瑟，作以为十五弦之瑟，命之曰《大章》，以祭上帝。

舜立，仰延乃拌瞽叟之所为瑟，益之八弦，以为二十三弦之瑟。帝舜乃令质修《九招》《六列》《六英》，以明帝德。

禹立，勤劳天下，日夜不懈。通大川，决壅塞，凿龙门，降通漻水以导河，疏三江五湖，注之东海，以利黔首。于是命皋陶作为《夏籥》九成，以昭其功。

殷汤即位，夏为无道，暴虐万民，侵削诸侯，不用轨度，天下患之。汤于是率六州以讨桀罪，功名大成，黔首安宁。汤乃命伊尹作为《大护》，歌《晨露》，修《九招》《六列》，以见其善。

周文王处岐，诸侯去殷三淫而翼文王。散宜生曰：“殷可伐也。”文王弗许。周公旦乃作诗曰：“文王在上，于昭于天。周虽旧邦，其命维新。”以绳文王之德。

武王即位，以六师伐殷。六师未至，以锐兵克之于牧野。归，乃荐俘馘（guó）于京太室，乃命周公为作《大武》。

成王立，殷民反，王命周公践伐之。商人服象，为虐于东夷。周公遂以师逐之，至于江南，乃为《三象》，以嘉其德。

故乐之所由来者尚矣，非独为一世之所造也。

注　释

①十二律：中国古代乐制中，将一个八度分为十二个不完全相等的半音，每个半音称为一律。

译　文

音乐的由来相当久远了，定然不可废弃。其中有的适中合宜，有的奢侈放纵，有的纯正，有的淫邪。贤人用它而发达昌盛，不肖的人用它而国灭身亡。

古代，朱襄氏治理天下的时候，经常刮风，因而阳气过盛，万物散落解体，果实不能成熟，所以士达创造出五弦瑟，用以引来阴气，安定众生。

古时葛天氏的音乐，演奏时，三人手持牛尾，踏着脚，歌唱舞乐八章：第一章叫作《载民》，第二章叫作《玄鸟》，第三章叫作《遂草木》，第四章叫作《奋五谷》，第五章叫作《敬天常》，第六章叫作《建帝功》，第七章叫作《依地德》，第八章叫作《总禽兽之极》。

古时陶唐氏开始治理天下的时候，阴气过盛，沉积凝滞，阳气阻塞不通，水道壅塞，不能按正常规律运行，人民精神抑郁而不舒畅，筋骨蜷缩而不舒展，所以创作舞蹈来加以疏导。

古时黄帝让伶伦创制乐律。伶伦从大夏山的西方，到达昆仑山的北面，从山谷中取来竹子，选择中空而壁厚均匀的竹子，截取两个竹节中间的一段，其长度为三寸九分，吹它，把发出的声音定为黄钟律的宫音，吹出来的声音是“舍少”。接着依次共制作了十二根竹管，带到昆仑山下，听凤凰的鸣叫，借以区别十二乐律。雄凤鸣叫有六个音，雌凰鸣叫也有六个音。把根据这些声音定出的乐律同黄钟律的宫音相比照，都适度和谐，这些声音都可以由黄钟律的宫音派生出来。所以黄钟律的宫音是乐律的本源。黄帝又令伶伦和荣将铸造十二口钟，用以和谐五音，借以展示华美的声音。在仲春的月份，乙卯这天，太阳的位置在奎宿的时候，开始演奏它们，奏出的乐曲命名为《咸池》。

古帝颛顼生在若水，住在空桑，他登上帝位。德行正与天合，八方纯正之风按时运行，它们发出熙熙、凄凄、锵锵的声音。颛顼喜好那些声音，于是就叫飞龙作乐，模仿八方的风声，乐曲命名为《承云》，用以祭祀上帝。颛顼就叫鳝先给乐曲领奏，鳝就仰面躺下，用尾巴敲打自己的肚子，发出和盛的乐声。

帝喾令咸黑作乐，咸黑创作了《九招》《六列》《六英》。倕又制作了鼙、鼓、钟、磬、吹苓、管、埙、篪、鞀、椎、钟等乐器。帝喾就让人演奏这些乐器，有的击鼙，有的敲钟、

磬，有的吹苓，有的演奏管、篪；于是就让凤鸟、天鸟随乐舞蹈。帝喾非常高兴，就用这乐舞来宣扬天帝的功德。

尧被立为帝，便令质作乐。质于是模仿山林溪谷的声音而作歌，又把麋鹿的皮蒙在瓦器上敲打它，并敲打石片。以模仿天帝玉磬的声音，用以引来百兽舞蹈。瞽叟在五弦瑟的基础上制成十五弦瑟，演奏的乐曲命名为《大章》，用它祭祀天帝。

舜被立为帝，令延改造乐器。延就在瞽叟创制的十五弦瑟的基础上，增加了八根弦，制成二十三弦瑟。舜还让质研习《九招》《六列》《六英》，用以彰明天帝的美德。

禹被立为帝，为天下辛勤操劳，日夜不怠。疏通大河，决开壅塞，开凿龙门，大力疏通洪水把它导入黄河，并疏浚三江五湖，使水流入东海，以利于百姓。在这时，禹命皋陶创作《夏籥》九章，来宣扬他的功绩。

殷汤登上君位，这时夏桀胡作非为，残暴虐待百姓，侵害掠夺诸侯，不按法度行事。天下人都痛恨他。汤于是率领六州诸侯讨伐桀的罪行。功名大成，百姓安宁。汤于是令伊尹创作了《大护》《晨露》，并研习《九招》《六列》《六英》，用来展现他的美德。

周文王住在岐邑，诸侯纷纷叛离罪恶累累的殷纣而拥戴文王。散宜生说："殷可以讨伐啊。"文王不答应。周公旦于是作诗道："文王高高在上，德行昭明于天。岐周虽然古老，天命却是崭新。"用这首诗称誉文王的德行。

武王即位，率领军队讨伐殷纣。大军还没有到达殷都，就凭精锐的士兵在牧野一举打败殷纣。武王回到京城，就在太庙中献上俘虏，禀报斩杀人数，令周公创作了《大武》。

成王即位，殷的遗民叛乱，成王令周公去讨伐他们。商人役使大象在东夷为害。周公于是率领军队追逐他们，一直追到江南。于是创作了《三象》，用以赞美他的功德。

所以，音乐的由来相当久远了，不单单是哪一个时代所创制的。

季夏纪第六

季　夏

原文

季夏之月，日在柳，昏心中，旦奎中。其日丙丁，其帝炎帝，其神祝融，其虫羽，其音徵，律中林钟。其数七，其味苦，其臭焦，其祀灶，祭先肺。凉风始至，蟋蟀居宇，鹰乃学习，腐草化为蚈（qiān）。天子居明堂右个，乘朱辂，驾

赤骝，载赤旂，衣朱衣，服赤玉，食菽与鸡，其器高以粗。

是月也，令渔师伐蛟取鼍，升龟取鼋。乃命虞人入材苇①。

是月也，令四监大夫合百县之秩刍，以养牺牲。令民无不咸出其力，以供皇天上帝、名山大川、四方之神，以祀宗庙社稷之灵，为民祈福。

是月也，命妇官染采，黼黻(fǔ fú)文章②，必以法故，无或差忒，黑黄苍赤，莫不质良，勿敢伪诈，以给郊庙祭祀之服，以为旗章，以别贵贱等级之度。

是月也，树木方盛，乃命虞人入山行木，无或斩伐。不可以兴土功，不可以合诸侯，不可以起兵动众。无举大事③，以摇荡于气。无发令而干时，以妨神农之事。水潦盛昌，命神农，将巡功，举大事则有天殃。

是月也，土润溽暑，大雨时行，烧薙(tì)行水④，利以杀草，如以热汤，可以粪田畴，可以美土疆。

行之是令，是月甘雨三至，三旬二日。季夏行春令，则谷实解落，国多风欬，人乃迁徙。行秋令，则丘隰水潦，禾稼不熟，乃多女灾。行冬令，则寒气不时，鹰隼早鸷(zhì)，四鄙入保。

中央土，其日戊己，其帝黄帝，其神后土，其虫倮(luǒ)，其音宫，律中黄钟之宫，其数五，其味甘，其臭香，其祀中霤，祭先心。天子居太庙太室，乘大辂，驾黄骝，载黄旂，衣黄衣，服黄玉，食稷与牛，其器圜以揜⑤。

注释

①**虞人**：掌管山林池泽的官，分为山虞、泽虞，山虞负责管理山林，泽虞负责管理池泽。此处的虞人应当指泽虞。**入**：纳入。**材苇**：用来编织器物的苇草。②**黼**：半黑半白的花纹。**黻**：半黑半青的花纹。**文**：半青半红的花纹。**章**：半红半白的花纹。③**大事**：指之前提到的兴土功、合诸侯、起兵动众等事。④**烧薙**：指除草后晒干再烧掉。**行水**：引雨水来浇灌。⑤**圜**：圆。**揜**：遮掩，这里指器物口小而收敛。

译文

季夏六月，太阳的位置在柳宿。黄昏时刻，心宿出现在南方中天，拂晓时刻，奎宿出现在南方中天。季夏于天干属丙丁，它的主宰之帝是炎帝，佐帝之神是祝融，应时的动物是凤鸟之类的羽族，相配的声音是徵音，音律与林钟相应。这个月的数字是七，味道是苦味，气味是焦气，要举行的祭祀是灶祭，祭祀时祭品以肺脏为尊。这个月，凉风

开始来到，蟋蟀住在屋檐下，鹰于是学习飞翔搏击，腐草化作萤火虫。天子住在南向明堂的右侧室，乘坐朱红色的车子，车前驾着赤红色的马，车上插着赤色的绘有龙纹的旗帜；天子穿着赤色的衣服，佩戴着赤色的饰玉，吃的食物是豆类和鸡，用的器物高且大。

这个月，命令管渔业的官吏，斩蛟取鼍，献龟取鼋。命令掌管池泽的官吏收纳用来制作器物的芦苇。

这个月，命监管四郡的县大夫收集各县按常规缴纳的刍草，以此来饲养供祭祀用的牲畜。命令百姓都尽力收割聚集，以供给祭祀皇天上帝、名山大川、四方神祇、宗庙社稷之用，为百姓祈求幸福。

这个月，命令掌管布帛的女官负责印染彩色，各种图案的颜色搭配，一定要按照法规和习惯，不要有一点差错。黑、黄、苍、赤各种颜色都鲜艳良好，不许有一点欺诈。用这些布帛供制作祭天祭祖时所穿的礼服之用，并用它们制作旌旗标志，以此来区分贵贱等级。

这个月，树木生长正茂盛，于是命令掌管山林的官吏到山里去巡视树木，不许人们砍伐。这个月，不可以兴工修建建筑，不可以会合诸侯，不可以兴师动众，不要有大的举动来摇动土气。不要发布侵扰农时的命令而损害农耕之事。这个月雨水正多，命令农官巡视田亩修治的情况。有违背农时的大的举动，就会遭遇天灾。

这个月，土地湿润，天气潮热，大雨常常降落，烧掉割下晒干的野草，灌上雨水，太阳一晒，就像用开水煮过一样，这样有利于杀死野草。而且可以用它们肥田，改良土壤。

施行这些政令，这个月就会下及时雨，除去晦朔，三旬中可以有两天降雨。夏季如果施行应在春天施行的政令，那么谷物的籽实就会散落，百姓就会伤风咳嗽，迁移搬家。如果施行应在秋天施行的政令，那么高地洼地都会出现大水，庄稼就不能成熟，妇女也多有不能生育之灾。如果施行应在冬天施行的政令，那么寒冷之气就会不合时宜地来到，鹰隼等猛禽就会过早地去击杀飞鸟，四方边邑的百姓就会为躲避敌寇而逃入城堡。

中央于五行属土，于天干属戊己，它的主宰之帝是黄帝，佐帝之神是后土，应时的动物是麒麟之类的倮族，相配的声音是宫音，音律与黄钟之宫相应。它的数字是五，味道是甜味，气味是香气，要举行的祭祀是中霤之祀，祭祀时祭品以心脏为尊。天子住在中央明堂的正室，乘坐木质大车，车前驾着黄色的马，车上插着黄色的绘有龙纹的旗帜，天子穿着黄色的衣服，佩戴着黄色的佩玉，吃的食物是稷和牛，用的器物中间宽大而开口收紧。

音律

原文

黄钟生林钟，林钟生太蔟(cù)，太蔟生南吕，南吕生姑洗，姑洗生应钟，应钟生蕤(ruí)宾，蕤宾生大吕，大吕生夷则，夷则生夹钟，夹钟生无射，无射生仲

吕[①]。三分所生，益之一分以上生。三分所生，去其一分以下生[②]。黄钟、大吕、太蔟、夹钟、姑洗、仲吕、蕤宾为上，林钟、夷则、南吕、无射、应钟为下。

大圣至理之世，天地之气，合而生风。日至则月钟其风，以生十二律。仲冬日短至则生黄钟，季冬生大吕，孟春生太蔟，仲春生夹钟，季春生姑洗，孟夏生仲吕。仲夏日长至则生蕤宾，季夏生林钟，孟秋生夷则，仲秋生南吕，季秋生无射，孟冬生应钟。天地之风气正，则十二律定矣。

黄钟之月，土事无作，慎无发盖，以固天闭地，阳气且泄。

大吕之月，数将几终，岁且更起，而农民无有所使。

太蔟之月，阳气始生，草木繁动，令农发土，无或失时。

夹钟之月，宽裕和平，行德去刑，无或作事，以害群生。

姑洗之月，达道通路，沟渎修利，申之此令，嘉气趣至。

仲吕之月，无聚大众，巡劝农事，草木方长，无携民心[③]。

蕤宾之月，阳气在上，安壮养侠，本朝不静，草木早槁。

林钟之月，草木盛满，阴将始刑，无发大事，以将阳气。

夷则之月，修法饬刑，选士厉兵，诘诛不义，以怀远方。

南吕之月，蛰虫入穴，趣农收聚，无敢懈怠，以多为务。

无射之月，疾断有罪，当法勿赦，无留狱讼，以亟(jí)以故。

应钟之月，阴阳不通，闭而为冬，修别丧纪，审民所终。

注　释

①**“黄钟生林钟”至“无射生仲吕”**：说的是音律相生的规律。黄钟、林钟、太蔟、南吕、姑洗、应钟、蕤宾、大吕、夷则、夹钟、无射、仲吕是古代音乐的十二调，即十二律。②**三分所生，益之一分以上生。三分所生，去其一分以下生**：这两句说的是音律相生的方法。将作为基准的音律度数三等分，再增加其一分，结果在三分之二的已知音律数上就会产生新的音律，称为“上生”；减去其一分，结果在三分之四的已知音律数上会产生新的音律，称为“下生”。③**无携民心**：不要让百姓对农事三心二意。

译　文

由黄钟律生出林钟律，由林钟律生出太蔟律，由太蔟律生出南吕律，由南吕律生出姑洗律，由姑洗律生出应钟律，由应钟律生出蕤宾律，由蕤宾律生出大吕律，由大吕律生出夷则律，由夷则律生出夹钟律，由夹钟律生出无射律，由无射律生出仲吕律。把作为基准

的音律度数三等分，再增加其中的一分，由此上生出新律。把作为基准的音律度数三等分，再减去其中的一分，由此下生出新律。黄钟、大吕、太蔟、夹钟、姑洗、仲吕、蕤宾等乐律是由上生而得，林钟、夷则、南吕、无射、应钟等乐律是由下生而得。

最圣明最完美的时代，天气与地气会合而产生了风。太阳每运行到一定的度次，月亮就聚集该月之风，由此产生了十二乐律。仲冬白天最短的冬至那天产生出黄钟，季冬产生出大吕，孟春产生出太蔟，仲春产生出夹钟，季春产生出姑洗，孟夏产生出仲吕。仲夏白天最长的夏至那天生出蕤宾，季夏生出林钟，孟秋生出夷则，仲秋生出南吕，季秋生出无射，孟冬生出应钟。天气、地气会合产生的风纯正，十二律就确定了。

律应黄钟的月份，动土建筑的事不要进行，千万不可揭开盖藏之物，以便使天地封闭，否则阳气将要泄漏出去。

律应大吕的月份，一年之数将近终结，新的一年即将重新开始，要让农民的心志专一，不可有其他劳役。

律应太蔟的月份，阳气开始生发，草木萌动，命令农民破土耕种，不要错过农时。

律应夹钟的月份，要宽容和顺，施仁德，除刑罚，不可兴师动众，伤害众生。

律应姑洗的月份，要使道路通畅，疏浚沟渠，申明此令，美善之气就会迅速到来。

律应仲吕的月份，不要征集广大民众，要巡视农事，劝勉农民，草木正在生长，不可使人民对农事三心二意。

律应蕤宾的月份，阳气在上，要畜养丁壮，朝政如果不安，草木就会早枯。

律应林钟的月份，草木丰盛，阴气将要开始刑杀万物，不可举行大事，以便将养阳气。

律应夷则的月份，要修明法度，整协刑罚，挑选武士，磨砺兵器，声讨、诛杀不义之人，以安抚远方。

律应南吕的月份，蛰虫钻进洞穴，要催促农民收割聚藏，不可懈怠，务求多收多藏。

律应无射的月份，要迅速判决有罪的人，应当法办的不要赦免，不要积压诉讼案件，处理要从速，要合乎旧典。

律应应钟的月份，阴阳不通，天地闭塞而进入冬季，要饬正丧事的规格，按贵贱等级加以区别，要慎重处理百姓丧事的一切事宜。

音　初

原　文

夏后氏孔甲田于东阳萯(fù)山[1]，天大风，晦盲[2]，孔甲迷惑，入于民室。主人方乳，或曰：“后来，是良日也，之子是必大吉。”或曰：“不胜也，之子是必有殃。”后乃取其子以归，曰：“以为余子，谁敢殃之？”子长成人，幕动坼橑(liáo)[3]，斧斫斩其足，遂为守门者。孔甲曰：“呜呼！有疾，命矣夫！”乃作为《破斧》

之歌，实始为东音。

禹行功，见涂山之女，禹未之遇而巡省南土。涂山氏之女乃令其妾候禹于涂山之阳，女乃作歌，歌曰："候人兮猗。"实始作为南音。周公及召公取风焉，以为《周南》《召南》。

周昭王亲将征荆，辛馀靡长且多力，为王右。还反涉汉，梁败，王及蔡公抎于汉中。辛馀靡振王北济，又反振蔡公。周公乃侯之于西翟，实为长公。殷整甲徙宅西河，犹思故处，实始作为西音。长公继是音以处西山，秦缪公取风焉，实始作为秦音。

有娀（sōng）氏有二佚女，为之九成之台，饮食必以鼓。帝令燕往视之，鸣若谥隘[④]。二女爱而争搏之，覆以玉筐，少选，发而视之，燕遗二卵，北飞，遂不反，二女作歌一终，曰："燕燕往飞。"实始作为北音。

凡音者，产乎人心者也。感于心则荡乎音，音成于外而化乎内。是故闻其声而知其风，察其风而知其志，观其志而知其德。盛衰、贤不肖、君子小人皆形于乐，不可隐匿，故曰乐之为观也深矣。

土弊则草木不长，水烦则鱼鳖不大，世浊则礼烦而乐淫。郑卫之声，桑间之音，此乱国之所好，衰德之所说。流辟、誂越、慆滥之音出，则滔荡之气、邪慢之心感矣，感则百奸众辟从此产矣。故君子反道以修德，正德以出乐，和乐以成顺。乐和而民乡方矣。

注　释

①**夏后氏孔甲**：夏朝国君，大禹的第十四代孙，夏桀的曾祖。**田**：打猎。②**晦盲**：指光线昏暗。③**幕**：帐幕。**坼**：裂。**橑**：屋椽。④**谥隘**：象声词，燕子鸣叫之声。

译　文

夏君孔甲在东阳萯山打猎，天刮起大风，天色昏暗，孔甲迷失了方向，走进一家老百姓的屋子。这家人家正在生孩子，有人说："君主到来，这是好日子啊，这个孩子一定大富大贵。"有人说："怕享受不了这个福分啊，这个孩子一定会遭受灾难。"夏君就把这个孩子带了回去，说："让他做我的儿子，谁敢害他？"孩子长大了，一次帐幕掀动，屋椽裂开，斧子掉下来砍断了他的脚，于是只好做守门之官。孔甲叹息道："唉！发生了这种灾难，是命里注定吧！"于是创作出《破斧》之歌，这是最早的东方音乐。

禹巡视治水之事，途中娶涂山氏之女，禹没有来得及与她举行结婚典礼，就到南方巡视去了。涂山氏之女就叫她的侍女在涂山南面迎候禹，她自己作了一首歌，其歌唱道：“候望人啊。”这是最早的南方音乐。周公和召公时曾在那里采风，后人就把它叫作《周南》《召南》。

周昭王亲自率领军队征伐荆国，辛馀靡身高力大，做昭王的车右。军队返回，渡汉水，这时桥坏了，昭王和蔡公坠落在水中。辛馀靡把昭王救到北岸，又返回救了蔡公。周公于是封他在西方为诸侯，做一方诸侯之长。当初，殷整甲迁徙到西河居住，但还思念故土，于是最早创作了西方音乐。辛馀靡封侯后住在西翟之山，继承了这一音乐。秦穆公时曾在那里采风，开始把它作为秦国的音乐。

有娀氏有两位美貌的女子，给她们造起了九层高台，饮食一定用鼓乐陪伴。天帝让燕子去看看她们。燕子去了，叫声谥隘。那两位女子很喜爱燕子，争着扑住它，用玉筐罩住。过了一会儿，揭开筐看它，燕子留下两个蛋，向北飞去，不再回来。那两位女子作了一首歌，歌中唱道：“燕子、燕子展翅飞。”这是最早的北方音乐。

大凡音乐，是从人的内心产生出来的。心中有所感受，就会在音乐中表现出来，音乐表现于外而化育于内。因此听到某一地区的音乐就可以了解它的风俗，考察它的风俗就可以知道它的志趣，观察它的志趣就可以知道它的德行。兴盛与衰亡、贤明与不肖、君子与小人都会在音乐中表现出来，不可隐藏。所以说音乐作为一种观察的对象，它所反映的是相当深刻的了。

土质恶劣，草木就不能生长；水流浑浊，鱼鳖就不能长大，社会黑暗，礼仪就会烦乱，音乐就会淫邪。郑卫之声，桑间之音，这是淫乱的国家所喜好的，是道德衰败的君主为之喜悦的。只要淫邪、轻佻、放纵的音乐产生出来，放荡不羁的风气、邪恶轻慢的思想感情就要影响人了。人们受到这种影响，各式各样的邪恶就由此产生了。所以君子以道为根本，修养品德，端正品德而后创作音乐，音乐和谐而后通达理义。音乐和谐了，人民就向往道义了。

制　乐

原　文

欲观至乐[1]，必于至治。其治厚者其乐治厚[2]，其治薄者其乐治薄，乱世则慢以乐矣。今室闭户牖（yǒu），动天地，一室也。故成汤之时，有谷生于庭，昏而生，比旦而大拱[3]。其吏请卜其故[4]，汤退卜者曰：“吾闻祥者，福之先者也，见祥而为不善，则福不至。妖者，祸之先者也，见妖而为善，则祸不至。”于是早朝晏退，问疾吊丧，务镇抚百姓，三日而谷亡。故祸兮福之所

倚，福兮祸之所伏，圣人所独见，众人焉知其极？

周文王立国八年，岁六月，文王寝疾五日而地动，东西南北，不出国郊。百吏皆请曰："臣闻地之动，为人主也。今王寝疾五日而地动，四面不出周郊，群臣皆恐，曰'请移之'。"文王曰："若何其移之也？"对曰："兴事动众，以增国城，其可以移之乎！"文王曰："不可。夫天之见妖也，以罚有罪也。我必有罪，故天以此罚我也。今故兴事动众，以增国城，是重吾罪也。不可。"文王曰："昌也请改行重善以移之，其可以免乎。"于是谨其礼秩、皮革以交诸侯[5]，饬其辞令、币帛以礼豪士，颁其爵列、等级、田畴以赏群臣。无几何[6]，疾乃止。文王即位八年而地动，已动之后四十三年，凡文王立国五十一年而终，此文王之所以止殃翦（jiǎn）妖也。

宋景公之时，荧惑在心[7]。公惧，召子韦而问焉，曰："荧惑在心，何也？"子韦曰："荧惑者，天罚也；心者，宋之分野也，祸当于君。虽然，可移于宰相。"公曰："宰相所与治国家也，而移死焉，不祥。"子韦曰："可移于民。"公曰："民死，寡人将谁为君乎？宁独死！"子韦曰："可移于岁。"公曰："岁害则民饥，民饥必死。为人君而杀其民以自活也，其谁以我为君乎？是寡人之命固尽已，子无复言矣。"子韦还走，北面载拜曰[8]："臣敢贺君。天之处高而听卑，君有至德之言三，天必三赏君。今昔荧惑其徙三舍[9]，君延年二十一岁。"公曰："子何以知之？"对曰："有三善言，必有三赏，荧惑必三徙舍。舍行七星，星一徙当一年，三七二十一，臣故曰君延年二十一岁矣。臣请伏于陛下以伺候之，荧惑不徙，臣请死。"公曰："可。"是昔荧惑果徙三舍。

注　释

①**至乐**：最优美的音乐。②**乐治厚**：重视以音乐来管理政治。③**比旦而大拱**：到了早上就已经有两手环抱的大小了。④**吏**：通"史"，古代掌管卜筮的人。⑤**皮革**：带毛的兽皮以及去毛的兽皮。皮革在古代非常贵重，所以用来交给诸侯。⑥**无几何**：没过多久。⑦**荧惑在心**：荧惑星出现于心宿的区域。荧惑，即火星。因此星隐现不定，令人迷惑，故名。心，心宿，二十八宿之一。⑧**北面**：古代礼仪，君主的座位设于朝堂北面，君主南面而坐，臣拜君须面向北。⑨**三舍**：二十八宿，一宿为一舍。三舍指三星宿的位置。

译　文

想要欣赏最和谐完美的音乐，必定要有最完美的政治。国家治理完善的，它的音乐就美善；国家治理粗疏的，它的音乐就粗疏；至于乱世，音乐已经流于轻慢了。虽关闭门窗，在一室之中却可感动天地。成汤在位的时候，庭中生出一棵奇异的谷子，黄昏时萌芽，等到天亮已经有两手合围那么粗了。汤的臣下请求占卜异谷出现的原因，汤辞退占卜的臣子说："我听说吉祥的事物是福的先兆，但是如果遇到吉兆，却做不善的事，福就不会降临。怪异的事物是灾祸的先兆，但是如果遇到怪异而做善事，灾祸就不会降临。"于是他早上朝，晚退朝，勤于政事，探问病人，吊唁死者，务求安抚百姓。三日之后，庭中的异谷竟消失了。所以说祸是福所依存的东西，福是祸所隐藏的处所。这个道理只有圣人才能认识到，一般人哪里会知道事物变化的终极呢？

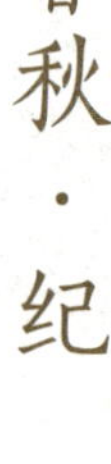

周文王即位八年了，这年六月，文王卧病在床五天而地震，震动范围东西南北不出国都四郊。百官都请求说，"我们听说地之所以震动是君主的缘故。如今大王您卧病五天而地震，震动范围四面不超出国都四郊，群臣都十分恐惧，说：'请王把灾祸移走'。"文王说："怎么移走它呢？"臣子回答："征发徭役，发动民众，来增筑国都的城墙，大概就可以把灾祸移走吧。"文王说："不行。上天显现怪异是借以惩罚有罪的人。我必定有罪，所以天借此惩罚我。如今特为此征发徭役，发动民众，来增筑国都城墙，这是加重我的罪过。这么办不行。我愿意改变过去的行为，增加美善的品德，来移走灾祸，或许可以免除灾祸吧。"于是文王慎重对待礼法、聘问，用以结交诸侯，整饬辞令、礼品，用以礼贤下士；颁布爵位、等级、田地的标准，用以赏赐群臣。没过多久，文王的病就好了。文王即位八年而地震，地震之后又在位四十三年，文王共在位五十一年而死。这全在于文王用以止息祸殃、灭除怪异的方式得当。

宋景公在位的时候，火星出现在心宿的位置。景公害怕了，召见子韦，向他询问道："火星出现在心宿，这是什么征兆呢？"子韦说："火星代表上天的惩罚，心宿是宋国的分野，灾祸当降临在国君您的身上。虽然如此，灾祸可以转移给宰相。"景公说："宰相是跟我一起治理国家的人，却要把死亡转嫁给他，这不吉利。"子韦说："灾祸可以转移给百姓。"景公说："百姓死了，我将给谁当国君呢？我宁肯独自去死！"子韦说："还可以把灾祸转移给农业收成。"景公说："农业收成受到损害，百姓就会遭受饥荒，百姓遭受饥荒必死。身为国君，却杀害自己的百姓，以求使自己活下去，那谁还会把我当作国君呢？这是我的命数本来已经到头了，你不要再说了！"子韦立刻离开所立之处，面向北拜两拜说："我祝贺您！天居于高处却可以听到地上的一切，您有符合最高尚道德的三句话，天一定奖赏您三次，今夜火星一定后退三舍，您可以延寿二十一年。"景公说："你根据什么知道会这样呢？"子韦回答："您有三句美善之言，所以必得三次奖赏，因此火星一定后退三舍。迁移一舍要经过七颗星，一颗星代表一年，三七二十一年，所以我说'您可延寿二十一年'。我请求

守候在宫殿台阶之下观察火星，火星如不后退，我甘愿一死。”景公说：“可以。”当夜火星果然后退了三舍。

明　理

原　文

五帝三王之于乐，尽之矣。乱国之主未尝知乐者，是常主也。夫有天赏得为主，而未尝得主之实，此之谓大悲。是正坐于夕室也，其所谓正，乃不正矣。

凡生，非一气之化也[1]，长，非一物之任也[2]，成，非一形之功也[3]。故众正之所积，其福无不及也；众邪之所积，其祸无不逮也。其风雨则不适，其甘雨则不降，其霜雪则不时，寒暑则不当，阴阳失次，四时易节，人民淫烁不固[4]，禽兽胎消不殖，草木庳(bì)小不滋，五谷萎败不成，其以为乐也，若之何哉？故至乱之化，君臣相贼，长少相杀，父子相忍，弟兄相诬，知交相倒，夫妻相冒，日以相危，失人之纪，心若禽兽，长邪苟利[5]，不知义理。

其云状有若犬、若马、若白鹄、若众车；有其状若人，苍衣赤首，不动，其名曰天衡；有其状若悬旍而赤，其名曰云旍；有其状若众马以斗，其名曰滑马；有其状若众植华以长，黄上白下，其名蚩尤之旗。

其日有斗蚀，有倍僪(yù)，有晕珥，有不光，有不及景，有众日并出，有昼盲，有霄见。

其月有薄蚀，有晖珥，有偏盲，有四月并出，有二月并见，有小月承大月，有大月承小月，有月蚀星，有出而无光。

其星有荧惑，有彗星，有天棓，有天欃(chán)，有天竹，有天英，有天干，有贼星，有斗星，有宾星。

其气有上不属天，下不属地，有丰上杀下，有若水之波，有若山之楫，春则黄，夏则黑，秋则苍，冬则赤。

其妖孽有生如带，有鬼投其陴(pí)，有菟生雉，雉亦生鴳，有螟集其国，其音匈匈，国有游蛇西东，马牛乃言，犬彘乃连，有狼入于国，有人自天降，市有舞鸱，国有行飞，马有生角，雄鸡五足，有豕生而弥，鸡卵多毈(duàn)[6]，有社迁

处，有豕生狗。

国有此物，其主不知惊惶亟革，上帝降祸，凶灾必亟。其残亡死丧，殄绝无类，流散循饥无日矣。此皆乱国之所生也，不能胜数，尽荆、越之竹，犹不能书。故子华子曰："夫乱世之民，长短颉许百疾，民多疾疠，道多褓(bǎo)襁(qiǎng)，盲秃伛尪，万怪皆生。"故乱世之主，乌闻至乐？不闻至乐，其乐不乐。

注　释

①**非一气之化**：古代哲学家认为万物都是由阴阳二气交合而产生的。②**非一物之任**：古代哲学家认为万物生长都要依靠五行的作用。物，指五行之一。③**非一形之功**：万物形成，绝不是一种物质的功劳。④**人民淫烁不固**：男女淫乱不能生育。⑤**长邪**：擅长奸邪之事。**苟利**：只图求利，不顾义理。⑥**鸡卵多毈**：鸡蛋多数不能孵化。

译　文

五帝三王在音乐方面已经达到尽善尽美了。国家混乱的君主从来不曾懂得音乐，这是由于他们是平庸君主的缘故。获得上天的赏赐，得以成为君主，然而徒有君主之名，却无君主之实，这是最可悲的。这就如同在方位不正的屋子里摆正座位一样，其所谓的正，恰恰是不正。

万物的诞生，不是阴、阳二气之中一种气能够孕育的，万物的生长，不是具体哪一种物能够承担的，万物的形成，不是具体哪一种东西的功劳。所以大量正气积聚的地方，福没有不降临的，大量邪气积聚的地方，祸没有不发生的。邪恶积聚之处，那里的风雨不适时，及时雨不降，霜雪不合时令，寒暑失当，阴阳失去常规，四季次序颠倒，人民淫乱不能生育，禽兽胚胎消失不能繁殖，草木矮小不能生长，五谷枯萎不能结实。以此为素材制作音乐，会怎么样呢？所以，极端混乱的社会，它的风气是君臣互相残害，长幼互相杀戮，父子残忍相待，弟兄互相欺骗，挚友互相背叛，夫妻互相冒犯。人们天天相互残害，丧失人伦，心像禽兽一样，长于邪恶，苟且求利，不懂理义。

它的云气形状有的像狗、像马、像白天鹅，像各种各样的车辆。有的像人，青色的衣服，红色的头，一动不动，它的名字叫"天衡"；有的像悬空的旌旗，颜色是红的，它的名字叫"云旍"；有的像许多匹马在争斗，它的名字叫"滑马"；有的像许多植物在生长，颜色上黄下白，它的名字叫"蚩尤之旗"。

它的太阳有时出现日食，有时有倍僪、晕珥之类的光气，有时不发光，有时有光却不产生阴影，有时许多个太阳一齐在空中出现，有时白天昏暗，有时太阳在夜里出现。

它的月亮有时发生月食，有时有晖珥之类的光气，有时一侧昏暗，有时四个月亮一齐出现，有时两个月亮一齐出现，有时一齐出现一大一小两个月亮，一上一下，或者小月托着大月，或者大月捧着小月，有时月亮遮住星星，有时月出而无光。

它的妖星有荧惑，有彗星，有天棓，有天欃，有天竹，有天英，有天干，有贼星，有斗星，有宾星。

它的雾气有的上不连天，下不连地，有的上大下小，有的像水的波浪，有的像山的林木。春天是黄色，夏天是黑色，秋天是苍色，冬天是红色。

它的妖孽有生得像带子的，有鬼跳进城上的女墙，有兔子生出野鸡，野鸡又生出鹦雀，有螟虫聚集在国都，发出匈匈的声音使人惊惧，国都内有游蛇忽西忽东四处乱窜，马牛开口说话，狗猪竞相交配，有狼闯入国都，有妖人从天而降，市场上有飞舞的鸱鹗，国都内有横行的怪兽，有马生角，雄鸡五只脚，有猪生下来蹄不生甲，鸡卵多孵化不了，有祭祀土神的场所自己移了地方，有猪生狗。

国家中有了以上这些怪异之物，君主不知惊惶，不知迅速改革，那么上帝降下灾祸，凶灾必定到极点。其国家灭亡，君主死丧，无一幸免，人民流离失所，遭受饥荒的日子即将到来。这些都是混乱的国家发生的怪异现象，多得数也数不清，即使用尽楚、越生长的竹子也仍然写不完。所以，子华子说："乱世的百姓，没有节度，是非错乱，百病俱生。人民多疾病，道路上多弃婴，瞎眼、秃头、驼背、鸡胸，各种各样的怪异残疾都产生了。"因此乱世的君主怎么能听到最和谐、完美的音乐？听不到最和谐、完美的音乐，它的音乐就算不上是音乐。

孟秋纪第七

孟　秋

原　文

孟秋之月，日在翼，昏斗中，旦毕中。其日庚辛[1]，其帝少皞，其神蓐(rù)收，其虫毛，其音商，律中夷则，其数九[2]，其味辛，其臭腥，其祀门，祭先肝。凉风至，白露降，寒蝉鸣，鹰乃祭鸟，始用行戮(lù)。天子居总章左个[3]，乘戎路，驾白骆，载白旂，衣白衣，服白玉，食麻与犬，其器廉以深。

是月也，以立秋。先立秋三日，大史谒之天子，曰："某日立秋，盛德在金。"天子乃斋。立秋之日，天子亲率三公、九卿、诸侯、大夫，以迎秋于西郊。还，乃赏军率武人于朝。天子乃命将帅选士厉兵，简练桀俊，专任有功，以征不义；诘诛暴慢，以明好恶，巡彼远方。

是月也，命有司修法制，缮(shàn)囹圄，具桎梏，禁止奸，慎罪邪，务搏执；命理瞻伤察创，视折审断，决狱讼必正平，戮有罪，严断刑。天地始肃，不可以赢。

是月也，农乃升谷，天子尝新，先荐寝庙。命百官始收敛，完堤防，谨壅塞，以备水潦。修宫室，附墙垣，补城郭。

是月也，无以封侯、立大官，无割土地、行重币、出大使。行之是令，而凉风至三旬。

孟秋行冬令，则阴气大胜，介虫败谷，戎兵乃来。行春令，则其国乃旱，阳气复还，五谷不实。行夏令，则多火灾，寒热不节，民多疟(nüè)疾。

注　释

①**庚辛**：五行学说认为秋季属金，庚辛也属金，因此认为“其日庚辛”。②**九**：阴阳学说认为，金生数为四，成数为九，这里指金的成数。③**总章左个**：西向明堂的左侧室。

译　文

孟秋七月，太阳的位置在翼宿。初昏时刻，斗宿出现在南方中天；拂晓时刻，毕宿出现在南方中天。孟秋于天干属庚辛，它的主宰之帝是少皞，佐帝之神是蓐收，应时的动物是老虎之类的毛族，相配的声音是商音，音律与夷则相应。这个月的数字是九，味道是辣味，气味是腥气，要举行的祭祀是门祭，祭祀时祭品以肝脏为尊。这个月，凉风来到了，白露降落了，寒蝉鸣叫了，鹰于是把捕杀的飞鸟四面摆开，像祭祀时陈列祭品一样。这个月开始使用刑罚和杀戮。天子住在西向明堂的左侧室，乘坐白色的兵车，车前驾着白色的马，车上插着白色的绘有龙纹的旗帜。天子穿着白色的衣服，佩戴着白色的饰玉。吃的食物是麻籽和狗肉，用的器物锐利而深邃。

这个月有立秋的节气。在立秋前三天，太史向天子禀告说：“某日立秋，大德在于金。”于是天子斋戒，准备迎秋。立秋那天，天子亲自率领三公、九卿、诸侯、大夫，到西郊去迎接秋的降临。迎秋归来，在朝廷赏赐将军和勇武之士。天子命令将帅挑选兵士，磨砺武器，精选并训练杰出的人才，专门委任有功的将士，去征讨不义之人；诘责诛伐凶恶怠慢的人，以表明爱憎，使天下人都来归顺。

这个月，命令主管官吏加强禁令，修缮牢狱，准备刑具，禁止奸邪之事，警戒有罪邪恶之人，务必捉拿拘捕他们。命令负责诉讼的官吏探视查看身体有创伤的囚犯。判决诉讼，必须公正。系戮有罪，从严断刑。这个月，天地开始有肃杀之气，不可以盛气骄盈。

这个月，农民开始进献五谷，天子尝食新收获的谷物，首先要奉献给祖庙。这个月，命令百官要百姓收敛谷物，修缮堤坝，仔细检查水道有无堵塞，以防备水大为害，还要修葺宫室，加高墙垣，修补城郭。

这个月，不要分封诸侯，不要设置高官，不赐予土地，不要馈送金帛之类的重礼，不要派出负有特殊使命的使节。实行这些政令，凉风就会到来，三旬每旬出现一次。

孟秋如果施行应在冬天施行的政令，那么阴气就过于盛，有甲壳的动物就会毁害谷物，敌军就会来侵扰。如果施行应在春天施行的政令，那么国家就会出现干旱，阳气就会重新回来，五谷就不能结实。如果施行应在夏天施行的政令，那么火灾就会频频发生，寒热就会失去节度，百姓中就会流行疟疾。

荡　兵

原　文

古圣王有义兵而无有偃兵[1]。兵之所自来者上矣，与始有民俱。凡兵也者，威也；威也者，力也。民之有威力，性也。性者所受于天也，非人之所能为也。武者不能革，而工者不能移。兵所自来者久矣，黄、炎故用水火矣，共工氏固次作难矣，五帝固相与争矣。递兴废，胜者用事[2]。人曰“蚩尤作兵”，蚩尤非作兵也，利其械矣。未有蚩尤之时，民固剥林木以战矣，胜者为长。长则犹不足治之，故立君。君又不足以治之，故立天子。天子之立也出于君，君之立也出于长，长之立也出于争。争斗之所自来者久矣，不可禁，不可止，故古之贤王有义兵而无有偃兵。

家无怒笞(chī)，则竖子、婴儿之有过也立见；国无刑罚，则百姓之悟相侵也立见；天下无诛伐，则诸侯之相暴也立见。故怒笞不可偃于家，刑罚不可偃于国，诛伐不可偃于天下，有巧有拙而已矣。故古之圣王有义兵而无有偃兵。夫有以饐死者，欲禁天下之食，悖(bèi)；有以乘舟死者，欲禁天下之船，悖；有以用兵丧其国者，欲偃天下之兵，悖。夫兵不可偃也，譬之若水火然，善用之则为福，不能用之则为祸。若用药者然，得良药则活人，得恶药则杀人，义兵之为天下良药也亦大矣。

且兵之所自来者远矣，未尝少选不用，贵贱、长少、贤者不肖相与同，有巨有微而已矣。察兵之微[3]，在心而未发，兵也；疾视，兵也；作色，兵也；傲言，兵也；援推，兵也；连反，兵也；侈斗[4]，兵也；三军攻战，兵也。此八者皆兵也，微巨之争也。今世之以偃兵疾说者，终身用兵而不自知悖，故说

虽强，谈虽辨，文学虽博，犹不见听。故古之圣王有义兵而无有偃兵。兵诚义，以诛暴君而振苦民，民之说也，若孝子之见慈亲也，若饥者之见美食也；民之号呼而走之，若强弩之射于深溪也，若积大水而失其壅堤也。中主犹若不能有其民，而况于暴君乎？

注　释

①偃：止息。**②用事：**治理天下。**③兵：**战争。此处是一个含义非常广的概念，既指争斗之心，又指争斗的行为，也指狭义上的战争。**④侈斗：**群斗。侈，恣意放纵。

译　文

古代的圣王主张正义的战争，从未有废止战争的。战争的由来相当久远了，它是和人类一起产生的。战争靠的是威势，而威势是力量的表现。具有威势和力量是人的天性。人的天性是从天那里秉承下来的，不是人力所能造就的。勇武的人不能使它改变，机巧的人不能使它移易。战争的由来相当久远了，黄帝、炎帝已经用水火争战了，共工氏已经恣意发难了，五帝之间已经互相争斗了。他们一个接着一个地兴起、灭亡，胜利者治理天下。人们说“蚩尤开始创造兵器”，其实，兵器并非蚩尤创造的，他只不过是把兵器改造得更锋利罢了。在蚩尤之前，人类已经砍削林木作为武器进行战争了，胜利者做首领，只有首领还不足以治理好百姓，所以设置君主。君主仍不足以治理好百姓，所以设置天子。天子的设置是在有君主的基础上产生的，君主的设置是在有首领的基础上产生的，首领的设置是在有争斗的基础上产生的。争斗的由来相当久远了，不可禁止，不可平息。所以古代的贤主主张正义的战争，从未有废止战争的。

家中如果没有家法，童仆、小儿犯过错的事就会立刻出现；国中如果没有刑罚，百姓互相侵夺的事就会立刻出现；天下如果没有征伐，诸侯互相侵犯的事就会立刻出现。所以家法不可废止，国中刑罚不可废止，天下征伐不可废止，只不过在使用上有的高明、有的笨拙罢了。所以古代的圣王主张正义的战争，从未有废止战争的。如果因为发生了吃饭噎死的事，就要废止天下的一切食物，这是荒谬的，如果因为发生了乘船淹死的事，就要废止天下的一切船只，这是荒谬的；如果因为发生了进行战争而亡国的事，就要废止天下的一切战争，这同样是荒谬的。战争是不可废止的，就像水和火一样，善于利用它就会造福于人，不善于利用它就会造成灾祸；还像用药给人治病一样，用良药就能把人救活，用毒药就能把人杀死。正义的战争作为治理天下的一剂良药是非常重要的。

再说战争的由来相当久远了，没有一刻不用。人们无论贵贱、长幼、贤与不肖在这一点上是相同的，只是在使用上有差异罢了。考察战争的细微之处，争斗之意隐藏在心中，尚未表露出来，这就是战争；怒目相视是战争，面有怒色是战争，言辞傲慢是战争，推拉相搏是战争，踢踹相斗是战争，聚众殴斗是战争，三军攻战是战争。以上这八种情况都是战

争，只不过是规模有小大之差罢了。如今世上极力鼓吹废止战争的人，他们终身用兵，却不知道自己言行相悖，因此他们的游说虽然有力，言谈虽然雄辩，引用文献典籍虽然广博，仍然不被人听取采用。所以古代的圣王主张正义的战争，从未有废止战争的。如果战争确实符合正义，用以诛杀暴君，拯救苦难的人民，那么人民对它的喜悦，就像孝子见到了慈爱的父母，像饥饿的人见到了甘美的食物，人民呼喊着奔向它，像强弩射向深谷，像蓄积的大水冲垮堤坝。在这种情况下，一般的君主尚且不能保有他的人民，更何况是暴君呢？

振　乱①

原　文

当今之世，浊甚矣，黔首之苦，不可以加矣。天子既绝②，贤者废伏③，世主恣行，与民相离，黔首无所告愬。世有贤主秀士，宜察此论也，则其兵为义矣。天下之民且死者也而生，且辱者也而荣，且苦者也而逸。世主恣行，则中人将逃其君，去其亲，又况于不肖者乎？故义兵至，则世主不能有其民矣，人亲不能禁其子矣。

凡为天下之民长也，虑莫如长有道而息无道，赏有义而罚不义。今之世，学者多非乎攻伐。非攻伐而取救守，取救守则乡之所谓长有道而息无道、赏有义而罚不义之术不行矣。天下之长民，其利害在察此论也。攻伐之与救守一实也，而取舍人异。以辩说去之，终无所定论。固不知，悖也；知而欺心，诬也。诬悖之士，虽辨无用矣。是非其所取而取其所非也，是利之而反害之也，安之而反危之也。为天下之长患、致黔首之大害者，若说为深。夫以利天下之民为心者，不可以不熟察此论也。

夫攻伐之事，未有不攻无道而罚不义也。攻无道而伐不义，则福莫大焉，黔首利莫厚焉。禁之者，是息有道而伐有义也，是穷汤、武之事，而遂桀、纣之过也。凡人之所以恶为无道、不义者，为其罚也；所以蕲(qí)有道，行有义者，为其赏也。今无道不义存，存者赏之也；而有道行义穷，穷者罚之也。赏不善而罚善，欲民之治也，不亦难乎？故乱天下、害黔首者，若论为大。

注　释

①**振乱**：救世之乱。本篇意在指出仁义的军队诛伐无道是救世治乱的行为，主张攻伐者为圣主、义兵。本篇是兵家学说。②**天子既绝**：天子此处指周天子，当时秦还未统一六国，

孟秋纪第七

周天子却已名存实亡。③**废**：弃而不用。**伏**：指隐居不出。

译文

当今的社会混乱极了，人民的苦难无以复加了。周王室已经灭亡，贤人被弃隐匿，昏君恣意妄行，与人民离心离德，人民无处申诉自己的苦难。世上如有贤明的君主、优秀的士人，当明察这个道理，那么他们的军队就会伸张正义了。天下人民，将死的会因而得以新生，将蒙受耻辱的会因而得以荣光，将遭受苦难的会因而得以安逸。昏君恣意妄行，一般人都将逃离他们的国君，离开他们的父母，又何况那些不肖的人呢？因此，正义之师一到，昏君就不能保有自己的人民了，做父母的人就无法阻止自己的子女了。

凡给天下人民做君主的，考虑施政大计莫如扶植有德，消除暴虐，奖赏正义，惩罚不义。如今世上研习墨家之学的人多反对攻伐。反对攻伐就必然选取救守；如果选取救守，那么方才所说的扶植有德、消除暴虐、奖赏正义、惩罚不义的方针就无法实施了。给天下人民做君主的，其利害全在于是否明察这个道理。企图靠辩论排斥攻伐，最终也不会有结果的。论说事理，如果自己本来就不知道，那是糊涂；如果自己知道却自欺欺人，那是欺诈。搞欺诈的人，头脑糊涂的人，纵然善辩也没有什么用处。反对攻伐的论调自相矛盾，这种论调虽想给人民带来利益，结果却反而害他们，虽想使人民安定，结果却反而使他们处于危险之中。因此给天下带来深重灾难、使人民遭受极大危害的事物中，要数这种论调危害最深了。那些把为天下人民谋利益作为志向的人，不可不仔细地明察这个道理。

攻伐之类的事，无一不是攻击无道、惩罚不义的。攻击无道、讨伐不义，自己获福没有比这更大的了，人民得利没有比这更多的了。禁止攻伐，这是摒弃有德，惩罚正义；这是阻挠商汤、周武王的事业，助长夏桀、商纣的罪恶。人们之所以不敢行无道、不义的事，为的是免遭惩罚，人们之所以祈求有德、行正义的事，为的是求得奖赏。如今行无道、不义的人安然存在，安然存在无异于奖赏他们，而有德的人、主持正义的人却陷入困境，陷入困境无异于惩罚他们。赏恶惩善，想要用这种办法把人民治理好，不是太难了吗？所以扰乱天下、危害人民的事物中，像反对攻伐这种论调危害为最大。

禁　塞[1]

原文

夫救守之心，未有不守无道而救不义也。守无道而救不义，则祸莫大焉，为天下之民害莫深焉。

凡救守者，太上以说，其次以兵。以说则承从多群，日夜思之，事心任精，起则诵之，卧则梦之，自今单唇干肺[2]，费神伤魂，上称三皇五帝之业以愉其意，下称五伯名士之谋以信其事，早朝晏罢，以告制兵者，行说语众，

以明其道。道毕说单而不行，则必反之兵矣。反之于兵，则必斗争，之情必且杀人，是杀无罪之民以兴无道与不义者也。无道与不义者存，是长天下之害，而止天下之利，虽欲幸而胜，祸且始长。

先王之法曰："为善者赏，为不善者罚。"古之道也，不可易。今不别其义与不义，而疾取救守，不义莫大焉，害天下之民者莫甚焉。故取攻伐者不可，非攻伐不可；取救守不可，非救守不可，取惟义兵为可。兵苟义，攻伐亦可，救守亦可。兵不义，攻伐不可，救守不可。使夏桀、殷纣无道至于此者，幸也；使吴夫差、智伯瑶侵夺至于此者，幸也；使晋厉、陈灵、宋康不善至于此者，幸也。若令桀、纣知必国亡身死，殄无后类，吾未知其厉为无道之至于此也；吴王夫差、智伯瑶知必国为丘墟，身为刑戮，吾未知其为不善、无道、侵夺之至于此也；晋厉知必死于匠丽氏，陈灵知必死于夏征舒，宋康知必死于温，吾未知其为不善之至于此也。此七君者，大为无道不义，所残杀无罪之民者，不可为万数，壮佼、老幼、胎胰之死者，大实平原；广堙(yīn)深溪大谷，赴巨水，积灰填沟洫险阻，犯流矢，蹈白刃，加之以冻饿饥寒之患，以至于今之世，为之愈甚。故暴骸骨无量数，为京丘若山陵。世有兴主仁士，深意念此，亦可以痛心矣，亦可以悲哀矣。察此其所自生，生于有道者之废，而无道者之恣行。夫无道者之恣行，幸矣。故世之患，不在救守，而在于不肖者之幸也。救守之说出，则不肖者益幸也，贤者益疑矣。故大乱天下者，在于不论其义，而疾取救守。

注 释

①**禁塞**：禁止阻塞。本篇驳斥救守之说，认为主张救守只会阻碍义兵吊民伐罪，助纣为虐，是兵家的理论。②**单唇干肺**：形容说话非常多。

译 文

救守的本心，无一不是卫护无道之君、救援不义之主的。卫护无道之君、救援不义之主，祸患没有比这更大的了，给天下百姓造成危害没有比这更深重的了。

凡主张救守的人，最先是用言辞劝说，其次诉诸武力。用言辞劝说，就聚徒成群，日夜思虑，费心劳神，起来就陈述它，睡觉还梦着它，把自己搞得唇焦肺燥，神损魂伤，上称三皇五帝的功业取悦于人，下举春秋五霸、知名人士的谋略证明自己的主张，从早上朝会到晚上退朝，都在劝说君主，宣扬自己的主张，晓谕众人，以阐明自己的道理。一旦道

理讲完，话语说尽，自己的主张仍然不被采用，就必然转而诉诸武力了。转而诉诸武力，势必就导致战争。战争本身，必将杀人。这是屠杀无辜的人民来扶持无道之君和不义之主。无道之君和不义之主得以生存，这是助长天下的祸害，毁弃天下的利益。无道之君、不义之主虽想侥幸取胜，祸患却由此开始滋生。

先王的法典说："对行善的人给予奖赏，对作恶的人给予惩罚。"这是自古以来的原则，不可更改。如今不区分正义与不正义却力主救守，没有比这更不义的事了，给天下百姓带来的危害没有比这更严重的了。因此一概采用攻伐不可，一概反对攻伐也不可，一概采用救守不可，一概反对救守也不可，唯有正义之师才可以。军队如果是正义之师，那么攻伐可以，救守也可以；军队如果是不义之师，那么攻伐不可，救守也不可。致使夏桀、殷纣荒淫无道达到如此地步的是侥幸之心，致使吴王夫差、智伯瑶侵略掠夺达到如此地步的是侥幸之心，致使晋厉公、陈灵公、宋康王作恶到如此地步的也是侥幸之心。假如让桀、纣知道他们这样做的后果定然是国亡身死，断子绝孙，我不相信他们荒淫无道会到如此地步，假如吴王夫差、智伯瑶知道他们那样做的后果定然是国家成为废墟，自身遭到杀戮，我不相信他们作恶无道侵略掠夺会到如此地步；假如晋厉公知道他那样做必定会死在匠丽氏的家中，陈灵公知道他那样做必定会死于夏征舒之手，宋康王知道他那样做必定会死在温邑，我不相信他们作恶会达到如此地步。这七个国君恣意作恶，他们残杀的无辜百姓多得数也数不清。青壮年、老人、儿童以及母腹中的胎儿死去的遍及原野，填塞了深谷，流入大河，战火的积灰填平了沟壑险阻。人民冒着飞矢，踏着利刃，再加上受着冻饿饥寒的煎熬，这种状况一直持续到现在，愈演愈烈。所以暴露在野外的尸骨多得无法计数，积尸封土筑成的高冢像高大的山陵。世上如有奋发之君、仁义之士，深切地想到这些，也足以感到痛心了，也足以感到悲哀了。考察这种情况产生的根源，在于有道之人被废弃，而无道昏君恣意妄行。无道昏君恣意妄行，全是由于心存侥幸的缘故。所以当今世上的祸患不在于救守本身，而在于不肖的人心存侥幸。救守的论调产生之后，不肖的人越发怀有

●戏举烽火

侥幸之心了，贤人越发恐惧了。所以祸乱天下最大的，在于不管正义与否而一味力主救守。

怀　宠

原　文

凡君子之说也非苟辨也，士之议也非苟语也，必中理然后说，必当义然后议。故说义而王公大人益好理矣，士民黔首益行义矣。义理之道彰，则暴虐、奸诈、侵夺之术息也。暴虐、奸诈之与义理反也，其势不俱胜，不两立。

故兵入于敌之境，则民知所庇矣，黔首知不死矣。至于国邑之郊，不虐五谷，不掘坟墓，不伐树木，不烧积聚，不焚室屋，不取六畜。得民虏奉而题归之[1]，以彰好恶；信与民期，以夺敌资[2]。若此而犹有忧恨、冒疾、遂过、不听者，虽行武焉亦可矣。

先发声出号曰："兵之来也，以救民之死。子之在上无道[3]，据傲荒怠[4]，贪戾虐众[5]，恣睢(suī)自用也[6]，辟远圣制[7]，謷(áo)丑先王[8]，排訾(zī)旧典[9]，上不顺天，下不惠民，征敛无期，求索无厌，罪杀不辜，庆赏不当。若此者，天之所诛也，人之所仇也，不当为君。今兵之来也，将以诛不当为君者也，以除民之仇而顺天之道也。民有逆天之道、卫人之仇者，身死家戮不赦。有能以家听者，禄之以家；以里听者，禄之以里；以乡听者，禄之以乡；以邑听者，禄之以邑；以国听者，禄之以国。"故克其国，不及其民，独诛所诛而已矣。举其秀士而封侯之，选其贤良而尊显之，求其孤寡而振恤之，见其长老而敬礼之。皆益其禄，加其级。论其罪人而救出之；分府库之金，散仓廪(lǐn)之粟，以镇抚其众，不私其财；问其丛社、大祠，民之所不欲废者而复兴之，曲加其祀礼。是以贤者荣其名，而长老说其礼，民怀其德。

今有人于此，能生死一人，则天下必争事之矣。义兵之生一人亦多矣，人孰不说？故义兵至，则邻国之民归之若流水，诛国之民望之若父母，行地滋远，得民滋众，兵不接刃而民服若化。

注　释

①**民虏**：指俘获的敌国百姓。②**敌资**：指敌方的民众。资，资本。③**子**：指称所伐国家的君主。④**据傲**：傲慢。**荒怠**：荒淫懈怠。⑤**贪戾**：贪婪与暴戾。⑥**恣睢**：放纵暴虐。⑦**辟**：

排除。⑧**訾**：诋毁。⑨**訾**：毁谤非议。

译 文

凡君子出言都不苟且辩说，士人议论，都不苟且言谈。君子一定符合道理然后才出言，士人一定符合大义然后才议论。所以听了君子和士人的言谈议论，王公贵族越发喜好道理了，士人百姓越发遵行大义了。理义之道彰明了，暴虐、奸诈、侵夺之类的行径就会停止。暴虐、奸诈、侵夺与理义截然相反，其势不能两胜，不能并存。

所以正义之师进入敌国的边境，敌国的士人就知道保护者到了，百姓就知道不会死了。正义之师到了国都及一般城邑的四郊，不祸害五谷，不刨坟掘墓，不砍伐树木，不烧掉财物粮草，不焚毁房屋，不掠夺六畜。俘获敌国的百姓都送他们回去，以此表明自己的爱憎，诚信正与人民愿望相合，以此争取敌国的民众。像这样如果还有顽固不化、妒忌、坚持错误、不归顺的人，那么即使动用武力也是可以的。

用兵之前，先发布檄文，檄文说："大军到此，为拯救百姓的生命。昏君在上，荒淫无道，傲慢自大，迷乱怠惰，贪婪暴虐，残害民众，狂妄凶狠，自以为是，摒弃圣王法制，诋毁先王，排斥毁谤先代法典，上不顺承天意，下不爱护百姓，征敛不止，责求无度，刑杀无辜，奖赏不当。像这样的人，是上天诛灭的对象，是人们共同的仇敌，根本不配当国君。如今大军到此，要诛灭不配做国君的人，除掉人民的仇敌，顺应上天的意旨。士民百姓中如有违背上天意旨，救助人民仇敌的，一律处死，并杀死全家，决不赦免。有能率领一家归顺的，赏给他一家作为俸禄；率领一里归顺的，赏给他一里作为俸禄；率领一乡归顺的，赏给他一乡作为俸禄；率领一邑归顺的，赏给他一邑作为俸禄；率领国都士民百姓归顺的，把国都赏给他当俸禄。"所以，攻克敌国，不罪及士民百姓，只杀所当杀的人罢了。举荐敌国德才优异的人，赐给他们土地、爵位，选拔敌国贤明有德的人，授予他们高官显位，寻找敌国的孤儿寡妇救济他们，会见敌国的老年人，尊重他们，以礼相待，都增加他们的俸禄、级别。审理敌国的罪人，赦免释放他们，分发府库中的财物，散发仓廪中的粮食，用以安抚敌国的民众，不把敌国的财物占为己有，对敌国人民不愿意废弃的社宫以及大庙，恢复祭祀，并多方设法增加祭祀的礼仪。因此贤人为自己名声显扬而荣耀，老年人为自己受到礼遇而高兴，人民为自己受到恩德而安定。

假如这里有个人，能够使死人复生，那天下的人一定争着服侍他了。正义之师救活的人也太多了，人们谁不高兴？所以正义之师一到，邻国的人民归向它就像流水一样，被讨伐国家的人民盼望它就像盼望父母一样。正义之师走得越远，得到的民众就越多，兵不血刃，人民就迅速归附了。

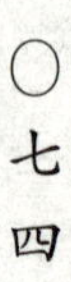

仲秋纪第八

仲　秋

原　文

仲秋之月，日在角，昏牵牛中，旦觜（zī）觿（xī）中。其日庚辛，其帝少皞，其神蓐收，其虫毛，其音商，律中南吕。其数九，其味辛，其臭腥，其祀门，祭先肝。凉风生，候雁来，玄鸟归，群鸟养羞[1]。天子居总章太庙，乘戎路，驾白骆，载白旂，衣白衣，服白玉，食麻与犬，其器廉以深。

是月也，养衰老，授几杖，行麋粥饮食。乃命司服具饬衣裳，文绣有常[2]，制有小大，度有短长，衣服有量，必循其故，冠带有常。命有司申严百刑，斩杀必当，无或枉桡，枉桡不当[3]，反受其殃。

是月也，乃命宰祝巡行牺牲，视全具，案刍豢（huàn），瞻肥瘠，察物色，必比类量小大、视长短，皆中度。五者备当，上帝其享。天子乃傩，御佐疾，以通秋气。以犬尝麻，先祭寝庙。

是月也，可以筑城郭，建都邑，穿窦窌（jiào），修囷仓。乃命有司趣民收敛，务蓄菜，多积聚。乃劝种麦，无或失时，行罪无疑。

是月也，日夜分。雷乃始收声，蛰虫俯户。杀气浸盛，阳气日衰，水始涸。日夜分，则一度量，平权衡，正钧石，齐斗甬。

是月也，易关市，来商旅，入货贿，以便民事。四方来杂，远乡皆至，则财物不匮，上无乏用，百事乃遂。凡举事无逆天数，必顺其时，乃因其类。

行之是令，白露降三旬。仲秋行春令，则秋雨不降，草木生荣，国乃有大恐。行夏令，则其国旱，蛰虫不藏，五谷复生。行冬令，则风灾数起，收雷先行，草木早死。

注　释

①**养羞**：指鸟储备粮食准备过冬。②**文**：画。**常**：指固定的规格。按照古时的制度，祭服上衣要用画，下衣用绣。③**枉桡**：两字的本意都是弯曲，这里“枉”指不按法律公正断案，“桡”指不按公理申明正义。

译　文

仲秋八月，太阳的位置在角宿，初昏时刻，牵牛星出现在南方中天，拂晓时刻，觜嶲星宿出现在南方中天。仲秋于天干属庚辛，它的主宰之帝是少皞，佐帝之神是蓐收。应时的动物是老虎一类的毛族，相配的声音是商音，音律与南吕相应。这个月的数字是九，味道是辣味，气味是腥气，要举行的祭祀是门祭，祭祀时祭品以肝脏为尊。这个月凉风出现，大雁从北来，燕子向南归，各类鸟儿都开始储备粮食准备过冬。天子住在西向明堂的中央正室，乘坐白色的兵车，车前驾着白色的马，车上插着白色的绘有龙纹的旗帜，天子穿着白色的衣服，佩戴着白色的饰玉，吃的食物是麻籽和狗肉，用的器物锐利而深邃。

这个月，要赡养衰老的人，送给他们几案和手杖，给他们稀粥作为饮食。命令主管服制的官吏，准备并整饬衣裳，祭服的纹饰有固定的规格，大小长短有一定的制度，祭服之外的服装也有一定的尺寸，必须依照旧有的规定。随着服制的不同，冠带也有相应的固定规格。命令司法官重申严明各种刑罚，斩杀罪犯一定要慎重，不要曲解法律冤枉人。如果有冤枉人的事，执法者会遭受灾祸。

这个月，命令主管牺牲和祭祀的官吏巡视将用来祭祀的牺牲，看看形体是否完整，喂养的情况如何，是肥是瘦，毛色是否纯一，这些一定要符合旧例；再量量它们的大小，看看长短，这些也都要符合要求。形体、肥瘦、毛色、大小、长短都完全适当，上帝就享用这些祭品。天子于是举行傩祭，防止并祛除疫疠，以通达金秋之气。吃狗肉尝麻籽，要在寝庙先行祭祀。

这个月，可以修筑城郭，建置都邑，挖掘地窖，修葺仓廪。命令主管官吏督促百姓收敛谷物，努力储藏过冬的干菜，多多积聚柴草。要鼓励百姓及时种麦，不要错过农时，如果错过农时，一定要给予处罚。

这个月，日夜时刻相等，雷声渐渐消逝，蛰伏的动物都藏在洞穴口。冬阴之气渐渐旺盛，阳气日益衰竭，水开始干涸了。日夜时刻相等，要在此时统一和校正各度量衡器具。

这个月，要减轻关市的税收，招徕各地的商旅，收纳财物，以利于百姓的生产和生活。四方之人前来聚集，连偏远乡邑也全都到来。这样财物就不缺乏，国家费用充足，各种事情就都能成功。做各种事情不要违背自然规律，一定要顺应天时，按照事情的类别，什么时候该做什么就做什么。

施行这个月的政令，白露降落，每旬一次。仲秋如果施行应在春天施行的政令，那么秋雨就会停而不降，草木就会重新开花，国家就会有大的恐慌。如果施行应在夏天施行的

政令，那么国家就会出现干旱，蛰伏的动物就不再伏藏，五谷就重新萌发生长。如果施行应在冬天施行的政令，那么风灾就会屡屡发生，雷声就会提前收敛，草木就会过早死亡。

论　威

原　文

义也者，万事之纪也，君臣、上下、亲疏之所由起也，治乱、安危、过胜之所在也。过胜之，勿求于他，必反于己。人情欲生而恶死，欲荣而恶辱。死生荣辱之道一，则三军之士可使一心矣。

凡军欲其众也，心欲其一也，三军一心，则令可使无敌矣。令能无敌者，其兵之于天下也亦无敌矣。古之至兵[①]，民之重令也。重乎天下，贵乎天子。其藏于民心，捷于肌肤也，深痛执固，不可摇荡，物莫之能动，若此则敌胡足胜矣。故曰其令强者其敌弱，其令信者其敌诎[②]。先胜之于此，则必胜之于彼矣。

凡兵，天下之凶器也；勇，天下之凶德也。举凶器，行凶德，犹不得已也。举凶器必杀，杀所以生之也；行凶德必威，威所以慑之也。敌慑民生，此义兵之所以隆也。故古之至兵，才民未合[③]，而威已谕矣，敌已服矣，岂必用枹鼓干戈哉？故善谕威者，于其未发也，于其未通也，窅窅乎冥冥，莫知其情，此之谓至威之诚。

凡兵，欲急疾捷先。欲急疾捷先之道，在于知缓徐迟后而急疾捷先之分也。急疾捷先，此所以决义兵之胜也，而不可久处。知其不可久处，则知所兔起凫举、死殙之地矣。虽有江河之险则凌之，虽有大山之塞则陷之，并气专精，心无有虑，目无有视，耳无有闻，一诸武而已矣。

冉叔誓必死于田侯，而齐国皆惧；豫让必死于襄子，而赵氏皆恐；成荆致死于韩主，而周人皆畏，又况乎万乘之国，而有所诚必乎，则何敌之有矣？刃未接而欲已得矣。敌人之悼惧惮恐，单荡精神尽矣，咸若狂魄，形性相离，行不知所之，走不知所往，虽有险阻要塞，铦兵利械，心无敢据，意无敢处，此夏桀之所以死于南巢也。今以木击木则拌，以水投水则散，以冰投冰则沉，以涂投涂则陷，以疾徐先后之势也。

夫兵有大要，知谋物之不谋之不禁也，则得之矣。专诸是也，独手举剑至而已矣，吴王一成。又况乎义兵，多者数万，少者数千，密其蹰路，开敌之途，则士岂特与专诸议哉！

注　释

①至兵：正义之师。**②信：**通“伸”，指畅行无阻。**诎：**通“屈”，屈服。**③才民：**士民，古代四民之一，四民指士、商、农、工。此处指士卒。**合：**交战。

译　文

义，是万事的法则，是君臣、长幼、亲疏产生的根基，是国家治乱、安危、胜败的关键。胜败的关键，不要向其他方面寻求，一定要在自己身上寻找。人的本性都是想要生存而厌恶死亡，想要荣耀而厌恶耻辱。死生、荣辱的道理统一于义，就可以使三军将士思想一致了。

凡军队，人数应该众多，军心应该一致。三军思想一致，就可以使号令畅行无阻了。号令能够畅行无阻的君主，他的军队也就无敌于天下了。古代的正义之师，人民尊重号令，看得比天下还重，比天子还尊贵。号令藏于民心，感于肌肤，深切牢固，不可动摇，没有任何东西能够使它改变。像这样敌人自然不战而溃，哪儿还值得一击呢？所以说号令不可冲犯的军队，它的敌手必然软弱；号令畅行无阻的军队，它的敌手必然屈服。在朝廷中发布命令时就已经胜过了敌手，因此在原野上战胜敌手就是必然的了。

凡是兵器都是天下的凶器，勇武是天下的凶德。举凶器，行凶德，是由于不得已。举凶器必定杀人，杀恶人是使人民得以生存的手段，行凶德必定显示武力使人畏惧，使人畏惧是让敌手屈服的手段。敌手畏惧屈服，人民获得生存，这是正义之师兴盛的原因。所以古代的正义之师出征，士兵尚未交锋，而威力就已经发挥作用了，敌手就已经降服了，难道还一定用得着冲锋厮杀吗？所以善于显示威力的，是在尚未发挥、尚未显示之前就已经产生作用。其威力深远难见，没有谁知道它的真实情况，这就是威力达到顶点的表现。

凡用兵打仗，应该行动迅速，先发制人。要想行动迅速，先发制人，方法在于明辨迟缓、落后与迅速、抢先的区别。行动迅速，先发制人，这是决定正义之师胜利的因素。因而不可滞留一处，懂得军队不可滞留的道理，那就知道哪些地方是该迅速避开的死绝之地了。这样纵有江河之险也可以凌越它，纵有大山险塞也能够攻陷它。要克敌制胜，只要精神专一，心中没有疑虑，目不旁视，耳不旁听，把心力、眼力、耳力都集中在军事上就行了。

冉叔发誓一定要杀死田氏齐侯，齐国君臣都十分恐惧，豫让决心要刺杀赵襄子，赵氏上下都很惊恐。成荆跟韩主拼命，周人都十分敬畏。一个人决心拼命尚且如此，又何况拥有兵车万辆的大国决心要达到目的呢？那还有什么人能够跟他抗衡呢？士兵尚未交锋而欲望就已经满足了。敌人恐惧害怕，精神衰竭、动摇，已经达到极点了。他们吓得像是精神错乱一样，魂不守舍，行走不知目标，奔跑不知去处，纵有险阻要塞、坚甲利兵，心里也

不敢依托，精神也无法安宁，这就是夏桀之所以死在南巢的缘故。假如用木头击打木头，后者就会裂开。把水注入水中，后者就会散开，把冰投向冰面，后者就会沉没，把泥抛向泥中，后者就会下陷，这就是快慢先后的必然趋势。

用兵有它的关键，如果懂得攻其无备、出其不意，那就掌握了用兵的关键了。专诸就是这样，他不过是独自一人手举剑落罢了。专诸仅一击就成全了阖闾，使他当上吴王。又何况是正义之师呢？正义之师人数多的几万，少的也有几千，所到之处，足迹布满道路，在敌国畅行无阻，像这样的武士，专诸怎么能跟他们相提并论呢？

简　选

原　文

世有言曰："驱市人而战之，可以胜人之厚禄教卒；老弱罢民，可以胜人之精士练材；离散系累，可以胜人之行陈整齐[1]；锄櫌(yōu)白梃，可以胜人之长铫利兵。"此不通乎兵者之论。今有利剑于此，以刺则不中，以击则不及，与恶剑无择，为是斗因用恶剑则不可。简选精良，兵械銛(xiān)利[2]，发之则不时，纵之则不当，与恶卒无择，为是战因用恶卒则不可。王子庆忌、陈年犹欲剑之利也。简选精良，兵械銛利，令能将将之，古者有以王者、有以霸者矣，汤、武、齐桓、晋文、吴阖庐是矣。

殷汤良车七十乘，必死六千人，以戊子战于郕，遂禽推移、大牺，登自鸣条[3]，乃入巢门，遂有夏。桀既奔走，于是行大仁慈，以恤黔首，反桀之事，遂其贤良，顺民所喜，远近归之，故王天下。

武王虎贲三千人，简车三百乘，以要甲子之事于收野，而纣为禽。显贤者之位，进殷之遗老，而问民之所欲，行赏及禽兽，行罚不辟天子，亲殷如周，视人如己，天下美其德，万民说其义，故立为天子。

齐桓公良车三百乘，教卒万人，以为兵首，横行海内，天下莫之能禁，南至石梁，西至酆(fēng)郭，北至令支。中山亡邢，狄人灭卫，桓公更立邢于夷仪，更立卫于楚丘。

晋文公造五两之士五乘，锐卒千人，先以接敌，诸侯莫之能难。反郑之埤，东卫之亩，尊天子于衡雍。

吴阖庐选多力者五百人，利趾者三千人，以为前陈，与荆战，五战五

胜，遂有郢。东征至于庳庐，西伐至于巴、蜀，北迫齐、晋，令行中国。

故凡兵势险阻，欲其便也；兵甲器械，欲其利也；选练角材，欲其精也；统率士民，欲其教也。此四者，义兵之助也，时变之应也，不可为而不足专恃，此胜之一策也。

注　释

①行陈：军队的队列。**②铦**：锐利。**③登**：进发。**鸣条**：古地名，又叫高侯原，相传商汤伐桀，战于鸣条之野，夏桀大败，不久夏朝灭亡。

译　文

世人有一种言论说："驱使市人作战，可以战胜敌方俸禄丰厚的武士和受过训练的士兵；靠老弱疲惫的百姓可以战胜敌方精壮、熟练的武士；靠散乱没有纪律的囚徒可以战胜敌方行列整齐的军队；靠锄櫌木棒可以战胜敌方的长矛利刃。"持这种言论的人根本不通晓用兵之道。假如有一把锋利的宝剑，由于技艺不精，拿它来刺，却刺不中敌手，拿它去击，却击不中目标，这同手持劣剑没有什么分别，但为此在搏斗时就使用劣剑却不可以。经过选拔的、装备精良的军队，发动他们总不合时机，使用他们总不得适宜，这同率领劣等军队没有什么分别，但为此在战争中就使用劣等军队却不可以。像王子庆忌、陈年那样的勇士，尚且希望宝剑锋利，更何况是一般人呢？经过选拔的、装备精良的军队，让有才干的将领率领它，古代有借此成就王业的，有借此成就霸业的，商汤、周武王、齐桓公、晋文公、吴王阖闾就是这样的人。

商汤率领精良的战车七十辆，不怕死的勇士六千人，在戊子那天与夏桀在郕地交战，抓住了桀臣推移、大牺。商汤进军鸣条，接着进入巢门，于是占有了夏的天下。夏桀已经逃跑了，在这时商汤发扬仁慈的美德，以抚恤百姓，一改桀的所作所为，选拔夏的贤人，顺应人民的意愿，远近的人都来归附了他，所以汤得以称王天下。

周武王率勇士三千人，精选的战车三百辆，甲子那天，在牧野打败了商纣的军队，纣被擒获。武王把贤人提拔到显贵的位置，举荐殷朝的遗老，询问人民的愿望，赏赐惠及禽兽，惩罚不避天子，亲近殷的士民百姓就像亲近周的士民百姓一样，看待别人就像看待自己一样，天下赞美他的德行，万民喜欢他的仁义，所以武王成为天子。

齐桓公率领精良的兵车三百辆，训练有素的士兵一万人，作为大军的前锋，纵横驰骋于四海之内，天下没有谁能够阻挡。他率领军队向南到达石梁，向西到达酆、郭，向北到达令支。中山攻陷了邢国，狄人灭亡了卫国，桓公在夷仪帮助重建邢国，在楚丘重建卫国。

晋文公训练出具有五种技能的甲士十五人，让他们率领精锐的步卒一千人作为前锋，先同敌人交锋，没有诸侯能够抵挡。晋文公命令毁掉郑国城上的女墙，以便随时攻取，命令卫国的田垄一律东西向，以便自己的兵车通行无阻，并率领诸侯在衡雍尊奉周天子。

吴王阖闾选拔力士五百人、善跑的士兵三千人作为军队的前锋，跟楚国交战，五战五胜，占领了楚国的国都郢。吴王阖闾率军向东征伐一直打到庳庐，向西征伐一直打到巴、蜀，向北逼近齐国、晋国，号令在中原华夏各诸侯国通行无阻。

所以凡战争形势，山川险阻，用兵的人都希望它对自己有利，兵甲器械，都希望它锋利坚固；选拔、训练武士，都希望他们精锐强壮；统领士卒，都希望他们训练有素。这四个方面是正义之师的辅助，是适应时势变化的凭借，不能没有，也不能一味依赖它，这是取胜的一种策略。

决　胜

原　文

夫兵有本干[1]，必义，必智，必勇。义则敌孤独，敌孤独则上下虚，民解落；孤独则父兄怨，贤者诽，乱内作。智则知时化，知时化则知虚实盛衰之变，知先后远近纵舍之数。勇则能决断，能决断则能若雷电飘风暴雨，能若崩山破溃[2]，别辨陨坠[3]；若鸷鸟之击也，搏攫则殪，中木则碎，此以智得也。

夫民无常勇，亦无常怯。有气则实，实则勇；无气则虚，虚则怯。怯勇虚实，其由甚微，不可不知。勇则战，怯则北。战而胜者，战其勇者也[4]；战而北者，战其怯者也。怯勇无常，倏忽往来，而莫知其方，惟圣人独见其所由然，故商、周以兴，桀、纣以亡。巧拙之所以相过[5]，以益民气与夺民气，以能斗众与不能斗众。军虽大，卒虽多，无益于胜。军大卒多而不能斗，众不若其寡也。夫众之为福也大，其为祸也亦大。譬之如渔深渊，其得鱼也大，其为害也大。善用兵者，诸边之内莫不与斗，虽厮舆白徒，方数百里皆来会战，势使之然也。幸也者，审于战期而有以羁诱之也。

凡兵，贵其因也。因也者，因敌之险以为己固，因敌之谋以为己事。能审因而加，胜则不可穷矣。胜不可穷之谓神，神则能不可胜也。夫兵，贵不可胜。不可胜在己，可胜在彼。圣人必在己者，不必在彼者，故执不可胜之术以遇不胜之敌，若此则兵无失矣。凡兵之胜，敌之失也。胜失之兵，必隐必微，必积必抟。

隐则胜阐矣，微则胜显矣，积则胜散矣，抟则胜离矣。诸搏攫柢噬之兽，其用齿角爪牙也，必托于卑微隐蔽，此所以成胜。

注　释

①**本干**：此处指事物的主体。②**破溃**：指洪水冲破堤坝。③**别辨**：异变。**陨坠**：指陨星坠落。④**战其勇者也**：靠勇气作战。⑤**相过**：截然不同。

译　文

用兵之道有它的根本，一定要符合正义，一定要善用智谋，一定要勇猛果敢。符合正义，敌人就孤独无援，敌人孤独无援，上上下下就缺乏斗志，人民就会瓦解离散；孤独无援，父兄就怨恨，贤人就会非议，叛乱就会从内部发生。善用智谋就能知道时势的发展趋势，知道时势的发展趋势，就会知道虚实盛衰的变化，就会知道关于先后、远近、行止的策略。勇猛果敢就能临事果断，能临事果断，行动起来就能像雷电、旋风、暴雨，就能像山崩、溃决、异变、星坠，势不可当，就像猛禽奋击，搏击禽兽，禽兽就会毙命，击中树木，树木就会碎裂，这是靠智谋做到的。

人民的勇敢不是永恒不变的，人民的怯弱也不是永恒不变的。士气饱满就充实，充实就会勇敢，士气丧失就空虚，空虚就会怯弱。怯弱与勇敢、空虚与充实，它们产生的缘由十分微妙，不可不知晓。勇敢就能奋力作战，怯弱就会临阵逃跑。打仗获胜的，是凭借自己的勇气而战，打仗败逃的，是心怀胆怯而战。怯弱与勇敢变化不定，变动急速，没有谁知道其中的道理，唯有圣人知道它之所以会这样的缘由。所以商、周由此而兴盛，桀、纣由此而灭亡。用兵巧妙与笨拙的结局之所以彼此截然不同，是因为有的提高人民的士气，有的削弱人民的士气，有的善于使用民众作战，有的不会使用民众作战的缘故。后者军队虽然庞大，士兵虽然众多，但对于取胜没有什么益处。军队庞大，士兵众多，如果不能战斗，人多还不如人少。人数众多福气大，但如果带来灾祸，为害也大，这就好像在深渊中捕鱼一样，虽然可能捕到大鱼，但如果遇难，灾祸也大。善于用兵的人，四境之内无不参战，即使是方圆几百里之内的奴仆以及没有受过训练的百姓都来参战，这是态势使他们这样做的。态势的取得在于审慎地选择战争时机，并且有办法辖制引导他们。

凡用兵，贵在善于凭借。所谓凭借是指利用敌人的险阻作为自己坚固的要塞，利用敌人的谋划达到自己的目的。能够明察所凭借的条件，再采取行动，那胜利就不可穷尽了。胜利不可穷尽叫作“神”，达到“神”的境界就能不可战胜了。用兵贵在不可被敌战胜。不可被敌战胜的主动权掌握在自己手中，能不能战胜敌人在于敌人是否胆怯、有失误。圣人一定把握自己的主动权，一定不依赖敌人的过失，所以掌握着不可被战胜的策略，同可以战胜的敌人交锋，像这样用兵就万无一失了。凡用兵获胜都是敌人犯有过失的缘故。战胜犯有过失的军队，一定要隐蔽，一定要潜藏，一定要蓄积力量，一定要集中兵力。

做到隐蔽就能战胜在明处的敌人了，做到潜藏就能战胜暴露的敌人了，做到蓄积就能战胜力量分散的敌人了，做到集中就能战胜兵力分散的敌人了。依靠齿角爪牙抓取、顶撞、撕咬猎物的野兽，在它们使用齿角爪牙的时候，一定先要隐身缩形，这是它们成功取胜的

原因。

爱　士[1]

原　文

衣人，以其寒也；食人，以其饥也。饥寒，人之大害也。救之，义也。人之困穷，甚如饥寒，故贤主必怜人之困也，必哀人之穷也。如此则名号显矣，国士得矣。

昔者秦缪公乘马而车为败，右服失而野人取之[2]。缪公自往求之，见野人方将食之于岐(qí)山之阳。缪公叹曰："食骏马之肉而不还饮酒，余恐其伤女也！"于是遍饮而去。处一年，为韩原之战，晋人已环缪公之车矣，晋梁由靡已扣缪公之左骖矣，晋惠公之右路石奋投而击缪公之甲，中之者已六札矣。野人之尝食马肉于岐山之阳者三百有余人，毕力为缪公疾斗于车下，遂大克晋，反获惠公以归。此《诗》之所谓"君君子则正，以行其德；君贱人则宽，以尽其力"者也。人主其胡可以无务行德爱人乎？行德爱人，则民亲其上，民亲其上，则皆乐为其君死矣。

赵简子有两白骡而甚爱之。阳城胥渠处广门之官，夜款门而谒曰："主君之臣胥渠有疾，医教之曰：'得白骡之肝，病则止，不得则死。'"谒者入通。董安于御于侧，愠曰："嘻！胥渠也，期吾君骡，请即刑焉。"简子曰："夫杀人以活畜，不亦不仁乎？杀畜以活人，不亦仁乎？"于是召庖人杀白骡，取肝以与阳城胥渠。处无几何，赵兴兵而攻翟，广门之官，左七百人，右七百人，皆先登而获甲首。人主其胡可以不好士？

凡敌人之来也，以求利也。今来而得死，且以走为利，敌皆以走为利，则刃无与接。故敌得生于我，则我得死于敌；敌得死于我，则我得生于敌。夫得生于敌与敌得生于我，岂可不察哉？此兵之精者也，存亡死生决于知此而已矣。

注　释

①**爱士**：主张领兵的人必须爱护士兵，这样士兵才愿意为他拼命，这是打仗生死存亡的关键所在。②**右服**：由四匹马一起拉车时，中间的两匹称为服马，其中右边的叫右服。

译　文

给人衣穿是因为人们在受冻，给人饭吃是因为人们在挨饿。挨饿受冻是人的大灾，拯救挨饿受冻的人是正义的行为。人的艰难窘迫比起挨饿受冻来，其灾难更为深重，所以贤明的君主对人陷入困境必定怜悯，对人遭受困厄必表痛惜。做到这一步，君主的名声就显赫了，国士就会归附了。

从前有一次秦穆公乘马车出行。车坏了，右侧驾辕的马跑了，一群农夫抓住了它。穆公亲自去寻找那匹马，在岐山的南面看到农夫正在分食马肉，穆公叹息说："吃了骏马的肉而不马上喝酒，恐怕马肉会伤了你们的身体。"于是穆公请他们一一喝了酒，才离开。过了一年，秦、晋在韩原展开激战。晋国士兵已经包围了秦穆公的兵车，晋国大夫梁由靡已经抓住穆公车辆左边的马，晋惠公的车右路石举起长殳击中了穆公的铠甲，穆公的七层铠甲已被击穿了六层，在这危急时刻，曾在岐山之南分食马肉的农夫三百多人，赶来竭尽全力为穆公拼死搏斗。于是秦军大胜晋军，反而俘获了晋惠公返回秦国。这就是《诗经》中所说的"给君子做国君就要平正无私，借以让他们施行仁德，给卑贱的人做国君就要宽容厚道，借以让他们竭尽全力"啊！君主怎么能不务求施行仁德、爱抚人民呢？君主施行仁德，爱抚人民，人民就爱戴他们，人民如果爱戴他们的君主，那就乐意为他们去死了。

赵简子有两匹白骡，简子特别喜爱它们。一天夜里，任广门邑小吏的阳城胥渠来到简子的门前，叩门说："主君的家臣胥渠病了，医生告诉他说：'如果弄到白骡的肝吃下，病就能好，如果弄不到，就必死。'"负责通报的人进去禀告赵简子。董安于正在一旁侍奉，恼怒地说："嘿，胥渠这个家伙！竟算计起我们主君的白骡来了，请允许我去把他杀掉！"简子说："杀人为的是使牲畜活命，不是太不仁义了吗？杀掉牲畜为的是救活人命，不正是仁爱的体现吗？"于是呼唤厨师杀掉白骡，取出肝，送给阳城胥渠。过了没多久，赵简子举兵攻狄，广门邑的小吏，左队七百人、右队七百人都争先登上城头，并斩获敌方披甲武士的首级。由此看来，君主怎么可以不爱士呢？

凡敌人来犯，都是为了追求利益，假如来犯而遭到覆灭，那将把退却看作是有利了。如果敌人都把退却看作是有利，那就用不着交锋了。所以如果敌人从我们这里活下来，那我们就要死在敌手；如果敌人死在我们手下，那我们就从敌人那里获得了生存。或是我们从敌人那里获得生存，或是敌人从我们这里获得生存，其中的道理难道不该仔细明察吗？这是用兵的精妙所在，生死存亡就取决于是否懂得这个道理了。

季秋纪第九

季　秋

季秋之月，日在房，昏虚中，旦柳中。其日庚辛，其帝少皞，其神蓐收，其虫毛，其音商，律中无射，其数九，其味辛，其臭腥，其祀门，祭先肝。候雁来，宾爵入大水为蛤[①]，菊有黄华，豺则祭兽戮(lù)禽[②]。天子居总章右个，乘戎路，驾白骆，载白旂，衣白衣，服白玉，食麻与犬，其器廉以深。

是月也，申严号令。命百官贵贱，无不务入，以会天地之藏，无有宣出。命冢宰农事备收，举五种之要，藏帝籍之收于神仓，祗敬必饬[③]。

是月也，霜始降，则百工休。乃命有司曰："寒气总至，民力不堪，其皆入室。"上丁，入学习吹。

是月也，大飨(xiǎng)帝，尝牺牲，告备于天子。合诸侯，制百县，为来岁受朔日，与诸侯所税于民轻重之法。贡职之数以远近土地所宜为度，以给郊庙之事，无有所私。

是月也，天子乃教于田猎，以习五戎，獀马。命仆及七驺咸驾，载旍旐舆，受车以级，整设于屏外，司徒搢扑，北向以誓之。天子乃厉服厉饬，执弓操矢以射。命主祠祭禽于四方。

是月也，草木黄落，乃伐薪为炭。蛰虫咸俯在穴，皆墐(jìn)其户。乃趣狱刑，无留有罪。收禄秩之不当者，共养之不宜者。

是月也，天子乃以犬尝稻，先荐寝庙。

季秋行夏令，则其国大水，冬藏殃败，民多鼽(qiú)窒。行冬令，则国多盗贼，边境不宁，土地分裂。行春令，则暖风来至，民气解堕，师旅必兴。

注　释

①**宾爵**：指老雀。因雀栖息在房宇之间犹如宾客，所以称为宾爵。②**祭兽**：豺杀掉野兽之后，四面摆开，犹如祭祀一样，古人称为祭兽。**戮**：杀。**禽**：泛指鸟兽。③**祗**：敬。**饬**：正。储藏籍田所收获的谷物时恭敬而不怠慢，端正而不偏邪。

译　文

季秋九月，太阳的位置在房宿。初昏时刻，虚宿出现在南方中天，拂晓时刻，柳宿出现在南方中天。这个月于天干属庚辛，它的主宰之帝是少皞，佐帝之神是蓐收，应时的动物是老虎一类的毛族，相配的声音是商音，音律与无射相应。这个月的数字是九，味道是辣味，气味是腥气，要举行的祭祀是门祭，祭祀时祭品以肝脏为尊。这个月，候鸟从北方飞来，栖息于屋宇的雀鸟钻进大海变成了蛤蜊。秋菊开了黄花。豺把捕到的野兽四面摆开，像祭祀一样，开始杀戮禽兽。天子住在西向明堂的右侧室，乘坐白色的兵车，车前驾着白色的马，车上插着白色的绘有龙纹的旗帜。天子穿着白色的衣服，佩戴着白色的饰玉，吃的食物是麻籽和狗肉，用的器物锐利而深邃。

这个月，要重申严明各种号令。命令百官贵贱人等无不从事收敛的工作，来应合天地收藏的时气，不得有宣泄散出。命令太宰，在农作物全部收成之后，建立登记五谷的账簿，把天子籍田中收获的谷物藏入专门储藏供祭祀上帝神祇所用谷物的谷仓，态度必须恭敬严正。

这个月，霜开始降落，各种工匠不再制作器物。于是命令司徒说："寒气突然来到，百姓禁受不起，让他们都进屋准备过冬。"这个月上旬的丁日，进入太学练习吹笙竽，演习礼乐。

这个月，天子要遍祭五帝，并命令主管官吏用牺牲祭祀群神，并向天子禀告祭祀已经齐备。天子要召集诸侯、百县官员，向他们颁授来年的朔日及诸侯向百姓收税轻重的法规，诸侯向天子缴纳贡赋的多少、抽税轻重、纳贡多少都以远近和土地出产的情况为依据。这些东西供祭天祭祖之用，没有属于私有的物品。

这个月，天子借打猎教练治兵之法，熟悉各种兵器，选择良马。命令田仆和管套车卸马的吏役都来驾车，车上插着各种旗帜，参加田猎的人按照等级授予车辆，并按次序整齐地摆在树垣之外。司徒把教刑用具插在带间，向北面告诫众人。天子穿着威武的戎装，佩带刀剑等饰物，拿着弓箭来射猎。命令主管祭祀的官吏用猎获的鸟兽祭祀四方之神。

这个月草木枯黄了，可以砍伐山柴烧制木炭。蛰伏的动物都藏伏在洞穴里，封严它们的洞口。这个月，要督促诉讼断案的事，不要留下有罪应判决的案件。收缴那些无功之人不应得的俸禄和官爵，以及那些不应得到国家供养的人所得到的供养之物。

这个月，天子就着狗肉品尝稻米，首先进献给祖庙。

季秋如果施行应在夏天施行的政令，那么国家就会大水成灾，收藏起来准备过冬的谷物、菜蔬就会毁坏，百姓就会出现鼻塞窒息的疾病。如果施行应在冬天施行的政令，那么国家就会盗贼横生，边境就不能安宁，土地就会被侵略分割。如果施行应在春天施行的政令，那么暖风就会来到，百姓就会懈怠，战争就会兴起。

顺　民[1]

原　文

先王先顺民心，故功名成。夫以德得民心以立大功名者，上世多有之矣。失民心而立功名者，未之曾有也。得民心有道，万乘之国，百户之邑(yì)，民无有不说。取民之所说而民取矣，民之所说岂众哉？此取民之要也。

昔者汤克夏而正天下，天大旱，五年不收，汤乃以身祷于桑林，曰："余一人有罪，无及万夫。万夫有罪，在余一人。无以一人之不敏，使上帝鬼神伤民之命。"于是翦其发[2]，鄌其手，以身为牺牲，用祈福于上帝，民乃甚说，雨乃大至。则汤达乎鬼神之化，人事之传也。

文王处岐事纣，冤侮雅逊[3]，朝夕必时，上贡必适，祭祀必敬。纣喜，命文王称西伯，赐之千里之地。文王载拜稽首而辞曰："愿为民请炮烙之刑。"文王非恶千里之地，以为民请炮烙之刑，必欲得民心也。得民心则贤于千里之地，故曰文王智矣。

越王苦会稽之耻，欲深得民心，以致必死于吴。身不安枕席，口不甘厚味，目不视靡曼，耳不听钟鼓。三年苦身劳力，焦唇干肺，内亲群臣，下养百姓，以来其心。有甘脆不足分，弗敢食；有酒流之江，与民同之。身亲耕而食，妻亲织而衣。味禁珍，衣禁袭，色禁二。时出行路，从车载食，以视孤寡老弱之渍病困穷颜色愁悴不赡者，必身自食之。于是属诸大夫而告之，曰："愿一与吴徼(jiǎo)天下之衷。今吴、越之国相与俱残，士大夫履肝肺同日而死，孤与吴王接颈交臂而偾，此孤之大愿也。若此而不可得也，内量吾国不足以伤吴，外事之诸侯不能害之，则孤将弃国家，释群臣，服剑臂刃，变容貌，易姓名，执箕帚而臣事之，以与吴王争一旦之死。孤虽知要领不属，首足异处，四枝布裂，为天下戮(lù)，孤之志必将出焉。"于是异日果与吴战于五湖，吴师大败，遂大围王宫，城门不守，禽夫差，戮吴相，残吴二年而霸，此先顺民心也。

齐庄子请攻越，问于和子。和子曰："先君有遗令曰：'无攻越，越猛虎

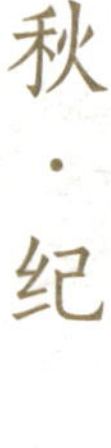

也。'" 庄子曰:"虽猛虎也,而今已死矣。" 和子曰以告鸮(xiāo)子。鸮子曰:"已死矣,以为生。" 故凡举事,必先审民心,然后可举。

注　释

①**顺民**:必须顺应民心才能开战,本篇阐述的是兵家学说。②**翦其发**:剪掉头发是古代的一种刑罚。③**冤侮**:蒙冤而遭受侮慢。**雅逊**:雅正谦逊,执诸侯之礼不变。

译　文

先王治理天下首先顺应民心,所以功成名就。依靠仁德博取民心而建立大功、成就美名的,古代大有人在。失去民心而建立功名的却不曾有过。获得民心是有方法的,无论是具有万辆兵车的大国,还是仅有百户的小邑,人民没有不喜悦的事。只要做让人民喜悦的事,民心就获得了。人民所喜悦的事难道会有很多吗?这是取得民心的关键。

从前汤灭掉夏,治理天下。天大旱,五年没有收成。汤于是在桑林用自己的身体向神祈祷,说:"我一人有罪,不要祸及天下人,即使天下人有罪,罪责也都在我一人身上。不要因我一人不才,致使天帝鬼神伤害人民的生命。" 于是汤剪断自己的头发,挤压自己的手指,把自己的身体作为牺牲,向天帝求福。人民于是非常高兴,天也下起了大雨。汤可说是通晓鬼神的变化、人事转变的道理了。

文王住在岐山臣服于纣王,虽遭冤枉侮慢,依然雅正恭顺,早晚朝拜不失其时,进献贡物一定合宜,祭祀一定诚敬。纣很高兴,封文王为西伯,赏他纵横千里的土地。文王再拜稽首,辞谢说:"我不要千里的土地,只愿替人民请求废除炮烙之刑。" 文王并不是厌恶纵横千里的土地,用它替人民请求废除炮烙之刑,必是想要获取民心。得到民心,它的好处胜过纵横千里的土地,所以文王是相当明智的人。

越王为会稽之耻而痛苦,想要深得民心以求和吴国拼死一战。于是他身不安于枕席,口不尝食美味,眼不看美色,耳不听音乐。三年的时间,苦心劳力,唇干肺伤,对内爱抚群臣,对下教养百姓,以便使他们能够一心归顺自己。有甜美的食物,如不够分,自己不敢独自吃,有酒把它倒入江中,与人民共饮。靠自己亲身耕种吃饭,靠妻子亲手纺织穿衣。饮食不求珍奇,衣服不穿两层,禁用两色的服饰。他还时常出外巡视,随从车辆载着食物,去探望孤寡老弱的人中生病的、困厄的、面色忧愁憔悴的、饮食不足的人,且一定亲自给他们食物吃。然后他召集诸大夫,向他们宣告:"我愿与吴国一起求得上天制裁。让吴、越两国一道毁灭,士大夫践踏肝肺同日战死,我跟吴王颈臂相交、肉搏而亡,这是我最大的期望。如果这些事情都办不到,从国内考虑估量我们的国力不足以击败吴国,从国外考虑结盟的诸侯也不能毁灭它,那么我将抛弃国家,离开群臣,身带佩剑,手执利刃,改变容貌,更换姓名,充当仆役,执箕帚侍奉吴王,以便跟吴王决死于一旦之间。我虽然知道这样做会招致腰断颈绝,头脚异处,四肢分裂,被天下人所羞辱,但是我的志向一定要付诸实施。" 后来越国终于与吴国在五湖决战,吴国军队大败,于是越国军队包围了吴王的王

宫，攻下城门，活捉了夫差，杀死了吴相。灭掉吴国之后两年，越国称霸诸侯，这都是先顺应民心的结果。

齐庄子请求攻打越国，征求和子的意见。和子说：“先君有遗命，不可攻打越国，越国是只猛虎。”齐庄子说：“虽然是只猛虎，但是现在已经死了。”和子把这话告诉鸮子，鸮子说：“虽然已经死了，但人们还认为它活着。”所以凡行事，一定要先考察民心，然后才可以去做。

知　士[1]

原　文

今有千里之马于此，非得良工[2]，犹若弗取。良工之与马也，相得则然后成，譬之若枹(fú)之与鼓。夫士亦有千里，高节死义，此士之千里也。能使士待千里者，其惟贤者也。

静郭君善剂貌辨。剂貌辨之为人也多訾[3]，门人弗说。士尉以证静郭君，静郭君弗听，士尉辞而去。孟尝君窃以谏静郭君，静郭君大怒曰：“铲而类[4]，揆(kuí)吾家[5]，苟可以慊(qiàn)剂貌辨者[6]，吾无辞为也。”于是舍之上舍，令长子御，朝暮进食。数年，威王薨(hōng)，宣王立，静郭君之交，大不善于宣王，辞而之薛，与剂貌辨俱。

留无几何，剂貌辨辞而行，请见宣王。静郭君曰：“王之不说婴也甚，公往，必得死焉。”剂貌辨曰：“固非求生也。”请必行，静郭君不能止。剂貌辨行，至于齐，宣王闻之，藏怒以待之。剂貌辨见，宣王曰：“子，静郭君之所听爱也？”剂貌辨答曰：“爱则有之，听则无有。王方为太子之时，辨谓静郭君曰：‘太子之不仁，过颐豕视，若是者倍反。不若革太子，更立卫姬婴儿校师。’静郭君泫而曰：‘不可，吾弗忍为也。’且静郭君听辨而为之也，必无今日之患也，此为一也。至于薛，昭阳请以数倍之地易薛，辨又曰：‘必听之。’静郭君曰：‘受薛于先王，虽恶于后王，吾独谓先王何乎？且先王之庙在薛，吾岂可以先王之庙予楚乎？’又不肯听辨，此为二也。”宣王太息，动于颜色，曰：“静郭君之于寡人一至此乎！寡人少，殊不知此。客肯为寡人少来静郭君乎？”剂貌辨答曰：“敬诺。”静郭君来，衣威王之服，冠其冠，带其剑。宣王自迎静郭君于郊，望之而泣。静郭君至，因请相之。静郭君辞，

不得已而受。十日，谢病，强辞，三日而听。

当是时也，静郭君可谓能自知人矣。能自知人，故非之弗为阻，此剂貌辨之所以外生乐、趋患难故也。

注释

①**知士**：要了解士兵并爱护他们，这样他们才会为君王效死命。②**良工**：善于相马的人。③**訾**：诋毁，非议。④**铲**：铲除，消灭。⑤**揆**：估量，管理。⑥**慊**：通“慊”，满足，快意。

译文

假如有日行千里的骏马，但如果遇不到善于相马的人，仍然不会被当作千里马使用。善于相马的人与千里马，需要互相依赖，然后才得以成名，就像鼓槌和鼓彼此相依存一样。士人中也有超群出众的千里马，气节高尚、为正义而献身的人就是士中的千里马。能够使士驰骋千里的，大概只有贤人吧。

静郭君很喜爱他的门客剂貌辨。剂貌辨为人毛病很多，其他门客都不喜欢他。士尉为此劝谏静郭君，静郭君不听，于是士尉离开了静郭君的门下。孟尝君私下劝说静郭君，静郭君大怒说：“即使把你们都杀死，把我家拆得四分五裂，只要能让剂貌辨先生满足，我也在所不辞！”于是让剂貌辨住在上等客舍，让他的长子侍奉，早晚进献食物。过了几年，齐威王死了，齐宣王即位。静郭君不被宣王喜欢，他被迫辞官，回到封地薛，仍跟剂貌辨在一起。

在薛地住了没多久，剂貌辨辞行，请求去谒见宣王。静郭君说：“大王不喜欢我到极点了，您去必定遭到杀害。”剂貌辨说：“我本来就不是去求活命的。”我一定要去，静郭君劝阻不住，剂貌辨到了齐国都城。宣王听说后，心怀恼怒等着他。剂貌辨拜见宣王，宣王说：“你就是静郭君言听计从、非常喜爱的那个人吧？”剂貌辨回答：“喜爱是有，至于言听计从根本谈不上。当初大王当太子时，我对静郭君说：‘太子耳后见腮，下斜偷视，相貌不仁，像这样的人会悖理行事的。不如废掉太子，改立卫姬的幼子校师。’静郭君流着泪说：‘不行，我不忍心这样做。’如果静郭君听从我的话并这样做了，一定不会有今天的祸患，这是一个例证。回到薛地之后，楚相昭阳请求用大于薛几倍的土地交换薛地。我又说：‘一定要应允他。’静郭君说：‘我从先王那里获封薛地，现在虽被后来的国君厌恶，但如果我把薛地换给别人，我该怎么对先王说呢？再说先人的宗庙在薛，我怎么可以把先人的宗庙给楚国呢？’他又不肯听我的话，这是第二个例证。”宣王长叹，改变了神色，说：“静郭君对我竟喜爱到这个地步吗？我年纪幼小，这些事都不知道。您愿意替我把静郭君请来吗？”剂貌辨回答：“遵命。”静郭君来到国都，穿着宣王所赐的衣服，戴着宣王所赐的帽子，佩着宣王所赐的宝剑。宣王亲自到郊外迎接静郭君，远远望见他就流下泪来。静郭君到了以后，宣王就请他担任齐相。静郭君再三辞谢，不得已才接受下来。十天之后，他托病辞官，极力坚持，三天之后宣王才应允。

在当时，静郭君可称得上善于了解别人的人了。正因为他善于了解人，所以别人的非议妨害不了他。这正是剂貌辨之所以把生命与欢乐置之度外，为静郭君冒极大风险的缘故。

审　己

原　文

凡物之然也必有故，而不知其故，虽当，与不知同，其卒必困。先王名士达师之所以过俗者，以其知也。水出于山而走于海，水非恶山而欲海也，高下使之然也。稼生于野而藏于仓，稼非有欲也，人皆以之也。故子路掩雉而复释之。

子列子常射中矣，请之于关尹子。关尹子曰："知子之所以中乎？"答曰："弗知也。"关尹子曰："未可。"退而习之三年，又请。关尹子曰："子知子之所以中乎？"子列子曰："知之矣。"关尹子曰："可矣，守而勿失。"非独射也，国之存也，国之亡也，身之贤也，身之不肖也，亦皆有以。圣人不察存亡贤不肖，而察其所以也。

齐攻鲁，求岑(cén)鼎[1]，鲁君载他鼎以往。齐侯弗信而反之，为非，使人告鲁侯曰："柳下季以为是，请因受之。"鲁君请于柳下季，柳下季答曰："君之赂，以欲岑鼎也？以免国也[2]？臣亦有国于此，破臣之国以免君之国，此臣之所难也。"于是鲁君乃以真岑鼎往也。且柳下季可谓此能说矣，非独存己之国也，又能存鲁君之国。

齐湣(mǐn)王亡居于卫，昼日步足，谓公玉丹曰："我已亡矣，而不知其故。吾所以亡者，果何故哉？我当已。"公玉丹答曰："臣以王为已知之矣，王故尚未之知邪？王之所以亡也者，以贤也。天下之王皆不肖，而恶王之贤也，因相与合兵而攻王，此王之所以亡也。"湣王慨焉太息曰："贤固若是其苦邪？"此亦不知其所以也，此公玉丹之所以过也。

越王授有子四人。越王之弟曰豫，欲尽杀之，而为之后。恶其三人而杀之矣，国人不说，大非上。又恶其一人而欲杀之，越王未之听。其子恐必死，因国人之欲逐豫，围王宫。越王太息曰："余不听豫之言，以罹(lí)此难也。"亦不知所以亡也。

注 释

①岑鼎：鲁国宝鼎，因形高而锐，如岑形，故名岑鼎。岑，小而高的山。**②国：**比喻持守之物，这里代指信誉。

译 文

物体之所以会这样必有原因，如果不知道原因，即使行为符合外物的变化，也和不知相同，最终必为外物所困。先代君王、知名之士、通达之师之所以超过平庸之辈，正是因为他们知道事物之所以这样的原因。水从山中流出奔向大海，并不是水厌恶山而向往海，而是山高海低的地形使它这样的。庄稼生在田野而贮藏在仓中，并不是庄稼有这种欲望，而是人们都需要它。所以子路捉到雉却又放了它，是由于自己尚未知道捉到它的原因。

子列子曾射中目标，于是向关尹子请教关于射箭的道理。关尹子问："你知道你射中的道理吗？"子列子回答："不知道。"关尹子说："现在还不能跟你谈论大道。"子列子回去练习射箭，练了三年，又去请教。关尹子问："你知道你射中的道理吗？"子列子说："知道了。"关尹子说："可以了，你要奉守它而不要失去。"不只射箭如此，国家的生存，国家的灭亡，人的贤明，人的不肖，也都各有原因。圣人不去考察存亡及贤与不肖本身，而是考察造成它们的原因。

齐国攻打鲁国，索取鲁国的岑鼎，鲁君把另一只鼎送到齐国。齐侯不相信，把它退了回来，认为不是岑鼎，并派人告诉鲁侯说："如果柳下季认为这是岑鼎，我就愿意接受它。"鲁君向柳下季求助。柳下季答复道："您是想得到岑鼎呢，还是想使国家免除灾难呢？我这里也有个'国家'，这就是信誉。毁灭我的'国家'来挽救您的国家，这是我难以办到的。"于是鲁君就把真的岑鼎送到齐国去。像柳下季这样的人可称得上善于劝说国君了。不仅保持自己的信誉，又能保存住鲁君的国家。

齐愍王流亡国外，住在卫国。有一次，白天散步，齐愍王对公玉丹说："我已流亡国外了，却不知道流亡的原因。我之所以流亡，究竟是什么原因呢？我会纠正自己的过失。"公玉丹回答："我以为大王您已经知道了啊，您竟然还不知道吗？您之所以流亡国外，是因为您太贤明的缘故。天下的君主都不肖，因而憎恶大王您的贤能，于是他们互相勾结，合兵进攻大王，这就是大王您流亡的原因啊！"愍王很感慨，叹息说："君主贤明原来要受这样的苦啊！"这也是不知道自己为什么灭亡，这正是公玉丹之所以能够蒙骗他的原因。

越王授有四个儿子。越王的弟弟名叫豫，他想把越王的四个儿子全都杀掉，让自己成为越王的继承人。豫毁谤其中三子，让越王把他们杀掉了。国人很不满，纷纷指责越王。豫又毁谤剩下的一子，想让越王杀掉他，越王没有听从豫的话。越王的儿子害怕自己会被杀死，于是借着国人的愿望把豫驱赶出国，并包围了王宫。越王叹息说："我不听从豫的话，所以才遭受这样的灾祸。"这也是不知自己为什么会灭亡。

精　通[1]

原　文

人或谓兔丝无根，兔丝非无根也，其根不属也，茯苓是。慈石召铁，或引之也。树相近而靡，或軵(rǒng)之也。圣人南面而立，以爱利民为心，号令未出而天下皆延颈举踵矣，则精通乎民也。夫贼害于人，人亦然。今夫攻者，砥厉五兵[2]，侈衣美食，发且有日矣，所被攻者不乐，非或闻之也，神者先告也。身在乎秦，所亲爱在于齐，死而志气不安，精或往来也。德也者，万民之宰也。月也者，群阴之本也。月望则蚌蛤实，群阴盈；月晦则蚌蛤虚，群阴亏[3]。夫月形乎天，而群阴化乎渊；圣人行德乎己，而四荒咸饬乎仁。

养由基射兕(sì)，中石，矢乃饮羽[4]，诚乎兕也。伯乐学相马，所见无非马者，诚乎马也。宋之庖丁好解牛，所见无非死牛者，三年而不见生牛，用刀十九年，刃若新鄗研，顺其理，诚乎牛也。

钟子期夜闻击磬者而悲，使人召而问之曰："子何击磬之悲也？"答曰："臣之父不幸而杀人，不得生，臣之母得生，而为公家为酒；臣之身得生，而为公家击磬。臣不睹臣之母三年矣。昔为舍氏睹臣之母，量所以赎之则无有，而身固公家之财也，是故悲也。"钟子期叹嗟曰："悲夫，悲夫！心非臂也，臂非椎非石也。悲存乎心而木石应之，故君子诚乎此而谕乎彼，感乎己而发乎人，岂必强说乎哉？"

周有申喜者，亡其母，闻乞人歌于门下而悲之，动于颜色，谓门者内乞人之歌者，自觉而问焉，曰："何故而乞？"与之语，盖其母也。故父母之于子也，子之于父母也，一体而两分，同气而异息。若草莽之有华实也，若树木之有根心也，虽异处而相通，隐志相及，痛疾相救，忧思相感，生则相欢，死则相哀，此之谓骨肉之亲。神出于忠，而应乎心，两精相得，岂待言哉？

注　释

①**精通**：君主以爱民、利民为心，就可以与民精气相通，不用出兵就可让民众前来归附。本篇属于兵家理论。②**砥厉**：磨刀石，此处将动词做名词用。厉，通"砺"。③**群阴**：各种属阴之物，此处指蚌蛤的肉。④**饮**：通"隐"，隐没。

译 文

有人说菟丝这种植物没有根，其实菟丝不是没有根，只是它的根与菟丝不相连，茯苓就是它的根。磁石吸引铁，是有一种力在吸引它。树木彼此生得近了，就要互相摩擦，是有一种力在推它。圣人面南为君，胸怀爱民利民之心，号令还没有发出，天下人就都伸长脖子，踮起脚殷切盼望了，这是圣人与人民精气相通的缘故。暴君伤害人民，人民也会有相应的反应。假如有国家准备进攻他国，正在磨砺兵器，犒赏军队，距离出征没几天，这时即将遭受进攻的国家肯定不会快乐，并不是他们有人听到了风声，而是精神先感知到了。一个人身在秦国，他所爱的人在齐国，如果在齐国的人死了，在秦国的人就会心神不安，这是精气互相往来的缘故啊！德是万民的主宰，月亮是各种属阴之物的根本。月满的时候，蚌蛤的肉就充实，各种属阴之物也都满盈；月光尽敛的时候，蚌蛤的肉就空虚，各种属阴之物也都亏虚。月相变化显现于天空，各种属阴之物在深水之中都会随着变化。圣人修养自己的品德，四方荒远之地的人们都随之整饬自己，归向仁义。

养由基射兕，射中石头，箭羽没入石中。这是由于他把石头当成兕，精神集中于兕的缘故。伯乐学相马，眼睛看到的除了马以外没有别的东西，这是由于他精神集中于马的缘故。宋国的庖丁喜好分解牛的肢体，眼睛看到的除了牛以外没有别的东西，整整三年眼前不见活牛，一把刀用了十九年，刀刃仍然锋利得像刚磨过，这是由于他分解牛的肢体时顺着牛的肌理，精神集中于牛的缘故。

钟子期在夜间听到有人击磬，发出悲哀之声，就派人把击磬的人叫来，问他说："你击磬的声音怎么这么悲哀啊？"击磬之人回答说："我的父亲不幸杀了人，无法活命，我的母亲虽得以活命，却为奴替公家造酒，我自身虽得以活命，却替公家击磬。我已经三年没有见到自己的母亲了。昨天晚上在舍氏见到了我的母亲，想要为她赎身却没有钱，而且连自己也是公家的财产，因此心中悲哀。"钟子期叹息说："可悲呀，可悲！心并不是手臂，手臂也不是椎、磬，但悲哀存于心中，而椎、磬却能与它应和。"所以君子心中有所感，就会在外面表现出来，自己心中有所感，就可以影响到他人，哪里用得着一定要用言辞表述呢？

有个叫申喜的周人，他与母亲失散了。有一天，他听到有个乞丐在门前唱歌，自己感到悲哀，脸色都变了。他告诉守门的人让唱歌的乞丐进来，亲自见她，并询问："什么原因使你沦落到乞讨的地步？"跟她交谈才知道，那乞丐原来正是他的母亲。所以无论父母对于子女来说，还是子女对于父母来说，实际都是一个身体而分为两处，精气相同而呼吸各异，就像草莽有花有果，树木有根有心一样。虽在异处却可彼此相通，心中志向互相连通，有病痛互相救护，有忧思互相感动，对方活着心里就高兴，对方死了心里就悲哀，这就叫作骨肉之亲。这种天性出于至诚，而彼此心中互相应和，双方精气相通，难道还要靠言语吗？

孟冬纪第十

孟　冬

原　文

孟冬之月，日在尾，昏危中，旦七星中。其日壬癸，其帝颛顼[1]，其神玄冥，其虫介，其音羽，律中应钟。其数六，其味咸，其臭朽[2]，其祀行，祭先肾。水始冰，地始冻，雉入大水为蜃(shèn)，虹藏不见。天子居玄堂左个，乘玄辂，驾铁骊，载玄旂，衣黑衣，服玄玉，食黍与彘(zhì)，其器宏以弇(yǎn)。

是月也，以立冬。先立冬三日，太史谒之天子曰："某日立冬，盛德在水。"天子乃斋。立冬之日，天子亲率三公、九卿、大夫，以迎冬于北郊。还，乃赏死事[3]，恤孤寡。

是月也，命太卜祷祠龟策，占兆审卦吉凶。于是察阿上乱法者则罪之，无有掩蔽。

是月也，天子始裘，命有司曰："天气上腾，地气下降，天地不通，闭而成冬。"令百官谨盖藏。命司徒循行积聚，无有不敛；坿(fù)城郭[4]，戒门闾，修楗闭，慎关籥，固封玺，备边境，完要塞，谨关梁，塞蹊径，饬丧纪，辨衣裳，审棺椁之厚薄，营丘垄之小大、高卑、薄厚之度，贵贱之等级。

是月也，工师效功，陈祭器，按度程，无或作为淫巧，以荡上心，必功致为上。物勒工名，以考其诚；工有不当，必行其罪，以穷其情。

是月也，大饮蒸，天子乃祈来年于天宗。大割，祠于公社及门闾，飨先祖五祀，劳农夫以休息之。天子乃命将率讲武，肄射御，角力。

是月也，乃命水虞渔师收水泉池泽之赋[5]，无或敢侵削众庶兆民，以为天子取怨于下。其有若此者，行罪无赦。

孟冬行春令，则冻闭不密，地气发泄，民多流亡。行夏令，则国多暴风，

方冬不寒，蛰虫复出。行秋令，则雪霜不时，小兵时起，土地侵削。

注　释

①颛顼：即高阳氏，五帝之一。五行家认为他以水德称王天下，因此尊其为北方水德之帝。**②朽**：若有若无的气味。**③死事**：指为国事而牺牲。**④坿**：加高、加固。**⑤水虞**：古代官名，负责掌管川泽。**渔师**：掌管水产的官。

译　文

孟冬之月，太阳的位置在尾宿。初昏时刻，危宿出现在南方中天。拂晓时刻，星宿出现在南方中天。孟冬于天干属壬癸，它的主宰之帝是颛顼，佐帝之神是玄冥，应时的动物是龟鳖之类的甲族，相配的声音是羽音，音律与应钟相应。这个月的数字是六，味道是咸味，气味是朽气，要举行的祭祀是行祭，祭祀时祭品以肾脏为尊。这个月水开始结冰，地开始封冻，雉钻入淮水变成了蛤蜊，彩虹消失不再出现。天子住在北向明堂的左侧室，乘坐黑色的车，车前驾着黑色的马，车上插着黑色的绘有龙纹的旗帜，天子穿着黑色的衣服，佩戴着黑色的饰玉，吃的食物是黍米和猪肉，使用的器物大而敛口。

这个月有立冬的节气。立冬前三天，太史向天子禀告说："某天立冬，大德在于水。"于是天子斋戒，准备迎冬。立冬那天，天子亲自率领三公、九卿、大夫，到北郊去迎接冬的降临。迎冬回来，赏赐为国捐躯的大臣的子孙，抚恤救济这些大臣遗留的孤儿寡妇。

这个月，命令掌管卜筮的太卜，祈祷于龟策，看兆象，算卦数，来考察吉凶。在这个时候，要察访那些曲意逢迎上司而扰乱法制的人，判他们的罪，不得有所隐藏。

这个月，天子开始穿皮衣。命令主管官吏说："天气上腾，地气下降，天地之间不再相通，封闭而形成冬天。"命令百官谨慎对待仓廪府库之事。命令司徒到各地巡视积聚的情况，不得有未积聚的谷物。要加高、加固城墙，警戒城门里外，维修门闩门鼻，小心钥匙锁头，守备边境，修葺要塞，谨慎守护关卡桥梁，堵塞田间小路，整饬丧事的规格，分辨随葬的衣服，营建坟墓的大小、高低、厚薄的标准，都要按照贵贱的等级。

这个月，工师献上百工制作的器物，考核工效，摆出他们制作的祭器，看是否依照法度制式。不得制作过于奇巧的器物来影响在上位者的奢侈之心，一定要以精密为佳。器物要刻上工匠的名字，以此来考察他们是否尽力。如果有不精细之处，一定要给予处罚，来追究他们的诈巧之心。

这个月，天子诸侯与群臣在蒸祭之后，举行盛大的宴饮，天子向日月星辰等在天之神祈求明年五谷丰登。大杀牺牲，在官社及门闾祈祷，然后飨先祖、五祀，慰劳农夫，使他们好好休息。天子命令将帅讲习武事，教军士练习射箭、驾车，比试体力。

这个月，命令掌管水利水产的官吏向百姓收缴水泉池泽的赋税，但不得擅自加税来侵犯百姓的利益，使得天子在百姓中结下怨恨。如果有这样做的人，一定要处罚而不得赦免。

孟冬施行应在春天发布的政令，那么冰封地冻就不牢固，地气就会宣泄散发，百姓就

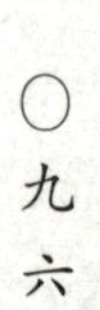

会多有流亡。如果施行应在夏天施行的政令，那么国家就会多暴风，正处冬天而不冷，蛰伏的动物就会重新出来。如果施行应在秋天施行的政令，那么霜雪就不能按节气而来，小的战争就会不断发生，外寇就会侵扰边境。

节　丧[1]

原　文

审知生，圣人之要也；审知死，圣人之极也。知生也者，不以害生，养生之谓也；知死也者，不以害死，安死之谓也。此二者，圣人之所独决也。凡生于天地之间，其必有死，所不免也。孝子之重其亲也，慈亲之爱其子也，痛于肌骨，性也。所重所爱，死而弃之沟壑(hè)，人之情不忍为也，故有葬死之义。葬也者，藏也，慈亲孝子之所慎也。慎之者，以生人之心虑。以生人之心为死者虑也，莫如无动，莫如无发。无发无动[2]，莫如无有可利，则此之谓重闭[3]。

古之人有藏于广野深山而安者矣，非珠玉国宝之谓也，葬不可不藏也。葬浅则狐狸扫(hú)之[4]，深则及于水泉。故凡葬必于高陵之上，以避狐狸之患、水泉之湿。此则善矣，而忘奸邪、盗贼、寇乱之难，岂不惑哉？譬之若瞽(gǔ)师之避柱也，避柱而疾触杙(yì)也[5]。狐狸、水泉、奸邪、盗贼、寇乱之患，此杙之大者也。慈亲孝子避之者，得葬之情矣。善棺椁(guǒ)，所以避蝼蚁蛇虫也。今世俗大乱，人主愈侈其葬，则心非为乎死者虑也，生者以相矜尚也。侈靡者以为荣，俭节者以为陋，不以便死为故，而徒以生者之诽誉为务，此非慈亲孝子之心也。父虽死，孝子之重之不怠；子虽死，慈亲之爱之不懈。夫葬所爱所重，而以生者之所甚欲，其以安之也，若之何哉？

民之于利也，犯流矢，蹈白刃，涉血盩肝以求之。野人之无闻者，忍亲戚、兄弟、知交以求利。今无此之危，无此之丑，其为利甚厚，乘车食肉，泽及子孙，虽圣人犹不能禁，而况于乱？国弥大，家弥富，葬弥厚。含珠鳞施，夫玩好货宝，钟鼎壶滥，舆马衣被戈剑，不可胜其数。诸养生之具，无不从者。题凑之室，棺椁数袭，积石积炭，以环其外。奸人闻之，传以相告。上虽以严威重罪禁之，犹不可止。且死者弥久，生者弥疏；生者弥疏，则守者

弥怠；守者弥怠而葬器如故，其势固不安矣。世俗之行丧，载之以大𬨎(chūn)，羽旄旌旗如云，偻翣(shà)以督之，珠玉以佩之，黼黻(fǔ fú)文章以饬之，引绋(fú)者左右万人以行之，以军制立之然后可。以此观世，则美矣侈矣。以此为死，则不可也。苟便于死，则虽贫国劳民，若慈亲孝子者之所不辞为也。

注　释

①**节丧：**反对厚葬，提倡节俭。本篇属于墨家学说。②**无发：**指后人由于死者墓中没有陪葬品而不会去发掘它。**无动：**指死者不会因发掘墓葬而被惊动。③**重闭：**大闭，指墓中没有殉葬品，掘墓人无利可图，不会导致被发掘。④**扣：**发掘。⑤**避柱：**避免碰到柱子。

译　文

审慎地体察生命是圣人的要事，明察死亡是圣人的急务。明察生命，目的在于不以外物伤害生命，即为了养生。明察死亡，目的在于不以外物损害死者，即为了安死。这两件事唯独圣人才能知晓。凡生活于天地间的事物，它们必然要有死亡，这是不可避免的。孝子尊重他们的父母，慈亲疼爱他们的子女，尊重、疼爱之心深入肌骨，这是天性。所尊重、所疼爱的人，死后却把他们抛入沟壑，这是人之常情所不忍心去做的，因而产生了葬送死者的道义。葬就是藏的意思，这是慈亲孝子所应慎重的事。所谓慎重，就是说活着的人要为死者考虑。没有比不使死者被移动更重要的了，没有比不让坟墓被掘开更重要了。而要达到这个目的，没有比让坟墓中没有值钱的东西更保险的了，这就叫作大闭。

古代的人有葬于广野深山之中而平安至今的，不是说由于墓中有珠玉国宝，而是说葬不可不隐蔽埋藏。葬浅了，狐狸就会掘开它；葬深了，就会与泉水相接。所以一定葬在高高的土山之上，以便避开狐狸的危害、泉水的浸渍。这样做好是好，但是如果忘了恶人、盗贼、匪乱的祸害，岂不是糊涂吗？这就像盲乐师躲避柱子一样，虽然避开了柱子，却用力撞到了尖木桩上。恶人、盗贼、匪乱的祸害，这是大大的尖木桩啊！慈亲孝子埋葬死者能够避开这些，就获得葬的本义了。使棺椁坚实，是为了避开蝼蚁蛇虫。如今社会风气大坏，君主葬仪越来越奢侈，他们心中不是为死者考虑，而是活着的人借以彼此夸耀。他们把奢侈浪费的行为看作是光荣的，把俭省节约的行为看作是鄙陋的，不把利于死者当回事，只是一心考虑活着的人的毁谤、赞誉，这不合于慈亲孝子之心。父母虽然死了，孝子对父母的尊重不会懈怠；子女虽然死了，慈亲对他们的疼爱不会减弱。埋葬所疼爱、所尊重的人，却用活着的人十分想得到的东西陪葬，想靠这些东西使死者安宁，其结果会怎么样呢？

百姓对于利，宁肯冒着飞箭，踩着利刃，流血残杀去追求它。不知礼义的野蛮之人宁可残忍地对待父母、兄弟、朋友而去追求利。如今刨坟掘墓没有这种危险，没有这种耻辱，而得利十分丰厚，可以乘车吃肉，恩惠延及子孙。这种情况即使是圣人尚且禁止不住，更何况昏乱之君呢？国越大，家越富，陪葬品就越丰厚。死者口含的珍珠、身穿的玉衣，赏玩、嗜

好的物品，财货珍宝，钟鼎壶盆，车马衣被戈剑，数也数不尽。各种养生之器无不随葬。椁室用大木累积而成，好似四面有檐的屋子，里面棺椁数层，并堆积石头、木炭，环绕在棺椁之外。恶人闻知此事，互相传告。君主尽管用严刑重罚禁止他们，仍然无法禁止。死者死去的时间越久远，活着的人对他的感情就越疏远，感情越疏远，守墓人就越懈怠，守墓人越来越懈怠，可是墓中随葬的器物却同原来一样，这种形势本来就不安全了。世俗之人举行葬礼，用大车载着棺柩，各种旗帜如云，偻翣相随，点缀着珠玉，涂饰了各种花纹。灵车左右执绋送葬的有万人，牵引灵车行进，这么多人得用军法指挥才行。举行这种葬礼给世人看，那是够壮美、够盛大的，但是用这种葬礼安葬死者，那是不行的。倘若厚葬真有利于死者，那么即使这样做会使国家贫困、人民劳苦，慈亲孝子也是不会拒绝去做的。

安　死

原　文

世之为丘垄也[1]，其高大若山，其树之若林，其设阙庭[2]、为宫室、造宾阼也若都邑[3]。以此观世示富则可矣，以此为死则不可也。夫死，其视万岁犹一瞬也。人之寿，久之不过百，中寿不过六十。以百与六十为无穷者之虑[4]，其情必不相当矣。以无穷为死者之虑，则得之矣。

今有人于此，为石铭置之垄上，曰："此其中之物，具珠玉、玩好、财物、宝器甚多，不可不抇，抇之必大富，世世乘车食肉。"人必相与笑之，以为大惑。世之厚葬也，有似于此。自古及今，未有不亡之国也。无不亡之国者，是无不抇之墓也。以耳目所闻见，齐、荆、燕尝亡矣，宋、中山已亡矣，赵、魏、韩皆亡矣，其皆故国矣。自此以上者，亡国不可胜数，是故大墓无不抇也。而世皆争为之，岂不悲哉？

君之不令民，父之不孝子，兄之不悌(tì)弟，皆乡里之所釜鬲者而逐之，惮耕稼采薪之劳，不肯官人事，而祈美衣侈食之乐，智巧穷屈，无以为之，于是乎聚群多之徒，以深山广泽林薮，扑击遏夺，又视名丘大墓葬之厚者，求舍便居，以微抇之，日夜不休，必得所利，相与分之。夫有所爱所重，而令奸邪、盗贼、寇乱之人卒必辱之，此孝子、忠臣、亲父、交友之大事。尧葬于谷林，通树之；舜葬于纪市，不变其肆；禹葬于会稽，不变人徒。是故先王以俭节葬死也，非爱其费也，非恶其劳也，以为死者虑也。

先王之所恶，惟死者之辱也。发则必辱，俭则不发。故先王之葬，必俭，必合，必同。何谓合？何谓同？葬于山林则合乎山林，葬于阪隰则同乎阪隰，此之谓爱人。夫爱人者众，知爱人者寡。故宋未亡而东冢扣，齐未亡而庄公冢扣。国安宁而犹若此，又况百世之后而国已亡乎？故孝子、忠臣、亲父、交友不可不察于此也。夫爱之而反危之，其此之谓乎！《诗》曰："不敢暴虎，不敢冯河。人知其一，莫知其他。"此言不知邻类也。故反以相非，反以相是。其所非方其所是也，其所是方其所非也。是非未定，而喜怒斗争反为用矣。吾不非斗，不非争，而非所以斗，非所以争。故凡斗争者，是非已定之用也。今多不先定其是非，而先疾斗争，此惑之大者也。

鲁季孙有丧，孔子往吊之。入门而左，从客也。主人以玙璠(yú fán)收，孔子径庭而趋[⑤]，历级而上，曰："以宝玉收，譬之犹暴骸中原也。"径庭历级，非礼也，虽然，以救过也。

注　释

①**丘垄：** 坟墓。②**阙：** 古代宗庙及墓门前立双柱是为阙。③**宾阼：** 堂前的东西阶。阼是古代堂下东侧的台阶，是主人迎接宾客的地点，宾客则从西阶走上。④**无穷者：** 无限久远的事物，这里指死者。⑤**径庭：** 穿行，指从西阶下越过中庭向东行走。

译　文

世人建造坟墓，高大如山，坟墓上种树，茂密如林，墓地修建墓阙、庭院，建筑宫室，建造东西石阶，像都邑一样。用这些向世人夸耀财富，那是可以的，但是用这些安葬死者却是不行的。对于死者来说，看待一万年就像是一瞬。人的寿命，长的不超过百岁，一般的不超过六十岁。根据百岁或六十岁寿命的需要替无限久远的死者考虑，它们的实际情况必定不相适合。根据无限久远的需要替死者考虑，就掌握葬死的本义了。

假如有这样一个人，埋葬死者时在墓上立一块石碑，上面刻写着："这里面的器物，有珠玉、珍玩、财物、宝器，十分丰富，不可不发掘，掘开它一定大富大贵，可以世世代代乘车吃肉。"人们一定一起嘲笑他，认为这个人太糊涂。世上的厚葬与此相似。从古至今，没有不灭亡的国家。没有不灭亡的国家，也就没有不会被挖掘的坟墓。就人们耳闻目睹来说，齐、楚、燕曾经灭亡过，宋、中山已经灭亡了，赵、魏、韩都灭亡了，它们都成了古国。从它们再往前，灭亡的国家数也数不尽，因此大墓没有不被掘开的。但是世人却都争着造大墓，难道不可悲吗？

国君手下的刁滑之民，父亲的不肖之子，兄长的悖逆之弟，他们都是被乡里一致驱逐

的人。他们害怕耕种、打柴之苦，不肯从事各种劳役，却追求享受锦衣玉食之乐；当智谋巧诈用尽，仍无法得到财物时，于是就聚集起很多人，凭借深山、大湖、树林和沼泽，拦路打劫，又探察葬器丰厚的大墓，想办法住在坟墓附近便于盗墓的地方，暗中挖掘，日夜不止，一定要获得其中的宝物，一起瓜分。如果所疼爱、所尊重的人，死后却遭到恶人、盗贼、匪寇的凌辱，这是孝子、忠臣、慈父、挚友应当忧虑的大事。尧葬在谷林，墓上处处种树，舜葬在纪市，市上的作坊、店铺没有任何变动，禹葬在会稽，不烦扰众人。由此看来，先王以节俭的原则安葬死者，不是吝惜钱财，也不是忧虑耗费人力，完全是为死者考虑。

先王所忧虑的，是唯恐死者受辱，坟墓如果被盗掘，死者肯定要受到凌辱，如果俭葬，墓就不会被盗掘。所以先王安葬死者，一定要做到俭，一定做到合，一定做到同。什么叫合？什么叫同？葬于山林就与山林合为一体，葬于山坡或低湿之地，就与山坡或低湿之地合为一体，这就叫作爱人。想爱人的人很多，但真懂得爱人的人很少。所以宋国还没有灭亡，东冢就被盗掘。齐国还没有灭亡，庄公的墓就被盗掘。国家安定尚且如此，又何况百世之后国家已经灭亡了呢？所以孝子、忠臣、慈父、挚友对此不可不体察。原本是敬爱死者，结果却反而害了他们，大概指的就是厚葬这一类事吧。《诗经》说："不敢徒手搏虎，不敢徒步涉水渡过黄河。人们只知此一端，不知还有其他祸患。"这是说不知类推。所以忽而翻转过去加以反对，忽而翻转过来表示赞同。他们所反对的正是他们所赞同过的，他们所赞同的正是他们所反对过的。是非尚未确定，而喜怒斗争反倒都用上了。我们不反对斗，也不反对争，但是反对驱使人们糊里糊涂地斗争的根源。因此凡争斗，都是在是非确定以后才采用的手段。如今人们大多不先确定是非，却先急急忙忙地争斗，这是最糊涂的做法。

鲁国季孙氏举办丧事，孔子去吊丧。进门之后，站到左边，立于宾客的位置。主丧的季桓子用鲁国的宝玉装殓死者，孔子从西阶下穿过中庭快步向东，登东阶而上，说："用宝玉装殓死者，就像是把尸体暴露在原野上一样。"穿过中庭，登阶而上是不合宾客礼仪的，虽然不合礼仪，这是为了阻止他人犯过失。

异　宝

原　文

古之人非无宝也，其所宝者异也。孙叔敖疾，将死，戒其子曰："王数封我矣，吾不受也。为我死，王则封汝，必无受利地[1]。楚、越之间有寝之丘者，此其地不利，而名甚恶。荆人畏鬼，而越人信禨(jī)。可长有者，其唯此也。"孙叔敖死，王果以美地封其子，而子辞，请寝之丘，故至今不失。孙叔敖之知，知不以利为利矣。知以人之所恶为己之所喜，此有道者之所以异乎俗也。

五员亡[2]，荆急求之，登太行而望郑曰："盖是国也，地险而民多知。其

主，俗主也，不足与举。”去郑而之许，见许公而问所之。许公不应，东南向而唾[3]。五员载拜受赐，曰：“知所之矣。”因如吴。过于荆，至江上，欲涉，见一丈人，刺小船，方将渔，从而请焉。丈人度之，绝江。问其名族，则不肯告，解其剑以予丈人，曰：“此千金之剑也，愿献之丈人。”丈人不肯受，曰：“荆国之法，得五员者，爵执圭，禄万檐，金千镒(yì)。昔者子胥过，吾犹不取，今我何以子之千金剑为乎？”五员过于吴，使人求之江上，则不能得也。每食必祭之，祝曰：“江上之丈人，天地至大矣，至众矣，将奚不有为也而无以为，为矣而无以为之。名不可得而闻，身不可得而见，其惟江上之丈人乎！”

宋之野人耕而得玉，献之司城子罕，子罕不受。野人请曰：“此野人之宝也，愿相国为之赐而受之也。”子罕曰：“子以玉为宝，我以不受为宝。”故宋国之长者曰：“子罕非无宝也，所宝者异也。”

今以百金与抟黍以示儿子，儿子必取抟(tuán)黍矣；以和氏之璧与百金以示鄙人，鄙人必取百金矣；以和氏之璧、道德之至言以示贤者，贤者必取至言矣。其知弥精，其所取弥精；其知弥粗，其所取弥粗。

注　释

①**利地**：肥沃的土地。②**五员**：即伍员，伍子胥。③**许公不应，东南向而唾**：许公想让伍员去投奔吴国，但又不敢得罪强大的楚国，所以“不应”，而向吴国所在的东南方示意。

译　文

古代的人不是没有宝物，只是被他们看作是宝物的东西与今人不同。孙叔敖病了，临死的时候告诫他的儿子说：“大王多次赐给我土地，我都没有接受。如果我死了，大王就会赐给你土地，你一定不要接受肥沃富饶的土地。楚国和越国之间有个寝丘，这个地方土地贫瘠，而且地名十分凶险。楚人畏惧鬼，而越人迷信鬼神。所以能够长久占有的封地，恐怕只有这块土地了。”孙叔敖死后，楚王果然要把肥沃的土地赐给他的儿子，但是孙叔敖的儿子谢绝了，请求赐给寝丘，所以这块土地至今没有被他人占有。孙叔敖的智慧在于懂得不把世俗之人心目中的利益看作利益。懂得把别人所厌恶的东西当作自己所喜爱的东西，这就是有道之人之所以不同于世俗的原因。

伍员逃亡，楚国紧急追捕他。他登上太行山，遥望郑国说：“这个国家，地势险要而人民多有智慧，但是它的国君是个凡庸的君主，不足以跟他谋举大事。”伍员离开郑国，到了许国，拜见许公并询问自己宜去的国家。许公不回答，向东南方吐了一口唾沫。伍员再

拜接受赐教说："我知道该去的国家了。"于是向吴国进发。路过楚国，到了长江岸边，想要渡江。他看到一位老人，撑着小船，正要打鱼，于是走过去请求老人送他过江。老人把他送过江去。伍员问老人的姓名，老人却不肯告诉。他解下自己的宝剑送给老人，说："这是价值千金的宝剑，我愿意把它送给您。"老人不肯接受，说："按照楚国的法令，捉到伍员的，授予执圭爵位，享受万石俸禄，赐给黄金千镒。伍子胥从这里经过，我尚且不捉他去领赏，如今我接受你价值千金的宝剑做什么呢？"伍员到了吴国，派人到江边去寻找老人，却无法找到了。伍员每次吃饭一定要祭祀那位老人，祷告说："江上的老人，天地之德大到极点了，养育万物多到极点了，天地何所不为却毫无所求。做了有利于别人的事却毫无所求，名字无法得知，身影无法得见，达到这种境界的恐怕只有江边的老人吧！"

宋国一个农夫耕地得到了一块玉，把它献给司城子罕，子罕不接受。农夫请求说："这是我的宝物，希望相国赏脸把它收下。"子罕说："你把玉当作宝物，我把不接受别人的赠物当作宝物。"所以德高望重的人说："子罕不是没有宝物，只是被他当作宝物的东西与别人不同。"

假如现在把百金和黄米饭团摆在小孩的面前，小孩一定去抓黄米饭团了；把和氏璧和百金摆在鄙陋无知的人面前，鄙陋无知的人一定拿走百金了。把和氏璧和关于道德的至理名言摆在贤人面前，贤人一定听取至理名言了。人们的智慧越精深，所取的东西就越珍贵；人们的智慧越低下，所取的东西就越粗陋。

异　用

原　文

万物不同，而用之于人异也，此治乱、存亡、死生之原。故国广巨，兵强富，未必安也；尊贵高大，未必显也，在于用之。桀、纣用其材而以成其亡，汤、武用其材而以成其王。

汤见祝网者，置四面，其祝曰："从天坠者，从地出者，从四方来者，皆离吾网①。"汤曰："嘻！尽之矣。非桀，其孰为此也？"汤收其三面，置其一面，更教祝曰："昔蛛蝥(máo)作网罟②，今之人学纾(shū)。欲左者左，欲右者右，欲高者高，欲下者下，吾取其犯命者。"汉南之国闻之曰："汤之德及禽兽矣。"四十国归之。人置四面，未必得鸟；汤去其三面，置其一面，以网其四十国，非徒网鸟也。

周文王使人抇池，得死人之骸。吏以闻于文王，文王曰："更葬之。"吏曰："此无主矣。"文王曰："有天下者，天下之主也；有一国者，一国之主也。今我

非其主也？”遂令吏以衣棺更葬之。天下闻之曰：“文王贤矣！泽及髊(cī)骨[3]，又况于人乎？”或得宝以危其国，文王得朽骨以喻其意，故圣人于物也无不材。

孔子之弟子从远方来者，孔子荷杖而问之曰：“子之公不有恙乎？”搏杖而揖之，问曰：“子之父母不有恙乎？”置杖而问曰：“子之兄弟不有恙乎？”杙步而倍之[4]，问曰：“子之妻子不有恙乎？”故孔子以六尺之杖，谕贵贱之等，辨疏亲之义，又况于以尊位厚禄乎？

古之人贵能射也，以长幼养老也。今之人贵能射也，以攻战侵夺也。其细者以劫弱暴寡也，以遏夺为务也。仁人之得饴，以养疾侍老也。跖(zhí)与企足得饴，以开闭取楗(jiàn)也。

注　释

①**离**：通“罹”，遭遇、遭受，这里指钻进网里。②**蛛蝥**：蜘蛛。**罟**：网。③**泽**：恩泽，恩惠。**髊**：皮肉还没有完全腐烂的骸骨。④**杙步**：拖着脚步，脚不离地缓慢移动。

译　文

万物之所以不同，是因为人们使用它们各有不同，这是治乱、存亡、死生的根本要点所在。所以国土广大，兵力强盛，未必安定；尊贵富有，未必显赫，关键在于如何使用它们。夏桀、商纣运用才智却造成了他们的灭亡，商汤、周武王运用他们的才智而成就了王业。

商汤看见猎人四面设网，并祷告说：“从天上坠落的，从地上生出的，从四方来的，让它们都坠落到我的网上。”汤说：“真这样的话，禽兽就被杀光了。除了桀那样的暴君，谁还会做这种事呢？”汤收起三面的网，只在一面设网，重新教那人祷告说：“从前蜘蛛织网，现在的人也学着织网。禽兽想向左去的就向左去，想向右去的就向右去，想向高处去的就向高处去，想向低处去的就向低处去，我只捕获那些触犯天命的生物。”汉水以南的国家闻知这件事说：“商汤的仁德连禽兽都顾及了。”于是四十个国家归附了汤。别人在四面设网，未必能捕获到鸟；汤撤去三面的网，只在一面设网，却由此得到四十个国家的归附，不仅仅是捕捉飞鸟啊！

周文王派人掘池塘，挖出一具死人的尸骨，官吏把此事禀告文王，文王说：“重新安葬他。”官吏说：“这具尸骨是没有主的。”文王说：“拥有天下的人是天下之主，拥有一国的人是一国之主。现在难道我不是它的主人吗？”于是让官吏用衣棺把那具尸骨改葬在他处。天下人闻知这件事说：“文王真贤明啊！连死人的尸骨都受到他的恩泽，又何况活着的人呢？”有的人得到宝物却使自己的国家陷入危难，文王得到一具朽骨却能借它显示自己的仁德，所以在圣人看来，没有无用的东西。

孔子的弟子凡是从远方来的，孔子就扛着手杖问候他说："你的祖父没灾没病吧？"然后持杖拱手行礼，问候说："你的父母没灾没病吧？"然后拄着手杖问候说："你的哥哥弟弟没灾没病吧？"最后拖着手杖转过身去，问候说："你的妻子、孩子没灾没病吧？"所以孔子仅用六尺长的手杖，就让人知道了贵贱的等级，辨明了亲疏的关系，又何况用尊贵的地位、丰厚的俸禄呢？

古代的人重视射箭的技艺，用来抚养幼者，赡养老人。现在的人重视射箭的技艺，却用来攻战侵夺。卑微的小人凭借射箭的技艺掠夺弱小的人，欺侮势孤力单的人，把拦路抢劫当作职业。仁爱的人得到饴糖，用来保养病人，奉养老人。盗跖与庄蹻得到饴糖，却用来拔闩开门，盗窃他人财物。

仲冬纪第十一

仲冬

原文

仲冬之月，日在斗，昏东壁中，旦轸中。其日壬癸，其帝颛顼，其神玄冥，其虫介，其音羽，律中黄钟。其数六，其味咸，其臭朽，其祀行，祭先肾。冰益壮[1]，地始坼[2]，鹖鸣不鸣，虎始交。天子居玄堂太庙，乘玄辂，驾铁骊，载玄旂，衣黑衣，服玄玉，食黍与彘，其器宏以弇。命有司曰："土事无作，无发盖藏，无起大众，以固而闭。"发盖藏，起大众，地气且泄，是谓发天地之房。诸蛰则死，民多疾疫，又随以丧，命之曰"畅月"[3]。

是月也，命阉尹，申宫令，审门闾，谨房室，必重闭。省妇事，毋得淫，虽有贵戚近习，无有不禁。乃命大酋，秫稻必齐，麹蘖必时[4]，湛饎必洁，水泉必香，陶器必良，火齐必得，兼用六物，大酋监之，无有差忒。天子乃命有司祈祀四海、大川、名原、渊泽、井泉。

是月也，农有不收藏积聚者，牛马畜兽有放佚者，取之不诘。山林薮泽，有能取疏食田猎禽兽者，野虞教导之。其有侵夺者，罪之不赦。

是月也，日短至，阴阳争，诸生荡。君子斋戒，处必弇，身欲宁，去声色，

●酿酒图

禁嗜欲，安形性，事欲静，以待阴阳之所定。芸始生，荔挺出，蚯蚓结，麋角解，水泉动。日短至，则伐林木，取竹箭。

是月也，可以罢官之无事者，去器之无用者，涂阙庭门闾，筑囹圄，此所以助天地之闭藏也。

仲冬行夏令，则其国乃旱，气雾冥冥，雷乃发声。行秋令，则天时雨汁，瓜瓠不成，国有大兵。行春令，则虫螟为败，水泉减竭，民多疾疠。

注　释

①**壮**：冰很坚硬。②**坼**：这里指地被冻裂。③**畅月**：这个月阴气盛，百姓空闲无事，所以被称为“畅月”。④**麴蘖**：酿酒时促使其发酵的物质，即酒曲。

译　文

仲冬之月，太阳的位置在斗宿。黄昏时刻，壁宿出现在南方中天，拂晓时刻，轸宿出现在南方中天。仲冬于天干属壬癸，它的主宰之帝是颛顼，佐帝之神是玄冥，应时的动物是龟鳖之类的甲族，相配的声音是羽音，音律与黄钟相应。这个月的数字是六，味道是咸味，气味是朽气，要举行的祭祀是行祭，祭祀时祭品以肾脏为尊。这个月，冰冻得越发坚实，地表开始冻出裂缝。鹖鴠不叫了，老虎开始交配。天子住在北向明堂的中央正室，乘坐黑色的车，车前驾着黑色的马，车上插着黑色的绘有龙纹的旗帜，天子穿着黑色的衣服，佩戴着黑色的饰玉。吃的食物是黍米和猪肉，使用的器物大而开口收缩。命令司徒官说：“不要兴动土木工程，不要打开遮盖掩藏东西的仓廪府库，不要发动众多百姓，以此顺应时气的封固和闭藏。”打开盖藏之物，发动众多百姓，地气就会宣泄，这叫作开启天地用来闭藏万物的房舍。这样一来，蛰伏的动物都会死去，百姓中会流行疫病，并随之丧亡，这个月被叫作“畅月”。

这个月，命令百官的首领申明宫中的禁令，严加注意宫廷和房室的门户，一定要层层紧闭。要减少妇女的工作，不许她们制作过分奢华巧饰的东西，即使是尊贵的亲戚和宠幸的人，也没有不禁止的。命令酒官之长监制酿酒，选用的高粱稻米必须纯净，制作酒曲必须适时，浸渍炊煮原料必须清洁，所用的井水泉水必须甘美，使用的陶器必须良好，酿制的火候必须适中。这六件事要处处兼顾，酒官之长监督它，不得有一点差错。天子命令主管官吏祭祀四海、大河、水源、深渊、大泽及井泉的水神。

这个月，农民尚未收藏积聚的谷物、放牧在外的牛马，若被他人取用，不必责问。农民有能在山林水泽中采取榛栗菱芡、捕猎禽兽的，主管山泽的官吏要教导并鼓励他们，若有人侵犯夺取他们的成果，一定要处罚，决不宽赦。

这个月，冬至到来，阴阳相争，各种生物都开始萌动。君子整洁身心，居处一定深邃，身心要宁静，摒除声色，禁绝嗜欲，保养身体和性情，对各种事情都不要急躁，而要静观，以等待阴阳消长的结果。这个月，芸草开始萌生，荔蒲挺拔而生出，蚯蚓屈曲而动，麋鹿犄角脱落，水泉开始涌动。冬至的时候，可以砍伐林木，割取竹子。

这个月，可以罢免无事可做的官吏，可以除去没有用处的器物。涂抹宫廷的门户，修筑牢狱，这些都是帮助上天闭藏的措施。

仲冬如果施行应在夏天施行的政令，那么国家就会出现干旱，雾气就会弥漫，雷声就会震动。如果施行应在秋天施行的政令，那么雨雪就会时时相杂而落，瓜果就不能成熟，国家就有大军侵扰。如果施行应在春天施行的政令，虫螟就会成灾，水泉就会枯竭，百姓中就会流行疫病。

至　忠

原　文

至忠逆于耳，倒于心，非贤主其孰能听之？故贤主之所说，不肖主之所诛也。人主无不恶暴劫者，而日致之，恶之何益？今有树于此，而欲其美也，人时灌之，则恶之，而日伐其根，则必无活树矣。夫恶闻忠言，乃自伐之精者也。

荆庄哀王猎于云梦，射随兕（sì），中之。申公子培劫王而夺之。王曰："何其暴而不敬也[1]？"命吏诛之。左右大夫皆进谏曰："子培，贤者也，又为王百倍之臣，此必有故，愿察之也。"不出三月，子培疾而死。荆兴师，战于两棠，大胜晋，归而赏有功者。申公子培之弟进请赏于吏曰："人之有功也于军旅，臣兄之有功也于车下。"王曰："何谓也？"对曰："臣之兄犯暴不敬之名，触死亡之罪于王之侧，其愚心将以忠于君王之身，而持千岁之寿也。臣之兄尝读故记曰：'杀随兕者，不出三月。'是以臣之兄惊惧而争之，故伏其罪而死。"王令人发平府而视之[2]，于故记果有，乃厚赏之。申公子培，其忠也可谓穆行矣[3]。穆行之意，人知之不为劝，人不知不为沮，行无高乎此矣。

齐王疾痏（yòu），使人之宋迎文挚，文挚至，视王之疾，谓太子曰："王之疾必

可已也。虽然，王之疾已，则必杀挚也。”太子曰：“何故？”文挚对曰：“非怒王则疾不可治，怒王则挚必死。”太子顿首强请曰：“苟已王之疾，臣与臣之母以死争之于王，王必幸臣与臣之母，愿先生之勿患也。”文挚曰：“诺。请以死为王。”与太子期，而将往不当者三④，齐王固已怒矣。文挚至，不解屦登床，履王衣，问王之疾，王怒而不与言。文挚因出辞以重怒王，王叱而起，疾乃遂已。王大怒不说，将生烹文挚。太子与王后急争之，而不能得，果以鼎生烹文挚。爨(cuàn)之三日三夜⑤，颜色不变。文挚曰：“诚欲杀我，则胡不覆之，以绝阴阳之气？”王使覆之，文挚乃死。夫忠于治世易，忠于浊世难。文挚非不知活王之疾而身获死也，为太子行难，以成其义也。

注释

①**暴**：臣下欺凌君主称为暴。②**平府**：府名，楚国收藏古籍、文书的地方。③**穆**：美。④**不当者三**：三次不如期前往。⑤**爨**：烧、煮。

译文

至忠之言不顺耳，逆人心，如果不是贤明的君主，谁能听取它？因此贤明的君主喜欢的，正是不肖的君主要惩罚的。君主无一不痛恨劫夺的行径，然而自己的所作所为却在天天导致劫夺，痛恨它又有什么益处？假如这里有棵树，希望它生长茂盛，可是别人按时浇灌它，自己却讨厌别人的行为，并且每天砍伐树根，照这样做，肯定不会有活树了。厌恶听取忠言，正是最严重的一种自我毁灭的行为。

楚庄王在云梦泽打猎，射中了一只随兕，申公子培抢在王之前把随兕夺走了。楚庄王说：“怎么这样犯上不敬啊！”命令官吏杀掉子培。左右大夫都上前劝谏说：“子培是个贤人，又是您最有才能的臣子，这里面必有缘故，希望您能仔细了解这件事。”不到三个月，子培生病而死。后来楚国起兵，与晋国军队在两棠交战，大胜晋军，回国之后奖赏有功将士。申公子培的兄弟上前向主管官吏请赏说：“别人在行军打仗中有功，我的兄长在大王的车下有功。”庄王问：“你说的是什么意思？”回答：“我的兄长在大王您的身旁冒着犯上不敬的恶名，遭获死罪，但他本心是要报效君王，让您享有千岁之寿啊！我的兄长曾读古书，古书记载：‘杀死随兕的人不出三个月必死。’因此我的兄长见到您射杀随兕，十分惊恐，因而抢在您之前把它夺走，所以后来遭其祸殃而死。”庄王让人打开平府查阅古籍，在古书上果然有这样的记载，于是重赏子培的兄弟。申公子培的忠诚可称得上是“穆行”了。“穆行”的含义是不因为别人了解自己就受到鼓励，也不因为别人不了解自己就感到沮丧，德行没有比这更高尚的了。

齐王长了恶疮，派人到宋国接文挚。文挚来到齐国，察看了齐王的病，对太子说：“大

王的病肯定可以治愈。虽然如此，大王的病一旦痊愈，一定会杀死我。”太子说：“这是什么原因呢？”文挚回答：“如果不激怒大王，大王的病就治不好，但如果大王真的被激怒了，那我就必死无疑。”太子叩头下拜，极力请求说：“如果治好父王的病而父王真的要杀先生的话，我和我的母亲会以死向父王为您争辩，父王一定哀怜我和我的母亲，望先生不要担忧。”文挚说：“好吧。我愿拼着一死为大王治病。”文挚跟太子约定了看病的日期，三次都不如期前往，齐王本来已经动怒了。文挚来了之后，不脱鞋就登上了齐王的床，踩着齐王的衣服，询问齐王的病情，齐王恼怒，不跟他说话。文挚于是口出不逊之辞激怒齐王，齐王大声呵斥着站了起来，病于是就好了。齐王大怒不消，要把文挚下锅煮死。太子和王后为文挚激烈地与齐王争辩，但未能改变齐王的决定。齐王最终把文挚活活地煮了。文挚被煮了三天三夜，容貌不毁。文挚说：“真的要杀我，为什么不盖上盖，隔断阴阳之气？”齐王让人把鼎盖上，文挚才死。由此看来，在太平盛世做到忠容易，在乱世做到忠很难。文挚不是不知道治愈齐王的病自己就得被杀，他是为了太子去做招致杀身的事，以便成全太子的孝敬之义。

忠　廉

原　文

士议之不可辱者，大之也。大之则尊于富贵也，利不足以虞(yú)其意矣[1]。虽名为诸侯，实有万乘，不足以挺其心矣。诚辱则无为乐生。若此人也，有势则必不自私矣，处官则必不为污矣，将众则必不挠北矣[2]。忠臣亦然。苟便于主利于国，无敢辞违，杀身出生以徇之。国有士若此，则可谓有人矣。若此人者固难得，其患虽得之有不智。

吴王欲杀王子庆忌而莫之能杀，吴王患之。要离曰：“臣能之。”吴王曰：“汝恶能乎？吾尝以六马逐之江上矣，而不能及；射之矢，左右满把，而不能中。今汝拔剑则不能举臂，上车则不能登轼，汝恶能？”要离曰：“士患不勇耳，奚患于不能？王诚能助，臣请必能。”吴王曰：“诺。”明旦，加要离罪焉，挚执妻子[3]，焚之而扬其灰。要离走，往见王子庆忌于卫。王子庆忌喜曰：“吴王之无道也，子之所见也，诸侯之所知也。今子得免而去之，亦善矣。”要离与王子庆忌居有间，谓王子庆忌曰：“吴之无道也愈甚，请与王子往夺之国。”王子庆忌曰：“善。”乃与要离俱涉于江。中江，拔剑以刺王子庆忌。王子庆忌捽(zuó)之[4]，投之于江，浮则又取而投之，如此者三。其卒曰：“汝天下之国士也，幸汝以成而名。”要离得不死，归于吴。吴王大说，请与

分国。要离曰："不可。臣请必死！"吴王止之，要离曰："夫杀妻子，焚之而扬其灰，以便事也，臣以为不仁。夫为故主杀新主，臣以为不义。夫捽而浮乎江，三入三出，特王子庆忌为之赐而不杀耳，臣已为辱矣。夫不仁不义，又且已辱，不可以生。"吴王不能止，果伏剑而死。要离可谓不为赏动矣，故临大利而不易其义，可谓廉矣，廉故不以贵富而忘其辱。

卫懿公有臣曰弘演，有所于使。翟人攻卫，其民曰："君之所予位禄者，鹤也；所贵富者，宫人也。君使宫人与鹤战，余焉能战？"遂溃而去。翟人至，及懿公于荣泽，杀之，尽食其肉，独舍其肝。弘演至，报使于肝，毕，呼天而啼，尽哀而止，曰："臣请为襮(bó)⑤。"因自杀，先出其腹实，内懿公之肝。桓公闻之曰："卫之亡也，以为无道也。今有臣若此，不可不存。"于是复立卫于楚丘。弘演可谓忠矣，杀身出生以徇其君。非徒徇其君也，又令卫之宗庙复立，祭祀不绝，可谓有功矣。

注　释

①**虞**：通"娱"，使之快乐。②**将众**：率领军队。**挠北**：败北、溃败。③**挚**：通"絷"，囚禁、束缚。④**捽**：揪住头发。⑤**襮**：外衣。弘演剖腹，将懿公的肝放在自己的腹中，犹如给肝穿上外衣。

译　文

士的名节不可受到屈辱，这是由于士十分珍视名节。珍视名节，就会把它看得比富贵还尊贵，私利就不足以使士的心情快乐了。即使名列诸侯，拥有万辆兵车，也不足以使士的心志动摇。假如受到羞辱，就不愿再活下去。像这样的人，有权势一定不会自私自利，居官一定不会贪赃枉法，率领军队一定不会屈服败逃。忠臣也是这样，只要有利于君主、有利于国家的事，决不会推辞不干，一定会杀身舍生为君为国献身。国家如有这样的士，就可以称得上有人才了。像这样的人本来就很难得到，国家之患在于即使遇到了这种人，君主却不了解他们。

吴王想要杀掉王子庆忌，但是没有谁能杀死他，吴王很忧虑这件事。要离说："我能够杀死王子庆忌。"吴王说："你怎么能行呢？我曾经乘六匹马驾的车追赶他，一直追到江边，却赶不上他；用箭射他，他左右手各接了满把的箭，却射不中他。而今你拔剑在手却举不起手臂，登上车子却无法凭倚车轼，你怎么能行？"要离说："士只担忧自己不够勇敢，哪里用得着担忧事情做不成？大王假如能够相助，我一定能够成功。"吴王说："好吧。"第二天，吴王假装将要离治罪，拘捕了要离的妻子和孩子，处死了他们，并烧了尸体，扬撒

了骨灰。要离逃跑了，跑到卫国去见王子庆忌。王子庆忌高兴地说：“吴王暴虐无道是你亲眼所见，是诸侯所共知的。如今你得以幸免离开了他，也算幸运了。”要离和王子庆忌住了不长一段时间，就对王子庆忌说：“吴王暴虐无道越发厉害了，我愿跟随您去把国家从他手里夺过来。”王子庆忌说：“好。”于是和要离一起渡江。行至江水中流，要离拔剑刺中王子庆忌。王子庆忌揪住要离的头发，把他投入江中，等他浮出水面，又把他抓起来投入江中，像这样重复了三次。王子庆忌最后说：“你是天下的国士，饶你不死，让你成名。”要离得以不死，回到吴国。吴王非常高兴，愿意与他分享国家。要离说，“不行。我决心一死。”吴王劝阻他，要离说：“我让您杀死我的妻子和孩子，并烧了他们的尸体，撒掉了骨灰，为的是有利于事业，但我认为这是我的不仁。为原先的主人而杀死新的主人，我认为这是我的不义。王子庆忌揪住我的头发把我投入江中，我三次被投入水里，三次又浮出，我之所以还活着，只不过是王子庆忌对我开恩不杀而已，我已经受到了屈辱。作为士，不仁不义，而且又已受辱，决不可再活在世上。”吴王劝阻不住，要离最终还是用剑自杀了。要离可称得上不为赏赐所动了，所以面对大利而不改变他的气节，要离可称得上是廉洁了，正因为廉洁，所以不因富贵而忘记自己的耻辱。

卫懿公有个臣子叫弘演，受命出使国外。这时狄人进攻卫国，卫国的百姓说：“国君给予官位俸禄的是鹤，赐予富贵的是宫中的侍从，国君还是让宫中的侍从和鹤去迎战吧，我们怎么能迎战？”于是溃散而去。狄人到了，在荥泽赶上了懿公，把他杀了，吃光了他的肉，只把他的肝扔在一旁。弘演归来，向懿公的肝复命。复命完毕，他一边呼叫着上天，一边痛哭，表达完哀痛之后才停下来，说：“我愿给君做躯壳。”于是剖腹自杀，先把自己腹中的内脏取出来，再把懿公的肝放入腹中。齐桓公听到这件事说：“卫国灭亡，是因为卫君荒淫无道，而今有像弘演这样的臣子，不可不让卫国存在。”于是在楚丘重建卫国。弘演可称得上忠了，杀身舍生为他的国君而死。他不只为国君而死，又使卫国的宗庙得以重建，祭祀不断，真可称得上是有功了。

当　务[1]

原　文

辨而不当论[2]，信而不当理，勇而不当义，法而不当务，惑而乘骥也，狂而操吴干将也，大乱天下者，必此四者也。所贵辨者，为其由所论也；所贵信者，为其遵所理也；所贵勇者，为其行义也；所贵法者，为其当务也。

跖之徒问于跖曰[3]：“盗有道乎？”跖曰：“奚啻（chì）其有道也？夫妄意关内，中藏，圣也；入先，勇也；出后，义也；知时，智也；分均，仁也。不通此五者而能成大盗者，天下无有。”备说非六王、五伯[4]，以为尧有不慈之名[5]，舜

有不孝之行[6]，禹有淫湎之意，汤、武有放杀之事，五伯有暴乱之谋。世皆誉之，人皆讳之，惑也。故死而操金椎以葬，曰："下见六王、五伯，将敲其头矣！"辨若此，不如无辨。

楚有直躬者，其父窃羊而谒之上，上执而将诛之。直躬者请代之。将诛矣，告吏曰："父窃羊而谒之，不亦信乎？父诛而代之，不亦孝乎？信且孝而诛之，国将有不诛者乎？"荆王闻之，乃不诛也。孔子闻之曰："异哉！直躬之为信也，一父而载取名焉。"故直躬之信，不若无信。

齐之好勇者，其一人居东郭，其一人居西郭，卒然相遇于途，曰："姑相饮乎？"觞(shāng)数行，曰："姑求肉乎？"一人曰："子，肉也；我，肉也；尚胡革求肉而为？于是具染而已。"因抽刀而相啖，至死而止。勇若此，不若无勇。

纣之同母三人，其长曰微子启，其次曰中衍，其次曰受德。受德乃纣也，甚少矣。纣母之生微子启与中衍也，尚为妾，已而为妻而生纣。纣之父、纣之母欲置微子启以为太子，太史据法而争之曰："有妻之子，而不可置妾之子。"纣故为后。用法若此，不若无法。

注释

①**当务**：办事应当合乎时务。本篇是墨家学说。②**辨**：通"辩"，辩论。**论**：公正之论。③**跖**：指盗跖，古代著名大盗。④**六王**：尧、舜、夏禹、商汤、周文王、周武王。**五伯**：即春秋五霸。⑤**尧有不慈之名**：传说尧曾杀其子丹朱。⑥**舜有不孝之行**：传说舜曾放逐其父瞽叟。

译文

辩说而不合道理，诚实而不合理义，勇敢而不合正义，守法而不合时务，这就像人精神迷乱却乘着快马一样，神志癫狂却握着利剑一样，大乱天下的，一定是以上四种行为。辩说之可贵在于它遵从道理，诚实之可贵在于它遵循理义，勇敢之可贵在于它伸张正义，守法之可贵在于它合于时务。

跖的手下问跖说："强盗有道义吗？"跖说："何止有道义啊！猜测室内所藏之物而能猜中就是圣，带头进去就是勇，最后离去就是义，懂得时机就是智，分利均匀就是仁。不通晓这五点而能成为大盗的，天下没有。"跖以辩说非难六王、五霸，认为尧有不慈的名声，舜有不孝的行为，禹有沉湎于酒的意愿，商汤、武王有放逐、杀死他们君主的罪行，五霸有侵略的图谋。然而世世代代都赞誉他们，人们都回避不谈他们的罪恶，真是糊涂。所以跖吩咐自己死后要持金锤下葬，他说："下到黄泉，见到六王、五霸，要击碎他们的头。"辩说要像这样，那还不如没有。

楚国有个直道立身的人，他的父亲偷了羊，他向官府告发了这事。官府抓住了他的父亲，要将其处死。这个以直道立身的人请求代父受刑。将要行刑的时候，他告诉官吏说："父亲偷羊而告发这件事，这样的人不是很诚实吗？父亲受罚而代他受刑，这样的人不是很孝顺吗？又诚实又孝顺的人却要被杀掉，那么国家将还有不该遭受刑罚的人吗？"楚王听了这番话，就不杀他了。孔子闻知这件事说："这个人的所谓诚实太怪了，利用父亲两次为自己博取名声。"所以像"直躬"这样的诚实不如没有。

齐国有两个喜欢夸耀自己勇敢的人，一人住在城东，另一人住在城西。一天他们在路上意外地相遇了，彼此说："姑且一起喝几杯吧！"斟过几次酒，一个说："还是弄点肉吧。"另一人说："你身上有的是肉，我身上也有的是肉，何必另外去弄肉呢？在这儿准备一点豉酱就够了！"于是两人拔出刀割下身上的肉对吃起来，一直到死。勇敢要像这样还不如没有。

商纣的同母兄弟共三人，长兄叫微子启，二哥叫中衍，老三叫受德。受德就是纣，年龄最小。纣的母亲生微子启和中衍时还是妾，后来成为正妻而生下纣。纣的父母想要立微子启为太子，太史依据法典而争辩说："有正妻的儿子在，就不可立妾的儿子做太子。"纣因此成为王位的继承人。用法要像这样，不如没有法。

长　见

原　文

智所以相过，以其长见与短见也。今之于古也犹古之于后世也，今之于后世亦犹今之于古也。故审知今则可知古，知古则可知后，古今前后一也。故圣人上知千岁，下知千岁也。

荆文王曰："苋(xiàn)嘻数犯我以义，违我以礼，与处则不安，旷之而不穀得焉[1]。不以吾身爵之，后世有圣人，将以非不穀。"于是爵之五大夫。"申侯伯善持养吾意，吾所欲则先我为之，与处则安，旷之而不穀丧焉。不以吾身远之，后世有圣人，将以非不穀。"于是送而行之。申侯伯如郑，阿郑君之心，先为其所欲，三年而知郑国之政也，五月而郑人杀之。是后世之圣人，使文王为善于上世也。

晋平公铸为大钟，使工听之，皆以为调矣。师旷曰[2]："不调，请更铸之。"平公曰："工皆以为调矣。"师旷曰："后世有知音者，将知钟之不调也，臣窃为君耻之。"至于师涓而果知钟之不调也。是师旷欲善调钟，以为后世之知音者也。

吕太公望封于齐，周公旦封于鲁，二君者甚相善也，相谓曰："何以治国？"太公望曰："尊贤上功。"周公旦曰："亲亲上恩。"太公望曰："鲁自此削矣。"周公旦曰："鲁虽削，有齐者亦必非吕氏也。"其后齐日以大，至于霸，二十四世而田成子有齐国[③]。鲁公以削，至于覲(jìn)存，三十四世而亡。

吴起治西河之外，王错谮之于魏武侯，武侯使人召之。吴起至于岸门，止车而望西河，泣数行而下。其仆谓吴起曰："窃观公之意，视释天下若释躧(xǐ)[④]，今去西河而泣，何也？"吴起抿泣而应之曰[⑤]："子不识。君知我而使我，毕能西河可以王。今君听谗人之议而不知我，西河之为秦取不久矣，魏从此削矣。"吴起果去魏入楚。有间，西河毕入秦，秦日益大。此吴起之所先见而泣也。

魏公叔座疾，惠王往问之，曰："公叔之病甚矣，将奈社稷何？"公叔对曰："臣之御庶子鞅，愿王以国听之也。为不能听，勿使出境。"王不应，出而谓左右曰："岂不悲哉？以公叔之贤，而今谓寡人必以国听鞅，悖也夫！"公叔死，公孙鞅西游秦，秦孝公听之，秦果用强，魏果用弱。非公叔座之悖也，魏王则悖也。夫悖者之患，固以不悖为悖。

注　释

①**不穀**：不善之人。这是春秋时代诸侯对自己的谦称。②**师旷**：春秋时代著名乐师，名旷，相传他精通审音辨律，是位盲人。③**田成子**：即田恒，齐简公四年，田恒杀简公，立平公，自任齐相，齐国大权尽归田氏。④**释**：舍弃。**躧**：同"屣"，鞋。⑤**抿泣**：擦眼泪。

译　文

人们的智力之所以彼此有差异，是由于有的人具有远见，有的人目光短浅。今天跟古代的关系，就像是古代跟将来的关系一样，今天跟将来的关系，也就像是今天跟古代的关系一样。所以清楚地了解今天，就可以知道古代，知道古代就可以知道将来。古今前后是一脉相承的，所以圣人能够上知千年、下知千年。

楚文王说："苋嘻多次以义为理由冒犯我，以礼为理由拂逆我的心意，跟他在一起就感到不安，但久而久之，我从中有所得。如果我不亲自授予他爵位，后代如有圣人，将要因此责难我。"于是授予他五大夫的爵位。文王又说："申侯伯善于把握并迎合我的心意，我想要什么，他就在我之前准备好什么，跟他在一起就感到安逸，久而久之，我从中有所失。如果我不疏远他，后代如有圣人，将要因此责难我。"于是送走了他。申侯伯到了郑国，屈从郑君的心意，事先准备好郑君想要的一切，经过三年就执掌了郑国的国政，但仅仅五

个月郑人就把他杀了。这是后代的圣人使文王在前世做了好事。

晋平公铸成大钟，让乐工审听钟的声音，乐工都认为钟声很和谐了。师旷说："钟声还不和谐，请重新铸造它。"平公说："乐工都认为很和谐了。"师旷说："后代如有精通音律的人，将会知道钟声是不和谐的，我私下为您感到羞耻。"到了后来，师涓果然指出钟声不和谐。由此看来，师旷想要使钟声更为和谐，是考虑到后世有精通音律的人。

太公望封在齐国，周公旦封在鲁国，两位君主十分友好，他们在一起互相讨论："靠什么来治理国家？"太公望说："尊敬贤人，崇尚功绩。"周公旦说："亲近亲人，崇尚恩爱。"太公望说："照这样说，鲁国从此就要被削弱了。"周公旦说："鲁国虽然会削弱，但后世占有齐国的，也肯定不是吕氏了。"后来齐国日益强大，称霸诸侯，但传到二十四代就被田成子篡夺了国君之位。鲁国也日益削弱，以至于仅能勉强维持生存，传到三十四代灭亡。

吴起治理西河，王错在魏武侯面前诋毁他，武侯派人把吴起召回。吴起走到岸门，停下车，回头遥望西河，眼泪一行行流了下来。他的车夫对他说："我私下观察您的心志，把舍弃天下看得就像扔掉鞋子一样。如今离开西河，您却流了泪，这是什么缘故啊？"吴起擦去眼泪回答："你不知道。如果君主了解信任我，使我尽自己所能，凭着西河就可以帮助君主成就王业。如今君主听信小人的谗言而不信任我，西河被秦国攻取的日子不会太远了，魏国从此要被削弱了。"吴起最后离开魏国，去了楚国。不久，西河被秦国吞并，秦国日益强大。这正是吴起所预见到并为之流泪的事。

魏相公叔座病了，魏惠王去探望他，说："您病得很重了，国家该怎么办呢？"公叔回答："我的家臣御庶子公孙鞅很有才能，希望大王您能把国政交给他处理。如果不能任用他，不要让他离开魏国。"惠王没有回答，出来对左右侍从说："难道不可悲吗？凭公叔座这样贤明的人，而今居然让我一定要把国政交给公孙鞅，太荒谬了！"公叔死后，公孙鞅向西游说秦国，秦孝公听从了他的意见。秦国因此强盛起来，魏国因此衰落。由此看来，并不是公叔座荒谬，而是惠王自己荒谬。行事荒谬的人最大的弊病，必是把不荒谬当成荒谬。

季冬纪第十二

季　冬

原　文

季冬之月，日在婺(wù)女，昏娄中，旦氐中。其日壬癸，其帝颛顼，其神玄

冥，其虫介，其音羽，律中大吕，其数六，其味咸，其臭朽，其祀行，祭先肾。雁北乡，鹊始巢，雉雊鸡乳[①]。天子居玄堂右个，乘玄辂，驾铁骊，载玄旂，衣黑衣，服玄玉，食黍与彘，其器宏以弇。命有司大傩[②]，旁磔(zhé)[③]，出土牛[④]，以送寒气。征鸟厉疾，乃毕行山川之祀，及帝之大臣、天地之神祇。

是月也，命渔师始渔，天子亲往。乃尝鱼，先荐寝庙。冰方盛，水泽复，命取冰。冰已入，令告民，出五种。命司农计耦耕事，修耒耜，具田器。命乐师大合吹而罢。乃命四监收秩薪柴，以供寝庙及百祀之薪燎(liáo)[⑤]。

是月也，日穷于次，月穷于纪，星回于天，数将几终，岁将更始。专于农民，无有所使。天子乃与卿大夫饬国典，论时令，以待来岁之宜。乃命太史次诸侯之列，赋之牺牲，以供皇天上帝社稷之享。乃命同姓之国，供寝庙之刍豢(huàn)。令宰历卿大夫至于庶民土田之数，而赋之牺牲，以供山林名川之祀。凡在天下九州之民者，无不咸献其力，以供皇天上帝社稷寝庙山林名川之祀。行之是令，此谓一终，三旬二日。

季冬行秋令，则白露蚤降，介虫为妖，四邻入保。行春令，则胎夭[⑥]多伤，国多固疾，命之曰逆。行夏令，则水潦(lǎo)败国，时雪不降，冰冻消释。

注　释

①**雉**：山鸡。**雊**：山鸡鸣叫。**乳**：这里指鸡生蛋、孵小鸡。②**傩**：驱除灾疫的祭祀。③**旁磔**：在四方城门都割裂牺牲，举行祭祀，以消除阴气。旁，遍。磔，割牲祭神。④**出**：制作。**土牛**：五行说当中认为土克水，冬属土，牛属土，所以制作土牛，用它送走冬季阴寒之气。⑤**薪燎**：焚柴祭神的燎祭。⑥**胎夭**：指在母体腹中及刚出生的动物死去。

译　文

季冬之月，太阳的位置在婺女宿，黄昏时刻，娄宿出现在南方中天，拂晓时刻，氐宿出现在南方中天。季冬于天干属壬癸，它的主宰之帝是颛顼，佐帝之神是玄冥，应时的动物是龟鳖之类的甲族，相配的声音是羽音，音律与大吕相应。这个月的数字是六，味道是咸味，气味是朽味，要举行的祭祀是行祭，祭祀时祭品以肾脏为尊。这个月，大雁将要北来，喜鹊开始搭窝，山鸡鸣叫，家鸡孵卵。天子住在北向明堂的右侧室，乘坐黑色的车，车前驾着黑色的马，车上插着黑色的绘有龙纹的旗帜，天子穿着黑色的衣服，佩戴着黑色的饰玉，吃的食物是黍米和猪肉，使用的器物大而开口收窄。这个月，天子命令主管官吏大规模举行傩祭，四方城门都割裂牺牲，并制作土牛，以此送阴冬之气。远飞的鸟飞得高而快。这个月，普遍举行对山川之神的祭祀，以及对有功于民的先世公卿大臣、天地神祇的祭祀。

这个月，命令负责捕鱼的官吏开始捕鱼，天子亲自前往观看。于是品尝刚捕到的鲜鱼，品尝之前，要先进献给祖庙。这时候冰冻得正结实，积水的池泽层层冻结，于是命令凿取冰块。冰块藏入冰窖之后，命令有司告诉百姓从谷仓中拿出五谷，选择种子。命令负责农业的官吏谋划耕作的事情，修缮犁铧，准备耕田的农具。命令乐官举行吹奏乐的大合奏，结束一年的训练。命令王畿内的郡县大夫收缴按常规应该缴纳的木柴，来供给祖庙及各种祭祀举行燔燎之用。

这个月，日月星辰绕天一周，又都回到原来的位置，一年的天数接近终了，新的一年将要重新开始。要让农民专心筹备农事，不要差遣他们干别的劳役。天子与公卿大夫整饬国家的法典，讨论按季节月份制定的政令，以此来准备明年应做之事。命令太史排列各异姓诸侯的次序，使他们按国家大小贡赋牺牲，以供给对上天及社稷之神的祭祀。命令同姓诸侯供给祭祀祖庙所用的牛羊犬豕。命令小宰依次列出从卿大夫到一般老百姓所有土地的数目，使他们贡赋牺牲，以供给祭祀山林河流之神使用。凡是在天下九州的老百姓，必须全部献出他们的力量，以供给对皇天上帝、社稷之神、先祖神主以及山林河流之神的祭祀。施行这些政令，这就算一年终了了，在三旬中有两日。

季冬如果施行应在秋天施行的政令，那么白露就会过早降落，有甲壳的动物就会成灾，四方边邑的百姓就会为躲避来犯之敌而藏入城堡。如果施行应在春天施行的政令，那么幼小的动物就会遭到损伤，国家就会流行久治不愈的疾病，给这种情况命名叫作“逆”。如果施行应在夏天施行的政令，那么大水将危害国家，冬雪将不能按时降落，冰冻将会融化。

士　节[1]

原　文

士之为人，当理不避其难，临患忘利，遗生行义，视死如归。有如此者，国君不得而友，天子不得而臣。大者定天下，其次定一国，必由如此人者也。故人主之欲大立功名者，不可不务求此人也。贤主劳于求人，而佚于治事。

齐有北郭骚者，结罘(fú)网[2]，捆蒲苇，织萉屦(fèi jù)[3]，以养其母犹不足，踵门见晏子曰：“愿乞所以养母。”晏子之仆谓晏子曰：“此齐国之贤者也，其义不臣乎天子，不友乎诸侯，于利不苟取，于害不苟免。今乞所以养母，是说夫子之义也，必与之。”晏子使人分仓粟分府金而遗之，辞金而受粟。

有间，晏子见疑于齐君，出奔，过北郭骚之门而辞。北郭骚沐浴而出见晏子曰：“夫子将焉适？”晏子曰：“见疑于齐君，将出奔。”北郭子曰：“夫子勉

之矣。”晏子上车，太息而叹曰：“婴之亡岂不宜哉？亦不知士甚矣。”晏子行。

北郭子召其友而告之曰：“说晏子之义，而尝乞所以养母焉。吾闻之曰：‘养及亲者，身伉(kàng)其难。’今晏子见疑，吾将以身死白之。”著衣冠，令其友操剑奉笥(sì)而从④，造于君庭，求复者曰：“晏子，天下之贤者也，去则齐国必侵矣。必见国之侵也，不若先死。请以头托白晏子也。”因谓其友曰：“盛吾头于笥中，奉以托。”退而自刎也。其友因奉以托。其友谓观者曰：“北郭子为国故死，吾将为北郭子死也。”又退而自刎。

齐君闻之，大骇，乘驲(rì)而自追晏子⑤，及之国郊，请而反之。晏子不得已而反，闻北郭骚之以死白己也，曰：“婴之亡岂不宜哉？亦愈不知士甚矣。”

注　释

①**士节**：士人应有的气节。本篇是北宫、孟舍、漆雕学派的观点。②**罘网**：罗网。③**葩屦**：古代的一种麻鞋。④**奉笥**：两手托着盛饭或衣物的方形竹器。⑤**驲**：古代驿站专用的车。

译　文

士的为人，主持正义不避危难，面临祸患忘却私利，舍生取义，视死如归。有如此行为的人，国君无法与他交友，天子无法让他称臣。气节大的这种人可以安定天下，稍逊一点的可以安定一国，这些事一定是由这样的人去做的。所以君主想要大立功名的，不可不致力于访求这样的人。贤明的君主把精力花费在访求贤士上，而对治理政事则采取超脱的态度。

齐国有个叫北郭骚的人，靠结兽网、编蒲苇、织麻鞋来奉养他的母亲，但仍不足以维持生活，于是他到晏子门前求见晏子：“希望能得到粮食以奉养母亲。”晏子的仆从对晏子说：“这个人是齐国的贤人。他志节高尚，不向天子称臣，不与诸侯交友，对于利不苟且取用，对于祸不苟且求免。现在他到您这儿来寻求粮食以奉养母亲，这是悦服于您的道义，您一定要给他。”晏子派人把仓中的粮食、府库中的金钱拿出来分给他，他谢绝了金钱而收下了粮食。

过了不久，晏子被齐君猜忌，逃往国外，经过北郭骚的门前向他告别。北郭骚洗发浴身，恭敬地迎出来，见到晏子说：“您将要到哪儿去？”晏子说：“我受到齐君的猜忌，将要逃往国外。”北郭子说：“您好自为之吧。”晏子上了车，长叹一声说：“我逃亡国外难道不正是应该做的吗？我也太不了解士了。”于是晏子走了。

北郭子找来他的朋友，告诉他说：“我悦服晏子的道义，曾向他求得粮食奉养母亲。我听说：‘奉养过自己父母的人，自己要承担他的危难。’如今晏子受到猜忌，我将用自己的死为他洗清冤诬。”北郭子穿戴好衣冠，让他的朋友拿着宝剑捧着竹匣跟随在身后。走到国君朝廷门前，找到负责通禀的官吏说：“晏子是名闻天下的贤人，他若出走，齐国必定遭

受侵犯。与其看到国家必定遭受侵犯，不如先死。我愿把头托付给您来为晏子洗清冤诬。”于是对他的朋友说：“把我的头盛在竹匣中，捧去托付给那个官吏。”说罢，退下几步自刎而死。他的朋友于是捧着盛了头的竹匣交给那个官吏，然后对旁观的人说：“北郭子为国难而死，我将为北郭子而死。”说罢，又退下几步自刎而死。

齐君听说这件事，大为震惊，乘着驿车亲自追赶晏子，在离国都不到百里的地方赶上了晏子，请求晏子回去。晏子不得已而返回，听说北郭骚用死来替自己洗清冤诬，他感慨地说：“我逃亡国外难道不正是应该的吗？北郭骚之死，也更加说明我不了解士。”

介　立

原　文

以贵富有人易，以贫贱有人难。今晋文公出亡，周流天下，穷矣贱矣，而介子推不去[1]，有以有之也。反国有万乘，而介子推去之，无以有之也。能其难，不能其易，此文公之所以不王也。晋文公反国，介子推不肯受赏，自为赋诗曰：“有龙于飞[2]，周遍天下。五蛇从之[3]，为之丞辅。龙反其乡，得其处所。四蛇从之，得其露雨。一蛇羞之，桥死于中野。”悬书公门，而伏于山下。文公闻之曰：“嘻！此必介子推也。”避舍变服[4]，令士庶人曰：“有能得介子推者，爵上卿，田百万。”或遇之山中，负釜盖簦(dēng)，问焉曰：“请问介子推安在？”应之曰：“夫介子推苟不欲见而欲隐，吾独焉知之？”遂背而行，终身不见。人心之不同，岂不甚哉？今世之逐利者，早朝晏退，焦唇干嗌(yì)[5]，日夜思之，犹未之能得，今得之而务疾逃之，介子推之离俗远矣。

东方有士焉，曰爰旌目，将有适也，而饿于道。狐父之盗曰丘，见而下壶餐而餔(bù)之。爰旌目三餔之而后能视，曰：“子何为者也？”曰：“我狐父之人丘也。”爰旌目曰：“嘻！汝非盗邪？胡为而食我？吾义不食子之食也。”两手据地而吐之，不出，喀喀然遂伏地而死。郑人之下𩥅也，庄跻之暴郢(yǐng)也，秦人之围长平也，韩、荆、赵此三国者之将帅贵人皆多骄矣，其士卒众庶皆多壮矣，因相暴以相杀，脆弱者拜请以避死，其卒递而相食，不辨其义，冀幸以得活。如爰旌目已食而不死矣，恶其义而不肯不死，今此相为谋，岂不远哉？

注　释

①介子推：春秋时代晋国隐士。他曾跟随晋文公流亡十九年，文公返国后，他不肯接

受封赏，与母亲一同隐居山中，终身不做官。②**有龙于飞**：比喻晋公子重耳流亡。③**五蛇**：比喻跟随公子重耳流亡的五位贤士。④**避舍变服**：按照古礼，国家出现凶丧祸乱，君主要离开居所，改穿凶丧之服。晋文公借此表示自责。⑤**嗌**：咽喉。

译 文

靠富贵受人拥戴容易，靠贫贱受人拥戴很难。从前晋文公逃亡在外，遍行天下，困窘贫贱，然而介子推一直不离开他，这是由于晋文公具有受他拥戴的德行。晋文公回到晋国后，拥有万辆兵车，然而介子推却离开了他，这是由于当时文公已没有受他拥戴的德行了。困难的事情能做到，而容易的事情却做不到，这正是文公不能成就王业的原因。晋文公返回晋国后，介子推不肯接受封赏，他为自己赋诗道："有龙飞翔，遍行天下。五蛇追随，甘当辅佐。龙返故乡，得其归所。四蛇追随，享其恩泽。一蛇羞惭，枯死荒野。"他把这首诗悬挂在文公门前，自己隐居山下。文公闻知这件事说："啊！这一定是介子推。"于是文公离开宫室，改穿凶丧之服，以示自责，并向士民百姓下令说："有能找到介子推的，赏赐上卿爵位，田百万亩。"有人在山中遇到介子推，见他背着釜，上插一把长柄笠作为伞盖，就问他说："请问介子推住在哪儿？"介子推回答："介子推不想出仕而想要隐居，我怎么会知道他？"说罢就转过身走了，终生不做官。人心不同难道不是很悬殊吗？如今世上追逐私利的人，尽管早早就上朝，很晚才退朝回来，口干舌燥，日夜思虑，仍然未能得到满足。而今介子推可以得到名利却务求赶快避开它，介子推的节操超离世俗太远了。

东方有个士人名叫爰旌目，将要到某地去，却饿晕在路上。狐父那个地方一个名叫丘的强盗看见了，摘下盛有水饭的壶去喂他。爰旌目咽下三口之后，眼睛才能看见，他问："你是干什么的？"回答："我是狐父那个地方的人，名叫丘。"爰旌目说："你不是强盗吗？为什么给我吃东西？我信守节义，绝不吃你的食物！"说罢，两手抓地往外吐已咽下去的饭，吐不出来，发出喀喀的声音就趴在地上死了。郑人攻陷鳙邑的时候，庄跻劫掠郢都的时候，秦人围困长平的时候，韩、荆、赵这三个国家的将帅贵族都很骄傲恣肆，士卒百姓都很强壮有力，于是他们相互欺凌、自相残杀，而怯弱的人跪拜乞求免死，到最后人们交替相食，根本不分辨正义与否，只希望侥幸得以活命。至于爰旌目，已经吃了食物，不会死了，但他憎恶狐父之盗的不义，因而宁愿死去。若让三国的将士和爰旌目一起商议事情，他们之间相差得岂不是太远了吗？

诚 廉

原 文

石可破也，而不可夺坚；丹可磨也，而不可夺赤。坚与赤，性之有也。性也者，所受于天也，非择取而为之也。豪士之自好者，其不可漫以污也，亦犹此也。

昔周之将兴也，有士二人，处于孤竹，曰伯夷、叔齐。二人相谓曰：“吾闻西方有偏伯焉[1]，似将有道者，今吾奚为处乎此哉？”二子西行如周，至于岐阳，则文王已殁矣。武王即位，观周德，则王使叔旦就胶鬲于次四内，而与之盟曰：“加富三等，就官一列。”为三书同辞，血之以牲，埋一于四内，皆以一归。又使保召公就微子开于共头之下，而与之盟曰：“世为长侯，守殷常祀，相奉桑林，宜私孟诸。”为三书同辞，血之以牲，埋一于共头之下，皆以一归。伯夷、叔齐闻之，相视而笑曰：“嘻！异乎哉！此非吾所谓道也。昔者神农氏之有天下也，时祀尽敬而不祈福也。其于人也，忠信尽治而无求焉。乐正与为正，乐治与为治，不以人之坏自成也，不以人之庳(bì)自高也。今周见殷之僻乱也，而遽(jù)为之正与治，上谋而行货，阻丘而保威也。割牲而盟以为信，因四内与共头以明行，扬梦以说众[2]，杀伐以要利，以此绍殷，是以乱易暴也。吾闻古之士，遭乎治世，不避其任，遭乎乱世，不为苟在。今天下暗，周德衰矣。与其并乎周以漫吾身也，不若避之以洁吾行。”二子北行，至首阳之下而饿焉。

人之情，莫不有重，莫不有轻。有所重则欲全之，有所轻则以养所重。伯夷、叔齐，此二士者，皆出身弃生以立其意，轻重先定也。

注　释

①**偏伯**：偏远地区的官员，这里指周文王姬昌。②**扬梦**：宣扬武王承受天命灭殷的梦。周文王妻梦见商的朝堂内长出荆棘，其子姬发取来周庭的树种在宫阙之间，化为松柏。文王得知后把姬发召来，在明堂拜谢吉梦，预示着姬发从天帝那里承受了商的天命。

译　文

石头可以破开，然而不可改变它坚硬的性质，朱砂可以磨碎，然而不可改变它朱红的颜色。坚硬和朱红分别是石头、朱砂的本性所具有的特征。本性是从上天那里接受的，不是可以任意择取创造的。洁身自好的豪杰之士，他们的名节不可玷污也正如这样。

从前周朝将要兴起的时候，有两位贤士住在孤竹国，名叫伯夷、叔齐。两人一起商量：“我听说西方有个西伯，好像是个仁德之君，现在我们还待在这里干什么呢？”于是两人向西行来到周国，走到岐山之南，文王却已经死了。武王即位，宣扬周德，派叔旦到四内去找胶鬲，跟他盟誓说：“让你俸禄增加三级，官居一等。”准备三份盟书，文辞相同，把牲血涂在盟书上，一份埋在四内，两人各持一份而归。武王又派太保召公到共头山下去找微

子启，跟他盟誓说："让你世世代代担任诸侯之长，奉守殷的正常祭祀，允许你供奉桑林之乐，把孟诸作为你的私人封地。"准备三份盟书，文辞相同，把牲血涂在盟书上，一份埋在共头山下，两人各持一份而归。伯夷、叔齐闻知这些事，互相望着笑道："跟我们原来听说的不一样啊！这不是我们所说的'道'。从前神农氏治理天下的时候，四时祭祀毕恭毕敬，但是不为求福，对于百姓，忠信为怀，尽心治理，而无所求；百姓乐于公正，就帮助他们实现公正，百姓乐于太平，就帮助他们实现太平，不利用别人的失败使自己成功，不利用别人的卑微使自己高尚。如今周看到殷邪僻淫乱，便急急忙忙地替它纠正，替它治理，这是崇尚计谋，借助贿赂，倚仗武力，炫耀威势。把杀牲盟誓当作诚信，依靠四内和共头之盟来宣扬德行，宣扬吉梦取悦众人，靠屠杀攻伐攫取利益，用这些做法继承殷的天下，这是用悖乱代替暴虐。我们听说古代的贤士，遭逢太平之世，不回避自己的责任，遭逢动乱之世，不苟且偷生。如今天下黑暗，周德已经衰微了。与其依附周使我们的名节遭到玷污，不如避开它使我们的德行清白高洁。"于是两人向北走，走到首阳山下饿死在那里。

人之常情，无不有所重，无不有所轻。有所重就会保全它，有所轻就会拿来保养自己所珍视的东西。伯夷、叔齐这两位贤士，都舍弃生命以坚守自己的节操，这是由于他们心目中的轻重早就确定了。

不　侵

原　文

天下轻于身，而士以身为人。以身为人者，如此其重也，而人不知，以奚道相得？贤主必自知士，故士尽力竭智，直言交争，而不辞其患，豫让、公孙弘是矣。当是时也，智伯、孟尝君知之矣。世之人主，得地百里则喜，四境皆贺，得士则不喜，不知相贺，不通乎轻重也。汤、武，千乘也，而士皆归之。桀、纣，天子也，而士皆去之。孔、墨，布衣之士也，万乘之主、千乘之君不能与之争士也。自此观之，尊贵富大不足以来士矣，必自知之然后可。

豫让之友谓豫让曰："子之行何其惑也？子尝事范氏、中行氏，诸侯尽灭之，而子不为报，至于智氏，而子必为之报，何故？"豫让曰："我将告子其故。范氏、中行氏，我寒而不我衣，我饥而不我食，而时使我与千人共其养，是众人畜我也。夫众人畜我者，我亦众人事之。至于智氏则不然，出则乘我以车，入则足我以养，众人广朝，而必加礼于吾所，是国士畜我也[1]。夫国士畜我者，我亦国士事之。"豫让，国士也，而犹以人之于己也为念，又

况于中人乎？

孟尝君为从[2]，公孙弘谓孟尝君曰："君不若使人西观秦王。意者秦王帝王之主也，君恐不得为臣，何暇从以难之？意者秦王不肖主也，君从以难之未晚也。"孟尝君曰："善。愿因请公往矣。"公孙弘敬诺，以车十乘之秦。秦昭王闻之，而欲丑之以辞，以观公孙弘。公孙弘见昭王，昭王曰："薛之地小大几何？"公孙弘对曰："百里。"昭王笑曰："寡人之国，地数千里，犹未敢以有难也。今孟尝君之地方百里，而因欲以难寡人，犹可乎？"公孙弘对曰："孟尝君好士，大王不好士。"昭王曰："孟尝君之好士何如？"公孙弘对曰："义不臣乎天子，不友乎诸侯，得意则不惭为人君，不得意则不肯为人臣，如此者三人。能治可为管、商之师，说义听行，其能致主霸王，如此者五人。万乘之严主，辱其使者，退而自刎也，必以其血污其衣，有如臣者七人。"昭王笑而谢焉曰："客胡为若此？寡人善孟尝君，欲客之必谨谕寡人之意也。"公孙弘敬诺。公孙弘可谓不侵矣。昭王，大王也。孟尝君，千乘也。立千乘之义而不可凌，可谓士矣。

注　释

①国士：智勇冠于全国的人。**②从：**通"纵"，指合纵。战国时秦在西方，六国在东方，土地南北相连，所以把联合六国抗秦称为合纵。

译　文

天下比自身轻贱，而士却甘愿为他人献身。为他人献身的人是如此难能可贵，如果人们不了解他们，那怎么能与他们情投意合？贤明的君主一定是亲自了解士，所以士才能竭尽心力，直言相谏，而不避其祸，豫让、公孙弘就是这样的士。在当时，智伯、孟尝君可称得上是了解他们的了。世上的君主得到百里的土地就满心欢喜，四境之内全都庆贺，而得到贤士却无动于衷，不知相互庆贺，这是不晓得轻重。商汤、周武王起初只是拥有兵车千辆的诸侯，然而士人都归附他们。夏桀、殷纣是天子，然而士人都离开了他们，孔子、墨子是身穿布衣的庶人，然而拥有兵车万辆、千辆的君主却无法与他们争夺士人。由此看来，尊崇富有不足以招徕士人，君主一定要亲自了解士人，然后才能招揽来士人。

豫让的朋友对豫让说："你的行为怎么这么让人不解啊？你曾经侍奉过范氏、中行氏，诸侯把他们都灭掉了，而你并不曾替他们报仇；至于智氏，在他被灭之后，你却一定要替他报仇，这是什么缘故？"豫让说："让我告诉你其中的缘故吧。范氏、中行氏，在我受冻的时候却不给我衣穿，在我饥饿的时候却不给我饭吃，并时常让我跟上千的门客一起接受

相同的衣食，这是像养活众人一样养活我。凡像对待众人一样地对待我的，我也像对待众人一样回报他。至于智氏就不是这样，出门给我车坐，在家供给我充足的衣食，在大庭广众之下，一定对我给予特殊的礼遇，这是像奉养国士那样奉养我，凡像对待国士那样对待我的，我也像国士那样报答他。”豫让是国士，尚且还念念不忘别人对待自己的态度，又何况是一般人呢？

孟尝君合纵抗秦，公孙弘对孟尝君说：“您不如派人到西方观察一下秦王。如果秦王是个有帝王之资的君主，您恐怕连给他当臣子都做不到，哪里顾得上跟秦国作对呢？抑或秦王是个不肖的君主，那时您再合纵跟秦作对也不晚。”孟尝君说：“好。那就请您去一趟。”公孙弘答应了，于是带着十辆车前往秦国。秦昭王听说此事，想用言辞羞辱公孙弘，借以观察他。公孙弘拜见昭王，昭王问：“薛这个地方面积有多大？”公孙弘回答：“方圆百里。”昭王笑道：“我的国家土地纵横数千里，还不敢据此来跟谁作对。如今孟尝君土地才百里见方，就想以此跟我作对，能行吗？”公孙弘回答：“孟尝君喜好士人，大王您不喜好士人。”昭王说：“孟尝君喜好士人又怎么样？”公孙弘回答：“信守节义，不向天子称臣，不与诸侯交友，如果得志，为人君毫不惭愧，不得志，就连人臣也不肯当，像这样的士人，孟尝君那里有三人。善于治国，可以当管仲、商鞅的老师，其主张如果被听从施行，就能使君主成就王霸之业，像这样的士人，孟尝君那里有五人。充任使者，遭到拥有万辆兵车君主的侮辱，退下自刎，但一定用自己的血沾染对方的衣服，如我这样的人，孟尝君那里有七人。”昭王笑着道歉说：“您何必如此？我对孟尝君是很友好的，希望您一定要向他说明我的心意。”公孙弘答应了。公孙弘可称得上凛然不可侵犯了。昭王是秦国国君，孟尝君只是齐国之臣，公孙弘能在昭王面前为孟尝君仗义持正，不受凌辱，真可称得上是士人了。

序　意

原　文

维秦八年，岁在涒(tūn)滩[1]，秋，甲子朔，朔之日，良人请问《十二纪》。文信侯曰：“尝得学黄帝之所以诲颛顼矣，爰有大圜在上，大矩在下，汝能法之，为民父母。”盖闻古之清世，是法天地。凡《十二纪》者，所以纪治乱存亡也，所以知寿夭吉凶也。上揆之天，下验之地，中审之人，若此则是非可不可无所遁矣。天曰顺，顺维生；地曰固，固维宁；人曰信，信维听。三者咸当，无为而行。行也者，行其理也。行数，循其理，平其私。夫私视使目盲，私听使耳聋，私虑使心狂。三者皆私设精则智无由公，智不公则福日衰，灾日隆，以日倪而西望知之。”

赵襄子游于囿中，至于梁，马却不肯进，青荓为参乘，襄子曰："进视梁下，类有人。"青荓进视梁下。豫让却寝，佯为死人，叱青荓曰："去！长者吾且有事。"青荓曰："少而与子友，子且为大事，而我言之，是失相与友之道。子将贼吾君，而我不言之，是失为人臣之道。如我者，惟死为可。"乃退而自杀。青荓非乐死也，重失人臣之节，恶废交友之道也。青荓、豫让，可谓之友也。

注　释

①**涒滩：**岁阴申的别称。古时用来纪年，即申年。

译　文

秦王政八年，太岁在涒滩，秋天，初一为甲子。初一这天，君子请问《十二纪》的事。文信侯吕不韦说："曾经学到黄帝教诲颛顼的话，有皇天在上，大地在下，你能够效法它们，可以做人民的父母了。"听说古代的清平盛世，都是效法天地。《十二纪》是用来记载国家的治乱存亡，是用来了解人事的寿夭吉凶。向上度量于天，向下检验于地，中间审察于人。像这样，则对与不对、可与不可都没有失误了。天要顺行，顺行才能生万物；地要牢固，牢固万物才得安宁；人要诚信，诚信才能被听用。天地人三者都各得其所，就可以无为而行了。行的意思，就是行天之道。行天之道，顺地之理，就可以去掉私心了。带着私心去看，就会使眼睛什么也看不见，带着私心去听，就会使耳朵什么也听不见，带着私心去考虑问题，就会使心狂没有准则。眼睛、耳朵和心都为私而施用，严重了就会使思想不能公正。思想不公正，那么福就会一天天衰减，灾就会一天天兴盛，这个道理从太阳偏斜必定西落的现象中可以看出来。

赵襄子在园囿中游玩，走到桥边，马向后退，不肯前进，这时青荓做参乘。襄子说："到前边看看桥底下，好像是有人。"青荓到前边看看桥下，豫让正仰面睡觉，装作死人。他斥责青荓让其离开，说："走开，我将要干大事。"青荓说："年轻时和你很要好，你现在将要行大事，我说出这件事，这是失掉了交友之道；你要杀死我的君主，我不说出这件事，这是失掉了为臣之义。像我这样，只能一死了。"于是退下去自杀了。青荓不是喜欢死，而是看重人臣的节操，厌恶废弃交友的准则。青荓、豫让，可以算作是朋友了。

览

有始览第一

有　始[1]

原　文

天地有始，天微以成[2]，地塞以形[3]。天地合和，生之大经也，以寒暑日月昼夜知之，以殊形殊能异宜说之。夫物合而成，离而生。知合知成，知离知生，则天地平矣。平也者，皆当察其情，处其形。

天有九野，地有九州，土有九山，山有九塞，泽有九薮(sǒu)，风有八等，水有六川。

何谓九野？中央曰钧天，其星角、亢、氐。东方曰苍天，其星房、心、尾。东北曰变天，其星箕、斗、牵牛。北方曰玄天，其星婺女、虚、危、营室。西北曰幽天，其星东壁、奎(kuí)、娄。西方曰颢天，其星胃、昴(mǎo)、毕。西南曰朱天，其星觜(zī)巂(guī)、参、东井。南方曰炎天，其星舆鬼、柳、七星。东南曰阳天，其星张、翼、轸(zhěn)。

何谓九州？河、汉之间为豫州，周也。两河之间为冀州，晋也。河、济之间为兖州，卫也。东方为青州，齐也。泗上为徐州，鲁也。东南为扬州，越也。南方为荆州，楚也。西方为雍州，秦也。北方为幽州，燕也。

何谓九山？会稽、太山、王屋、首山、太华、岐山、太行、羊肠、孟门。

何谓九塞？大汾、冥厄(è)、荆阮、方城、殽(yáo)、井陉、令疵、句注、居庸。

何谓九薮？吴之具区、楚之云梦、秦之阳华、晋之大陆、梁之圃田、宋之孟诸、齐之海隅、赵之钜鹿、燕之大昭。

何谓八风？东北曰炎风，东方曰滔风，东南曰熏风，南方曰巨风，西南曰凄风，西方曰飂(liù)风，西北曰厉风，北方曰寒风。

何谓六川？河水、赤水、辽水、黑水、江水、淮水。

●麒麟

凡四海之内，东西二万八千里，南北二万六千里，水道八千里，受水者亦八千里，通谷六，名川六百，陆注三千，小水万数。凡四极之内，东西五亿有九万七千里，南北亦五亿有九万七千里。极星与天俱游，而天枢不移。

冬至日行远道，周行四极，命曰玄明。夏至日行近道，乃参于上。当枢之下无昼夜。白民之南，建木之下，日中无影，呼而无响，盖天地之中也。天地万物，一人之身也，此之谓大同。众耳目鼻口也，众五谷寒暑也，此之谓众异，则万物备也。天斟万物，圣人览焉，以观其类。解在乎天地之所以形，雷电之所以生，阴阳材物之精，人民禽兽之所安平[④]。

注释

①**有始**：天地之始。始，初。②**微**：轻微细小的物体。③**塞**：充塞。④**安平**：这里指天地阴阳平衡，各得其所。

译文

天地刚形成的时候，天是由轻微之物上升而形成，地是由重浊之物下沉而成。天地交合，是万物生成的根本。由寒暑的变化、日月的运转、昼夜的交替可以知道这个道理，由万物不同的形体、不同的性能、不同的应用可以解释这个道理。万物是由于天地交合而形成，通过分离而产生的。知道交合知道其形成，知道分离知道其产生，那么就知道天地形成的道理了。要了解天地的形成，都应当详察万物的实情，审度万物的形体。

天有九野，地有九州，境内有九座高山，山上有九处险隘，水泽有九大渊薮，风有八种，水流有六大河流。

什么叫九野？天中央叫钧天，那里的星宿是角、亢、氐。东方叫苍天，那里的星宿是房、心、尾。东北叫变天，那里的星宿是箕、斗、牵牛。北方叫玄天，那里的星宿是婺女、虚、危、营室。西北叫幽天，那里的星宿是东壁、奎、娄。西方叫颢天，那里的星宿是胃、昴、毕。西南叫朱天，那里的星宿是觜嶲、参、东井。南方叫炎天，那里的星宿是舆鬼、柳、七星。东南叫阳天，那里的星宿是张、翼、轸。

什么叫九州？黄河、汉水之间为豫州，是周王室的疆域。清河和西河之间为冀州，是晋国的疆域。黄河、济水之间为兖州，是卫国的疆域。东方为青州，是齐国的疆域。泗水以南为徐州，是鲁国的疆域。东南为扬州，是越国的疆域。南方为荆州，是楚国的疆域。西方为雍州，是秦国的疆域。北方为幽州，是燕国的疆域。

什么叫九座高山？就是会稽山、泰山、王屋山、首阳山、太华山、岐山、太行山、羊肠山、孟门山。

什么叫九处险隘？就是大汾、冥厄、荆阮、方城、殽、井陉、令疵、句注、居庸。

什么叫九大渊薮？就是吴国的具区、楚国的云梦、秦国的阳华、晋国的大陆、梁国的圃田、宋国的孟诸、齐国的海隅、赵国的钜鹿、燕国的大昭。

什么叫八风？东北风叫炎风，东风叫滔风，东南风叫熏风，南风叫巨风，西南风叫凄风，西风叫飂风，西北风叫厉风，北风叫寒风。

什么叫六大河流？就是河水、赤水、辽水、黑水、江水、淮水。

四海之内，东西长二万八千里，南北长二万六千里。通航的河道八千里，受水的河道也是八千里。最大的河流六条，大河六百条，季节河三千条，小河流数以万计。四极之内，东西长五亿零九万七千里，南北长也是五亿零九万七千里。极星和天一起运行，而北天极不移动。

冬至这天，太阳运行在离北天极最远的圆形轨迹上，环行于四个极限点，称为玄明。夏至这天，太阳运行在离北天极最近的圆形轨迹上，太阳正处于人的上方。在天极的下面，没有昼夜的区别。在白民国以南，建木的下面，中午没有影子，呼叫时没有声音，因为这里是天地的中心。天地万物，如同一个人的身体，这就叫作高度统一。人有耳目鼻口，天地万物有五谷寒暑，这些叫作各种差异，这样万物就齐备了。天降下万物，圣人考察万物从而了解它们的类别。对这个道理的解释体现在天地之所以形成，雷电之所以发生，阴阳变化而生成万物，人民禽兽各得其所等方面。

应　同[1]

原　文

凡帝王者之将兴也，天必先见祥乎下民。黄帝之时，天先见大螾大蝼(lóu)[2]，黄帝曰：“土气胜。”土气胜，故其色尚黄，其事则土。及禹之时，天先见草木秋冬不杀[3]，禹曰：“木气胜。”木气胜，故其色尚青，其事则木。及汤之时，天先见金刃生于水，汤曰：“金气胜。”金气胜，故其色尚白，其事则金。及文王之时，天先见火赤乌衔丹书集于周社，文王曰：“火气胜。”火气胜，故其色尚赤，其事则火。代火者必将水，天且先见水气胜，水气胜，故其色尚

黑，其事则水。水气至而不知，数备将徙于土。

天为者时，而不助农于下。类固相召，气同则合，声比则应。鼓宫而宫动，鼓角而角动。平地注水，水流湿。均薪施火，火就燥。山云草莽，水云鱼鳞。旱云烟火，雨云水波，无不皆类其所生以示人。故以龙致雨，以形逐影。师之所处，必生棘楚。祸福之所自来，众人以为命，安知其所。

夫覆巢毁卵，则凤凰不至；刳(kū)兽食胎，则麒麟不来；干泽涸渔，则龟龙不往。物之从同，不可为记。子不遮乎亲，臣不遮乎君。君同则来，异则去。故君虽尊，以白为黑，臣不能听；父虽亲，以黑为白，子不能从。黄帝曰："芒芒昧昧，因天之威，与元同气。"故曰同气贤于同义，同义贤于同力，同力贤于同居，同居贤于同名。帝者同气，王者同义，霸者同力，勤者同居则薄矣，亡者同名则粗矣。其智弥粗者，其所同弥粗；其智弥精者，其所同弥精，故凡用意不可不精。夫精，五帝三王之所以成也。成齐类同皆有合，故尧为善而众善至，桀为非而众非来。《商箴(zhēn)》云："天降灾布祥，并有其职。"以言祸福人或召之也。故国乱非独乱也，又必召寇。独乱未必亡也，召寇则无以存矣。凡兵之用也，用于利，用于义。攻乱则脆，脆则攻者利。攻乱则义，义则攻者荣。荣且利，中主犹且为之，况于贤主乎？故割地宝器，卑辞屈服，不足以止攻，惟治为足。治则为利者不攻矣，为名者不伐矣。凡人之攻伐也，非为利则因为名也，名实不得，国虽强大者，曷为攻矣？解在乎史墨来而辍不袭卫，赵简子可谓知动静矣。

注　释

①**应同**：本篇名原为"名类"，应为"召类"的讹误，但与此后的篇目同名。古人有注，本篇篇名也叫"应同"，因此以"应同"作为篇名。②**蚓**：蚯蚓。**蝼**：蝼蛄。③**杀**：凋零。

译　文

凡是古代帝王将要兴起，上天必定先向人们显示出征兆来。黄帝时代，上天先显现出大蚯蚓、大蝼蛄。黄帝说："这表现出土气旺盛。"土气旺盛，所以黄帝时的服色崇尚黄色，做事取法土的规律。到夏禹的时候，上天先显现出草木秋冬时节不凋零的景象。夏禹说："这表明木气旺盛。"木气旺盛，所以夏朝的服色崇尚青色，做事情取法木的规律。到汤的时候，上天先显现水中出现刀剑。商汤说："这表明金气旺盛。"金气旺盛，所以商朝的服色

崇尚白色，做事情取法金的规律。到周文王的时候，上天先显现由火幻化的红色乌鸦衔着丹书停在周的社庙上。周文王说："这表明火气旺盛。"火气旺盛，所以周朝的服色崇尚红色，做事情取法火的规律。代替火的必将是水，上天将先显现水气旺盛的景象。水气旺盛，所以新王朝的服色应该崇尚黑色，做事情应该取法水的规律。如果水气到来，却不知气数已经具备，从而取法于水，那么气数必将转移到土上去。

上天为四时的运行，但农事遵循其规律，物类相同的就互相吸引，气味相同的就互相投合，声音相同的就互相响应。敲击宫音，宫音就随之振动，敲击角音，角音就随之振动。在同样平整的地面上注水，水先向潮湿的地方流。在铺放均匀的柴草上点火，火先向干燥的地方燃烧。山上的云呈现草莽的形状，水上的云呈现鱼鳞的形状，干旱时的云就像燃烧的烟火，阴雨时的云就像荡漾的水波。这些都无不依赖它们赖以生成的东西来显示给人们。所以用龙就能招来雨，凭形体就能找到影子，军队经过的地方，必定生长出荆棘来。祸福的到来，一般人认为是"命"，哪里知道祸福到来的缘由。

捣翻鸟巢，毁坏鸟卵，那么凤凰就不会再到；剖开兽腹，吃掉兽胎，那么麒麟就不会再来；弄干池泽来捕鱼，那么龟龙就不会再去。事物同类相聚的情况，难以尽述。儿子不会一味受父亲遏制，臣子不会一味受君主遏制。志同道合就在一起，否则就离开。所以君主虽然尊贵，如果把白当成黑，臣子就不能听从；父亲虽然亲近，如果把黑当成白，儿子也不能依顺。黄帝说："广大纯厚，是因为遵循了上天的法则，与上天同气的缘故。"所以说同气胜过同义，同义胜过同力，同力胜过同居，同居胜过同名。称帝的人同气，称王的人同义，称霸的人同力，辛劳的君主同存于世，而德行就不厚道了，亡国的君主同名，而德行就低劣了。智慧越是低劣的人，与之相应的就越是低劣，智慧越是精微的人，与之相应的就越是精微。所以凡思虑不可以不精微。精微，是五帝三王之所以成就帝业的原因。事物只要同类，都能互相聚合。所以尧做好事因而所有好事都归到他身上，桀干坏事因而所有坏事都归到他身上。《商箴》说："上天降灾祸、施吉祥，都有一定的对象。"这是说，祸福是人招致的。所以国家混乱不但是混乱，又必定会招来外患。国家仅仅混乱未必会灭亡，招致外患就无法保存了。凡是用兵作战，都是用于有利的地方，用于符合道义的地方，攻打混乱的国家就容易使之屈服，敌国屈服，那么进攻的国家就得利，攻打混乱的国家就符合道义，符合道义，那么进攻的国家就荣耀，既荣耀又得利，具有中等才能的君主尚且这样做，何况是贤明的君主呢？所以割让土地献出宝器，谦卑屈服于人，不足以制止别国的进攻，只有国家治理得好，才能制止别国的进攻。国家治理好了，那么图利的就不来进攻了，图名的就不来讨伐了。人们进攻讨伐别的国家，不是图利就是图名。如果名利都不能得到，那么国家即使强大，又怎么会发动这种徒劳的攻伐呢？这个道理的解释体现在史墨去卫国了解情况回来，而赵简子就停止进攻卫国这件事上，赵简子可以说是懂得该动则动、该止则止的道理。

去尤

原文

世之听者，多有所尤[1]，多有所尤，则听必悖矣。所以尤者多故，其要必因人所喜与因人所恶。东面望者不见西墙，南乡视者不睹北方，意有所在也。

人有亡铁(fū)者[2]，意其邻之子，视其行步窃铁也，颜色窃铁也，言语窃铁也，动作态度无为而不窃铁也。扣其谷而得其铁，他日复见其邻之子，动作态度无似窃铁者。其邻之子非变也，己则变矣。变也者无他，有所尤也。

邾(zhū)之故法，为甲裳以帛[3]，公息忌谓邾君曰："不若以组。凡甲之所以为固者，以满窍也。今窍满矣，而任力者半耳。且组则不然，窍满则尽任力矣。"邾君以为然，曰："将何所以得组也？"公息忌对曰："上用之则民为之矣。"邾君曰："善。"下令，令官为甲必以组。公息忌知说之行也，因令其家皆为组。人有伤之者曰："公息忌之所以欲用组者，其家多为组也。"邾君不说，于是复下令，令官为甲无以组。此邾君之有所尤也。为甲以组而便，公息忌虽多为组何伤也？以组不便，公息忌虽无组，亦何益也？为组与不为组，不足以累公息忌之说。用组之心，不可不察也。

鲁有恶者，其父出而见商咄，反而告其邻曰："商咄不若吾子矣。"且其子至恶也，商咄至美也。彼以至美不如至恶，尤乎爱也。故知美之恶，知恶之美，然后能知美恶矣。庄子曰："以瓦投(zhù)者翔，以钩投者战，以黄金投者殆。其祥一也，而有所殆者，必外有所重者也。外有所重者，泄盖内掘。"鲁人可谓外有重矣。

解在乎齐人之欲得金也，及秦墨者之相妒也，皆有所乎尤也。老聃则得之矣，若植木而立乎独，必不合于俗，则何可扩矣？

注释

①**尤**：通"囿"，蒙蔽、局限。②**铁**：通"斧"。③**甲裳以帛**：制作甲裳以帛来连缀。

译文

世上凭着听闻下结论的人，往往有所局限。有所局限，那么凭听闻下的结论必定是谬误的。受局限的原因很多，其关键必定在于人有所喜爱和有所憎恶。面向东望的人，看不见西面的墙，朝南看的人，望不见北方。这是因为心智专注于一方。

有一个丢了斧子的人，猜疑是他邻居的儿子偷的。看他走路的样子，像偷斧子的人；看他的眼神，像偷斧子的人；听他说话，像偷斧子的；看他的举止神态，没有一样不像偷斧子的人。这个人后来找到了他的斧子。过了几天，又看见他邻居的儿子，举止神态，没有一样像偷了斧子的人。他邻居的儿子没有改变，他自己却改变了，他改变的原因没有别的，是因为原来有所局限。

郑国的旧法，制作甲裳用帛来连缀。公息忌对郑君说："不如用丝绳来连缀。甲之所以牢固，是因为甲连缀的缝隙都塞满了。现在甲连缀的缝隙虽然塞满了，可是只能承受应该承受的力的一半。然而用丝绳来连缀就不是这样。只要连缀的缝隙塞满了，就能承受全部应该承受的力了。"郑君认为他说得对，说："将从哪里得到丝绳呢？"公息忌回答："君主使用它，那么人民就会制造它了。"郑君说："好！"于是下令让有关官吏制作甲一定要用丝绳连缀。公息忌知道自己的主张得到施行了，于是就让他家里人都制造丝绳。有诋毁他的人说："公息忌之所以想用丝绳，是因为他家制造了很多丝绳。"郑君听了很不高兴，于是又下令有关官吏制甲不要用丝绳连缀。这是郑君的认识有局限，制甲用丝绳连缀如果有好处，公息忌即使大量制造丝绳，有什么害处呢？如果用丝绳连缀没有好处，公息忌即使没有制造丝绳，又有什么益处呢？公息忌制造丝绳或不制造丝绳，都不足以损害公息忌的主张。使用丝绳的本意，不可以不考察清楚啊。

鲁国有个丑陋的人，他的父亲出门看见商咄，回来以后告诉他的邻居说："商咄不如我儿子。"然而他儿子是极丑陋的，商咄是极英俊的，他却认为极英俊的不如极丑陋的，这是被自己的偏爱所局限。所以知道了英俊可以被认为是丑陋，丑陋可以被认为是英俊，然后就能知道什么是英俊、什么是丑陋了。庄子说："用纺锤作赌注的内心是坦然，用衣带钩作赌注的人心里发慌，用黄金作赌注的人感到迷惑。他们的赌技是一样的，然而之所以感到迷惑，必然是因为有看重的东西。有看重的东西，就会对它亲近，因而内心就会不安详。"那个鲁国人可以说是看重外物的人了。

这个道理体现在齐国人想得到金子，以及秦国的墨者互相嫉妒，这些都是因为有所局限啊。老聃就懂得这个道理，他像直立的木头一样我行我素，这样必然与世俗不合，那么还能有什么能使他内心不安呢？

听　言[1]

原　文

听言不可不察，不察则善不善不分，善不善不分，乱莫大焉。三代分善不善，故王。今天下弥衰，圣王之道废绝。世主多盛其欢乐，大其钟鼓，侈其台榭苑囿[2]，以夺人财；轻用民死，以行其忿；老弱冻馁(něi)，夭瘠(jí)壮狡(jiǎo)，汔尽穷屈，加以死虏；攻无罪之国以索地，诛不辜之民以求利，而欲宗庙之

安也，社稷之不危也，不亦难乎？

今人曰："某氏多货，其室培湿，守狗死，其势可穴也。"则必非之矣。曰："某国饥，其城郭庳（bì）[3]，其守具寡，可袭而篡之。"则不非之，乃不知类矣。

《周书》曰："往者不可及，来者不可待，贤明其世，谓之天子。"故当今之世，有能分善不善者，其王不难矣。善不善本于义，不于爱，爱利之为道大矣。夫流于海者，行之旬月，见似人者而喜矣。及其期年也，见其所尝见物于中国者而喜矣。夫去人滋久，而思人滋深欤！乱世之民，其去圣王亦久矣。其愿见之，日夜无间，故贤王秀士之欲忧黔（qián）首者，不可不务也。

功先名，事先功，言先事。不知事，恶能听言？不知情，恶能当言？其与人鷇言也[4]，其有辩乎？其无辩乎？

造父始习于大豆，蜂门始习于甘蝇，御大豆，射甘蝇，而不徙人以为性者也。不徙之，所以致远追急也，所以除害禁暴也。凡人亦必有所习其心，然后能听说。不习其心，习之于学问。不学而能听说者，古今无有也。解在乎白圭之非惠子也，公孙龙之说燕昭王以偃兵及应空洛之遇也，孔穿之议公孙龙，翟翦之难惠子之法。此四士者之议皆多故矣，不可不独论。

注　释

①**听言**：说明不应当心里有疑虑而去听别人的话，否则只会悖乱。②**苑囿**：古代畜养动物供帝王玩乐的园林。③**城郭**：城墙。**庳**：低矮。④**鷇言**：初生小鸟的叫声。

译　文

听到话不可不考察，不考察，那么好和不好就不能分辨。好和不好不能分辨，祸乱没有比这更大的了。夏、商、周三代能分辨好和不好，所以能称王天下。如今世道更加衰微，圣王之道被废弃灭绝。当世的君主尽情寻欢作乐，把钟鼓等乐器造得很大，把台榭园林修得很豪华，因而耗费了人民的钱财，随随便便让人民去送命，来发泄自己的愤怒。年老体弱的人受冻挨饿，强壮有力的人被弄得夭折瘦弱，几乎都落到走投无路的地步，又把死亡和被俘的命运加在他们身上。攻打没有罪的国家以便掠取土地，杀死没有罪的人民以便夺取利益。这样做却想让宗庙平安，让国家不危险，不是很难吗？

假如有人说："某人有很多财物，他家房屋的后墙很潮湿，看家的狗死了，这是可以挖墙洞的好机会。"那么一定要责备这个人。如果说："某某国遇到荒年，它的城墙低矮，它的防守器具很少，可以偷袭并且夺取它。"对这样的人却不加以责备，这就是不知道类比了。

《周书》说："逝去的不可追回，未来的不可等待，能使世道贤明的，就叫作天子。"所以在今天的社会上，有能分辨好和不好的，他称王天下是不难的。好和不好的关键在于爱，在于利，爱和利作为原则来说是太大了。在海上漂泊的人，漂泊一个月，看到像人的东西就很高兴。等到漂行一年，看到曾在中原之国看到过的东西就很高兴。这就是离开人越久，想念人就越厉害吧！混乱社会的人民，离开圣王也已经很久了，他们希望见到圣王的心情，白天黑夜都不间断。所以那些想为百姓忧虑的贤明君主和杰出人士，不可不在这方面努力啊。

功绩先于名声，事情先于功绩，言论先于事情。不了解事情的实质，怎么能听信言论？不了解内情，怎么能使言论与事实相符？如果不能这样，那么人言与鸟音，怎么能分辨呢？

造父最初向大豆学习的时候，蜂门最初向甘蝇学习的时候，向大豆学习驭术，向甘蝇学习射术，专心不渝，以此作为自己的本质。专心不渝，这是他们所以能学到致远追急的驭术、除暴禁害的射术的原因。人也一定要修养自己的心性，然后才能正确听取别人的议论。不修养自己的心性，也要研习学问。不学习而能正确听取意见的，从古至今都没有。这个道理体现在白圭非难惠子、公孙龙为消除战争劝说燕昭王，以及应付秦赵的空洛盟约，孔穿非议公孙龙、翟翦责难惠子制定的法令等方面。这四个人的议论，都包含着充足的理由，不可不认真辨查清楚。

谨　听[1]

原　文

昔者禹一沐而三捉发，一食而三起，以礼有道之士，通乎己之不足也。通乎己之不足，则不与物争矣。愉(yú)易平静以待之[2]，使夫自得之。因然而然之，使夫自言之。亡国之主反此，乃自贤而少人，少人则说者持容而不极，听者自多而不得，虽有天下何益焉？是乃冥之昭，乱之定，毁之成，危之宁，故殷、周以亡，比干以死，悖而不足以举。

故人主之性，莫过乎所疑，而过于其所不疑；不过乎所不知，而过于其所以知。故虽不疑，虽已知，必察之以法，揆之以量，验之以数。若此则是非无所失，而举措无所过矣。

夫尧恶得贤天下而试舜[3]？舜恶得贤天下而试禹？断之于耳而已矣。耳之可以断也，反性命之情也。今夫惑者，非知反性命之情，其次非知观于五帝、三王之所以成也，则奚自知其世之不可也？奚自知其身之不逮也？太上知之，其次知其不知。不知则问，不能则学。《周箴(zhēn)》曰："夫自念斯学，

德未暮。"学贤问，三代之所以昌也。不知而自以为知，百祸之宗也。

名不徒立，功不自成，国不虚存，必有贤者。贤者之道，牟而难知，妙而难见。故见贤者而不耸，则不惕于心，不惕于心，则知之不深。不深知贤者之所言，不祥莫大焉。

主贤世治则贤者在上，主不肖世乱则贤者在下。今周室既灭，而天子已绝。乱莫大于无天子，无天子则强者胜弱，众者暴寡，以兵相残，不得休息，今之世当之矣。故当今之世，求有道之士则于四海之内、山谷之中、僻远幽闲之所，若此则幸于得之矣。得之则何欲而不得？何为而不成？太公钓于滋泉，遭纣之世也，故文王得之而王。文王，千乘也[④]；纣，天子也。天子失之而千乘得之，知之与不知也。诸众齐民，不待知而使，不待礼而令。若夫有道之士，必礼必知，然后其智能可尽。解在乎胜书之说周公，可谓能听矣；齐桓公之见小臣稷、魏文侯之见田子方也，皆可谓能礼士矣。

注　释

①**谨听**：谨于听言。②**愉易**：平和。③**恶**：哪里，怎么。④**千乘**：千驾兵车，代指王侯。

译　文

从前禹洗一次头要多次握住头发停下来，吃一顿饭要多次站起身来，以便依礼节对待有道之士，弄懂自己所不懂的东西。弄懂了自己所不懂的东西，就能不争外物了。贤主用欢悦平和的态度对待有道之士，使他们各得其所，一切都顺其自然，让他们尽情讲话。亡国之君却与此相反，他们看重自己，轻视别人。轻视别人，那么游说的人就矜持而不能尽情劝说了。听取意见的人只看重自己，因而就会一无所得。这样即使享有天下，又有什么益处呢？这实际上就是把昏暗当成光明，把混乱当成安定，把毁坏当成成功，把危险当成安宁。所以商周因此而被灭亡，比干因此而被处死，如此悖乱的事真是举不胜举。

所以君主的常情是，不会因为有所怀疑犯过错，反而会由于无所怀疑犯过错。不会因为有所不知犯过错，反而会由于有所知而犯过错。所以即使是不怀疑的，即使是已经知道的，也一定要用法令加以考察，用度量加以测定，用数术加以验证。这样去做了，那么是非就不会判断错误，举止就没有过错了。

尧怎样在天下选取贤人而任用了舜呢？舜怎样在天下选取贤人而任用了禹呢？只是根据耳朵的听闻做出决断罢了。凭耳朵可以决断，是由于复归人的本性的缘故。现在那些昏惑的人，不知道这是复归人的本性，其次是不知道观察五帝三王之所以成就帝业的原因，那又怎么知道自己的世道不好呢？自己怎么知道自身赶不上五帝三王呢？最上等的是无所

不知，次一等的是知道自己有所不知。不知就要问，不会就要学。《周箴》说：“只要自己对这些问题经常思考，修养道德就不算晚。”勤学好问，这是夏商周三代所以昌盛的原因。不知道却自以为知道，这是各种祸患的根源。

名誉不会平白无故地树立，功劳不会自然而然地获得，国家不会凭空存在，一定要有贤德之人才行。贤德之人的思想博大而难以知晓，精妙而难以了解。所以看到贤德之人而不恭敬，就不能动心。不能动心，那么了解得就不深刻。不能深刻地了解贤德之人所说的话，没有比这更不吉利的了。

●姜太公垂钓

君主贤明，世道太平，那么贤德之人就在上位，君主不贤明，世道混乱，那么贤德之人就在下位。现在周王室已经灭亡，天子已经断绝。没有什么混乱比没有天子更大的了。没有天子，那么势力强的就会压倒势力弱的，人多的就会危害人少的，用军队互相残杀，不得止息。现在的社会正是这样的情形。所以在当今社会，要寻求有道之人，就要到四海边、山谷中、偏远幽静的地方，这样或许还能找到这样的人。得到了这样的人，那么想要什么不能得到？想做什么不能成功？太公望在滋泉钓鱼，正逢纣当天子的时代，所以周文王得到了他因而能称王天下。文王是诸侯，纣是天子。天子失去了太公望，而诸侯却得到了他，这是了解与不了解造成的。那些平平常常的人，不用等了解他们就能役使，不用以礼相待就能使唤。至于有道之人，一定要以礼相待，一定要了解他们，然后他们的智慧才能充分发挥出来。这个道理体现在胜书游说周公的事情上，周公可以说是能听从劝说了，体现在齐桓公去见小臣稷、魏文侯去见田子方，他们都可以说是能礼贤下士的君主。

务　本[1]

原　文

尝试观上古记，三王之佐，其名无不荣者，其实无不安者，功大也。《诗》云：“有晻凄凄[2]，兴云祁祁，雨我公田，遂及我私。”三王之佐，皆能以公及其私矣。俗主之佐，其欲名实也，与三王之佐同，而其名无不辱者，其实无不危者，无公故也。皆患其身不贵于国也，而不患其主之不贵于天下也；皆

患其家之不富也，而不患其国之不大也，此所以欲荣而愈辱，欲安而益危。安危荣辱之本在于主，主之本在于宗庙，宗庙之本在于民，民之治乱在于有司。《易》曰："复自道，何其咎（jiù），吉。"以言本无异则动卒有喜。今处官则荒乱，临财则贪得，列近则持谏，将众则罢怯，以此厚望于主，岂不难哉？

今有人于此，修身会计则可耻，临财物资尽则为己，若此而富者，非盗则无所取。故荣富非自至也，缘功伐也。今功伐甚薄而所望厚，诬也；无功伐而求荣富，诈也，诈诬之道，君子不由。

人之议多曰："上用我，则国必无患。"用己者未必是也，而莫若其身自贤，而己犹有患，用己于国，恶得无患乎？己，所制也[3]，释其所制，而夺乎其所不制，悖，未得治国治官可也。若夫内事亲[4]，外交友，必可得也。苟事亲未孝，交友未笃，是所未得，恶能善之矣？故论人无以其所未得，而用其所已得，可以知其所未得矣。

古之事君者，必先服能然后任，必反情然后受。主虽过与，臣不徒取。《大雅》曰："上帝临汝，无贰（èr）尔心。"以言忠臣之行也。解在郑君之问被瞻（zhān）之义也，薄疑应卫嗣君以无重税，此二士者皆近知本矣。

注　释

①**务本**：致力于根本。劝人务实根本之道，君子专心致力于根本，根本确立，道义才能产生。②**晻**：此处指阴雨。**凄凄**：寒凉的样子。③**制**：制约。④**若夫**：至于。

译　文

试看上世古书，三王的辅臣声誉没有不荣耀的，地位没有不安稳的，这是由于他们功劳大的缘故。《诗经》说："阴雨绵绵天气凉，浓云滚滚布天上。好雨落在公田里，一并下在私田上。"三王的辅臣都能凭借有功于公家，从而获得自己的私利。平庸君主的辅臣，他们希望得到名誉地位的心情跟三王的辅臣是相同的，可是他们的名声没有不蒙受耻辱的，他们没有不陷入险境的，这是由于他们没有为公家立功的缘故。他们都忧虑自身不能在国内显贵，却不忧虑自己的君主不能在天下显贵，他们都忧虑自己的家族不能富足，却不忧虑自己的国家领土不能扩大。这就是他们希望得到荣耀反而更加蒙受耻辱，希望得到安定反而更加危险的原因。安危荣辱的根本在于君主，君主的根本在于宗庙，宗庙的根本在于人民，人民治理得好坏在于百官。《周易》说："按照正常的轨道返回，周而复始，有什么灾祸呢！是吉利的。"这是说只要根本没有变异，一举一动终究会有喜庆。如今世人居官就放纵悖乱，面对钱财就贪得无厌，官位得以接近君主就阿谀奉承，统率军队就软弱

怯懦，凭着这些想从君主那里满足奢望，岂不是很难吗？

假如有这样一个人，认为自己从事于会计理财是可耻的，面对钱财就要占为己有，像这样而富足的，除非偷盗，否则无法取得财富。因此荣华富贵是不会自动到来的，需要建立功绩来获得。如今世人功劳很少而期望得到的东西很多，这是欺骗。没有功劳而谋求荣华富贵，这是诈取。欺骗、诈取的方法，君子是不会采用的。

人们的议论大多说：“君主如果任用我，国家就必定没有祸患。”其实如果真的任用他，未必是这样。对于这些人来说，没什么比使自身贤明更重要的了。如果自己尚且有祸患，任用这样的人治理国家，怎么能没有祸患呢？自身是自己所能制约的，放弃自己力所能及的事，却去奋力于自己力所不及的事，这就叫悖谬。悖谬的人，不让他们治理国家、管理官吏是合宜的。至于在家侍奉父母，在外结交朋友，是一定可以做到的。如果侍奉父母不孝顺，结交朋友不诚挚，这些都未能做到，怎么能称赞他呢？所以评论人不要根据他未能做到的，而要根据他能做到的加以评论，这就可以知道他尚未能做到的事了。

古代侍奉君主的人，一定先贡献才能，然后才担任官职，一定先省察自己，然后才接受俸禄。君主即使多给俸禄，臣子也不会无功受禄的。《大雅》说：“上帝监视着你们，你们不要有二心。”这说的是忠臣的品行。这个道理体现在郑君问被瞻的主张，薄疑以不要加重赋税回答卫嗣君两件事上。被瞻、薄疑这两位士人，都接近于知道根本。

谕　大

原　文

昔舜欲旗[1]古今而不成，既足以成帝矣。禹欲帝而不成，既足以正殊俗矣。汤欲继禹而不成，既足以服四荒矣。武王欲及汤而不成，既足以王道矣。五伯欲继三王而不成，既足以为诸侯长矣。孔丘、墨翟欲行大道于世而不成，既足以成显名矣。夫大义之不成，既有成矣已。

《夏书》曰：“天子之德，广运乃神，乃武乃文。”故务在事，事在大。地大则有常祥、不庭、歧母、群抵、天翟、不周[2]，山大则有虎豹熊螇蛆(xī qū)，水大则有蛟龙鼋鼍鳣鲔(yuán tuó zhān wěi)。《商书》曰：“五世之庙，可以观怪；万夫之长，可以生谋。”空中之无泽陂也，井中之无大鱼也，新林之无长木也。凡谋物之成也，必由广大众多长久，信也。

季子曰：“燕雀争善处于一屋之下，子母相哺也，姁姁(xǔ xǔ)焉相乐也[3]，自以为安矣。灶突决，则火上焚栋，燕雀颜色不变，是何也？乃不知祸之将及己也。为人臣免于燕雀之智者寡矣。夫为人臣者，进其爵禄富贵，父子兄

弟相与比周于一国，妁妁焉相乐也，以危其社稷，其为灶突近也，而终不知也，其与燕雀之智不异矣。故曰：‘天下大乱，无有安国；一国尽乱，无有安家；一家尽乱，无有安身。’此之谓也。故小之定也必恃大，大之安也必恃小。小大贵贱，交相为恃，然后皆得其乐。”定贱小在于贵大，解在乎薄疑说卫嗣君以王术，杜赫说周昭文君以安天下，及匡章之难惠子以王齐王也。

注　释

①**旗**：动词，号令。②**常祥、不庭、岐母、群抵、天翟、不周**：都是高山的名称。③**妁妁焉**：喜悦自得的样子。

译　文

从前舜想要包罗古今，虽不能成功，却已经足以成就帝业了。禹想要成就帝业，虽不能成功，却已经足以使异方之俗得到匡正了。汤想要继承禹的事业，虽不能成功，却已经足以使四方荒远之地归服了。周武王想赶上汤的事业，虽不能成功，却已经足以在舟车所通、人迹所至之处称王了。五霸想要继承三王的事业，虽不能成功，却已经足以成为诸侯的盟主了。孔丘、墨翟想要在世间推行自己的政治主张，虽不能成功，却已经足以成就显赫的名声了。他们所追求的远大理想虽不能成功，却已经足以有所成就了。

《夏书》说：“天子的功德，广大深远，玄妙神奇，既勇武又文雅。”所以事业的成功在于做，做的关键在于目标远大。地大了，就有常祥、不庭、岐母、群抵、天翟、不周等高山，山大了，就有虎、豹、熊、猿猴等野兽。水大了，就有蛟龙、鼋、鼍、鳣、鲔等水族。《商书》说：“五代的祖庙，可以看到鬼怪。万人的首领，可以产生奇谋。”孔穴中没有池沼，水井中没有大鱼，新林中没有大树。凡是谋划事情取得成功的，必定是着眼于广大、众多、长久，这是确定无疑的。

季子说：“燕雀在一间房屋之下争夺好地方，母鸟哺育着幼鸟，都欢乐自得，自以为很安全了。灶的烟囱裂了，火冒了出来，向上烧着了屋梁，可是燕雀却安然自若，这是为什么呢？是不知道灾祸将要降临到自己身上啊。臣子能够避免有燕雀那样见识的人太少了。做臣子的，只顾增加他们的爵禄富贵，父子兄弟在一国之中结党营私，欢乐自得，以危害他们的国家。他们离灶上的烟囱很近，可是却始终不知道，他们和燕雀的见识没有什么不同了。所以说：‘天下大乱了，就没有安定的国家；整个国家都乱了，就没有安定的采邑；整个采邑都乱了，就没有平安的个人。’说的就是这种情况。所以小的获得安定必定要依赖大的，大的获得安定必定要依赖小的。小和大，贵和贱，彼此互相依赖，然后才能都得到安乐。”使贱、小获得安定在于贵、大。这个道理体现在薄疑用成就王业的方法劝说卫嗣君，杜赫用安定天下的方法劝说周昭文君，以及匡章责难惠子尊齐王为王这些事上。

孝行览第二

孝　行[1]

原文

凡为天下，治国家，必务本而后末。所谓本者，非耕耘种植之谓，务其人也。务其人，非贫而富之，寡而众之，务其本也。务本莫贵于孝。人主孝，则名章荣，下服听，天下誉；人臣孝，则事君忠，处官廉，临难死；士民孝，则耕芸疾，守战固，不罢北[2]。夫孝，三皇五帝之本务，而万事之纪也。

夫执一术而百善至、百邪去、天下从者，其惟孝也！故论人必先以所亲而后及所疏，必先以所重而后及所轻。今有人于此，行于亲重，而不简慢于轻疏，则是笃(dǔ)谨孝道，先王之所以治天下也。故爱其亲，不敢恶人，敬其亲，不敢慢人。爱敬尽于事亲，光耀加于百姓，究于四海，此天子之孝也。

曾子曰："身者，父母之遗体也。行父母之遗体，敢不敬乎？居处不庄，非孝也；事君不忠，非孝也；莅(lì)官不敬[3]，非孝也；朋友不笃，非孝也；战陈无勇，非孝也。五行不遂，灾及乎亲，敢不敬乎？"《商书》曰："刑三百，罪莫重于不孝。"

曾子曰："先王之所以治天下者五：贵德、贵贵、贵老、敬长、慈幼。此五者，先王之所以定天下也。所谓贵德，为其近于圣也；所谓贵贵，为其近于君也；所谓贵老，为其近于亲也；所谓敬长，为其近于兄也；所谓慈幼，为其近于弟也。"

曾子曰："父母生之，子弗敢杀；父母置之，子弗敢废；父母全之，子弗敢阙。故舟而不游，道而不径[4]，能全支体[5]，以守宗庙，可谓孝矣。"

养有五道：修宫室，安床第，节饮食，养体之道也；树五色，施五采，列文章，养目之道也；正六律，和五声，杂八音，养耳之道也；熟五谷，烹六

畜，和煎调，养口之道也；和颜色，说言语，敬进退，养志之道也。此五者，代进而厚用之，可谓善养矣。

乐正子春下堂而伤足，瘳（chōu）而数月不出，犹有忧色[6]。门人问之曰："夫子下堂而伤足，瘳而数月不出，犹有忧色，敢问其故？"乐正子春曰："善乎而问之！吾闻之曾子，曾子闻之仲尼，父母全而生之，子全而归之，不亏其身[7]，不损其形，可谓孝矣。君子无行咫（zhǐ）步而忘之。余忘孝道，是以忧。"故曰：身者非其私有也，严亲之遗躬也。

民之本教曰孝，其行孝曰养。养可能也，敬为难；敬可能也，安为难；安可能也，卒为难。父母既没，敬行其身，无遗父母恶名，可谓能终矣。仁者，仁此者也；礼者，履此者也；义者，宜此者也；信者，信此者也；强者，强此者也。乐自顺此生也，刑自逆此作也。

注　释

①**孝行**：实行孝道。本篇认为治理天下必须要以孝道为本，是儒家学说。②**罢**：通"疲"，困乏。**北**：败北。③**莅官**：居官。④**道**：行道。**径**：小路，这里是动词，走小路。⑤**支**：通"肢"。⑥**瘳**：病愈。⑦**亏**：亏损，指身体有残疾或患病。

译　文

凡是统治天下，治理国家，必先致力于根本，而把非根本的东西放在后边。所谓根本，不是说耕耘种植，而是致力于人事。致力于人事，不是人民贫困而去让人民富足，人口稀少而让人口变得众多，而是致力于根本。致力于根本，没有比孝道更重要的了。君主做到孝，那么名声就卓著荣耀，下面的人就服从，天下的人就会赞誉；臣子做到孝，那么侍奉君主就忠诚，居官就清廉，面临灾难就能献身；士人百姓做到孝，那么耕耘就用力，攻必克，守必固，不疲困，不败逃。孝道，是三皇五帝的根本，是各种事情的纲纪。

掌握了一种原则因而所有的好事都会出现，所有的坏事都会离开，天下都会顺从，大概只有孝道吧！所以评论人一定先根据他对亲人的态度，然后再推及他对一般人的态度；一定先依据他对关系重要之人的态度，然后再推及他对关系疏远之人的态度。假如有这样一个人，对跟他关系亲近重要的人行孝道，而对跟他关系轻微疏远的人也不怠慢，那么这就是谨慎笃厚于孝道了，这就是先王用来治理天下的方法。所以热爱自己的亲人，不敢厌恶别人，尊敬自己的亲人，不敢怠慢别人。把热爱尊敬全都用在侍奉亲人上，把光明施加在百姓身上，推广到普天之下，这些就是天子的孝道啊！

曾子说："人的身体是父母所生，使用父母给予的身体，怎敢不小心谨慎呢？平时不恭

敬，不是孝顺；侍奉君主不忠诚，不是孝顺；居官不谨慎，不是孝顺；交友不诚实，不是孝顺；临战不勇敢，不是孝顺。上面五种情况不能做到，灾祸就会连累到亲人，怎敢不小心谨慎呢？”《商书》说：“刑法三百条，罪过没有比不孝顺更重的了。”

曾子说：“先王用来治理天下的方法有五条：崇尚道德，崇尚尊贵，尊敬老人，尊敬年长的，爱护年幼的。这五条，就是先王用来使天下安定的方法。所以崇尚道德，是因为它接近于圣贤；所以崇尚尊贵，是因为它接近于君主；所以尊敬老人，是因为他接近于父母；所以尊敬年长的人，是因为他接近于兄长；所以爱护年幼的，是因为他接近于弟弟。”

曾子说：“父母生下了自身，儿子不敢毁坏；父母养育了自身，儿子不敢废弃；父母保全了自身，儿子不敢损伤。所以渡水时乘船而不泅渡，走路时走大路而不走小路。能保全四肢身体，以便守住祖庙，可以称为孝顺了。”

养身之道有五条：整修房屋，使卧具安适，节制饮食，这是保养身体的方法；树立五色，设置五彩，排列花纹，这是保养眼睛的方法；使六律准确，使五声和谐，使八音协调，这是保养耳朵的方法；把饭做熟，把肉煮熟，调和味道，这是保养嘴的方法；面色和悦，言语动听，举止恭敬，这是保养意志的方法。这五条，依次更替实行，就可以叫作善于保养身体了。

乐正子春下堂时伤了脚，脚好了可是几个月都不出门，脸上仍然有忧愁的神色。学生们问他说：“先生您下堂时伤了脚，脚好了可是几个月都不出门，脸上仍然有忧愁的神色，请问这是什么缘故呢？”乐正子春说：“你们问这个问得真好啊，我从曾子那里听说过，曾子又从孔子那里听说过这样的话，父母完好地把儿子生下来，儿子要完好地把身体归还父母，不亏损自己的身子，不毁坏自己的形体，这可以称为孝顺了。君子一举一动都不忘记孝道。我忘记了孝道，因此才忧愁。”所以说：身体不是自己私有的，而是父母亲留给你的。

人民根本的教养是孝顺，行孝道是奉养。奉养父母是可以做到的，对父母恭敬是难以做到的，对父母恭敬是可以做到的，使父母舒适是难以做到的，使父母舒适是可以做到的，能始终如一是难以做到的。父母死了以后，自己行为谨慎，不要带给父母坏名声，可以称为能善始善终了。所谓仁，就是以孝道为仁；所谓礼，就是实行孝道；所谓义，就是以孝道为宜；所谓信，就是以孝道为信；所谓强，就是以孝道为强。欢乐自然会由于实行孝道而产生，刑罚自然会由于违背孝道而施行。

本　味[①]

原　文

求之其本，经旬必得；求之其末，劳而无功。功名之立，由事之本也，得贤之化也。非贤其孰知乎事化？故曰其本在得贤。

有侁(shēn)氏女子采桑，得婴儿于空桑之中，献之其君。其君令烰人养之[②]，

察其所以然。曰："其母居伊水之上，孕，梦有神告之曰：'臼出水而东走，毋顾！'明日，视臼出水，告其邻，东走十里而顾，其邑尽为水，身因化为空桑。"故命之曰伊尹。此伊尹生空桑之故也。长而贤，汤闻伊尹，使人请之有侁氏，有侁氏不可。伊尹亦欲归汤，汤于是请取妇为婚。有侁氏喜，以伊尹媵（yìng）女[3]。故贤主之求有道之士无不以也，有道之士求贤主无不行也。相得然后乐，不谋而亲，不约而信，相为殚智竭力，犯危行苦，志欢乐之。此功名所以大成也。固不独，士有孤而自恃，人主有奋而好独者，则名号必废熄，社稷必危殆。故黄帝立四面，尧、舜得伯阳、续耳然后成，凡贤人之德，有以知之也。

伯牙鼓琴，钟子期听之。方鼓琴而志在太山，钟子期曰："善哉乎鼓琴！巍巍乎若太山。"少选之间[4]，而志在流水，钟子期又曰："善哉乎鼓琴！汤汤乎若流水。"钟子期死，伯牙破琴绝弦，终身不复鼓琴，以为世无足复为鼓琴者。非独琴若此也，贤者亦然。虽有贤者，而无礼以接之，贤奚由尽忠？犹御之不善，骥不自千里也。

汤得伊尹，祓之于庙[5]，爝（jué）以爟（guàn）火[6]，衅以牺猳。明日，设朝而见之。说汤以至味，汤曰："可对而为乎？"对曰："君之国小，不足以具之，为天子然后可具。夫三群之虫，水居者腥，肉玃者臊，草食者膻。臭恶犹美，皆有所以。凡味之本，水最为始。五味三材，九沸九变，火为之纪。时疾时徐，灭腥去臊除膻，必以其胜，无失其理。调和之事，必以甘酸苦辛咸，先后多少，其齐甚微，皆有自起。鼎中之变，精妙微纤，口弗能言，志弗能喻，若射御之微，阴阳之化，四时之数。故久而不弊，熟而不烂，甘而不哝（nóng），酸而不酷，咸而不减，辛而不烈，澹而不薄，肥而不𦠆。肉之美者，猩猩之唇，獾獾之炙，隽燕之翠，述荡之腕，旄象之约，流沙之西，丹山之南，有凤之丸，沃民所食。鱼之美者，洞庭之鱄，东海之鲕，醴（lǐ）水之鱼，名曰朱鳖，六足、有珠百碧。藿水之鱼，名曰鳐，其状若鲤而有翼，常从西海夜飞，游于东海。菜之美者，昆仑之蘋，寿木之华，指姑之东，中容之国，有赤木玄木之叶焉。余瞀之南，南极之崖，有菜，其名曰嘉树，其色若碧。阳华之芸，云梦之芹，具

区之菁，浸渊之草，名曰土英。和之美者，阳朴之姜，招摇之桂，越骆之菌，鳣鲔(wěi)之醢(hǎi)，大夏之盐，宰揭之露，其色如玉，长泽之卵。饭之美者，玄山之禾，不周之粟，阳山之穄(jì)，南海之秬(jù)。水之美者，三危之露，昆仑之井，沮江之丘，名曰摇水，曰山之水，高泉之山，其上有涌泉焉，冀州之原。果之美者，沙棠之实，常山之北，投渊之上，有百果焉，群帝所食，箕山之东，青鸟之所，有甘栌焉，江浦之橘，云梦之柚，汉上石耳。所以致之，马之美者，青龙之匹，遗风之乘。非先为天子，不可得而具。天子不可强为，必先知道。道者止彼在己，己成而天子成，天子成则至味具。故审近所以知远也，成己所以成人也，圣人之道要矣，岂越越多业哉！”

注　释

①本味：想要得到美味，必须求其根本，本篇是借滋味来说君王的治国方法。**②烰人：**厨师。**③媵：**陪嫁的臣仆。**④少选之间：**很短的时间。**⑤祓：**古代为除灾祛邪而举行的祭礼。**⑥爝：**烧苇以祛除不祥。**爟火：**古代祭祀所用的火炬。

译　文

做事情从根本做起，经过短时间必定有收获，从枝节做起，就会劳而无功。功名的建立，是由于抓住了事物的根本，得到了贤人的教化。不是贤人谁懂得事情的教化呢？所以说建立功名的根本在于得到贤人。

有侁氏的女子采摘桑叶，在中空的桑树里捡到一个婴儿，把他献给了自己的君主。君主命厨师哺育这个婴儿，并让他去了解这是怎么回事儿。厨师向君主报告说：“婴儿的母亲住在伊水边，怀了孕，梦见天神告诉她说：‘臼里如果出水就向东跑，不要回头看。’第二天，她看到臼里出了水，就把情况告诉了她的邻居，向东跑了十里，回头一看，她的村子已是一片汪洋，她的身体变成了一棵中空的桑树。”人们因此给这个婴儿起名叫伊尹，这就是伊尹出生在空桑之中的缘由。伊尹长大了很贤德，商汤听说伊尹贤德，就派人向有侁氏请求让伊尹前往自己这里，有侁氏不答应。伊尹也想归附汤，汤于是就请求娶有侁氏之女为妻，结为婚姻关系。有侁氏很高兴，就把伊尹作为女子陪嫁的奴仆给了汤。所以贤明的君主为求得有道之士，没有什么办法不可使用。有道之士为求得贤明的君主，没有什么事不能做。贤明的君主和有道之士各如其愿，然后彼此都很快乐。他们事先不谋划就能亲密无间，不约定就能恪守信用，共同尽心竭力，承担危难和劳苦，内心却以此为乐。这就是功名取得极大成就的原因。贤明的君主、有道之士本来不会孤独，士如果孤独傲慢而自恃，君主如果骄傲而且喜好孤独，那么名声必定被毁灭，国家必定遇到危险。所以黄帝派人去四方寻求贤人作为辅佐，尧、舜得到伯阳、续耳，然后成就了帝业。凡是贤德之人

的品德，是有办法了解的。

伯牙弹琴，钟子期听琴。伯乐刚弹，钟子期就听出来伯牙攀登高山的志向，钟子期说："琴弹得太好了，就像高山一样巍峨。"过了一会儿，琴声表现出随流水奔流的志向，钟子期又说："琴弹得太好了，就像流水一样激荡。"钟子期死后，伯牙摔坏了琴，割断弦，终身不再弹琴，认为世上再没有值得为之弹琴的人。不仅弹琴是这样，寻求贤德的人也是这样。即便是有贤德的人，如果不以礼相待，贤德的人怎样尽忠呢？这就如同驭手不好，良马也不能跟随他跑千里之远。

汤得到伊尹之后，在宗庙里举行祓除灾邪的仪式，点燃苇消除不祥，用纯色雄猪的血涂祭器。第二天上朝，汤以礼接见伊尹。伊尹为汤讲述美味，汤说："可以得到并制作这些美味吗？"伊尹回答："您的国家小，不足以具备这些东西，当了天子，然后才可具备。三类动物，生活在水里的腥，吃肉的臊，吃草的膻。气味不好的仍然可以使之变好，这些都各有它们内在的原因。调和味道的根本，首先在于用水。五种味道，三样材料，多次煮沸，多次变化，火是关键。火时而炽热，时而微弱，一定要用火除去腥味、臊味、膻味，但火候要适中。调和味道，必定要用甜酸苦辣咸。先放后放，放多放少，调料的剂量很小，这些都有一定的规定。鼎中味道的变化，精妙微细，既不能言传，又不能意会，就如同射技、御技的精微、阴阳二气的交合、四季的变化一样。所以时间长，但不毁坏；做得熟，但不超过火候；甜，但不过度；酸，但不过分；咸，但不减损原味；辣，但不浓烈；清淡，但不过薄；肥，但不腻。肉中的美味，有猩猩的嘴唇，貛的脚掌，隽燕的尾肉，述荡的脚腕，旄牛、大象的短尾，以及流沙西边、丹山南边出产的沃国人所食用的凤凰卵。鱼中的美味，有洞庭湖的鳟鱼，东海的鲕鱼，醴水中长着六只脚、能吐珠子、青翠色的名叫朱鳖的鱼，藿水中形状像鲤鱼可是却有翅膀，经常夜里从西海飞到东海的名叫鳐的鱼。菜中的美味，有昆仑山的茹菜，寿木的花果，指姑东边、中容国里的红树黑树的树叶，余瞀南边、南极边上颜色像碧玉一样的名叫嘉树的菜，阳华池的芸菜，云梦泽的水芹，具区泽的菁菜，浸渊的名叫土英的草。调料中的美味，有阳朴的姜，招摇的桂，越骆的笋，鳣鲔鱼做的肉酱，大夏的盐，宰揭的洁白如玉的露，大泽的鸟卵。粮食中的美味，有玄山的禾谷，不周山的小米，阳山的穄子，南海的黑黍。水中的美味，有三危山的露水，昆仑山的泉水，沮江的山丘上名叫摇水的泉水，曰山的水，高泉山上作为冀州之水源头的涌泉。水果中的美味，有沙棠树的果实，常山北边、投渊上面先帝们享用的各种果实，箕山东边、青鸟居住之处的甜山楂，长江边的橘子，云梦畔的柚子，汉水旁的石耳。运来这些水果，要用青龙马和遗风马。不先当天子，就不可能拥有这些美味。天子不可以勉强去当，必须先懂得仁义之道，仁义之道不在别人，而在于自己。自己具备了仁义之道，就能成为天子。能成为天子，那么美味就齐备了。所以审察近的就可以了解远的，自己具备了仁义之道就可以教化别人。圣人的办法很简约，哪里用得着费力去做许多事情呢？"

首　时

原　文

圣人之于事，似缓而急，似迟而速，以待时。王季历困而死，文王苦之，有不忘羑里之丑，时未可也。武王事之，夙夜不懈，亦不忘王门之辱，立十二年，而成甲子之事。时固不易得。太公望，东夷之士也，欲定一世而无其主，闻文王贤，故钓于渭以观之。

伍子胥欲见吴王而不得，客有言之于王子光者，见之而恶其貌，不听其说而辞之。客请之王子光，王子光曰："其貌适吾所甚恶也。"客以闻伍子胥，伍子胥曰："此易故也。愿令王子居于堂上，重帷而见其衣若手，请因说之。"王子许。伍子胥说之半，王子光举帷，搏其手而与之坐。说毕，王子光大说[①]。伍子胥以为有吴国者必王子光也，退而耕于野七年。王子光代吴王僚为王，任子胥。子胥乃修法制，下贤良，选练士，习战斗，六年，然后大胜楚于柏举。九战九胜，追北千里。昭王出奔随，遂有郢，亲射王宫，鞭荆平之坟三百。乡之耕，非忘其父之仇也，待时也。

墨者有田鸠，欲见秦惠王，留秦三年而弗得见。客有言之于楚王者，往见楚王。楚王说之，与将军之节以如秦。至，因见惠王。告人曰："之秦之道，乃之楚乎？"固有近之而远、远之而近者，时亦然。有汤武之贤，而无桀纣之时，不成；有桀纣之时，而无汤武之贤，亦不成。圣人之见时，若步之与影不可离。故有道之士未遇时，隐匿分窜，勤以待时。时至，有从布衣而为天子者，有从千乘而得天下者，有从卑贱而佐三王者，有从匹夫而报万乘者，故圣人之所贵唯时也。水冻方固，后稷不种，后稷之种必待春，故人虽智而不遇时无功。方叶之茂美，终日采之而不知，秋霜既下，众林皆羸(léi)。事之难易，不在小大，务在知时。郑子阳之难，猘(zhì)狗溃之[②]；齐高国之难，失牛溃之，众因之以杀子阳、高国。当其时，狗牛犹可以为人唱，而况乎以人为唱乎？

饥马盈厩(jiù)，嗼然[③]，未见刍也[④]；饥狗盈窖[⑤]，嗼然，未见骨也。见骨与

刍，动不可禁。乱世之民，嘿然，未见贤者也，见贤人则往不可止。往者，非其形，心之谓乎？齐以东帝困于天下，而鲁取徐州；邯郸以寿陵困于万民，而卫取茧氏。以鲁卫之细，而皆得志于大国，遇其时也。故贤主秀士之欲忧黔首者，乱世当之矣。天不再与，时不久留，能不两工，事在当之。

注　释

①说：同“悦”。**②狾狗**：疯狗。**溃**：乱。**③嘿然**：安静的样子。**④刍**：喂牲畜的草。**⑤窖**：本指地窖，这里指狗洞。

译　文

圣人做事情，好像很迟缓，无所作为，而实际却很迅速，能够成功，这是为了等待时机。王季历为国事辛劳而死，周文王很痛苦，同时又不忘被拘禁在羑里的耻辱，他所以没有讨伐纣，是因为时机尚未成熟。武王臣事商纣，从早到晚都不敢懈怠，也不忘文王被骂于王门的耻辱。武王继位十二年，终于在甲子日大败殷军。时机本来就不易得到。太公望是东夷人，他想平定天下，可是没有贤明的君主。他听说文王贤明，所以到渭水边钓鱼，以便观察文王的品德。

伍子胥想见吴王僚，但没能见到。有个门客对王子光讲了伍子胥的情况，王子光见到伍子胥却讨厌他的相貌，不听他讲话就谢绝了他。门客问王子光为什么这样，王子光说：“他的相貌正是我特别讨厌的。”门客把这话告诉了伍子胥，伍子胥说：“这是容易的事情。希望让王子光坐在堂上，我在两层帷幕里只露出衣服和手来，请让我借此同他谈话。”王子光答应了。伍子胥谈话谈了一半，王子光就掀起帷幕，握住他的手，然后跟他一起坐下。伍子胥说完了，王子光非常高兴。伍子胥认为享有吴国的，必定是王子光，回去以后就在乡间耕作。过了七年，王子光取代吴王僚当了吴王，他任用伍子胥。伍子胥于是整顿法度，举用贤良，挑选精兵，演习战事。过了六年，然后在柏举大败楚国，九战九胜，追赶楚国的败军千余里。楚昭王逃到随，吴军于是占领了郢都。伍子胥亲自箭射楚王宫，鞭打楚平王之墓三百下，以报杀父、杀兄之仇。他先前耕作，并不是忘记了杀父之仇，而是在等待时机。

墨家有个叫田鸠的，想见秦惠王，在秦国待了三年但没能见到。有个门客把这情况告诉了楚王，田鸠去见楚王。楚王很喜欢他，给了他将军的符节让他到秦国去。他到了秦国，才见到了惠王。他告诉别人说：“到秦国来见惠王的途径，竟然是要先到楚国去啊！”事情本来就有离得近反而被疏远、离得远反而能接近的。时机也是这样。有商汤、武王这样的贤德，而没有桀、纣无道那样的时机，就不能成就王业，有桀、纣无道那样的时机，而没有商汤、武王那样的贤德，也不能成就王业。圣人与时机的关系，就像步行时影与身不可分离一样。所以有道之士没有遇到时机的时候，就到别处隐匿藏伏起来，甘受劳苦，等待时机。时机

一到，有的原本是平民却成为天子，有的原本是诸侯而得到天下，有的从卑贱的地位被提拔到辅佐三王，有的从普通百姓进而能向万乘之主复仇。所以圣人所看重的只是时机。水冻得正坚固时，后稷不去耕种，后稷耕种，一定要等待春天到来。所以人即使有智慧，但如果遇不到时机，也不能建立功业。正当树叶长得繁茂的时候，整天采摘，也采不光，等到秋霜降下以后，所有树林里，树叶都落下来了。事情的难易，不在于大小，关键在于掌握时机。郑国的子阳遇难，正发生在追逐疯狗的混乱时候；齐国的高氏、国氏遇难，正发生在追赶逃窜之牛的时候。众人乘着混乱杀死了子阳和高氏、国氏。遇上合适的时机，狗和牛尚且可以作为人们发难的先导，更何况以人为先导呢？

饥饿的马占满了马棚，默然无声，是因为它们没有见到草；饥饿的狗占满了狗窝，默然无声，是因为它们没有见到骨头。如果见到骨头和草，那么它们就会争抢，无法制止。混乱世道的人民，默然无声，是因为他们没有见到贤人。如果见到贤人，他们就会去归附，不能制止。他们去归附贤人，难道不是身心都归附吗？齐湣王因为僭称东帝而被天下诸侯弄得困窘不堪，因而被鲁国夺取了徐州；赵肃侯因修建陵寝扰民，人民都不亲附他，因而被卫国夺取了茧氏。凭着鲁国、卫国那样的小国，却都能从大国那里占到便宜，是因为遇到了恰当的时机。所以贤明的君主和杰出的人士想为百姓忧虑的，遇到混乱的世道，正是合适的时机。上天不会给人两次机会，时机不会长期停留，人的才能不会在做事时两方面都同时达到精巧，事情成功的关键在于恰逢其时。

义　赏[1]

原　文

春气至则草木产，秋气至则草木落。产与落，或使之，非自然也。故使之者至，物无不为；使之者不至，物无可为。古之人审其所以使，故物莫不为用。赏罚之柄，此上之所以使也。其所以加者义，则忠信亲爱之道彰。久彰而愈长，民之安之若性，此之谓教成。教成，则虽有厚赏严威弗能禁。故善教者，不以赏罚而教成，教成而赏罚弗能禁。用赏罚不当亦然。奸伪贼乱贪戾之道兴，久兴而不息，民之仇之若性，戎、夷、胡、貉、巴、越之民是以，虽有厚赏严罚弗能禁。郢人之以两版垣也[2]，吴起变之而见恶，赏罚易而民安乐。氐羌之民，其虏也，不忧其系累[3]，而忧其死不焚也，皆成乎邪也。故赏罚之所加，不可不慎，且成而贼民。

昔晋文公将与楚人战于城濮，召咎犯而问曰："楚众我寡，奈何而可？"咎犯对曰："臣闻繁礼之君，不足于文；繁战之君，不足于诈，君亦诈之而

已。"文公以咎犯言告雍季，雍季曰："竭泽而渔，岂不获得？而明年无鱼。焚薮而田[4]，岂不获得？而明年无兽。诈伪之道，虽今偷可，后将无复，非长术也。"文公用咎犯之言，而败楚人于城濮。反而为赏，雍季在上。左右谏曰："城濮之功，咎犯之谋也。君用其言而赏后其身，或者不可乎！"文公曰："雍季之言，百世之利也；咎犯之言，一时之务也。焉有以一时之务先百世之利者乎？"孔子闻之，曰："临难用诈，足以却敌；反而尊贤，足以报德。文公虽不终始，足以霸矣。"赏重则民移之，民移之则成焉。成乎诈，其成毁，其胜败。天下胜者众矣，而霸者乃五，文公处其一，知胜之所成也。胜而不知胜之所成，与无胜同，秦胜于戎而败乎殽，楚胜于诸夏而败乎柏举。武王得之矣，故一胜而王天下。众诈盈国，不可以为安，患非独外也。

赵襄子出围，赏有功者五人，高赦为首。张孟谈曰："晋阳之中，赦无大功，赏而为首，何也？"襄子曰："寡人之国危，社稷殆，身在忧约之中，与寡人交而不失君臣之礼者惟赦，吾是以先之。"仲尼闻之，曰："襄子可谓善赏矣，赏一人而天下之为人臣莫敢失礼。"为六军则不可易，北取代，东迫齐，令张孟谈逾城潜行，与魏桓、韩康期而击智伯，断其头以为觞，遂定三家，岂非用赏罚当邪？

注　释

①**义赏**：赏罚应当合乎道义。②**两版**：用两板夹土。**垣**：墙，这里是动词，筑墙。③**系累**：被囚禁捆绑。④**薮**：水浅草盛的泽地。

译　文

春气到来草木就生长，秋气到来草木就凋零。生长与凋零，是节气支配的，不是它们自然而然会这样的。所以支配者一出现，万物没有不随之变化的，支配者不出现，万物没有可以发生变化的。古人能够审察支配者的情况，所以万物没有不能被古人利用的。赏罚的权力，这是由君主所掌握的。施加赏罚符合道义，那么忠诚守信、相亲相爱的原则就会彰明。彰明长久且日益增加，人们就像出于本性一样信守它，这就叫作教化成功。教化成功了，那么即使有厚赏严刑也不能禁止人们去实行教化。所以善于进行教化的人，根据道义施行赏罚，因而教化能够成功。教化成功了，即使施行赏罚也不能禁止人们去实行教化。施行赏罚不恰当也是这样。奸诈虚伪、贼乱贪暴的兴起，长期兴起且不能平息，人们就像出于本性一样照此去做，这就跟戎、夷、胡、貉、巴、越等族的人一样了，即使有厚赏严

刑也不能禁止人们这样做。郢人版筑土墙，吴起改变了这种方法因而遭到怨恨。氐族、羌族的人，他们在被俘虏以后，不担心被捆绑，却担心死后不能被焚烧，这些都是由于邪恶造成的。所以施加赏罚，不可不慎重啊，再说邪恶形成了，就会对人民有损害。。

从前晋文公要跟楚国人在城濮作战，找来咎犯问道："楚国兵多，我国兵少，怎样做才可以取胜？"咎犯回答："我听说礼仪繁杂的君主，对于礼仪的盛大从不感到满足，作战频繁的君主，对于诡诈之术从不感到满足。您也对楚国实行诈术就行了。"文公把咎犯的话告诉了雍季，雍季说："把池塘弄干了来捕鱼，怎能不获得鱼？可是第二年就没有鱼了。把沼泽地周围的草木烧光了来打猎，怎能不获得野兽？可是第二年就没有野兽了。欺骗的方法，虽说现在可以苟且得利，以后就不能再得利了，这不是长久之计。"文公采纳了咎犯的意见，因而在城濮打败了楚国人。回国以后行赏，雍季居首位。文公身边的人劝谏："城濮之战的胜利，是由于采用了咎犯的谋略。您采纳了他的意见，可是行赏却把他放在后边，这或许不好吧！"文公说："雍季的话，对百世有利，咎犯的话，只是顾及一时。哪有把只顾及一时的计策放在对百世有利的计策前面的道理呢？"孔子听到这件事，说："遇到危难用诈术，足以打败敌人；回国以后尊崇贤人，足以报答恩德。文公虽然不能坚持到底，却足以成就霸业了。"赏赐重，人民就羡慕，人民羡慕就能成功。靠诈术成功，即便成功了，最终也必定毁坏信誉，即便胜利了，最终也必定失败。普天下取得过胜利的人很多，可是成就霸业的才五个，文公作为其中的一个，知道胜利是如何取得的。取得了胜利如果不知这胜利是如何取得的，那就跟没有取得胜利是一样的。秦国战胜了戎狄，但在殽打了败仗。楚国战胜了中原国家，但在柏举打了败仗。周武王懂得这个道理，所以打了一次胜仗就称王天下了。各种诈术充满国家，不可能安定，祸患不只是来自国外。

赵襄子从晋阳的围困中脱身出来后，赏赐五个有功劳的人，高赦为首。张孟谈说："晋阳之事，高赦没有大功，赏赐时却以他为首，这是为什么呢？"襄子说："我的国家社稷遇到危险，自身也陷于困境之中，跟我交往而不失君臣之礼的，只有高赦，我因此把他放在最前边。"孔子听到这件事，说："襄子可以说是善于赏赐了。赏赐了一个人，天下那些当臣子的就没人敢失礼。"赵襄子用这种办法治理军队，军队就不敢轻慢。向北灭掉代国，向东威逼齐国，让张孟谈越出城墙暗中去跟魏桓子、韩康子约定日期共同攻打智伯，胜利以后砍下智伯的头作为酒器，终于奠定了三家分晋的局面，难道不是由于施行赏罚得当吗？

长　攻

原　文

凡治乱存亡，安危强弱，必有其遇，然后可成，各一则不设。故桀纣虽不肖，其亡遇汤武也。遇汤武，天也，非桀纣之不肖也；汤武虽贤，其王遇桀、纣也。遇桀、纣，天也，非汤武之贤也。若桀、纣不遇汤、武，未必亡也；

桀、纣不亡，虽不肖，辱未至于此。若使汤、武不遇桀、纣，未必王也；汤武不王，虽贤，显未至于此。故人主有大功，不闻不肖，亡国之主不闻贤。譬之若良农，辨土地之宜，谨耕耨之事[①]，未必收也。然而收者，必此人也。始在于遇时雨，遇时雨，天地也，非良农所能为也。

越国大饥，王恐，召范蠡而谋。范蠡曰："王何患焉？今之饥，此越之福，而吴之祸也。夫吴国甚富，而财有余，其王年少，智寡才轻，好须臾之名，不思后患。王若重币卑辞以请籴于吴[②]，则食可得也。食得，其卒越必有吴，而王何患焉？"越王曰："善！"乃使人请食于吴。吴王将与之，伍子胥进谏曰："不可与也！夫吴之与越，接土邻境，道易人通，仇雠敌战之国也，非吴丧越，越必丧吴。若燕秦齐晋，山处陆居，岂能逾五湖九江、越十七厄以有吴哉？故曰非吴丧越，越必丧吴。今将输之粟，与之食，是长吾雠而养吾仇也。财匮而民恐，悔无及也。不若勿与而攻之，固其数也，此昔吾先王之所以霸。且夫饥，代事也，犹渊之与阪，谁国无有？"吴王曰："不然。吾闻之，义兵不攻服，仁者食饥饿。今服而攻之，非义兵也；饥而不食，非仁体也。不仁不义，虽得十越，吾不为也。"遂与之食。不出三年，而吴亦饥，使人请食于越，越王弗与，乃攻之，夫差为禽。

楚王欲取息与蔡，乃先佯善蔡侯，而与之谋曰："吾欲得息，奈何？"蔡侯曰："息夫人，吾妻之姨也[③]。吾请为飨息侯与其妻者，而与王俱，因而袭之。"楚王曰："诺。"于是与蔡侯以飨礼入于息，因与俱，遂取息。旋，舍于蔡，又取蔡。

赵简子病，召太子而告之曰："我死，已葬，服衰而上夏屋之山以望[④]。"太子敬诺。简子死，已葬，服衰，召大臣而告之曰："愿登夏屋以望。"大臣皆谏曰："登夏屋以望，是游也。服衰以游，不可。"襄子曰："此先君之命也，寡人弗敢废。"群臣敬诺。襄子上于夏屋，以望代俗，其乐甚美。于是襄子曰："先君必以此教之也。"及归，虑所以取代，乃先善之。代君好色，请以其弟姊妻之，代君许诺。弟姊已往，所以善代者乃万故。马郡宜马，代君以善马奉襄子，襄子谒于代君而请觞之，马郡尽，先令舞者置兵其羽中数

百人，先具大金斗。代君至，酒酣，反斗而击之，一成，脑涂地。舞者操兵以斗，尽杀其从者。因以代君之车迎其妻，其妻遥闻之状，磨笄以自刺⑤。故赵氏至今有刺笄之证，与“反斗”之号。

此三君者，其有所自而得之，不备遵理，然而后世称之，有功故也。有功于此，而无其失，虽王可也。

注　释

①**谨**：通“勤”。②**籴**：买米。③**妻之姨**：妻子的妹妹。④**服**：穿。**衰**：丧服。⑤**笄**：簪子。

译　文

治和乱，存和亡，安和危，强和弱，一定要彼此相遇，然后才能实现。如果彼此相同，就不可能实现。所以桀、纣虽然不贤，但之所以被灭亡是因为遇上了商汤、武王。遇上商汤、武王，这是天意，不是因为桀、纣不贤。商汤、武王虽然贤德，但之所以能成就王业是因为遇上了桀、纣。遇上桀、纣，这是天意，不是因为商汤、武王贤德。如果桀、纣不遇上商汤、武王，未必会灭亡。桀、纣如果不灭亡，即使不贤，耻辱也不至于到亡国的地步。假使商汤、武王不遇上桀、纣，未必会成就王业。商汤、武王如果不成就王业，他们即使贤德，荣耀也不至于到称王天下的地步。所以君主有大功，就听不到他有什么不好，亡国的君主，就听不到他有什么好。这就好比优秀的农民，他们善于区分土地适宜种植什么，勤勤恳恳地耕种锄草，但未必能有收获。然而有收获的，一定是这些人。收获的关键在于遇上及时雨，遇上及时雨，这是依靠天地，不是优秀农民所能做到的。

越国遇上大灾年，越王很害怕，召范蠡来商量。范蠡说：“您对此何必忧虑呢？如今的荒年，这是越国的福气，却是吴国的灾祸。吴国很富足，钱财有余，它的君主年少，缺少智谋和才能，喜欢一时的虚名，不思虑后患。您如果用贵重的礼物、卑谦的言辞去向吴国请求借粮，那么粮食就可以得到了。得到粮食，最终越国必定会占有吴国，您对此何必忧虑呢？”越王说：“好！”于是就派人向吴国请求借粮。吴王将要给越国粮食，伍子胥劝阻说：“不可以给越国粮食。吴国与越国，土地相接，边境相邻，道路平坦通畅，人民往来频繁，是势均力敌的敌国。不是吴国灭掉越国，就必定是越国灭掉吴国。像燕国、秦国、齐国、晋国，它们处于高山陆地，怎能跨越五湖九江，穿过十七处险阻来占有吴国呢？所以说不是吴国灭掉越国，就必定是越国灭掉吴国。现在要送给它粮食，给它吃的，这是长我们对手的锐气，养活我们的仇人。国家钱财缺乏，人民怨恨，后悔就来不及了。不如不给它粮食而去攻打它，这本来是普通的道理，这就是从前我们的先王所以成就霸业的原因。再说闹饥荒，这是交替出现的事，就如同深渊和山坡一样，哪个国家没有？”吴王说：“不是这样。我听说过，正义的军队不攻打已经归服了的国家，仁德的人给饥饿的人粮食吃。现在越国归服了却去攻打它，这不是正义的军队！越国闹饥荒却不给它粮食，这不是仁德的事

情。不仁不义，即使得到十个越国，我也不去做。”于是就给了越国粮食。没有超过三年，吴国也遇到灾年，吴人向越国请求借粮，越王不给，却来攻打吴国，吴王夫差被擒。

楚王想夺取息国和蔡国，于是就假装跟蔡侯友好，并且与他商量说：“我想得到息国，该怎么办？”蔡侯说：“息侯的夫人是我妻子的妹妹，请让我替您宴请息侯和他的妻子，跟您一起去，乘机偷袭息国。”楚王说：“好吧。”于是楚王与蔡侯带着宴飨用的食品进入息国，军队与他们同行，于是夺取息国。楚军回师驻扎在蔡国，又夺取了蔡国。

赵简子病重，召见太子告诉他说：“等我死了，安葬完毕，你穿着孝服登上夏屋山去观望。”太子恭恭敬敬地答应了。简子死了，安葬完毕以后，太子穿着孝服，召见大臣们并且告诉他们说：“我想登上夏屋山去观望。”大臣们都劝阻说：“登上夏屋山去观望，这就是出游啊。穿着孝服去出游，不可以。”襄子说：“这是先君的命令，我不敢废弃。”大臣们都恭恭敬敬地答应了。襄子登上夏屋山观看代国的风土人情，看到代国一派欢乐景象，于是襄子说：“先君必定是用这种办法来教诲我啊！”等到回来以后，思考夺取代国的方法，于是就先友好地对待代国。代国君主喜好女色，襄子就请求把姐姐嫁给代国君主为妻，代国君主答应了。襄子的姐姐嫁给代国君主以后，襄子事事都讨好代国，代地适宜养马，代国君主把好马奉献给襄子，代地的马都送光了。襄子告诉代国君主，请求宴飨他。事先命令几百个跳舞的人把兵器藏在舞具之中，事先准备好大金斗。代国君主来了，喝酒喝到正畅快的时候，把金斗翻转过来击在代国君主头上，只一下，代君的脑浆就流了一地。跳舞的人拿出兵器搏斗，把代君的随从全都杀死了。于是就用代君的车子去迎接他的妻子，他的妻子在远处听说代君死亡的情形，就用尖簪子自刺而死。所以赵国至今有“刺笄山”和“反斗”的地名。

这三位君主，他们都有办法得到自己所需要的东西，并不完全按照常理行事，然而后世都称赞他们，这是因为他们有成就的缘故。如果有这种大功而又不失礼，他们即使称王天下，也是可以的。

慎　人[1]

原　文

功名大立，天也；为是故，因不慎其人不可。夫舜遇尧，天也；舜耕于历山，陶于河滨，钓于雷泽，天下说之，秀士从之，人也。夫禹遇舜，天也；禹周于天下，以求贤者，事利黔首，水潦川泽之湛滞壅塞可通者，禹尽为之，人也。夫汤遇桀，武遇纣，天也。汤、武修身积善为义，以忧苦于民，人也。

舜之耕渔，其贤不肖与为天子同。其未遇时也，以其徒属掘地财，取水利，编蒲苇，结罘网，手足胼胝（pián zhī）不居[2]，然后免于冻馁之患。其遇时也，登为

天子，贤士归之，万民誉之，丈夫女子，振振殷殷，无不戴说。舜自为诗曰：“普天之下，莫非王土；率土之滨，莫非王臣。”所以见尽有之也。尽有之，贤非加也；尽无之，贤非损也，时使然也。

百里奚之未遇时也，亡虢而虏晋，饭牛于秦，传鬻以五羊之皮[3]。公孙枝得而说之，献诸缪公，三日，请属事焉。缪公曰：“买之五羊之皮而属事焉，无乃天下笑乎？”公孙枝对曰：“信贤而任之，君之明也；让贤而下之，臣之忠也。君为明君，臣为忠臣。彼信贤，境内将服，敌国且畏，夫谁暇笑哉？”缪公遂用之。谋无不当，举必有功，非加贤也。使百里奚虽贤，无得缪公，必无此名矣。今焉知世之无百里奚哉？故人主之欲求士者，不可不务博也。

孔子穷于陈、蔡之间，七日不尝食，藜羹不糁。宰予备矣[4]，孔子弦歌于室，颜回择菜于外。子路与子贡相与而言曰：“夫子逐于鲁，削迹于卫，伐树于宋，穷于陈、蔡。杀夫子者无罪，藉夫子者不禁，夫子弦歌鼓舞，未尝绝音，盖君子之无所丑也若此乎？”颜回无以对，入以告孔子。孔子憱然推琴，喟然而叹曰：“由与赐，小人也。召，吾语之。”子路与子贡入，子贡曰：“如此者，可谓穷矣！”孔子曰：“是何言也？君子达于道之谓达，穷于道之谓穷。今丘也拘仁义之道，以遭乱世之患，其所也，何穷之谓？故内省而不疚于道，临难而不失其德，大寒既至，霜雪既降，吾是以知松柏之茂也。昔桓公得之莒，文公得之曹，越王得之会稽。陈、蔡之厄，于丘其幸乎！”孔子烈然返瑟而弦，子路抗然执干而舞。子贡曰：“吾不知天之高也，不知地之下也。”古之得道者，穷亦乐，达亦乐，所乐非穷达也。道得于此，则穷达一也，为寒暑风雨之序矣。故许由虞乎颍阳，而共伯得乎共首。

注　释

①**慎人：**谨慎地对待人事。②**胼胝：**老茧。③**传鬻：**转卖。④**备：**通“惫”，疲惫。

译　文

能显赫地建立功名，靠的是天意。因为这个缘故，就不慎重地对待人们的努力，是不行的。舜遇到尧那样的明君，是天意。舜在历山种地，在黄河边制作陶器，在雷泽钓鱼，天下人很喜欢他，杰出的人士都跟随着他，这是人为努力的结果。禹遇到舜那样的明君，是天意。禹周游天下以便寻求贤德之人，做对百姓有利的事情。那些淤积阻塞的积水、河

流、湖泊，凡是可以疏通的，禹全都疏通了，这些就是人为的努力。汤遇上桀那样的暴君，武王遇上纣那样的暴君，是天意。汤、武王修养自身品德，积善行义，为百姓忧虑劳苦，这是人为的努力。

舜种地捕鱼的时候，他的贤与不肖的情况同当天子时是一样的。他在没有遇到有利时机时，带领自己的下属种五谷、捕鱼鳖、编蒲苇、织渔网，手和脚磨出茧子都不休息，然后才免于冻饿之苦。他在遇到有利时机时，即位当了天子，贤德的人全归附他，所有的人都赞誉他，男男女女都非常高兴，没有不爱戴喜欢他的。舜亲自作诗道："普天之下尽归依，无处不是王的土地，四海之内皆归顺，无人不是王的臣民。"用来表明自己已经全部占有了天下。占有了天下后，他的贤德并没有增加，没有占有天下，他的贤德并没有减损，这是时机的有无使他这样的。

百里奚没有遇到有利时机的时候，从虢国逃出，被晋国俘虏，后在秦国喂牛，又被以五张羊皮的价格转卖。公孙枝得到百里奚以后很喜欢他，把他推荐给秦穆公，过了三天，请求委任他官职。穆公说："用五张羊皮买了他却委任他官职，恐怕要被天下耻笑吧！"公孙枝回答："信任贤人而任用他，这是君主的英明，让位于贤人而自己甘居贤人之下，这是臣子的忠诚。君主是英明的君主，臣子是忠诚的臣子。他如果真的贤德，国内都将顺服，敌国都将畏惧，谁还会有闲暇耻笑呢？"穆公于是就任用了百里奚。他的谋略无不得当，做事情必定成功，这并不说明他的贤德增加了。百里奚即使贤德，如果不被穆公得到，也必定没有这样的名声。现在怎么知道世上没有百里奚这样的人呢？所以君主想要寻求贤士的，不可不广泛地去寻求。

孔子在陈国、蔡国之间处于困境，七天没吃粮食，煮的野菜里也没有米粒。宰予饿坏了，孔子在屋里用瑟伴奏唱歌，颜回在外面采野菜。子路跟子贡一起说："先生在鲁国被逐，在卫国隐居，在宋国树下习礼时被人伐倒树，在陈国、蔡国遇到困境。要杀先生的人没有罪，凌辱先生的人不受禁止，而先生歌声从未中止过，君子竟是这样没有感到羞耻的事吗？"颜回无话应对，进屋把这些话告诉了孔子。孔子不高兴地推开瑟，叹息着说："仲由和端木赐是小人啊！叫他们来，我告诉他们。"子路和子贡进来了，子贡说："像现在这种情况，可以说是困窘了。"孔子说："这是什么话呢？君子在道义上通达叫作通达，在道义上困穷叫作困穷。现在我固守仁义的原则，

●在陈绝粮

因而遭受混乱世道的祸患，这正是我应该得到的处境，怎么能叫困穷呢？所以反省自己，在原则上不感到内疚，面临灾难，不丧失自己的品德。严寒到来，霜雪降落以后，松柏不凋落，我因此知道松柏生命力的旺盛。从前齐桓公因出奔莒国而萌生复国称霸之心，晋文公因出亡曹国而萌生复国称霸之心，越王勾践因受会稽之耻而萌生复国称霸之心。在陈国、蔡国遇到的困境，对我来说大概是幸运吧！”孔子威严地重新拿起瑟弹起来，子路威武地拿着盾牌跳起舞。子贡说：“我不知天的高远、地的广大啊！”古代得道的人，困窘时也高兴，显达时也高兴，高兴的不是困窘和显达。如果自身得到了道，那么困窘和显达都是一样的，就像寒暑风雨交替出现一样。所以许由在颍水之北自得其乐，共伯在共首山逍遥自得。

遇　合[1]

原　文

凡遇，合也。时不合，必待合而后行。故比翼之鸟死乎木，比目之鱼死乎海。孔子周流海内，再干世主，如齐至卫，所见八十余君。委质为弟子者三千人，达徒七十人。七十人者，万乘之主得一人用可为师，不为无人，以此游仅至于鲁司寇。此天子之所以时绝也，诸侯之所以大乱也。乱则愚者之多幸也[2]，幸则必不胜其任矣。任久不胜，则幸反为祸。其幸大者，其祸亦大，非祸独及己也。故君子不处幸，不为苟[3]，必审诸己然后任，任然后动。

凡能听说者，必达乎论议者也。世主之能识论议者寡，所遇恶得不苟？凡能听音者，必达于五声。人之能知五声者寡，所善恶得不苟？客有以吹籁见越王者，羽、角、宫、徵、商不缪，越王不善，为野音[4]，而反善之。

说之道亦有如此者也。人有为人妻者，人告其父母曰：“嫁不必生也，衣器之物，可外藏之，以备不生。”其父母以为然，于是令其女常外藏。姑妐知之，曰：“为我妇而有外心，不可畜。”因出之。妇之父母以谓为己谋者以为忠，终身善之，亦不知所以然矣。宗庙之灭，天下之失，亦由此矣。

故曰：遇，合也，无常。说，适然也。若人之于色也，无不知说美者，而美者未必遇也。故嫫母执乎黄帝[5]，黄帝曰：“厉女德而弗忘，与女正而弗衰，虽恶奚伤？”若人之于滋味，无不说甘脆，而甘脆未必受也。文王嗜昌蒲菹，孔子闻而服之，缩颁而食之[6]，三年然后胜之。人有大臭者，其亲戚兄弟妻妾知识无能与居者，自苦而居海上。海上人有说其臭者，昼夜随之

而弗能去。说亦有若此者。

陈有恶人焉，曰敦洽雠糜，椎颡广颜，色如漆赭，垂眼临鼻，长肘而盭。陈侯见而甚说之，外使治其国，内使制其身。楚合诸侯，陈侯病，不能往，使敦洽雠糜往谢焉。楚王怪其名而先见之，客有进，状有恶其名，言有恶状。楚王怒，合大夫而告之，曰："陈侯不知其不可使，是不知也；知而使之，是侮也。侮且不智，不可不攻也。"兴师伐陈，三月然后丧。恶足以骇人，言足以丧国，而友之足于陈侯而无上也，至于亡而友不衰。夫不宜遇而遇者，则必废。宜遇而不遇者，此国之所以乱，世之所以衰也。天下之民，其苦愁劳务从此生。

凡举人之本，太上以志，其次以事，其次以功。三者弗能，国必残亡，群孽大至，身必死殃，年得至七十、九十犹尚幸。贤圣之后，反而孽民，是以贼其身，岂能独哉？

注释

①**遇合**：指人的境遇和时机要适合。本篇阐述的是阴阳家的学说。②**幸**：宠幸，宠信。③**苟**：随便、苟且的小事。④**野音**：指不合乎五音的旋律。⑤**嫫母**：黄帝的妻子。⑥**缩頞**：皱着眉头，不愉快的样子。

译文

凡是受到赏识，一定是因为有合适的时机。时机不合适，一定要等待合适的时机然后再行动。所以比翼鸟死在树上，比目鱼死在海里。孔子周游天下，两次向当世君主谋求官职，到过齐国、卫国，谒见过八十多个君主。献上见面礼给他当学生的有三千人，其中成绩卓著的学生有七十人。这七十个人，拥有万辆兵车的大国君主得到任何一个人都可以把他当成老师，就不能说没有人才。然而孔子带领这些人周游，做官仅仅做到鲁国的司寇。不任用圣人，这就是周天子之所以应时灭亡的原因，这就是诸侯之所以大乱的原因。混乱，那么愚昧的人就多被侥幸任用。侥幸任用，那就必定不能胜任了。长期不能胜任，那么侥幸反而成为祸害。越侥幸的，祸害也就越大，并不是祸害偏偏让自己赶上。所以君子不存侥幸心理，不做苟且之事，一定慎重考虑自己的能力，然后再担任职务，担任职务然后再行动。

凡是能听从劝说的人，一定是通晓议论的人。世上的君主能识别议论的人很少，他们所赏识的人怎能不是苟且求荣的呢？凡是能欣赏音乐的人，一定通晓五音。人能懂五音的很少，他们所喜欢的怎能不是鄙俗之音？宾客中有个凭吹箫谒见越王的人，羽、角、宫、徵、商五音吹得一点儿不走调，越王却认为不好，吹奏野鄙之音，越王反而认为很好。

劝说人的事也有像这种情形的。有个给人家当妻子的人，有人告诉她的父母说："出嫁以后不一定生孩子，衣服器具等物品，可以拿到外边藏起来，以便防备不生孩子被休弃。"她的父母认为这人说得对，于是就让女儿经常把财物拿到外面藏起来。公婆知道了这事，说："当我们的媳妇却有外心，不可以留着她。"于是就休弃了她。这个女子的父母把女儿被休的事告诉了给自己出主意的人，认为这个人对自己忠实，终身与他交好，最终也不知道女儿被休的原因。宗庙的毁灭，天下的丧失，也是由于这样的原因。

所以说受到君主赏识是不固定的，被人喜欢也是偶然的。就像人们对于女色一样，没有不知道喜欢长得漂亮的，可是长得漂亮的未必能遇上。所以嫫母受到黄帝的亲厚，黄帝说："修养你的品德，不要停止，交给你内宫之政，不疏远你，虽然长得丑陋又有什么妨害？"就像人们对于滋味一样，没有人不喜欢又甜又脆的东西，可是又甜又脆的东西有的人未必受用。周文王爱吃菖蒲做的腌菜，孔子听后，皱着眉才吃下去。过了三年，才吃习惯。有个有狐臭的人，他的父母、兄弟、妻子、朋友，没有人能跟他在一起居住。他自己感到很痛苦，就住在海上。海上有喜欢他的臭味的人，日夜跟随着他不能离开。喜欢人也有像这种情形的。

陈国有个丑陋的人，叫敦洽雠麋，尖顶宽额，面色黑红，眼睛下垂，接近鼻子，胳膊很长，大腿向两侧弯曲。陈侯看到了，很喜欢他，在宫外让他治理国家，在宫内让他管理自己的饮食起居。楚国盟会诸侯，陈侯有病，不能前往，派敦洽雠麋去向楚国道歉。楚王对他的名字感到奇怪，就先接见了他。他进去了，相貌又丑陋，说话又粗野。楚王很生气，找来大夫们，告诉他们说："陈侯不知道这个人不可以派遣，这就是不明智；知道这个人不可以派遣却还要派遣他，这就是轻慢。轻慢而且不明智，不可不攻打他。"于是发兵攻打陈国，过了三个月灭掉了陈国。丑陋足以惊吓别人，言论足以丧失国家，可是陈侯却对他喜爱到极点，没有人能超过他了，直到亡国，喜爱的程度都始终如一。不应该受赏识的人却受到赏识，那一定会被废弃。应该受赏识却没有受到赏识的，这就是国家之所以混乱，世道之所以衰微的原因。天下的百姓，他们的愁苦劳碌就由此产生。

但凡举荐人的根本，最上等的是凭道德，其次是凭事业，再次是凭功绩。这三种情况都不能被举荐，国家一定会残破灭亡，各种灾祸就会一齐到来，自身一定会遭殃，能活到七十岁、九十岁就是侥幸的了。圣贤的后代，反而给人民带来危害，因此残害自身，岂止是独自受损害，连人民也要跟着受害啊！

必　己

原　文

外物不可必。故龙逄诛，比干戮，箕子狂，恶来死，桀纣亡。人主莫不欲其臣之忠，而忠未必信。故伍员流乎江[1]，苌弘死，藏其血三年而为碧。

亲莫不欲其子之孝，而孝未必爱。故孝己疑，曾子悲。

庄子行于山中，见木甚美长大，枝叶盛茂，伐木者止其旁而弗取。问其故，曰：“无所可用。”庄子曰：“此以不材得终其天年矣。”出于山，及邑，舍故人之家。故人喜，具酒肉，令竖子为杀雁飨之[②]。竖子请曰：“其一雁能鸣，一雁不能鸣，请奚杀？”主人之公曰：“杀其不能鸣者。”明日，弟子问于庄子曰：“昔者山中之木以不材得终天年，主人之雁以不材死，先生将何以处？”庄子笑曰：“周将处于材不材之间。材不材之间，似之而非也，故未免乎累。若夫道德则不然。无讶无訾(zǐ)，一龙一蛇，与时俱化，而无肯专为；一上一下，以禾为量，而浮游乎万物之祖，物物而不物于物，则胡可得而累？此神农、黄帝之所法。若夫万物之情、人伦之传则不然[③]。成则毁，大则衰，廉则剉(cuò)，尊则亏，直则骫(wěi)，合则离，爱则隳(huī)，多智则谋，不肖则欺，胡可得而必？”

牛缺居上地，大儒也。下之邯郸，遇盗于耦沙之中。盗求其橐(tuó)中之载[④]，则与之；求其车马，则与之；求其衣被，则与之。牛缺步而去，盗相谓曰：“此天下之显人也，今辱之如此，此必诉我于万乘之主。万乘之主必以国诛我，我必不生，不若相与追而杀之，以灭其迹。”于是相与趋之，行三十里，及而杀之。此以知故也。

孟贲(bēn)过于河，先其五。船人怒，而以楫(jí)虒(què)其头，顾不知其孟贲也。中河，孟贲瞋(chēn)目而视船人，发植，目裂，鬓指，舟中之人尽扬播入于河。使船人知其孟贲，弗敢直视，涉无先者，又况于辱之乎？此以不知故也。

知与不知，皆不足恃，其惟和调近之。犹未可必。盖有不辨和调者，则和调有不免也。宋桓司马有宝珠，抵罪出亡。王使人问珠之所在，曰：“投之池中。”于是竭池而求之，无得，鱼死焉。此言祸福之相及也。纣为不善于商，而祸充天地，和调何益？

张毅好恭，门闾帷薄聚居众无不趋，舆隶姻媾小童无不敬，以定其身。不终其寿，内热而死。单豹好术，离俗弃尘，不食谷实，不衣芮(ruì)温，身处山林岩堀(kū)，以全其生。不尽其年，而虎食之。孔子行道而息，马逸，食人之稼，

野人取其马。子贡请往说之，毕辞，野人不听。有鄙人始事孔子者，曰：“请往说之。”因谓野人曰：“子不耕于东海，吾不耕于西海也。吾马何得不食子之禾？”其野人大说，相谓曰：“说亦皆如此其辩也！独如向之人？”解马而与之。说如此其无方也而犹行，外物岂可必哉？

君子之自行也，敬人而不必见敬，爱人而不必见爱。敬爱人者，己也；见敬爱者，人也。君子必在己者，不必在人者也。必在己，无不遇矣。

注　释

①伍员流乎江：指伍子胥因劝谏吴王拒绝越国求和而被赐死后，吴王用皮口袋装上他的尸体投入江中，使其顺江而浮流。**②竖子：**童仆。**飨：**以酒食款待人。**③人伦之传：**指人伦相传之道，即流传下来的人与人之间的准则。**④橐：**口袋。**载：**此指装着的财物。

译　文

外物不可依仗。所以龙逄被杀，比干遇害，箕子装疯，恶来被处死，桀、纣遭灭亡。君主没有不希望自己的臣子忠诚的，但是忠诚的人却未必能受到君主的信任。所以伍员的尸体被扔进江中，苌弘被杀死，他的血保藏了三年之后，因精诚感动天地而化成碧玉。父母没有不希望他们的儿子尽孝的，但是儿子尽孝未必得到父母的疼爱。所以孝己被怀疑，曾子因遭父母打而悲伤。

庄子在山中行走，看到一棵树长得很美很高大，枝叶茂盛，伐木者站在那棵树旁却不伐取它。庄子问他这是什么缘故，伐木者说：“没有什么用处。”庄子说：“这棵树因为不成材，结果得以终其天年了。”庄子从山里出来，到了县邑，住在朋友家。朋友很高兴，准备酒肉，叫童仆杀一只鹅款待他。童仆请示说：“一只鹅会叫，一只鹅不会叫，请问杀哪只？”主人的父亲说：“杀那只不会叫的。”第二天，学生向庄子问道：“昨天山里的树因为不成材而得以终其天年，现在这位主人的鹅因为不成材而被杀死，先生您将在成材与不成材这两者间处于哪一边呢？”庄子笑着说：“我将处于成材与不成材之间。成材与不成材之间，似乎是合适的位置，其实不然，所以还是免不了遭到祸害。如果遵循道德行事，就不是这样了。既没有美誉，又没有毁辱，时而为龙，时而为蛇，随时势一起变化，而不肯专为一物；时而上，时而下，以顺应自然为准则，遨游于虚无之境，主宰外物而不为外物所主宰，又怎么可能遭受祸害呢？这就是神农、黄帝所取法的处世准则。至于万物之情，人伦相传之道，就与此不一样了。成功了就会毁坏，强大了就会衰微，锋利了就会缺损，尊崇了就会亏损，直了就会弯曲，聚合了就会离散，受到宠爱就会被废弃，智谋多就会受人算计，不贤德就会受人欺侮。这些怎么可以偏执一方而加以依仗呢？

牛缺居住在上地，他是个很有名的儒家学士。他到邯郸去，在隅水一带遇上强盗。强

盗要他行囊里的财物，他给了他们；要他的车马，他给了他们；要他的衣服被子，他给了他们。牛缺离开以后，强盗们相互议论说："这是个天下杰出的人，我们今天这样侮辱他，他一定会向大国君主控告我们的所作所为，大国君主一定会倾全国之力诛灭我们，我们肯定活不成了。不如我们一起追上他，把他杀死，灭掉踪迹。"于是一起追赶牛缺，跑了三十里，赶上并将牛缺杀死了。这是因为牛缺让盗贼知道了自己是贤人的缘故。

孟贲在过河的时候，抢在了队伍之前上了船。船工非常生气，就用船桨敲打他的头，因为他们不知道他是孟贲。到了河的中央，孟贲瞪大眼睛看着船工，头发直立，眼眶都瞪裂了，鬓发也竖立起来了。船上的人骚动着躲闪，掉到了河里。假如船工知道他是孟贲，都不敢用正眼看他，也不会有人敢在他之前渡河，更何况侮辱他呢？这是因为孟贲没有让船工知道自己是孟贲的缘故。

让人知道与不让人知道，都不足以依靠，大概只有和调才近于免除祸患，但还是不足以依仗。这是因为有不能辩识和调的，那么和调仍然不能免于祸患。宋国的桓魋有一颗宝珠，他犯了罪逃亡在外，宋景公派人问他宝珠在哪里，他说："把它扔到池塘里了。"于是排干了池塘里的水来寻找宝珠，结果没有找到，鱼却干涸而死。这就表明祸和福是相互依存的。纣在商朝的暴虐，使得祸患充满天地之间，和调又有什么用处？

张毅喜欢恭敬待人，经过门闾、帷幕及人聚集处无不快步走过，对待奴隶、姻亲及童仆没有不尊敬的，以便使自身平安。但是他的寿命却不长，因内热而死去。单豹喜欢道术，超尘离俗，不吃五谷，不穿丝絮，住在山林岩穴之中，以便保全自己的生命，可是却不能终其天年，被老虎吃掉了。孔子在行路途中休息时，马逃脱了束缚，吃了人家的庄稼，种田人牵走他的马。子贡请求去说服种田人，将话都说尽了，可是种田人不听他的。有个刚刚跟随孔子学习的粗俗的人，说："请让我去说服他。"于是他对那个种田人说："您耕种的土地从东海一直到西海，我们的马怎么能不吃您的庄稼？"那个种田人很开心，对他说："说的话就要这样明白了当，怎么能像刚才那个人那样呢？"于是种田人解下马交还于他。说服人如此不讲方式也能成功，外物怎么可以依仗呢？

君子只管按照自己的准则去做，敬人而不必要求人家敬己，爱人而不必要求人家爱己。尊敬热爱别人，那是自己的事；被人家尊敬热爱，那是别人的事。君子依仗在于自己的东西，不依仗在于别人的东西。依仗在于自己的东西，就能无所不通了。

慎大览第三

慎　大

原　文

贤主愈大愈惧，愈强愈恐。凡大者，小邻国也；强者，胜其敌也。胜其敌则多怨，小邻国则多患。多患多怨，国虽强大，恶得不惧，恶得不恐？故贤主于安思危，于达思穷，于得思丧。《周书》曰[1]："若临深渊，若履薄冰。"以言慎事也。

桀为无道，暴戾顽贪[2]，天下颤恐而患之，言者不同，纷纷分分[3]，其情难得。干辛任威[4]，凌轹诸侯[5]，以及兆民，贤良郁怨。杀彼龙逢，以服群凶，众庶泯泯，皆有远志，莫敢直言，其生若惊。大臣同患，弗周而畔。桀愈自贤，矜过善非，主道重塞，国人大崩。汤乃惕惧，忧天下之不宁，欲令伊尹往视旷夏，恐其不信，汤由亲自射伊尹[6]。伊尹奔夏三年，反报于亳，曰："桀迷惑于末嬉，好彼琬、琰，不恤其众，众志不堪，上下相疾，民心积怨，皆曰'上天弗恤，夏命其卒'。"汤谓伊尹曰："若告我旷夏尽如诗。"汤与伊尹盟，以示必灭夏。伊尹又复往视旷夏，听于末嬉。末嬉言曰："今昔天子梦西方有日，东方有日，两日相与斗，西方日胜，东方日不胜。"伊尹以告汤。商涸旱，汤犹发师，以信伊尹之盟，故令师从东方出于国，西以进。未接刃而桀走，逐之至大沙，身体离散，为天下戮，不可正谏，虽后悔之，将可奈何？汤立为天子，夏民大说，如得慈亲，朝不易位，农不去畴，商不变肆，亲郼如夏。此之谓至公，此之谓至安，此之谓至信。尽行伊尹之盟，不避旱殃，祖伊尹世世享商。

武王胜殷，入殷，未下舆，命封黄帝之后于铸，封帝尧之后于黎，封帝舜之后于陈；下舆，命封夏后之后于杞，立成汤之后于宋，以奉桑林。武王

乃恐惧，太息流涕，命周公旦进殷之遗老，而问殷之亡故，又问众之所说、民之所欲。殷之遗老对曰："欲复盘庚之政。"武王于是复盘庚之政。发巨桥之粟，赋鹿台之钱，以示民无私。出拘救罪，分财弃责，以振穷困。封比干之墓，靖箕子之宫，表商容之闾，士过者趋，车过者下。三日之内，与谋之士封为诸侯，诸大夫赏以书社，庶士施政去赋。然后济于河，西归报于庙。乃税马于华山，税牛于桃林，马弗复乘，牛弗复服。衅鼓旗甲兵，藏之府库，终身不复用。此武王之德也。故周明堂外户不闭，示天下不藏也。唯不藏也，可以守至藏。

武王胜殷，得二虏而问焉，曰："若国有妖乎？"一虏对曰："吾国有妖。昼见星而天雨血，此吾国之妖也。"一虏对曰："此则妖也。虽然，非其大者也。吾国之妖，甚大者，子不听父，弟不听兄，君令不行，此妖之大者也。"武王避席再拜之。此非贵虏也，贵其言也。故《易》曰："愬愬履虎尾，终吉。"

赵襄子攻翟，胜老人、中人，使使者来谒之，襄子方食抟饭，有忧色。左右曰："一朝而两城下，此人之所以喜也，今君有忧色何？"襄子曰："江河之大也，不过三日；飘风暴雨，日中不须臾。今赵氏之德行，无所于积，一朝而两城下，亡其及我乎？"孔子闻之曰："赵氏其昌乎！"

夫忧所以为昌也，而喜所以为亡也；胜非其难者也，持之其难者也。贤主以此持胜，故其福及后世。齐、荆、吴、越皆尝胜矣，而卒取亡，不达乎持胜也。唯有道之主能持胜。孔子之劲，举国门之关，而不肯以力闻。墨子为守攻，公输般服，而不肯以兵加。善持胜者，以术强弱。

注 释

①**《周书》**：古书名，现已散失。②**顽贪**：愚妄贪婪。③**分分**：应为"介介"之误，怨恨。④**干辛**：夏桀手下的佞臣。⑤**凌轹**：欺压。⑥**汤由亲自射伊尹**：商汤假称自己亲手箭射伊尹，使得伊尹逃到夏朝获得信任。

译 文

贤明的君主，土地越广大越感到恐惧，力量越强盛越感到害怕。凡土地广大的，都是侵略邻国的结果；力量强盛的，都是战胜敌国的结果。战胜敌国，就会招致很多怨恨，侵略邻国，就会招致很多憎恶。怨恨你的多了，憎恶你的多了，国家虽然强大，怎么能不恐惧？怎么能不害怕？所以贤明的君主在平安的时候就想到危险，在显赫的时候就想到困窘，在有所得的时候就想到有所失。《周书》说："就像面临深渊一样，就如脚踩薄冰一样。"这是说做事情要小心谨慎。

夏桀不行德政，暴虐贪婪，天下人无不惊恐、忧虑。人们议论纷纷，混乱不堪，满腹怨恨，天子却很难知道人们的真情。干辛肆意逞威风，欺凌诸侯，连累百姓，贤良之人心中忧郁怨恨。夏桀杀死了敢谏的关龙逢，想以此来压服群臣诤谏。人们动乱起来，都有远走的打算，没有谁再敢直言，都不得安生。大臣们怀有共同的忧患，不亲附桀都想离叛。夏桀以为得计，越发自以为是，炫耀自己的错误，掩饰自己的缺点。为君之道被重重阻塞，国人分崩离析。面对这种情况，汤感到很恐惧，忧虑天下的不安宁，想让伊尹到夏国去观察动静，担心夏国不相信伊尹，于是扬言自己亲自箭射伊尹，伊尹逃亡到夏国，过了三年，回到亳，禀报说："桀被末嬉迷惑住了，又喜欢爱妾琬、琰，不怜悯大众，大家都不堪忍受了。上下互相痛恨，人民心里充满了怨气，都说：'上天不保佑夏国，夏国的命运就要完了。'"汤对伊尹说："你告诉我夏国的情况都像诗里唱的一样。"汤与伊尹订立了盟约，用以表明一定灭夏的决心。伊尹又去观察夏国的动静，很受末嬉信任。末嬉说道："昨天夜里天子梦见西方有个太阳，东方有个太阳，两个太阳互相争斗，西方的太阳胜利了，东方的太阳没有胜利。"伊尹把这话报告了汤。这时正值商遭遇旱灾，汤没有顾忌此事，还是发兵攻夏，以便信守和伊尹订立的盟约。他命令军队从亳绕到桀的国都之西，然后发起进攻。还没有交战，桀就逃跑了，汤追赶他到大沙，桀身首离散，被天下耻笑。当初不听劝谏，即使后来懊悔了，又将怎么样呢？汤做了天子，夏的百姓非常高兴，就像得到慈父一般。朝廷不更换官位，农民不离开田亩，商贾不改变商肆，人民亲近殷就如同亲近夏一样。这就叫极其公正，这就叫极其安定，这就叫极守信用。汤完全依照和伊尹订立的盟约去做了，不躲避旱灾，获得了成功，因此让伊尹世世代代在商享受祭祀。

周武王战胜了商，进入殷都，还没有下车，就命令把黄帝的后代分封到铸，把帝尧的后代封到黎，把帝舜的后代封到陈。下了车，命令把大禹的后代封到杞，立汤的后代为宋的国君，以便延续桑林的祭祀。此时武王仍然很恐惧，长叹一声，流下了眼泪。命令周公旦领来殷商的遗老，问他们商灭亡的原因，又问民众喜欢什么，希望什么。商的遗老回答："人民希望恢复盘庚的政治。"武王于是就恢复了盘庚的政治，散发巨桥的米粟，施舍鹿台的钱财，以此向人民表示自己没有私心。释放被拘禁的人，挽救犯了罪的人，分发钱财，免除债务，以此来救济贫困。又把比干的坟墓修葺高大，使箕子的住宅显赫彰明，在商容的闾里竖起标志，行人要加快脚步，乘车的人要下车致敬。三天之内，参与谋划伐商的贤士都封为诸侯，那些大夫们都赏给了土地，普通的士人也都减免了赋税。然后武王才渡过黄河，回到丰镐，到祖庙内报功。于是把马放到阳华山，把牛放到桃林，不再让马牛驾车服役，又把战鼓、军旗、铠甲、兵器涂上牲血，藏进府库，终身不再使用。这就是武王的

仁德。周天子明堂的大门不关闭，向天下人表明没有私藏。只有没有私藏，才能保持最高尚的品德。

武王战胜殷商后，抓到两个俘虏，问他们说："你们国家有怪异的事吗？"一个俘虏回答："我们国家有怪异的事，白天出现星星，天上降下血雨，这就是我们国家的怪异之事。"另一个俘虏回答："这诚然是怪异之事，虽说如此，但还算不上大的怪异。我们国家特大的怪异是儿子不顺从父亲，弟弟不服从兄长，君主的命令不能实行。这才算最大的怪异之事呢！"武王急忙离开座席，向他行再拜之礼。这不是认为俘虏尊贵，而是认为他的言论可贵。所以《周易》说："一举一动都战战兢兢，像踩着老虎尾巴一样，最终必定吉祥。"

赵襄子派新稚穆子攻打翟国，攻下了老人城、中人城。新稚穆子派使者回来报告襄子，襄子正在吃饭，听了以后，脸上现出忧愁的神色。身边的人说："一下子攻下两座城，这是人们感到高兴的事，现在您却忧愁，这是为什么呢？"襄子说："长江黄河涨水，不超过三天就会退落，疾风暴雨不能整天刮。现在我们赵氏的品行，没有丰厚的蓄积，一下子攻下两座城，灭亡恐怕要让我赶上了！"孔子听了这件事说："赵氏大概要昌盛了吧！"

忧虑是昌盛的基础，喜悦是灭亡的起点；取得胜利不是困难的事，保持住胜利才是困难的事。贤明的君主依照这种认识，保持住胜利，所以他的福分能传到子孙后代。齐国、楚国、吴国、越国，都曾经胜利过，可是最终都遭到了灭亡，这是因为它们不懂得如何保持胜利啊！只有有道的君主，才能保持胜利。孔子力气那样大，能举起国都城门的门闩，却不肯以力气大闻名天下。墨子善于攻城守城，使公输般折服，却不肯以善于用兵被人知晓。善于保持胜利的人，能有办法使弱小变成强大。

权　勋

原　文

利不可两，忠不可兼。不去小利则大利不得，不去小忠则大忠不至。故小利，大利之残也；小忠，大忠之贼也。圣人去小取大。

昔荆龚王与晋厉公战于鄢陵[1]，荆师败，龚王伤。临战，司马子反渴而求饮，竖阳谷操黍酒而进之[2]。子反叱曰："訾[3]！退！酒也。"竖阳谷对曰："非酒也。"子反曰："亟退却也。"竖阳谷又曰："非酒也。"子反受而饮之。子反之为人也嗜酒，甘而不能绝于口，以醉。战既罢，龚王欲复战而谋，使召司马子反。子反辞以心疾。龚王驾而往视之，入幄中，闻酒臭而还，曰："今日之战，不穀亲伤，所恃者司马也。而司马又若此，是忘荆国之社稷、而不恤吾众也，不穀无与复战矣。"于是罢师去之，斩司马子反以为戮。故竖

阳谷之进酒也，非以醉子反也，其心以忠也，而适足以杀之，故曰：“小忠，大忠之贼也。”

昔者晋献公使荀息假道于虞以伐虢，荀息曰：“请以垂棘之璧与屈产之乘[4]，以赂虞公，而求假道焉，必可得也。”献公曰：“夫垂棘之璧，吾先君之宝也；屈产之乘，寡人之骏也。若受吾币而不吾假道，将奈何？”荀息曰：“不然。彼若不吾假道，必不吾受也。若受我而假我道，是犹取之内府而藏之外府也，犹取之内皂而著之外皂也。君奚患焉？”献公许之。乃使荀息以屈产之乘为庭实，而加以垂棘之璧，以假道于虞而伐虢。虞公滥于宝与马而欲许之。宫之奇谏曰：“不可许也。虞之与虢也，若车之有辅也，车依辅，辅亦依车，虞、虢之势是也。先人有言曰：‘唇竭而齿寒。’夫虢之不亡也恃虞，虞之不亡也亦恃虢也。若假之道，则虢朝亡而虞夕从之矣。奈何其假之道也？”虞公弗听，而假之道。荀息伐虢，克之。还反伐虞，又克之。荀息操璧牵马而报。献公喜曰：“璧则犹是也，马齿亦薄长矣。”故曰：“小利，大利之残也。”

中山之国有仇繇者，智伯欲攻之而无道也，为铸大钟，方车二轨以遗之。仇繇之君将斩岸堙溪以迎钟。赤章蔓枝谏曰：“《诗》云：‘唯则定国。’我胡以得是于智伯？夫智伯之为人也贪而无信，必欲攻我而无道也，故为大钟，方车二轨以遗君。君因斩岸堙溪以迎钟，师必随之。”弗听。有顷，谏之，君曰：“大国为欢，而子逆之，不祥。子释之。”赤章蔓枝曰：“为人臣不忠贞，罪也，忠贞不用，远身可也。”断毂而行[5]，至卫七日而仇繇亡。欲钟之心胜也，欲钟之心胜则安仇繇之说塞矣。凡听说，所胜不可不审也，故太上先胜。

昌国君将五国之兵以攻齐。齐使触子将，以迎天下之兵于济上。齐王欲战，使人赴触子，耻而訾之曰：“不战，必刬若类，掘若垄。”触子苦之，欲齐军之败。于是以天下兵战，战合，击金而却之，卒北，天下兵乘之，触子因以一乘去，莫知其所，不闻其声。达子又帅其余卒，以军于秦周，无以赏，使人请金于齐王。齐王怒曰：“若残竖子之类，恶能给若金？”与燕人战，

大败，达子死，齐王走莒。燕人逐北入国，相与争金于美唐甚多[6]。此贪于小利以失大利者也。

注　释

①荆龚王：即楚共王。**②竖：**童仆。**③訾：**呵斥声。**④垂棘之璧：**垂棘产的美玉。**屈产之乘：**屈邑产的良马。**⑤毂：**车轴。**⑥美唐：**齐王藏金之所。

译　文

利不可两得，忠不可兼备。不抛弃小利，大利就不能得到。不抛弃小忠，大忠就不能实现。所以说小利是大利的祸害，小忠是大忠的祸害。圣人抛弃小者，选取大者。

从前楚共王与晋厉公在鄢陵作战，楚军失败了，共王受了伤。当初，战斗即将开始之际，司马子反渴了，要找水喝。童仆阳谷拿着黍子酿的酒送给他。子反呵斥道："哼！拿下去，这是酒！"童仆阳谷回答，"这不是酒。"子反说："赶快拿下去！"童仆阳谷又说："这不是酒。"子反接过来喝了下去。子反为人酷爱喝酒，他觉得酒味甘美，喝起来就不能自制，因而喝醉了。战斗停下来以后，共王想重新交战而商量对策，派人去叫司马子反，司马子反借口心痛没有去。共王乘车去看他，一进帐中，闻到酒味就回去了，说道："今天的战斗，我自己受了伤，所依靠的就是司马了。可是司马又这样，他这是忘记了楚国的社稷，而又不忧虑我们这些人，我不与晋人再战了。"于是收兵离去。回去以后，杀了司马子反，并陈尸示众。童仆阳谷送上酒，并不是要把子反灌醉，他心里认为这是忠于子反，却恰好因此害了他。所以说小忠是大忠的祸患。

从前晋献公派荀息向虞国借路以便攻打虢国，荀息说："请您把垂棘出产的玉璧和屈邑出产的良马送给虞公，向他要求借路，一定可以得到允许。"献公说："那垂棘出产的玉璧，是我们先君的宝贝啊，屈邑出产的良马，是我的骏马啊。如果虞国接受了我们的礼物而不借给我们路，那将怎么办呢？"荀息说："不是这样，他如果不借我们路，一定不会接受我们的礼物。如果接受了我们的礼物借给我们路，这就如同我们把玉璧从宫中的府库拿出来放到宫外的府库里去，把骏马从宫中的马槽旁牵出来拴到宫外的马槽旁去。您对此又忧虑什么呢？"献公答应了，就派荀息把屈邑出产的骏马，加上垂棘出产的玉璧作为礼物献给虞公，来向虞国借路攻打虢国。虞公贪图宝玉和骏马，想答应荀息。宫之奇劝谏说："不可以答应，虞国对于虢国，就像牙床骨和颊骨一样，互相依存。虞国和虢国的形势就是这样。古人说：'嘴唇没有了，牙齿就会感到寒冷。'虢国不被灭亡，靠着有虞国；虞国不被灭亡，也靠着有虢国啊！如果借路给晋国，那么虢国早晨灭亡，虞国晚上也就会跟着灭亡了。怎么可以借路给晋国呢？"虞公不听，借路给晋国。荀息攻打虢国，战胜了虢国。返回的时候攻打虞国，又战胜了虞国。荀息拿着玉璧牵着骏马回来禀报。献公高兴地说："玉璧还是老样子，只是马的年龄稍大了一点。"所以说小利是大利的祸害。

中山国内有个叫仇繇的地方，智伯想攻打它却无路可通，就为那里铸造了一个大钟，用两辆车并排装载着送去那里。仇繇的君主削平高地、填平溪谷来迎接大钟。赤章蔓枝劝谏："古诗说：'只有遵循确定的准则才能使国家安定。'我们凭什么能从智伯那里得到这东西？智伯的为人，贪婪而且不守信用，一定是想攻打我们而没有路，所以铸造了大钟，用两辆车并排装载着来送给您。您于是削平高地、填平溪谷来迎接大钟。这样智伯的军队必定跟随着到来。"仇繇的君主不听，过了一会儿，赤章蔓枝再次劝谏。仇繇的君主说："大国要跟你交好，而你却拒绝人家，这不吉祥，你不要再说了。"赤章蔓枝说："当臣子的不忠贞，这是罪过，忠贞而不被信用，脱身远去是可以的了。"于是他砍掉车轴两端就走了。到了卫国七天，仇繇就灭亡了。这是因为仇繇的君主想得到钟的心情太迫切了。想得到钟的心情太迫切，那么安定仇繇的措施就不能实行了。凡听取劝说自己过分行为的意见不可不慎重啊！所以说最好是不要有过分的欲望。

昌国君乐毅率领五国的军队去攻打齐国，齐国派触子为将，在济水边迎击各诸侯国的军队。齐王想开战，派人到触子那里去，羞辱并且斥责他说："不开战，我一定灭掉你的同族，挖掉你的祖坟！"触子感到很苦恼，想让齐军战败，于是跟各国诸侯的军队开战。刚一交战，触子就鸣金要齐军撤退。齐军败逃，诸侯军追击齐军。触子乘一辆兵车离开了，没有人知道他去了哪里，再也听不到他的声音。达子又率领残兵驻扎在秦周，没有东西赏赐士卒，就派人向齐王请求给予金钱。齐王恼怒地说："你们这些残存下来的家伙，怎么能给你们金钱？"齐军与燕国人交战，被打得大败。达子战死了，齐王逃到了莒。燕国人追赶败逃的齐兵进入齐国国都，在美唐你争我夺抢了很多金钱。这是贪图小利因而丧失了大利啊！

下　贤

原　文

有道之士固骄人主，人主之不肖者亦骄有道之士，日以相骄，奚时相得？若儒、墨之议与齐、荆之服矣。贤主则不然，士虽骄之，而己愈礼之，士安得不归之？士所归，天下从之，帝。帝也者，天下之适(dí)也；王也者，天下之往也。得道之人，贵为天子而不骄倨，富有天下而不骋夸，卑为布衣而不瘁摄，贫无衣食而不忧慑，悬乎其诚自有也，觉乎其不疑有以也，桀乎其必不渝移也，循乎其与阴阳化也，匆匆乎其心之坚固也，空空乎其不为巧故也，迷乎其志气之远也，昏乎其深而不测也，确乎其节之不庳也[1]，就乎其不肯自是，鹄乎其羞用智虑也，假乎其轻俗诽誉也，以天为法，以德为

行，以道为宗，与物变化而无所终穷，精充天地而不竭，神覆宇宙而无望，莫知其始，莫知其终，莫知其门，莫知其端，莫知其源，其大无外，其小无内，此之谓至贵。士有若此者，五帝弗得而友，三王弗得而师，去其帝王之色，则近可得之矣。

尧不以帝见善绻，北面而问焉。尧，天子也；善绻，布衣也。何故礼之若此其甚也？善绻，得道之士也，得道之人，不可骄也。尧论其德行达智而弗若，故北面而问焉，此之谓至公。非至公其孰能礼贤？

周公旦，文王之子也，武王之弟也，成王之叔父也，所朝于穷巷之中、瓮牖之下者七十人。文王造之而未遂，武王遂之而未成，周公旦抱少主而成之，故曰成王，不唯以身下士邪？

齐桓公见小臣稷，一日三至弗得见。从者曰："万乘之主[②]，见布衣之士，一日三至而弗得见，亦可以止矣。"桓公曰："不然。士骜禄爵者[③]，固轻其主；其主骜霸王者，亦轻其士。纵夫子骜禄爵，吾庸敢骜霸王乎？"遂见之，不可止。世多举桓公之内行，内行虽不修，霸亦可矣。诚行之此论而内行修，王犹少。

子产相郑，往见壶丘子林，与其弟子坐必以年，是倚其相于门也。夫相万乘之国而能遗之，谋志论行，而以心与人相索，其唯子产乎？故相郑十八年，刑三人，杀二人，桃李之垂于行者莫之援也，锥刀之遗于道者莫之举也。

魏文侯见段干木，立倦而不敢息，反见翟黄，踞于堂而与之言。翟黄不说，文侯曰："段干木，官之则不肯，禄之则不受。今女欲官则相位，欲禄则上卿，既受吾实，又责吾礼，无乃难乎？"故贤主之畜人也，不肯受实者其礼之。礼士莫高乎节欲，欲节则令行矣，文侯可谓好礼士矣。好礼士故南胜荆于连堤，东胜齐于长城，虏齐侯，献诸天子，天子赏文侯以上闻。

注释

①**庳**：低下。②**万乘**：万辆兵车。古代将一车四马称为一乘。③**骜禄爵者**：指看轻功名利禄的人。

译　文

有道的士人，本来就傲视君主，不贤明的君主，也傲视有道的士人。他们天天这样互相傲视，什么时候才能变得投机？这就像儒家与墨家互相非议，齐与楚彼此不服一样。贤明的君主则不是这样，士虽然傲视自己，而自己却越发用礼对待他们。这样士人怎能不归附呢？士人归附了，天下人就会跟着他们归附。所谓帝，是说他是天下的主人，所谓王，是说天下人都来归服他。得道的人，尊贵到做天子而不显现骄横傲慢，富足到拥有天下而不放纵自夸，卑下到当百姓而不感到失意屈辱，穷困到无衣食而不忧愁恐惧。他们诚恳坦荡，确实掌握了大道，他们大彻大悟，遇事不疑，必有依据，他们卓尔不群，坚守信念，绝不改变，他们顺应天道，随着阴阳一起变化，他们明察事理，意志坚定牢固，他们忠厚淳朴，不行伪诈之事，他们志向远大，高远无边，他们思想深邃，深不可测，他们刚毅坚强，节操高尚，他们做事谨慎，不肯自以为是。他们光明正大，耻于运用智谋，他们胸襟宽广，看轻世俗的诽谤赞誉。他们以天为法则，以德为品行，以道为根本。他们随万物变化而没有穷尽。他们精神充满天地，没有尽竭，布满宇宙，不见边界。他们所具有的"道"，没有谁知道何时开始，没有谁知道何时终结，没有谁知道它的门径在哪儿，没有谁知道它的开端在哪儿，没有谁知道它的本源在哪儿。道大至无所不包，小至微乎其微，这就叫作无比珍贵。士人能达到这种境界，五帝也不能和他交友，三王也不得以他为师。如果丢开帝王尊贵的神态，那就差不多能够和他们交友、以他们为师了。

尧不用帝王的身份去会见善绻，面朝北恭敬地向他请教。尧是天子，善绻是平民，尧为什么这样过分地礼遇他呢？因为善绻是得道的人。对得道的人，不可傲视。尧衡量自己的德行智谋不如善绻，所以面向北恭敬地向他请教，这就叫作无比公正。不是无比公正，谁又能礼遇贤者呢？

周公旦是周文王的儿子、周武王的弟弟、周成王的叔父。他召见过住在穷巷陋室里的人有七十个。这件事文王开了头而没有做到，武王做了而没有完成，周公辅佐年幼的成王才真正完成。这不是正说明成王亲自礼贤下士吗？

齐桓公去见小臣稷，一天去三次都没能见到。跟随的人说："大国的君主去见一个平民，一天去了三次都没能见到，就算了吧！"桓公说："不对。看轻爵位俸禄的士人，固然轻视君主；看轻王霸之业的君主，也轻视士人。纵使先生他看轻爵位俸禄，我怎么敢看轻王霸之业呢？"桓公终究见到了小臣稷，随从没能阻止他。世人大多指责桓公的私生活，他的私生活虽然不检点，但有如此好士之心，称霸还是可以的。如果真的按上述原则去做，而且私生活良好，就是称王恐怕还不止呢！

子产在郑国为相，去见壶丘子林，跟他的学生们坐在一起，一定按年龄就座，这是把相位的尊贵放在一边而不凭它去坐在上座。身为大国的相，而能丢掉相的架子，谈论思想，议论品行，真心实意地与人探索，大概只有子产能这样吧。他在郑国做了十八年相，仅处

罚三个人，杀死两个人。桃李下垂到路上，也没有谁去摘，小刀丢在道上，也没有谁去拾。

魏文侯去见段干木，站得疲倦了却不敢休息。回来以后见翟黄，箕踞于堂上来跟他谈话。翟黄很不高兴，文侯说："让段干木做官他不肯做，给他俸禄他不接受，现在你想当官就身居相位，想得俸禄就得到上卿的俸禄。你既接受了我给你的官职俸禄，又要求我以礼相待，恐怕很难办到吧。"所以贤明的君主对待人，不肯接受官职俸禄的就以礼相待。礼遇士人没有比节制自己的欲望更好的了。欲望得到节制，命令就可以执行了。魏文侯可以说是喜好以礼待士了。喜好以礼待士，所以向南能在连堤战胜楚国，向东能在长城战胜齐国，俘虏齐侯，并把他献给周天子。周天子奖赏文侯，封他为诸侯。

报　更

原　文

国虽小，其食足以食天下之贤者，其车足以乘天下之贤者，其财足以礼天下之贤者，与天下之贤者为徒，此文王之所以王也。今虽未能王，其以为安也，不亦易乎？此赵宣孟之所以免也，周昭文君之所以显也，孟尝君之所以却荆兵也。古之大立功名与安国免身者，其道无他，其必此之由也。堪士不可以骄恣屈也[①]。

昔赵宣孟将上之绛，见骫桑之下[②]，有饿人卧不能起者，宣孟止车，为之下食，蠲而铺之[③]，再咽而后能视。宣孟问之曰："女何为而饿若是？"对曰："臣宦于绛，归而粮绝，羞行乞而憎自取，故至于此。"宣孟与脯二朐[④]，拜受而弗敢食也。问其故，对曰："臣有老母，将以遗之。"宣孟曰："斯食之，吾更与女。"乃复赐之脯二束与钱百，而遂去之。处二年，晋灵公欲杀宣孟，伏士于房中以待之，因发酒于宣孟。宣孟知之，中饮而出。灵公令房中之士疾追而杀之。一人追疾，先及宣孟之面，曰："嘻，君舆！吾请为君反死。"宣孟曰："而名为谁？"反走对曰："何以名为！臣骫桑下之饿人也。"还斗而死。宣孟遂活。此《书》之所谓"德几无小"者也。宣孟德一士犹活其身，而况德万人乎？故《诗》曰"赳赳武夫，公侯干城"，"济济多士，文王以宁"。人主胡可以不务哀士？士其难知，唯博之为可，博则无所遁矣。

张仪，魏氏余子也，将西游于秦，过东周。客有语之于昭文君者曰："魏氏人张仪，材士也，将西游于秦，愿君之礼貌之也。"昭文君见而谓之曰：

"闻客之秦，寡人之国小，不足以留客。虽游，然岂必遇哉？客或不遇，请为寡人而一归也，国虽小，请与客共之。"张仪还走，北面再拜。张仪行，昭文君送而资之。至于秦，留有间，惠王说而相之。张仪所德于天下者，无若昭文君。周，千乘也，重过万乘也，令秦惠王师之，逢泽之会，魏王尝为御[⑤]，韩王为右[⑥]，名号至今不忘，此张仪之力也。

孟尝君前在于薛，荆人攻之。淳于髡为齐使于荆，还反，过于薛。孟尝君令人礼貌而亲郊送之，谓淳于髡曰："荆人攻薛，夫子弗为忧，文无以复待矣。"淳于髡曰："敬闻命矣。"至于齐，毕报。王曰："何见于荆？"对曰："荆甚固，而薛亦不量其力。"王曰："何谓也？"对曰："薛不量其力，而为先王立清庙，荆固而攻薛，薛清庙必危，故曰薛不量其力，而荆亦甚固。"齐王知颜色，曰："嘻！先君之庙在焉。"疾举兵救之，由是薛遂全。颠蹶之请，坐拜之谒，虽得则薄矣。故善说者，陈其势，言其方，见人之急也，若自在危厄之中，岂用强力哉？强力则鄙矣。说之不听也，任不独在所说，亦在说者。

注　释

①**堪士**：贤能的人。②**骫**：枯死、枯萎。③**蠲而铺之**：把食物弄干净喂给他。蠲，清洁。④**脯**：干肉。**朐**：屈曲的肉脯。⑤**御**：御手，驾车的人。⑥**右**：车右，古人乘车尚左（以左边为尊），尊者在左，御者在中，另有一人在右陪乘。陪乘称骖乘，又叫车右。

译　文

国家即使小，它的粮食也足以供养天下的贤士，它的车辆也足以乘载天下的贤士，它的钱财也足以礼遇天下的贤士。与天下的贤士为伍，这是周文王称王天下的原因。现在虽然不能称王，以它来安定国家，不也是很容易吗？与贤士为伍，这是赵宣子免于被杀，周昭文君得以尊荣，孟尝君使楚军退却的根本原因。古代建立功名和安定国家、免除自身灾难的人，没有别的途径，必定是遵循这个准则。喜欢贤士不可以以骄横的态度对待。

从前赵宣子赵盾将要到绛邑去，看见一棵弯曲的桑树下，有一个饿得躺在那里起不来的人，宣子停下车，让人给他准备食物，并把食物弄干净给他吃。他咽下两口后，能睁开眼看了。赵宣子对他说："你为什么饿到这种地步？"他回答："我在绛给人做仆隶，回家的路上断了粮，羞于去乞讨，又厌恶私自拿取别人的食物，所以才饿到这种地步。"宣子给了他两块干肉，他拜着接受了，而不敢吃。问他为什么，他回答："我家有老母亲，我想把这些干肉送给她。"赵宣子说："你全都吃了它，我另外再给你。"于是又赠给他两捆干肉和一百钱，就离开了。过了两年，晋灵公想杀死赵宣子，在房中埋伏了兵士，等待赵宣

子到来。灵公于是请赵宣子饮酒，赵宣子知道了灵公的意图，酒喝到一半就走了出去。灵公命令房中的士兵赶快追上去杀死他。有一个人追得很快，先追到赵宣子跟前，说："喂，您快上车逃走，我愿为您回去拼命。"赵宣子说："你名字叫什么？"那人避开回答："问名字干什么？我是桑下那个饥饿的人。"他返回身去与灵公的兵士搏斗而死。赵宣子于是得以活命。这就是《尚书》上所说的"恩德再微小也无所谓小"的意思。赵宣子对一个人施恩德，尚且能使自身活命，更何况对万人施恩德呢？所以《诗经》上说："雄赳赳的武士，是公侯的屏障"，"人才济济，文王因此安康"。君主怎么可以不致力于爱怜贤士呢？贤士是很难了解到的，只有广泛地寻求才可以，广泛地寻找，就不会失掉了。

张仪是魏国大夫的庶子，将要向西到秦国去游说，路过东周。宾客中有个人把这个情况告诉昭文君说："魏国人张仪，是个很有才干的人。将要向西至秦国游说，希望您对他以礼相待。"昭文君会见张仪并且对他说："听说您要到秦国去，我的国家小，不足以留住您，但去游说秦国，难道就一定会受到赏识吗？您倘若得不到赏识，请看在我的面上再回来，我的国家虽然小，愿与您共同掌管。"张仪退避，面向北拜了两拜。张仪临走之际，昭文君给他送行并且资助钱财。张仪到了秦国，待了一段时间，秦惠王很喜欢他，让他当了相。张仪在天下受到的恩德，没有比在昭文君那里受到的更大了。周是个小国，张仪看待它超过了大国。他让秦惠王以昭文君为师。秦国在逢泽盟会诸侯的时候，魏王曾给昭文君当御者，韩王给昭文君当车右，昭文君的名号至今没有被忘掉，这都是张仪的力量啊！

孟尝君从前在薛的时候，楚国人攻打薛。淳于髡为齐国出使楚国，返回的时候，经过薛。孟尝君让人以礼相待，并亲自到郊外送他，对他说："楚国人攻打薛，如果先生您不为此担忧，我将没有办法再侍奉您了。"淳于髡说："遵命。"到了齐国，禀报完毕，齐王说："到楚国见到了什么？"淳于髡回答："楚国很贪婪，薛也不自量力。"齐王说："说的什么意思？"淳于髡回答道："薛不自量力，给先王立了宗庙。楚国贪婪而攻打薛，薛的宗庙必定危险。所以说薛不自量力，楚国也太贪婪。"齐王变了脸色，说，"哎呀！先王的宗庙在那里呢！"于是赶快派兵援救薛，因此薛才得以保全。趴在地上请求，跪拜着请求，即使能得到援救也是很少的。所以善于劝说的人，陈述形势，讲述主张，看到别人危急，就像自己处于危难之中，这样哪里用得着极力劝说呢？极力劝说就鄙陋了。劝说而不被听从，责任不单单在被劝说的人，也在劝说者自己。

顺　说

原　文

善说者若巧士，因人之力以自为力，因其来而与来，因其往而与往，不设形象。与生与长，而言之与响；与盛与衰，以之所归。力虽多，材虽劲，以制其命。顺风而呼，声不加疾也；际高而望，目不加明也，所因便也。

惠盎见宋康王，康王蹀足謦欬[1]，疾言曰[2]："寡人之所说者，勇有力也，不说为仁义者。客将何以教寡人？"惠盎对曰："臣有道于此，使人虽勇，刺之不入；虽有力，击之弗中。大王独无意邪？"王曰："善！此寡人所欲闻也。"惠盎曰："夫刺之不入，击之不中，此犹辱也。臣有道于此，使人虽有勇弗敢刺，虽有力不敢击。大王独无意邪？"王曰："善！此寡人之所欲知也。"惠盎曰："夫不敢刺、不敢击，非无其志也。臣有道于此，使人本无其志也。大王独无意邪？"王曰："善！此寡人之所愿也。"惠盎曰："夫无其志也，未有爱利之心也。臣有道于此，使天下丈夫女子莫不欢然皆欲爱利之，此其贤于勇有力也，居四累之上。大王独无意邪？"王曰："此寡人之所欲得。"惠盎对曰："孔、墨是也。孔丘、墨翟，无地为君，无官为长，天下丈夫女子莫不延颈举踵而愿安利之[3]。今大王，万乘之主也，诚有其志，则四境之内皆得其利矣，其贤于孔、墨也远矣。"宋王无以应。惠盎趋而出，宋王谓左右曰："辨矣[4]，客之以说服寡人也。"宋王，俗主也，而心犹可服，因矣。因则贫贱可以胜富贵矣，小弱可以制强大矣。

田赞衣补衣而见荆王。荆王曰："先生之衣何其恶也？"田赞对曰："衣又有恶于此者也。"荆王曰："可得而闻乎？"对曰："甲恶于此。"王曰："何谓也？"对曰："冬日则寒，夏日则暑，衣无恶乎甲者。赞也贫，故衣恶也。今大王，万乘之主也，富贵无敌，而好衣民以甲，臣弗得也。意者为其义邪？甲之事，兵之事也，刈人之颈，刳人之腹，隳人之城郭，刑人之父子也，其名又甚不荣。意者为其实邪？苟虑害人，人亦必虑害之；苟虑危人，人亦必虑危之。其实人则甚不安。之二者，臣为大王无取焉。"荆王无以应。说虽未大行，田赞可谓能立其方矣。若夫偃息之义，则未之识也。

管子得于鲁，鲁束缚而槛之，使役人载而送之齐，其讴歌而引。管子恐鲁之止而杀己也，欲速至齐，因谓役人曰："我为汝唱，汝为我和。"其所唱适宜走，役人不倦，而取道甚速，管子可谓能因矣。役人得其所欲，己亦得其所欲。以此术也，是用万乘之国，其霸犹少，桓公则难与往也。

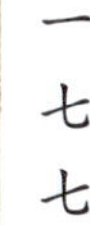

注释

①**蹀足**：顿足。**謦**：轻轻地咳嗽。②**疾言**：大声。③**延颈举踵**：形容非常急切盼望的心情。延颈，伸长脖子。举踵，抬起脚跟。④**辨**：同“辩”。

译文

善于劝说的人像灵巧的人一样，借别人的力量作为自己的力量，顺着他的来势加以引导，顺着他的去势加以推动，丝毫不露形迹，随着他的出现、发展而出现、发展，如同言语与回声一样相随。随着他的兴盛而兴盛，随着他的衰微而衰微，以便因势利导，达到自己的目的。尽管他的力量很大，才能很强，也能控制他的命运。顺着风呼叫，声音并没有加大，可是能从远处听到；登上高处观望，眼睛并没有更亮，然而可以看到远处，这是因为所凭借的东西有利啊。

惠盎谒见宋康王，康王跺着脚，咳嗽着，大声说：“我所喜欢的是勇武有力的人，不喜欢行仁义的人。客人将有何见教啊？”惠盎回答：“我有这样的道术，使人虽然勇武，其兵器却刺不进您的身体，虽然有力，却击不中您。大王您难道无意于这种道术吗？”康王说：“好，这是我想要听的。”惠盎说：“虽然刺不进您的身体，击不中您，但您还是受辱了。我有这样的道术，使人虽然勇武却不敢刺您，虽然有力却不敢击您。大王您难道无意于这种道术吗？”康王说：“好，这是我想知道的。”惠盎说：“那些人虽然不敢刺，不敢击，并不是没有这样的想法啊。我有这样的道术。使人根本就没有这样的想法。大王您难道无意于这种道术吗？”康王说：“好，这是我所希望的。”惠盎说：“那些人虽然没有这样的想法，却没有爱您、使您有利的心。我有这样的道术，使天下的男子、女子都愉快地爱您，使您有利。这就胜过了勇武有力，居于四种有害行为之上了。大王您难道无意于这种道术吗？”康王说：“这是我想要得到的。”惠盎回答：“孔丘、墨翟的品德就能这样。孔丘、墨翟，他们没有领土，但却能像当君主一样得到尊荣；他们没有官职，但却能像当官一样受到尊敬。天下的男子、女子没有谁不伸长脖子、踮起脚盼望他们到来，希望他们平安顺利。现在大王您是拥有万辆兵车大国的君主，如果真有这样的志向，那么西方边境之内就都能得到您的利益了，百姓对您的爱戴就能远远超过孔丘、墨翟了。”宋王无言以对。惠盎快步走了出去，宋王对身边的人说：“很善辩啊，他用言论说服了我。”宋王是个平庸的君主，可是他的心还是可以被说服，这是因为惠盎能因势利导。能因势利导，那么贫贱的就可以胜过富贵的，弱小的就可以制伏强大的了。

田赞穿着破旧衣服去见楚王，楚王说：“先生您的衣服怎么这么破旧呢？”田赞回答：“衣服当中还有比这件更坏的。”楚王说：“可以让我听听吗？”田赞回答：“铠甲比这更坏。”楚王说：“这是什么意思呢？”田赞回答：“冬天穿上冷，夏天穿上热，衣服没有比铠甲更坏的了。我很贫困，所以穿的衣服很坏。现在大王您是大国的君主，富贵无比，却喜欢拿铠甲让人们穿，我不赞成这样。或许这是为了行仁义吗？铠甲的事，是有关战争的事，是

砍断人家的脖子，挖空人家的肚子，毁坏人家的城池，杀死人家的父子的事，那名声又很不荣耀。或许这是为了得到实际利益吗？如果谋划损害别人，别人也必定谋划损害自己；如果谋划让别人遭到危险，别人也必定谋划让自己遭到危险，其实很不安全。这两种情况，我认为大王您还是不要选择。”楚王无话来回答。田赞的主张虽然没有被广泛施行，但仍可以说是能够树立自己的主张了。至于段干木隐居不仕而使魏国安全，那田赞还达不到这种地步。

管仲在鲁国被捉住，鲁国捆起他，把他装在囚笼里，派差役用车载着把他送到齐国，差役全都唱着歌拉车。管仲担心鲁国截住并杀死自己，想赶快到达齐国，于是就对差役们说：“我给你们领唱，然后你们应和我。”他唱的歌节拍正好适合快走，差役们不觉得疲倦，因而走路走得很快。管仲可以说是能利用差役唱歌了，差役满足了自己的愿望，管仲也达到了自己的目的。用这个方法治理拥有万辆兵车的大国，成就霸业尚且不止，只不过齐桓公这个人难以辅佐他成就王业罢了。

不　广

原　文

智者之举事必因时。时不可必成，其人事则不广，成亦可，不成亦可。以其所能托其所不能，若舟之与车。北方有兽，名曰蹶，鼠前而兔后，趋则跲，走则颠，常为蛩蛩距虚取甘草以与之。蹶有患害也，蛩蛩距虚必负而走。此以其所能托其所不能。

鲍叔、管仲、召忽三人相善，欲相与定齐国，以公子纠为必立。召忽曰：“吾三人者于齐国也，譬之若鼎之有足，去一焉则不成。且小白则必不立矣，不若三人佐公子纠也。”管仲曰：“不可。夫国人恶公子纠之母，以及公子纠；公子小白无母，而国人怜之，事未可知，不若令一人事公子小白。夫有齐国必此二公子也。”故令鲍叔傅公子小白，管子、召忽居公子纠所。公子纠外物则固难必。虽然，管子之虑近之矣。若是而犹不全也，其天邪，人事则尽之矣。

齐攻廪丘，赵使孔青将死士而救之，与齐人战，大败之，齐将死。得车二千，得尸三万以为二京[1]。宁越谓孔青曰：“惜矣，不如归尸以内攻之。越闻之，古善战者，莎随贲服，却舍延尸，车甲尽于战，府库尽于葬，此之谓内攻之。”孔青曰：“敌齐不尸则如何？”宁越曰：“战而不胜，其罪一；与人

出而不与人入，其罪二；与之尸而弗取，其罪三。民以此三者怨上，上无以使下，下无以事上，是之谓重攻之。"宁越可谓知用文武矣。用武则以力胜，用文则以德胜。文武尽胜，何敌之不服？

晋文公欲合诸侯，咎犯曰："不可。天下未知君之义也。"公曰："何若？"咎犯曰："天子避叔带之难，出居于郑。君奚不纳之，以定大义？且以树誉。"文公曰："吾其能乎？"咎犯曰："事若能成，继文之业，定武之功，辟土安疆，于此乎在矣。事若不成，补周室之阙，勤天子之难，成教垂名，于此乎在矣。君其勿疑。"文公听之，遂与草中之戎、骊土之翟，定天子于成周。于是天子赐之南阳之地，遂霸诸侯。举事义且利，以立大功，文公可谓智矣。此咎犯之谋也。出亡十七年，反国四年而霸，其听皆如咎犯者邪！

管子、鲍叔佐齐桓公举事，齐之东鄙人有常致苦者。管子死，竖刀、易牙用，国之人常致不苦，不知致苦，卒为齐国良工，泽及子孙，知大礼。知大礼虽不知国可也。

注　释

①京：即京观，古代为炫耀武功，聚集敌尸，封土而堆积的高冢。

译　文

明智的人做事情一定要依靠时机，时机不一定能得到，但人为的努力却不可废弃。得到时机也好，得不到时机也好，用自己能做到的事来弥补自己不能做到的，就像船和车互相弥补其不足一样。北方有一种野兽，名叫蹶，前腿像鼠一样短，后腿像兔一样长，走快了就绊脚，一跑就跌倒。它常常替蛩蛩距虚采鲜美的草，采了以后就给它。蹶有祸患的时候，蛩蛩距虚一定背着它逃走。这就是用自己能够做到的来弥补自己不能做到的。

鲍叔、管仲、召忽三个人彼此很要好，想一起安定齐国，认为公子纠一定能被立为君主。召忽说："我们三个人对于齐国来说，就如同鼎有三足一样，少一个也不成。况且公子小白是一定不会被立为君主了，不如三个人都辅佐公子纠。"管仲说："不行，齐国人厌恶公子纠的母亲，因而连累公子纠；公子小白没有母亲了，因而齐国人很爱怜他。事情如何尚未可知，不如让一个人去侍奉公子小白。将来享有齐国的，一定是这两位公子中的一个。"因此让鲍叔做公子小白的老师，管仲、召忽留在公子纠那里。公子纠在外边，不能说一定成为齐国的君主，虽说如此，管仲的考虑还是有道理的。这样做了如果还不能完备，那大概是天意吧，人为的努力总算是用尽了。

齐国攻打廪丘，赵国派孔青率领敢死的勇士去援救，跟齐国人作战，把齐国人打得大

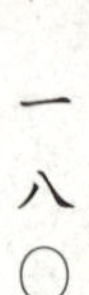

败，齐国的将帅被打死，孔青俘获战车两千辆，得到尸体三万具，他把这些尸体封土堆成两个高丘。宁越对孔青说：“太可惜了，不如把尸体归还给齐国而从内部攻击它。我听说过，古代善于作战的人，该坚守就坚守，该撤退就撤退。我军后退三十里，给敌军以收尸的机会。战车铠甲在战争中丧失尽了，府库里的钱财在安葬战死者时用光了，这就叫作从内部攻击它。”孔青说：“齐人如果不来收尸，那该怎么办？”宁越说：“作战不能取胜，这是他们的第一条罪状；率领士兵出去作战而不能使之回来，这是他们的第二条罪状；给他们尸体，却不来收取，这是他们的第三条罪状。人民将因为这三条怨恨在上位的人，在上位的人没有办法役使在下位的人，在下位的人又无从侍奉在上位的人，这就叫作双重攻击。”宁越可以说是懂得运用文武两种办法了。用武就凭力量取胜，用文就凭仁德取胜。用文用武都能取胜，什么样的敌人能不归服？

晋文公打算会盟诸侯，咎犯说：“不行，天下人还不了解您的道义。”文公说：“应该怎么做？”咎犯说：“天子为了躲避叔带带来的灾难，流亡在郑国。国君何不送他回去，以此确立大义，而且借此树立自己的声誉。”文公说：“我能做到吗？”咎犯说：“事情如果能做成，那么继承文王的事业，确立武王的功绩，开拓土地，安定边疆，就全在此一举了。事情如果不能做成，那么弥补周王室的过失，忧虑周天子的灾难，成就教化，留名青史，也全在此一举了。您还是不要犹豫了。”文公听从了他的主张。于是就跟草中的戎族人、骊土的狄族人一起把周天子安置在成周。天子赐给他南阳那里的土地，文公从而称霸诸侯。做事情既符合道义又有利，因而立了大功，文公可以算是明智了。这都是咎犯的计谋。文公出亡十七年，回晋国四年就能称霸诸侯，他信任的大概都是咎犯那样的人吧。

管仲、鲍叔辅佐齐桓公治理国事时，齐国东方边境地区的人经常向上反映困苦的情况。管仲死了，竖刁、易牙掌权，国内的人经常向上反映不困苦的情况，不敢反映困苦的情况。管仲终于成为齐国的优秀人物，恩泽施及子孙后代，是因为他懂得大礼。懂得大礼，即使不懂得国事也是可以的。

贵　因

原　文

三代所宝莫如因，因则无敌。禹通三江、五湖，决伊阙，沟回陆[1]，注之东海，因水之力也。舜一徙成邑，再徙成都，三徙成国，而尧授之禅位，因人之心也。汤、武以千乘制夏、商，因民之欲也。如秦者立而至，有车也；适越者坐而至，有舟也。秦、越远途也，竫立安坐而至者，因其械也。

武王使人候殷，反报岐周曰[2]：“殷其乱矣。”武王曰：“其乱焉至？”对曰：“谗慝(tè)胜良[3]。”武王曰：“尚未也。”又复往，反报曰：“其乱加矣。”武王

曰："焉至？"对曰："贤者出走矣。"武王曰："尚未也。"又往，反报曰："其乱甚矣。"武王曰："焉至？"对曰："百姓不敢诽怨矣。"武王曰："嘻！"遽告太公。太公对曰："谗慝胜良，命曰戮；贤者出走，命曰崩；百姓不敢诽怨，命曰刑胜。其乱至矣，不可以驾矣。"故选车三百，虎贲三千，朝要甲子之期，而纣为禽，则武王固知其无与为敌也。因其所用，何敌之有矣？

武王至鲔水。殷使胶鬲候周师，武王见之。胶鬲曰："西伯将何之？无欺我也。"武王曰："不子欺，将之殷也。"胶鬲曰："朅(hé)至[4]？"武王曰："将以甲子至殷郊，子以是报矣。"胶鬲行。天雨，日夜不休，武王疾行不辍。军师皆谏曰："卒病，请休之。"武王曰："吾已令胶鬲以甲子之期报其主矣。今甲子不至，是令胶鬲不信也。胶鬲不信也，其主必杀之。吾疾行以救胶鬲之死也。"武王果以甲子至殷郊。殷已先陈矣。至殷，因战，大克之。此武王之义也。人为人之所欲，己为人之所恶，先陈何益？适令武王不耕而获[5]。

武王入殷，闻殷有长者，武王往见之，而问殷之所以亡。殷长者对曰："王欲知之，则请以日中为期。"武王与周公旦明日早要期[6]，则弗得也。武王怪之。周公旦曰："吾已知之矣。此君子也，取不能其主，有以其恶告王，不忍为也。若夫期而不当，言而不信，此殷之所以亡也，已以此告王矣。"

夫审天者，察列星而知四时，因也。推历者，视月行而知晦朔，因也。禹之裸国，裸入衣出，因也。墨子见荆王，锦衣吹笙，因也。孔子道弥子瑕见釐夫人，因也。汤、武遭乱世，临苦民，扬其义，成其功，因也。故因则功，专则拙[7]。因者无敌。国虽大，民虽众，何益？

注释

①**沟回陆**：应为"迵沟陆"之误，疏通沟道。迵，疏通。沟陆，水道。②**候**：刺探。③**谗慝**：邪恶，这里指邪恶的人。④**朅**：通"曷"，何。⑤**不耕而获**：不战而胜。⑥**要期**：约定的时间。⑦**专则拙**：只靠自己的力量就会失败。

译文

夏商周三代最宝贵的东西没有什么比得上顺应、凭借外物了。顺应、凭借外物就能所向无敌。禹疏通三江五湖，凿开伊阙山，使水道畅通，让水流入东海，是顺应了水的力量。舜迁移了一次形成城邑，迁移两次形成都城，迁移三次形成国家，因而尧把帝位让给了他，是顺应了人心。汤、武王凭着诸侯国的地位制伏夏、商，是顺应了人民的愿望。到秦国去的人站在车上就能到达，是因为有车；到越国去的人坐在船上就能到达，是因为有船。秦国、越国路途遥远，安静地站着、坐着就能到达，是因为凭借车船等交通工具。

周武王派人刺探殷商的动静，那人回到岐周禀报说："殷商大概要出现混乱了。"武王说："它的混乱达到什么程度？"那人回答："邪恶的人胜过了忠良的人。"武王说："混乱还没有达到极点。"那人又去刺探，回来禀报说："它的混乱程度加重了。"武王说："达到什么程度？"那人回答："贤德的人都出逃了。"武王说："混乱还没有达到极点。"那人又去刺探，回报说："它的混乱很厉害了！"武王说："达到什么程度？"那人回答："老百姓都不敢讲怨恨不满的话了。"武王说："啊！"赶快把这种情况告诉太公望，太公望回答："邪恶的人胜过了忠良的人，叫作暴乱；贤德的人出逃，叫作崩溃；老百姓不敢讲怨恨不满的话，叫作刑法太苛刻。它的混乱达到极点了，已经无以复加了。"因此挑选了战车三百辆、勇士三千名，朝会诸侯时以甲子日为期兵至牧野，而纣王被擒获了。这样看来，武王本来就知道纣王无法与自己为敌，善于利用敌方的力量，还有什么敌手呢？

武王伐纣到了鲔水，殷商派胶鬲刺探周国军队的情况，武王会见了他。胶鬲说："您将要到哪里去？不要欺骗我。"武王说："不欺骗你，我将要到殷去。"胶鬲说："哪一天到达？"武王说："将在甲子日到达殷都郊外，你拿这话去禀报吧！"胶鬲走了。天下起雨来，日夜不停。武王加速行军，不停止前进。军官们都劝谏说："士兵们很疲惫，请让他们休息休息。"武王说："我已经让胶鬲把甲子日到达殷都郊外的情况禀报给他的君主了，如果甲子日不能到达，这就是让胶鬲没有信用。胶鬲没有信用，他的君主一定会杀死他。我加速行军是为了救胶鬲的命。"武王果然在甲子日到达了殷都的郊外，殷商已经先摆好阵势了。武王到达以后，就开始交战，结果把殷商打得大败。这就是武王的仁义。武王做的是人们所希望的事情，纣王自己做的却是人们所厌恶的事情，事先摆好阵势又有什么用处？正好让武王不战而胜。

武王进入殷都，听说有德高望重的人，武王就去会见他，问他殷商之所以灭亡的原因。那个德高望重的人回答："您如果想要知道，那就请定于明天日中之时。"武王和周公旦第二天提前去了，却没有见到那个人，武王感到很奇怪，周公说："我已经知道他的意思了。这是个君子，他本来就采取不亲近自己君主的态度，现在又要把自己君主的坏处告诉您，他不忍心这样做。至于约定了日期却不如期赴约，说了话却不守信用，这是殷商灭亡的原因。他已经用这种方式把殷商灭亡的原因告诉您了。"

观测天象的人，观察众星运行的情况就能知道四季，是因为有所凭借。推算历法的人，观看月亮运行的情况就能知道晦日、朔日，是因为有所凭借。禹到裸体国去，裸体进去，出来以后再穿衣服，是为了顺应那里的习俗。墨子见楚王，穿上华丽衣服，吹起笙，是为了迎合楚王的爱好。孔子通过弥子瑕去见釐夫人，是为了借此实行自己的主张。汤、武王遇上混乱的世道，面对贫苦的人民，发扬自己的道义，成就了自己的功业，是因为顺应、

依凭外物的缘故。所以善于顺应、依凭外物，就能成功，只凭个人的力量，就会失败。善于顺应、依凭外物的人所向无敌。在这样的人面前，国土即使广大，人民即使众多，又有什么益处？

察今[1]

原文

上胡不法先王之法，非不贤也，为其不可得而法。先王之法，经乎上世而来者也，人或益之，人或损之，胡可得而法？虽人弗损益，犹若不可得而法。东、夏之命，古今之法，言异而典殊，故古之命多不通乎今之言者，今之法多不合乎古之法者。殊俗之民，有似于此。其所为欲同，其所为异。口惛之命不愉[2]，若舟车衣冠滋味声色之不同，人以自是，反以相诽。天下之学者多辩，言利辞倒，不求其实，务以相毁，以胜为故。先王之法，胡可得而法？虽可得，犹若不可法。

凡先王之法，有要于时也，时不与法俱至。法虽今而至，犹若不可法。故择先王之成法[3]，而法其所以为法。

先王之所以为法者，何也？先王之所以为法者，人也。而己亦人也，故察己则可以知人，察今则可以知古，古今一也，人与我同耳。有道之士，贵以近知远，以今知古，以益所见，知所不见。故审堂下之阴，而知日月之行、阴阳之变；见瓶水之冰，而知天下之寒、鱼鳖之藏也；尝一脟[4]肉，而知一镬之味、一鼎之调。

荆人欲袭宋，使人先表澭水。澭水暴益，荆人弗知，循表而夜涉，溺死者千有余人，军惊而坏都舍。向其先表之时可导也，今水已变而益多矣，荆人尚犹循表而导之，此其所以败也。今世之主，法先王之法也，有似于此。其时已与先王之法亏矣，而曰“此先王之法也”，而法之，以此为治，岂不悲哉？

故治国无法则乱，守法而弗变则悖，悖乱不可以持国。世易时移，变法宜矣。譬之若良医，病万变，药亦万变。病变而药不变，向之寿民，今为殇子矣[5]。故凡举事必循法以动，变法者因时而化，若此论则无过务矣。

夫不敢议法者，众庶也；以死守者，有司也；因时变法者，贤主也。是故有天下七十一圣，其法皆不同，非务相反也，时势异也。故曰良剑期乎断，不期乎镆铘；良马期乎千里，不期乎骥骜。夫成功名者，此先王之千里也。

楚人有涉江者，其剑自舟中坠于水，遽契其舟曰："是吾剑之所从坠。"舟止，从其所契者入水求之。舟已行矣，而剑不行，求剑若此，不亦惑乎？以此故法为其国与此同。时已徙矣，而法不徙，以此为治，岂不难哉？

有过于江上者，见人方引婴儿而欲投之江中，婴儿啼，人问其故，曰："此其父善游。"其父虽善游，其子岂遽善游哉？此任物亦必悖矣[⑥]。荆国之为政，有似于此。

注　释

①**察今**：本篇强调因时变法的重要性，说明古今时代不同，制定法令，应明察当前的形势，不要墨守成规。②**口惛**：口音。③**择**：通"释"，放弃、丢弃。④**脟**：切好的肉块。⑤**殇子**：未成年就夭折的孩子。⑥**任物**：对待事物。

译　文

当今的君主为什么不效法古代帝王的法度，并不是古代帝王的法度不好，是因为它不可能被效法。古代帝王的法度，是经过前代流传下来的，有的人增补过，有的人删减过，怎么可能被效法？即使人们没有增补、删减过，还是不可能被效法。东夷和华夏对事物的名称、言辞不同，古代和现代的法度、典制不一样。所以古代的名称与现在的叫法大多不相同，现在的法度与古代的法度大多不相合。不同习俗的人民，与这种情况相似。他们所要实现的愿望相同，他们的所作所为却不同。各地的方言不能改变，如同船、车、衣、帽、美味、音乐、色彩的不同是一样的，可是人们却自以为是，反过来又互相责难。天下有学识的人大都善辩，言谈锋利，是非颠倒，不求符合实际，致力于互相诋毁，以争胜为能事。古代君主的法度，怎么可能被效法呢？即使可能，还是不可以效法。

凡是古代帝王的法度，都是与当时的时势相符合的，时势不能与法度一起流传下来。法度虽然流传到现在，还是不可以效法。所以要放弃古代帝王的现成法度，而取法他们制定法度的依据。

古代帝王制定法度的依据是什么呢？古代帝王制定法度的依据是人。而自己也是人，所以考察自己就可以知道别人，考察现在就可以知道古代。古今的道理是一样的，别人与自己是相同的。有道之人，他们的可贵之处在于由近的可以推知远的，由现在的可以推知古代的，由见到的可以推知见不到的。所以观察堂屋下面的阴影，就可以知道日月运行、阴阳变化的情况；看到瓶里的水结了冰，就知道天下已经寒冷，鱼鳖已经潜藏了；尝一块肉，就可以知道一锅肉的味道，就可以知道一鼎肉味道的调和情况。

楚国人想攻打宋国，派人先在澭水中设置渡河的标志。澭水突然上涨，楚国人不知道，按照标志在夜里渡河，淹死的有一千多人，军队惊乱的状况就像城市里的房屋倒塌一样。当初他们事先设置标志的时候，是可以顺着标志渡河的，现在河水已经发生变化上涨了，楚国人还按照标志渡河，这就是他们之所以失败的原因。现在的君主要效法古代帝王的法度，与这种情况相似。他所处的时代已经与古代帝王的法度不适应了，却还说这是古代帝王的法度而效法它。用这种办法治理国家，难道不是很可悲吗？

所以治理国家没有法度就会出现混乱，死守法度不加以改变就会出现谬误，出现谬误和混乱，是不能保守住国家的。社会变化了，时代发展了，变法是应该的了。这就像高明的医生一样，病万变，药也应该万变。病变了药却不变，原来可以长寿的人，如今就会成为短命的人了。所以凡是做事情一定要依照法度去行动，变法的人要随着时代而变化，如果懂得这个道理，那就没有错误的事了。

那些不敢议论法度的，是一般的百姓；死守法度的，是各级官吏；顺应时代变法的，是贤明的君主。因此古代享有天下的七十一位圣贤君主，他们的法度都不相同，并不是他们有意要彼此相反，而是因为时代和形势不同。所以说好剑期望它能砍断东西，不一定期望它有镆铘那样的美名；好马期求它能行千里远，不一定期求它有骥骜那样的美名。成就功名，这正是古代帝王所希望达到的“千里”。

楚国有个渡江的人，他的剑从船上掉到水里，他急忙在船边刻上记号，说：“这里是我的剑掉下去的地方。”等船停了，就从他刻记号的地方下水去找剑。船已经移动了，可是剑却没有移动，像这样寻找剑，不是太糊涂了吗？用旧法来治理自己的国家，与这个人相同。时代已经改变了，可是法度却不随着改变，想用这种办法治理好国家，难道不是很难吗？

有个从江边经过的人，看见一个人正拉着小孩想把他扔到江中，小孩哭起来。人们问这人为什么，他说：“这个小孩的父亲善于游泳。”父亲虽然善于游泳，儿子难道就善于游泳吗？用这种方法来处理事务，也一定是荒谬的了。楚国处理政事的情况，与此相似。

先识览第四

先　识[1]

原文

凡国之亡也，有道者必先去，古今一也。地从于城，城从于民，民从于

贤。故贤主得贤者而民得，民得而城得，城得而地得。夫地得岂必足行其地，人说其民哉？得其要而已矣。

夏太史令终古出其图法，执而泣之。夏桀迷惑，暴乱愈甚，太史令终古乃出奔如商。汤喜而告诸侯曰："夏王无道，暴虐百姓，穷其父兄，耻其功臣，轻其贤良，弃义听谗，众庶咸怨，守法之臣，自归于商。"

殷内史向挚见纣之愈乱迷惑也，于是载其图法，出亡之周。武王大说，以告诸侯曰："商王大乱，沉于酒德，辟远箕子，爰近姑与息，妲己为政，赏罚无方，不用法式，杀三不辜[2]，民大不服。守法之臣，出奔周国。"

晋太史屠黍见晋之乱也，见晋公之骄而无德义也，以其图法归周。周威公见而问焉，曰："天下之国孰先亡？"对曰："晋先亡。"威公问其故。对曰："臣比在晋也，不敢直言。示晋公以天妖、日月星辰之行多以不当，曰：'是何能为？'又示以人事多不义，百姓皆郁怨，曰：'是何能伤？'又示以邻国不服，贤良不举，曰：'是何能害？'如是，是不知所以亡也，故臣曰晋先亡也。"居三年，晋果亡。威公又见屠黍而问焉，曰："孰次之？"对曰："中山次之。"威公问其故。对曰："天生民而令有别。有别，人之义也，所异于禽兽麋鹿也，君臣上下之所以立也。中山之俗，以昼为夜，以夜继日，男女切倚，固无休息，淫昏康乐，歌谣好悲，其主弗知恶。此亡国之风也。臣故曰中山次之。"居二年，中山果亡。威公又见屠黍而问焉，曰："孰次之？"屠黍不对。威公固问焉，对曰："君次之。"威公乃惧。求国之长者，得义莳、田邑而礼之，得史驎、赵骈以为谏臣，去苛令三十九物，以告屠黍。对曰："其尚终君之身乎！"曰："臣闻之，国之兴也，天遗之贤人与极言之士；国之亡也，天遗之乱人与善谀之士。"威公薨，肂(sì)[3]，九月不得葬，周乃分为二。故有道者之言也，不可不重也。

周鼎著饕餮，有首无身，食人未咽，害及其身，以言报更也。为不善亦然。白圭之中山，中山之王欲留之，白圭固辞，乘舆而去；又之齐，齐王欲留之仕，又辞而去。人问其故，曰："之二国者皆将亡。所学有五尽。""何谓五尽？"曰："莫之必则信尽矣，莫之誉则名尽矣，莫之爱则亲尽矣。行者

无粮，居者无食，则财尽矣。不能用人，又不能自用，则功尽矣。国有此五者，无幸必亡。中山、齐皆当此。”若使中山之王与齐王闻五尽而更之，则必不亡矣。其患不闻，虽闻之又不信。然则人主之务，在乎善听而已矣。夫五割而与赵，悉起而距军乎济上，未有益也。是弃其所以存，而造其所以亡也。

注 释

①**先识**：即预言。本篇主要说明贤者拥有先见之明，当其忠言不被采纳、预见到国家即将灭亡时都纷纷离去，以此论证君王善用人才的重要性。②**杀三不辜**：指纣王的叔父比干进谏，纣王剖其心；纣王砍下一寒冬涉水者的脚，看他为什么不怕冷；纣王剖一孕妇的腹，看其胎儿。③**殔**：暂殡，没有正式下葬。

译 文

凡是国家濒于灭亡，有道之人一定会事先离开，古今都是一样的。土地的归属取决于城邑的归属，城邑的归属取决于人民的归属，人民的归属取决于贤人的归属。所以贤明的君主得到贤人辅佐，人民自然就得到了，得到人民，城邑自然就得到了，得到城邑，土地自然就得到了。土地的获得难道一定要亲自巡视那里，一定要亲自劝说那里的人民吗？只要得到根本就够了。

夏朝的太史令终古拿出法典，抱着哭泣。夏桀执迷不悟，暴虐荒淫更加厉害，终古于是出逃投奔商。商汤高兴地告诉诸侯说：“夏王无道，残害百姓，逼迫父兄，侮辱功臣，轻慢贤人，抛弃礼义，听信谗言，众人都怨恨他，掌管法典的臣子已自行归顺了商。”

殷商的内史向挚看到纣王越来越淫乱昏惑，于是用车载着殷商法典出逃投奔周。武王非常高兴，把这事告诉诸侯：“商王昏乱至极，沉迷于饮酒作乐，躲避疏远箕子，亲近妇女和小人，妲己参与政事，赏罚没有准则，不依法度行事，残杀了三个无辜的人，人民大为不服。他的掌管法典的臣子已出逃到周的国都。”

晋国的太史屠黍看到晋国混乱，看到晋国君主骄横而没有德义，于是带着晋国的法典归顺周国。周威公接见他时问道：“天下的诸侯国哪个先灭亡？”屠黍回答：“晋国先灭亡。”威公问其原因，屠黍回答：“我前一段在晋国的时候，不敢直言劝谏，我拿天象的异常、日月星辰的运行多不合法度的反常现象启示晋君，他说：‘这些又能怎么样？’我又拿人事的处理大多不符合道义，百姓都烦闷怨恨的情况启示他，他说：‘这些又能有什么妨害？’我又拿邻国不归服，贤人得不到举用的情况启示他，他说：‘这些又能有什么危害？’像这样，就是不了解所以灭亡的原因，所以我说晋国先灭亡。”过了三年，晋国果然灭亡了。威公又接见屠黍，问他说：“哪一国接着要灭亡？”屠黍回答：“中山国接着要灭亡。”威公问其原因，屠黍回答：“上天生下人来就让男女有别。男女有别，这是人伦大义，是人与禽兽麋鹿不同的地方，是君臣上下关系所以确立的基础。中山国的习俗，以日为夜，夜以继日，

男女耳鬓厮磨，互相依偎，没有停止的时候，纵情安逸享乐，歌唱喜好悲声，对这种习俗，中山国的君主不知厌恶，这是亡国的风俗，所以我说中山国接着要灭亡。”过了两年，中山国果然灭亡了。威公又接见屠黍，问：“哪一国接着要灭亡？”屠黍不回答。威公坚持问他，他回答：“接着要灭亡的是您。”威公这才害怕了，访求国中德高望重的人，得到义莳、田邑，对他们以礼相待，得到史骥、赵骈，让他们做谏官，废除了苛刻的法令三十九条。威公把这些情况告诉了屠黍，屠黍回答：“这大概可以保您一生平安吧！”又说：“我听说，国家将兴盛的时候，上天给它降下贤人和敢于直言相谏的人；国家将灭亡的时候，上天给它降下乱臣贼子和善于阿谀奉承的人。”威公死了，九个月不得安葬，周国分裂为两个小国。所以有道之人的话，不可以不重视。

周鼎上铸有饕餮纹，有头没有身子，吃人来不及下咽，祸害已连累自身，这是表明恶有恶报。做不善的事也是这样。白圭到中山国，中山国的君主想要留下他，白圭坚决谢绝，乘车离开了。又到了齐国，齐国君主想要留他做官，他又谢绝，离开了齐国。有人问他为什么，他说：“这两个国家都将要灭亡。我听说有‘五尽’。”“什么叫‘五尽’？”白圭说：“没有人信任他，那么信义就丧尽了；没有人赞誉他，那么名声就丧尽了；没有人喜爱他，那么亲人就丧尽了；行路的人没有干粮、居家的人没有吃的，那么财物就丧尽了；不能任用人，又不能发挥自己的作用，那么功业就丧尽了。国家有这五种情况，必定灭亡，无可幸免。中山、齐国都正符合这五种情况。”假如让中山的君主和齐国的君主闻知“五尽”，并改正自己的恶行，那就一定不会灭亡了。他们的祸患在于没有听到这些话，即使听到了又不相信。这样看来，君主需要努力做的，在善于听取意见罢了。中山五次割让土地给赵国，齐湣王率领全部军队在济水一带抵御以燕国为首的五国军队，都没有什么益处，都没有逃脱国亡身死的下场。这是由于他们抛弃了那些能使国家生存的东西，而为自己准备了灭亡的条件。

观　世

原文

天下虽有有道之士，国犹少。千里而有一士，比肩也；累世而有一圣人，继踵也。士与圣人之所自来，若此其难也，而治必待之，治奚由至？虽幸而有，未必知也，不知则与无贤同。此治世之所以短，而乱世之所以长也。故王者不四，霸者不六，亡国相望，囚主相及。得士则无此之患。此周之所封四百余，服国八百余，今无存者矣，虽存皆尝亡矣。贤主知其若此也，故日慎一日，以终其世。譬之若登山，登山者，处已高矣，左右视，尚巍巍焉山

在其上。贤者之所与处，有似于此。身已贤矣，行已高矣，左右视，尚尽贤于己。故周公旦曰："不如吾者，吾不与处，累我者也；与我齐者，吾不与处，无益我者也。"惟贤者必与贤于己者处。贤者之可得与处也，礼之也。

主贤世治，则贤者在上；主不肖世乱，则贤者在下。今周室既灭，天子既废。乱莫大于无天子，无天子则强者胜弱，众者暴寡，以兵相刬，不得休息而佞进，今之世当之矣。故欲求有道之士，则于江河之上，山谷之中，僻远幽闲之所，若此则幸于得之矣。太公钓于滋泉，遭纣之世也，故文王得之。文王千乘也，纣天子也，天子失之，而千乘得之，知之与不知也。诸众齐民，不待知而使，不待礼而令；若夫有道之士，必礼必知，然后其智能可尽也。

晏子之晋，见反裘负刍息于途者[①]，以为君子也，使人问焉，曰："曷为而至此？"对曰："齐人累之，名为越石父。"晏子曰："嘻！"遽解左骖以赎之，载而与归。至舍，弗辞而入。越石父怒，请绝。晏子使人应之曰："婴未尝得交也，今免子于患，吾于子犹未邪？"越石父曰："吾闻君子屈乎不己知者，而伸乎己知者，吾是以请绝也。"晏子乃出见之曰："向也见客之容而已，今也见客之志。婴闻察实者不留声，观行者不讥辞。婴可以辞而无弃乎？"越石父曰："夫子礼之，敢不敬从。"晏子遂以为客。俗人有功则德，德则骄；今晏子功免人于厄矣，而反屈下之，其去俗亦远矣。此令功之道也。

子列子穷[②]，容貌有饥色。客有言之于郑子阳者，曰："列御寇，盖有道之士也，居君之国而穷，君无乃为不好士乎？"郑子阳令官遗之粟数十秉。子列子出见使者，再拜而辞。使者去，子列子入，其妻望而拊心，曰："闻为有道者妻子，皆得逸乐。今妻子有饥色矣，君过而遗先生食，先生又弗受也，岂非命也哉！"子列子笑而谓之曰："君非自知我也，以人之言而遗我粟也，至已而罪我也，有罪且以人言，此吾所以不受也。"其卒民果作难，杀子阳。受人之养，而不死其难则不义，死其难则死无道也。死无道，逆也。子列子除不义，去逆也，岂不远哉！且方有饥寒之患矣，而犹不苟取，先见其化也。先见其化而已动，远乎性命之情也。

注　释

①反裘：反穿皮衣。**②列子**：本名列御寇，战国时代道家学派的杰出代表人物，著名的思想家、文学家。

译　文

天下虽然有有道之士，但本来就很少。如果方圆千里有一个士，那就很多了，可以称得上是肩靠着肩了；如果几代出一个圣人，那就不少了，可以称得上是脚挨着脚了。士和圣人的出现，竟这样困难，可是国家的安定却一定得依靠他们，国家安定的局面怎么能到来？即使幸或有贤人，也未必被人知道，有贤人而不被人知晓，那就跟没有贤人一样。这就是安定的世道之所以很短，而混乱的世道之所以很长的原因啊。所以成就王业的人没有出现四位，称霸诸侯的人没有出现六位，被灭亡的国家一个连着一个，被囚禁的君主一个接着一个。得到士就没有这样的祸患了。这就是周朝所封的四百多个诸侯、归服的八百多个国家如今没有再存在的原因。即便有存在的，也都曾经灭亡过。贤明的君主知道情况是这样，所以一天比一天谨慎，以保自己终身平安。比如说登山，登山的人，登到的地方已经很高了，向左右看，高峻的山还在上边呢。贤人和人相处与此相似。自己已经很贤明了，品行已经很高尚了，向左右看，还都是超过自己的人。所以周公旦说："不如我的人，我不跟他在一起，这是牵累我的人；跟我一样的人，我不跟他在一起，这是对我没有益处的人。"只有贤人一定跟超过自己的人在一起。跟贤人在一起是能够办到的，那就是以礼对待他们。

君主贤明，世道安定，贤人就在上位；君主不肖，世道混乱，贤人就在下位。现在周王室已经灭亡，天子已经被废黜，世道混乱没有比无天子更严重的了。没有天子，强大的就胜过弱小的，人多势众的就欺凌势孤力单的，用军队互相残杀，无法止息。如今的世道就正是这样。所以想要访求有道之士，就应该到江海之滨、山谷之中、僻远幽静之处去访求，这样做就有幸或许能得到他们。太公望在滋泉边钓鱼，是因为正逢纣当政的时代，所以周文王得到了他。文王只是拥有千辆兵车的诸侯，纣是天子。然而天子失去了太公，而诸侯却得到了太公，这是因为文王了解太公，而纣不了解太公。平民百姓，无须了解就可以役使他们，无须礼遇就可以命令他们。至于有道之士，一定要礼遇他们，一定要了解他们，然后才可以让他们把智慧才能全都献出来。

晏子到晋国去，看见一个反穿皮衣背着草的人正在路边休息。晏子认为这个人是个君子，就派人问他说："你为什么到了这里？"那个人回答："我给齐人为奴，名叫越石父。"晏子听了以后说："噢！"立刻解下车左边的马把这个人赎了出来，跟他一起乘车回去。到了馆舍，晏子不向他告辞就进去了。越石父很生气，请求与晏子绝交。晏子派人回答他说："我不曾跟你交朋友。现在我从患难中把你解救出来，我对你还不可以吗？"越石父说："我听说君子在不了解自己的人面前可以忍受屈辱，在已经了解自己的人面前就要挺胸做人。因此我要跟您绝交。"晏子于是出来见他说："刚才只是看到客人的容貌罢了，现在才看到

客人的心志。我听说考察人的实际的人不留意人的名声，观察人的行为的人不考虑人的言辞。我可以向您谢罪而不被拒绝吗？”越石父说：“先生您以上礼对待我，我怎敢不恭敬从命。”晏子于是把他待为上宾。世俗之人有功劳就自以为对别人有恩德，自以为对别人有恩德就骄傲。现在晏子有从困境中解救人的功劳，却反而对被救的人很谦卑，他超出世俗已经相当远了。这就是保全功劳的方法。

列子很贫困，脸上现出饥饿的样子。有个宾客把这种情况告诉给郑相子阳，说：“列御寇是个有道之士，居住在您的国家却很贫困，您恐怕是不喜欢士吧？”子阳让官吏送给列子几百石粮食。列子出来会见使者，拜而又拜，谢绝了。使者离开了，列子进了门，他的妻子怨恨地捶着胸脯说：“听说有道之人的妻子儿女都能得到安乐。如今妻子儿女已经面有饥色，相国派人探望并给先生您送来吃的，先生您又不接受，我们岂不是命中注定要受贫困吗？”列子笑着对她说：“相国自己并不了解我，是因为别人的话才送给我粮食，过不了多久，同样又将会因为别人的话治我的罪，这就是我不接受的原因。”结果人民发难，杀死了子阳。如果接受了人家的供养，却不为他遭难而去死，就是不义，为他遭难而去死，就是为无道之人而死。为无道之人而死，就是悖逆。列子免除不义，避开悖逆，岂不是很有远见吗？正当他有饥寒之苦的时候，尚且不肯随随便便地接受别人的馈赠，这是因为事先预见到了事情的发展变化。事先预见到事物的发展变化，从而采取相应的行动，这就通晓性命的真情了。

知　接[①]

原　文

人之目以照见之也[②]，以瞑则与不见同，其所以为照、所以为瞑异。瞑士未尝照，故未尝见，瞑者目无由接也[③]，无由接而言见，谎。智亦然，其所以接智、所以接不智同，其所能接、所不能接异。智者其所能接远也，愚者其所能接近也。所能接近而告之以远化，奚由相得？无由相得，说者虽工，不能喻矣。戎人见暴布者而问之曰：“何以为之莽莽也？”指麻而示之。怒曰：“孰之壤壤也，可以为之莽莽也？”故亡国非无智士也，非无贤者也，其主无由接故也。无由接之患，自以为智，智必不接。今不接而自以为智，悖。若此则国无以存矣，主无以安矣。智无以接而自知弗智，则不闻亡国，不闻危君。

管仲有疾，桓公往问之曰：“仲父之疾病矣，将何以教寡人？”管仲曰：“齐鄙人有谚曰：‘居者无载，行者无埋。’今臣将有远行[④]，胡可以问？”桓

公曰："愿仲父之无让也。"管仲对曰："愿君之远易牙、竖刁、常之巫、卫公子启方。"公曰："易牙烹其子以慊寡人[5]，犹尚可疑邪？"管仲对曰："人之情，非不爱其子也，其子之忍，又将何有于君？"公又曰："竖刁自宫以近寡人，犹尚可疑邪？"管仲对曰："人之情，非不爱其身也，其身之忍，又将何有于君？"公又曰："常之巫审于死生[6]，能去苛病，犹尚可疑邪？"管仲对曰："死生命也，苛病失也[7]。君不任其命，守其本，而恃常之巫，彼将以此无不为也。"公又曰："卫公子启方事寡人十五年矣，其父死而不敢归哭，犹尚可疑邪？"管仲对曰："人之情，非不爱其父也，其父之忍，又将何有于君？"公曰："诺。"管仲死，尽逐之，食不甘，宫不治，苛病起，朝不肃。居三年，公曰："仲父不亦过乎？孰谓仲父尽之乎？"于是皆复召而反。明年，公有病，常之巫从中出曰："公将以某日薨。"易牙、竖刁、常之巫相与作乱，塞宫门，筑高墙，不通人，矫以公令[8]。有一妇人逾垣入，至公所。公曰："我欲食。"妇人曰："吾无所得。"公又曰："我欲饮。"妇人曰："吾无所得。"公曰："何故？"对曰："常之巫从中出曰：'公将以某日薨。'易牙、竖刁、常之巫相与作乱，塞宫门，筑高墙，不通人，故无所得。卫公子启方以书社四十下卫[9]。"公慨焉叹涕出曰："嗟乎！圣人之所见，岂不远哉？若死者有知，我将何面目以见仲父乎？"蒙衣袂而绝乎寿宫。虫流出于户，上盖以杨门之扇，三月不葬。此不卒听管仲之言也。桓公非轻难而恶管仲也，无由接见也。无由接，固[10]却其忠言，而爱其所尊贵也。

注　释

①**知接**：智慧有限。②**照**：明亮，光亮。③**接**：触及。④**远行**：是对死亡的委婉表达方式。⑤**慊**：满足。⑥**审**：清楚、明白。⑦**失**：精神没有归宿。⑧**矫**：假托。⑨**社**：古代把一社分为二十五家。⑩**固**：通"故"，所以。

译　文

人的眼睛，因为明亮才能看见东西，失明就看不见，看见或看不见，眼睛是相同的，但接触外物时，视力正常或失明却是不同的。失明的人眼睛未曾明亮过，所以从未看见过。失明的人眼睛无法与外物接触，无法与外物接触却说看见了，这是欺骗。智力也是这样。人们的智力达到或达不到，凭借的条件是相同的，但接触外物时，聪明或愚笨却是不同的。

聪明的人，他们的智力能达到很远，愚笨的人，他们的智力所及范围很小。智力所及范围很小的人，却告诉他长远的变化趋势，怎么能理解？对于无法理解的人，游说的人即使善辩，也无法让他明白了。有个戎人看到一个晒布的，就问他说："用什么东西把布织得这样长而大呢？"那个人指着麻让戎人看。戎人生气地说："哪里有这样乱纷纷的东西可以织得这样长而大的布呢！"所以灭亡的国家不是没有聪明之士，也不是没有贤德之人，而是因为亡国的君主智力不及，无法接触他们的缘故。无法接触他们所带来的祸患是自以为聪明，这样智力势必达不到。如果智力达不到却又自以为聪明，这是糊涂。像这样国家就无法生存了，君主就无法安定了。如果君主智力达不到，而自知智力不及，那样就不会有灭亡的国家，不会有处于险境的君主了。

管仲生了重病，桓公去探望他，说："仲父您的病很严重了，您有什么话教诲我呢？"管仲说："齐国的鄙野之人有句谚语：'居家的人不用准备外出时车上装载的东西，行路的人不用准备居家时需要埋藏的东西。'我将要永远地走了，哪还值得询问？"桓公说："希望仲父您不要推辞。"管仲回答："希望您疏远易牙、竖刁、常之巫、卫公子启方。"桓公说："易牙不惜煮了自己的儿子以满足我的口味，这样的人还可以怀疑吗？"管仲回答："人的本性不是不爱自己的儿子，他连自己的儿子都狠心煮死了，对您又怎么能热爱呢？"桓公又说："竖刁阉割了自己以便接近侍奉我，这样的人还可以怀疑吗？"管仲回答："人的本性不是不爱自己的身体，他连自身都狠心阉割了，对您又怎么能热爱呢？"桓公又说："常之巫能明察死生，能驱除鬼降给人的疾病，这样的人还可以怀疑吗？"管仲回答："死生是命中注定的，鬼降给人的疾病是由于精神失守引起的。您不听凭天命，守住根本，却倚仗常之巫，他将借此无所不为了。"桓公又说："卫公子启方侍奉我十五年了，他的父亲死了，他都不敢回去哭丧，这样的人还可以怀疑吗？"管仲回答："人的本性不是不爱自己的父亲，他连自己的父亲都那样狠心对待，对您又怎么能热爱呢？"桓公说："好吧。"管仲死了，桓公把易牙等人全部驱逐了。桓公吃饭不香甜，后宫不安定，生了重病，朝政混乱。过了三年，桓公说："仲父也太过分了吧！谁说仲父的话都得听从呢！"于是又把易牙等人都召了回来。第二年，桓公病了，常之巫从宫内出来说："君主将在某日去世。"易牙、竖刁、常之巫一起作乱，堵塞了宫门，筑起了高墙，不让人进去，假称这是桓公的命令。有一个妇人翻墙进入宫内，到了桓公那里。桓公说："我想吃饭。"妇人说："我没有地方能弄到饭。"桓公又说："我想喝水。"妇人说："我没有地方能弄到水。"桓公说："这是为什么？"妇人回答："常之巫从宫内出来说：'君主将在某日去世。'易牙、竖刁、常之巫一起作乱，堵塞了宫门，筑起了高墙，不让人进来，所以没有地方能弄饭和水。卫公子启方带着四十社的土地和人口投降了卫国。"桓公慨然叹息，流着泪说："唉！圣人所预见到的，难道不是很远吗？如果死者有知，我将有什么脸去见仲父呢？"于是用衣袖蒙住脸，死在寿宫。尸虫爬出门外，尸体上盖着杨门的门扇，过了三个月不能下葬。这是因为桓公不能始终听从管

仲的话。桓公不是轻视灾难、厌恶管仲，而是智力不及，无法知道管仲的话是对的。正因为无法知道，所以不采纳管仲的忠言，反而亲近自己所宠信的那几个小人。

悔　过[①]

原文

穴深寻则人之臂必不能极矣[②]，是何也？不至故也。智亦有所不至。所不至，说者虽辩，为道虽精，不能见矣。故箕子穷于商，范蠡流乎江。

昔秦缪公兴师以袭郑，蹇叔谏曰："不可。臣闻之，袭国邑，以车不过百里，以人不过三十里，皆以其气之趫与力之盛至，是以犯敌能灭，去之能速。今行数千里，又绝诸侯之地以袭国，臣不知其可也。君其重图之。"缪公不听也。蹇叔送师于门外而哭曰："师乎！见其出而不见其入也。"蹇叔有子曰申与视，与师偕行。蹇叔谓其子曰："晋若遏师必于殽。女死不于南方之岸，必于北方之岸，为吾尸女之易[③]。"缪公闻之，使人让蹇叔曰："寡人兴师，未知何如？今哭而送之，是哭吾师也。"蹇叔对曰："臣不敢哭师也。臣老矣，有子二人，皆与师行，比其反也，非彼死则臣必死矣，是故哭。"师行过周，王孙满要门而窥之，曰："呜呼！是师必有疵。若无疵，吾不复言道矣。夫秦非他，周室之建国也。过天子之城，宜橐甲束兵，左右皆下，以为天子礼。今袀服回建，左不轼，而右之超乘者五百乘，力则多矣，然而寡礼，安得无疵？"师过周而东。郑贾人弦高、奚施将西市于周，道遇秦师，曰："嘻！师所从来者远矣，此必袭郑。"遽使奚施归告，乃矫郑伯之命以劳之[④]，曰："寡君固闻大国之将至久矣。大国不至，寡君与士卒窃为大国忧，日无所与焉，惟恐士卒罢弊与糗粮匮乏。何其久也，使人臣犒劳以璧，膳以十二牛。"秦三帅对曰："寡君之无使也，使其三臣丙也、术也、视也于东边候晋之道，过是，以迷惑陷入大国之地。"不敢固辞，再拜稽首受之。三帅乃惧而谋曰："我行数千里、数绝诸侯之地以袭人，未至而人已先知之矣，此其备必已盛矣。"还师去之。

当是时也，晋文公适薨，未葬。先轸言于襄公[⑤]，曰："秦师不可不击也，

臣请击之。”襄公曰:“先君薨,尸在堂,见秦师利而因击之,无乃非为人子之道欤?”先轸曰:“不吊吾丧,不忧吾哀,是死吾君而弱其孤也。若是而击,可大强。臣请击之。”襄公不得已而许之。先轸遏秦师于殽而击之,大败之,获其三帅以归。

缪公闻之,素服庙临,以说于众曰:“天不为秦国,使寡人不用蹇叔之谏,以至于此患。”此缪公非欲败于殽也,智不至也。智不至则不信。言之不信,师之不反也从此生,故不至之为害大矣。

注　释

①**悔过**:追悔改正以前犯下的过错。②**寻**:古代以八尺为一寻,是古代的长度单位。③**尸女之易**:为你们收尸时比较容易。尸,这里是动词,收尸。女,通“汝”,你。④**矫**:假托。⑤**先轸**:晋国名将。

译　文

洞深八尺,那么人的手臂就不能探到底了,这是为什么呢?是因为手达不到的缘故。智力也有达不到的地方。智力达不到,游说的人即使善辩,阐发的道理即使精微,也不能使他体会到。所以箕子被商纣囚禁,范蠡漂泊于三江五湖。

从前,秦穆公发兵偷袭郑国,蹇叔劝阻说:“不可以。我听说过,偷袭他国城邑,用战车不能超过百里,用步兵不能超过三十里,都是凭着士兵士气旺盛和力量强盛时到达,因此进攻敌人能够消灭他们,撤离战场能够迅速离去。现在行军几千里,又要穿越其他诸侯国的领土去偷袭他国,我不知道那怎么可以呢!您还是仔细慎重地考虑考虑吧。”穆公不听从他的意见。蹇叔送军队出征送到城门外,哭着说:“将士们,我看到你们出去却看不到你们回来。”蹇叔的两个儿子术与丙跟军队一起出征。蹇叔对他的儿子们说:“晋国如果阻击我军,一定在崤山。你们战死的话,不死在南山边,就一定要死在北山边,以便我给你们收尸时容易识别。”穆公听说了这件事,派人责备蹇叔说:“我发兵出征,还不知道胜负如何。现在你却哭着送行,这是给我的军队哭丧。”蹇叔回答:“我不敢给军队哭丧。我老了,有两个儿子都和军队一起出征。等到军队回来的时候,不是他们战死,就一定是我死了,因此我才哭。”秦军出征经过周的都城,王孙满关好城门上了闩,从门缝里观看秦军,说:“哎呀,这支军队必遭挫折。如果它不遭挫折,以后我就不再议论‘道’了。秦国非他国可比,它是周王室分封的诸侯国。它的军队经过天子的都城,应该收藏起铠甲兵器,战车上御者左右的甲士都应下车,以此表示向天子行礼。现在这支军队服装上下一色,兵车上建制混乱,左边的将士不凭轼致敬,右边的骖乘跃上车的有五百辆。这些人力气固然是很大了,然而缺少礼仪,这样的军队怎么能不遭挫折?”秦军过了周的都城向东行进。郑国商人弦

高、奚施西行到周的都城去做买卖，在路上遇到秦国军队，弦高说：“啊！这支军队是从很远的地方来的，这一定是去偷袭郑国。”于是立即让奚施回郑国报告，自己就假托郑国国君的命令去慰劳秦军。弦高说：“我们国君本来很早就听说贵国军队要来了。贵军没有来的时候，我们国君和士兵私下替贵军担忧，每天都为此而心情不愉快，唯恐秦军士兵羸弱疲困，干粮缺乏。怎么这么久才到，我们国君派我犒劳贵军，并献给贵军十二头牛作为膳食。”秦军三个主帅回答：“我们的国君没有合适的人可派遣，派了他的三个臣子丙、术、视到东方察看晋国的道路。没想到走过了头，因此迷了路，误入贵国境内。”不敢执意不收，拜而又拜，叩头于地，接受了犒劳的东西。秦军的三个主帅很担心，商议说：“我们行军几千里，多次穿越其他诸侯国的土地去偷袭人家，还没到，人家就已经先知道了，他们的准备一定已经很充分了。”于是回师离开了郑国。

在这时，正赶上晋文公去世．还没有安葬。先轸对襄公说：“秦军不可不袭击，我请您允许我去袭击它。”襄公说：“先君去世，尸体还在堂上，看到秦军有利可图就去袭击它，这恐怕不是当儿子的应该遵循的原则吧！”先轸说：“秦国对我们的丧事不表示慰问，对我们的哀痛不表示忧伤，这是忘掉了我们的先君，欺侮您年幼。他们这样无情无义，我们去袭击它，可以使晋国大大强盛。我请您允许我去袭击它。”襄公不得已才答应了他。先轸在崤山截住并攻击秦军，把它打得大败，俘获了秦军的三个主帅而回。

秦穆公听到这个消息，身穿丧服，到宗庙里哭告祖先，向众人说道：“上天不帮助秦国，才让我没有听从蹇叔的劝谏，以致遭遇这样的祸患。”这并不是穆公想在崤山被打败，而是因为智力达不到。智力达不到就不相信蹇叔的话。不相信蹇叔的话，结果导致了秦军全军覆没。所以智力达不到带来的危害真是太大了。

乐　成

原　文

大智不形，大器晚成，大音希声。禹之决江水也，民聚瓦砾。事已成，功已立，为万世利。禹之所见者远也，而民莫之知，故民不可与虑化举始，而可以乐成功。

孔子始用于鲁。鲁人鹥诵之曰：“麛裘而韠，投之无戾；韠而麛裘，投之无邮。”用三年，男子行乎涂右，女子行乎涂左，财物之遗者，民莫之举。大智之用，固难逾也。

子产始治郑，使田有封洫[1]，都鄙有服。民相与诵之曰：“我有田畴，而子产赋之。我有衣冠，而子产贮之。孰杀子产，吾其与之。”后三年，民又

诵之曰："我有田畴，而子产殖之。我有子弟，而子产诲之。子产若死，其使谁嗣之？"

使郑简、鲁哀当民之诽訾也而弗遂用[②]，则国必无功矣，子产、孔子必无能矣。非徒不能也，虽罪施，于民可也。今世皆称简公、定公为贤，称子产、孔子为能，此二君者，达乎任人也。

舟车之始见也，三世然后安之。夫开善岂易哉？故听无事治，事治之立也，人主贤也。

魏攻中山，乐羊将[③]，已得中山，还反报文侯，有贵功之色。文侯知之，命主书曰："群臣宾客所献书者，操以进之。"主书举两箧以进。令将军视之，书尽难攻中山之事也。将军还走，北面再拜曰："中山之举，非臣之力，君之功也。"当此时也，论士殆之日几矣，中山之不取也，奚宜二箧哉？一寸而亡矣。文侯贤主也，而犹若此，又况于中主邪？中主之患，不能勿为，而不可与莫为。凡举无易之事，气志视听动作无非是者，人臣且孰敢以非是邪疑为哉？皆壹于为，则无败事矣。此汤、武之所以大立功于夏、商，而句践之所以能报其仇也。以小弱皆壹于为而犹若此，又况于以强大乎？

●子产

魏襄王与群臣饮，酒酣，王为群臣祝，令群臣皆得志。史起兴而对曰："群臣或贤或不肖，贤者得志则可，不肖者得志则不可。"王曰："皆如西门豹之为人臣也。"史起对曰："魏氏之行田也以百亩，邺独二百亩，是田恶也。漳水在其旁而西门豹弗知用，是其愚也；知而弗言，是不忠也。愚与不忠，

不可效也。”魏王无以应之。明日，召史起而问焉，曰：“漳水犹可以灌邺田乎？”史起对曰：“可。”王曰：“子何不为寡人为之？”史起曰：“臣恐王之不能为也。”王曰：“子诚能为寡人为之，寡人尽听子矣。”史起敬诺，言之于王曰：“臣为之，民必大怨臣。大者死，其次乃藉臣。臣虽死藉，愿王之使他人遂之也。”王曰：“诺。”使之为邺令。史起因往为之，邺民大怨，欲藉史起。史起不敢出而避之。王乃使他人遂为之。水已行，民大得其利，相与歌之曰：“邺有圣令，时为史公，决漳水，灌邺旁，终古斥卤，生之稻粱。”使民知可与不可，则无所用矣。贤主忠臣，不能导愚教陋，则名不冠后，实不及世矣。史起非不知化也，以忠于主也。魏襄王可谓能决善矣。诚能决善，众虽喧哗而弗为变。功之难立也，其必由哅哅邪[4]。国之残亡，亦犹此也。故哅哅之中，不可不味也。中主以之哅哅也止善，贤主以之哅哅也立功。

注　释

①**洫**：田间的水道。②**诽訾**：毁谤。③**乐羊**：战国初期的魏国将领，领兵讨伐中山国，将其灭亡。④**哅哅**：喧闹的声音。

译　文

最大的智慧不显现，担当大事的人成就较晚，最优美的乐音听来无声。当禹疏导江水的时候，人们却堆积瓦砾加以阻挡。治水的事业完成，功业已建立，给子孙万代带来了好处。禹目光远大，可是人们没有谁知道这一点。所以不可以跟普通的百姓商讨改变现状、进行创业开拓的大事，却可以跟他们享受成功的快乐。

孔子在鲁国开始被任用为官时，鲁国人怨恨地唱道：“穿着鹿皮衣又穿蔽膝，抛弃他没关系。穿着蔽膝又穿鹿皮裘，抛弃他没罪尤。”被任用为官三年之后，鲁国男子在道路右边行走，女子在道路左边行走，财物遗失了，没有人拾取。大智慧的运用，本来就难以让人知晓。

子产开始治理郑国时，让田地有沟渠疆界，让城邑、鄙野有规定的服色。人民一起怨恨地唱道：“我们有田亩，子产征军赋。我们有衣冠，子产收赋税。谁要杀子产，我们去帮助。”三年之后，人民又歌颂他说：“我们有田亩，子产让它增五谷。我们有子弟，子产对他们施教育。子产如果死了，还有谁能继承他的事业？”

假使郑简公、鲁哀公面对人民的诽谤非议，就不再任用子产、孔子了，那么国家一定无所成就，子产、孔子也一定无法施展才能了。不只是不能施展才能，即使被治罪，人民

也会赞同的。如今世上都称赞简公、哀公贤明，称赞子产、孔子有才能。这两位君主很懂得任用人才。

舟、车开始出现的时候，人们都不习惯，过了三代人们才感到习惯。开始做好事难道容易吗？所以听信愚民之言，任何事都办不好。事业之所以成功，全在于君主贤明。

魏国攻打中山国，乐羊为将。乐羊攻下中山国以后，回国向魏文侯报告，显出夸功骄傲的神色。文侯察觉了这一点，就命令主管文书的官吏说："群臣和宾客献上的书信，都拿来献上。"主管文书的官吏搬着两箱书信进上来。文侯让乐将军看这些书信，书信都是责难攻打中山国这件事的。乐将军转身退下几步，向北再拜说："攻下中山国，不是我的力量，是君主您的功劳。"乐羊攻打中山国的时候，议论的人对这件事的非议一天比一天严重了，假使文侯相信了群臣宾客之言，认为中山国不可取，那么哪里用得着两箱书信呢？只需一寸长的书信就足以让乐羊失去功劳了。文侯是贤明的君主，臣下尚且如此，更何况一般的君主呢？一般君主的祸患是不能不让他去做，又不能让他中途不改。君主凡是去做中途不改变的事情，思想意志、视听行动无不认为正确，臣下谁还敢认为不对而横加怀疑呢？君臣都专心去做，就没有做不成的事了。这就是商汤、武王之所以在灭亡夏、商中大立功业，勾践之所以能够报仇的原因。只要君臣全都专心去做，凭借弱小的国家尚且能如此，更何况凭借强大的国家呢？

魏襄王跟臣子们一起喝酒，喝到正畅快的时候，魏王为臣子们祝酒，让臣子们都能得志。史起站起来回答："臣子有的贤明、有的不肖，贤明的人得志可以，不肖的人得志就不可以。"魏王说："让群臣都像西门豹当臣子那样。"史起回答："魏国分配给人民土地，每户一百亩，邺地偏偏给二百亩，这说明那里的土地不好。漳水在它的旁边，可是西门豹却不知利用，这说明他很愚蠢。知道这种情况却不报告，这说明他不忠。愚蠢和不忠，不可效法。"魏王无言以对。第二天，找来史起问他说："漳水还可以灌溉邺的田地吗？"史起回答："可以。"魏王说："你何不替我去做这件事？"史起说："我担心您不能做。"魏王说："你如果真的能替我去做这件事，我全都听你的。"史起恭恭敬敬地答应了，并对魏王说："我去做这件事，人民一定非常怨恨我，严重的会杀死我，次之也会凌辱我。即使我被杀死或被凌辱，希望您派其他人继续完成这件事。"魏王说："好吧。"派他去当邺令。史起于是去邺开始了引漳工程，邺地的人民非常怨恨史起，想要凌辱他，史起不敢出门，躲了起来。魏王就派别人最终完成这一工程。水流到了田里，人民大大受益，一起歌颂他："邺地有贤令，此人是史公。引漳水，灌邺田。古来盐碱地，能长稻和谷。"假使人民知道什么可做、什么不可做，那就没有任用贤人的必要了。贤主忠臣，如果不能教导愚蠢鄙陋的人，那么名声就不能流传到后世，政绩也不能对当代有利了。史起不是不知道事物的发展趋势，是因为他忠于君主。魏襄王可说是能对善行做出决断了。如果真能对善行做出决断，那么众

人即使喧哗，也不会因此而改变。功业之所以难以建立，大概一定是由于众人的吵吵闹闹吧！国家的残破灭亡，也是由于这个原因。所以在众人的吵吵闹闹之中，不可不加以研究体会。一般的君主因为众人的吵吵闹闹就停止了行善，贤明的君主却在众人的吵闹之中建立功业。

察　微

原　文

使治乱存亡若高山之与深溪，若白垩之与黑漆，则无所用智，虽愚犹可矣。且治乱存亡则不然，如可知、如可不知，如可见、如可不见。故智士贤者相与积心愁虑以求之，犹尚有管叔、蔡叔之事与东夷八国不听之谋。故治乱存亡，其始若秋毫[1]。察其秋毫，则大物不过矣。

鲁国之法，鲁人为人臣妾于诸侯，有能赎之者，取其金于府[2]。子贡赎鲁人于诸侯，来而让不取其金。孔子曰："赐失之矣。自今以往，鲁人不赎人矣。取其金则无损于行，不取其金则不复赎人矣。"子路拯溺者，其人拜之以牛，子路受之。孔子曰："鲁人必拯溺者矣。"孔子见之以细，观化远也[3]。

楚之边邑曰卑梁，其处女与吴之边邑处女桑于境上，戏而伤卑梁之处女。卑梁人操其伤子以让吴人，吴人应之不恭，怒杀而去之。吴人往报之，尽屠其家。卑梁公怒，曰："吴人焉敢攻吾邑？"举兵反攻之，老弱尽杀之矣。吴王夷昧闻之怒，使人举兵侵楚之边邑，克夷而后去之。吴、楚以此大隆。吴公子光又率师与楚人战于鸡父，大败楚人，获其帅潘子臣、小帷子、陈夏啮，又反伐郢，得荆平王之夫人以归，实为鸡父之战。凡持国，太上知始，其次知终，其次知中。三者不能，国必危，身必穷。《孝经》曰："高而不危，所以长守贵也；满而不溢，所以长守富也。富贵不离其身，然后能保其社稷，而和其民人。"楚不能之也。

郑公子归生率师伐宋。宋华元率师应之大棘，羊斟御。明日将战，华元杀羊飨士，羊斟不与焉。明日战，怒谓华元曰："昨日之事，子为制；今日之事，我为制。"遂驱入于郑师。宋师败绩，华元虏。夫弩机差以米则不发[4]。战，大机也。飨士而忘其御也，将以此败而为虏，岂不宜哉？故凡

战必悉熟偏备，知彼知己，然后可也。

鲁季氏与郈氏斗鸡。郈氏介其鸡，季氏为之金距[⑤]。季氏之鸡不胜，季平子怒，因归郈氏之宫而益其宅。郈昭伯怒，伤之于昭公，曰："禘于襄公之庙也，舞者二人而已，其余尽舞于季氏。季氏之舞道，无上久矣，弗诛必危社稷。"公怒不审，乃使郈昭伯将师徒以攻季氏，遂入其宫。仲孙氏、叔孙氏相与谋曰："无季氏，则吾族也死亡无日矣。"遂起甲以往[⑥]，陷西北隅以入之，三家为一，郈昭伯不胜而死。昭公惧，遂出奔齐，卒于乾侯。鲁昭听伤而不辩其义，惧以鲁国不胜季氏，而不知仲、叔氏之恐而与季氏同患也，是不达乎人心也。不达乎人心，位虽尊，何益于安也？以鲁国恐不胜一季氏，况于三季？同恶固相助，权物若此其过也。非独仲、叔氏也，鲁国皆恐。鲁国皆恐，则是与一国为敌也，其得至乾侯而卒犹远。

注　释

①**秋毫**：鸟兽在秋天时长出的绒毛，这里借指非常微小的事物。②**府**：收藏钱财的地方，这里指官府的府库。③**观化远**：对事情的发展变化有远见。④**弩机差以米则不发**：弩机出现很微小的偏差就无法发射箭矢。弩机，弩弓上发箭的控制装置。米，一个米粒的长度。⑤**为之金距**：给鸡套上金属爪套。⑥**起甲**：起兵。

译　文

假设治和乱、存和亡的区别像高山和深谷，像白土和黑漆那样分明，那就没有必要运用智慧，即使蠢人也可以知道了。然而治和乱、存和亡的区别并不是这样，好像可知，又好像不可知，好像可见，又好像不可见。所以有才智的人、贤明的人都在千思百虑、用尽心思去探求治乱存亡的征兆，尽管如此，尚且有管叔、蔡叔的叛乱事件和东夷八国不听王命的阴谋。所以治乱存亡，在它们刚刚出现的时候就像秋毫那样，能够明察秋毫，大事就不会出现过失了。

鲁国的法令规定，鲁国人在其他诸侯国给人当奴仆，有能赎出他们的，可以从国库中支取金钱。子贡从其他诸侯国赎出了做奴仆的鲁国人，回来却推辞，不支取金钱。孔子说："端木赐做错了。从今以后，鲁国人不会再赎人了。支取金钱，对品行并没有损害，不支取金钱，就不会有人再赎人了。"子路救了一个溺水的人，那个人用牛来酬谢他，子路收下了牛。孔子说："鲁国人一定会救溺水的人了。"孔子能从细小处看到结果，这是由于他对事物的发展变化观察得远。

楚国有个边境城邑叫卑梁，那里的姑娘与吴国边境城邑的姑娘一起在边境上采桑叶，

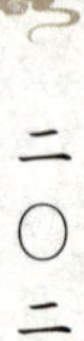

嬉戏时，吴国的姑娘伤了卑梁的姑娘。卑梁人带着受伤的姑娘去责备吴国人，吴国人应答很不恭敬，卑梁人很恼怒，杀死了那个吴国人就走了。吴国人去报复，把那个楚国人全家都杀死了。卑梁的守邑大夫大怒，说："吴国人怎么竟敢攻打我的城邑？"发兵去攻打吴国人，连老弱全都杀死了。吴王夷昧听到这事以后大怒，派人率兵侵犯楚国的边境城邑，攻克楚国边邑，把它夷为平地，然后才离开。吴国、楚国因此展开大战。吴公子光又率领军队在鸡父跟楚国军队交战，把楚军打得大败，俘虏了楚军的主帅潘子臣、小帷子以及陈夏啮。又接着攻打郢，得到了楚平王的夫人，把她带回吴国。这实际上还是鸡父之战的延续。凡是要守住国家，最上等的是洞察事情的开端，其次是预见到事情的结局，再次是随着事情的发展了解它。这三样都做不到，国家一定危险，自身一定困窘。《孝经》说："高却不倾危，这是能够长期保住尊贵的方法。满却不外溢，这是能够长期保住富足的方法。富贵不离身，然后才能保住国家，使人民和谐。"楚国恰恰不能做到这些。

郑公子归生率领军队攻打宋国。宋国的华元率领军队在大棘迎敌，羊斟给他做御手。第二天将要作战，华元杀了羊宴请甲士，羊斟却不在宴请的人中。第二天作战的时候，羊斟愤怒地对华元说："昨天宴请的事由你掌握，今天驾车的事该由我掌握了。"于是把车一直赶进郑国军队里。宋国军队大败，华元被俘。弩机相差一个米粒的位置就不能发射，战争正像一个大的弩机。宴享甲士却忘了自己的驭手，将帅因此战败被俘，难道不是应该的吗？所以凡是作战一定要熟悉全部情况，做好全面准备，知己知彼，然后才可以作战。

鲁国的季氏与郈氏斗鸡，郈氏给他的鸡披上甲，季氏给鸡套上金属爪。季氏的鸡没有斗胜，季平子很生气，于是侵占郈氏的房屋，扩大自己的住宅。郈昭伯非常恼怒，就在昭公面前诋毁季氏说："在襄公之庙举行大祭的时候，舞蹈的人仅有两人而已，其余的人都到季氏家去跳舞了。季氏家舞蹈人数超过规格，他目无君主已经很长时间了，不杀掉他，一定会危害国家。"昭公大怒，不加详察，就派郈昭伯率领军队去攻打季氏，攻入了他的庭院。仲孙氏、叔孙氏彼此商量说："如果没有了季氏，那我们家族离灭亡就没有几天了。"于是发兵前往救助，攻破院墙的西北角进入庭院，三家合兵一处，郈昭伯不能取胜而被杀死。昭公害怕了，于是逃亡到齐国，后来死在乾侯。鲁昭公听信诋毁季氏的话，却不分辨是否合乎道理，他只害怕凭着鲁国不能胜过季氏，却不知道仲孙氏、叔孙氏也很恐惧，他们与季孙氏是患难与共的。这是由于不了解人心。不了解人心，地位即便尊贵，对安全又有什么益处呢？鲁国尚且害怕不能胜过一个季氏，更何况三个季氏呢？他们都厌恶昭公，本来就会互相救助，昭公权衡事情错误到如此地步。不只是仲孙氏、叔孙氏，整个鲁国都会感到恐惧。整个鲁国都感到恐惧，这就是与整个国家为敌了。今得以死在乾侯，还算有幸死得晚了呢！

去宥

原文

东方之墨者谢子将西见秦惠王。惠王问秦之墨者唐姑果，唐姑果恐王之亲谢子贤于己也，对曰："谢子，东方之辩士也，其为人甚险，将奋于说，以取少主也。"王因藏怒以待之。谢子至，说王，王弗听。谢子不说，遂辞而行。凡听言以求善也，所言苟善，虽奋于取少主，何损？所言不善，虽不奋于取少主，何益？不以善为之悫，而徒以取少主为之悖，惠王失所以为听矣[①]。用志若是，见客虽劳，耳目虽弊，犹不得所谓也。此史定所以得行其邪也，此史定所以得饰鬼以人，罪杀不辜，群臣扰乱，国几大危也。人之老也，形益衰，而智益盛。今惠王之老也，形与智皆衰邪！

荆威王学书于沈尹华，昭釐恶之。威王好制，有中谢佐制者，为昭釐谓威王曰："国人皆曰王乃沈尹华之弟子也。"王不说，因疏沈尹华。中谢，细人也[②]，一言而令威王不闻先王之术，文学之士不得进，令昭釐得行其私。故细人之言，不可不察也。且数怒人主，以为奸人除路，奸路已除而恶壅却，岂不难哉？夫激矢则远，激水则旱[③]，激主则悖，悖则无君子矣。夫不可激者，其唯先有度。

邻父有与人邻者，有枯梧树。其邻之父言梧树之不善也，邻人遽伐之。邻父因请而以为薪。其人不说曰："邻者若此其险也，岂可为之邻哉？"此有所宥也。夫请以为薪与弗请，此不可以疑枯梧树之善与不善也。

齐人有欲得金者，清旦，被衣冠，往鬻金者之所，见人操金，攫而夺之。吏搏而束缚之，问曰："人皆在焉，子攫人之金，何故？"对吏曰："殊不见人，徒见金耳。"此真大有所宥也。

夫人有所宥者，固以昼为昏，以白为黑，以尧为桀，宥之为败亦大矣。亡国之主，其皆甚有所宥邪？故凡人必别宥然后知，别宥则能全其天矣。

注　释

①所以为听：听从谏诤的目的。**②细人：**小人，古代对地位较低的人的称呼。**③旱：**通“悍”。

译　文

东方墨家学派的谢子，将要到西方去见秦惠王。惠王向秦国墨家学派的唐姑果打听谢子的情况。唐姑果担心秦王亲近谢子超过自己，就回答道：“谢子是东方能言善辩的人，他的为人很狡诈，他这次来将竭力游说，以取得太子的欢心。”秦王于是心怀愤怒等待谢子到来。谢子来了，劝说秦王，秦王不听从他的意见。谢子很不高兴，就告辞走了。凡听人议论，是为了听取好的意见。所说的意见如果好，即便是竭力想取得太子的欢心，又有什么损害？所说的意见如果不好，即便不是要竭力取得太子的欢心，又有什么益处？不因为他的意见好认为他诚实，而只是因为他想取得太子的欢心就认为他悖逆，惠王丧失了所以要听取意见的目的了。像这样动用心思，会见宾客即使很劳苦，耳朵、眼睛即使非常疲惫，还是得不到宾客言谈的要旨。这就是史定之所以能够干邪僻之事的原因，这就是史定之所以能用人装扮成鬼、加罪杀戮无辜之人，以致群臣骚乱、国家几乎危亡的原因。人到了年老的时候，身体越来越衰弱，可是智慧越来越旺盛。现在惠王已到了老年，难道身体和智慧都衰竭了吗？

楚威王向沈尹华学习文献典籍，昭釐对此很忌恨。威王喜好法制，有个帮助制定法令的中谢官替昭釐对威王说：“国人都说王是沈尹华的弟子。”威王很不高兴，于是就疏远了沈尹华。中谢官是地位卑贱的人，他说了一句话就让威王不能听到先王治国之道，使那些研习、精通古代文献典籍的人不得重用，让昭釐得以实现自己的阴谋。所以对地位卑贱的人所说的话不可不明察。他们多次激怒君主，借此替奸人扫清仕进之路。奸人的仕进之路扫清了，却又厌恶贤人的仕进之路被阻塞，这难道不是很难吗？奋力向后拉箭，箭就射得远；阻遏水流，水势就猛；激怒君主，君主就会悖谬，君主悖谬就没有君子辅佐了。不可激怒的，大概只有心中早有准则的君主吧。

有个人与别人为邻，其家中有棵干枯的梧桐树，与他为邻的一位老者说这棵梧桐不好，他立刻就把它砍伐了。那位老者于是要那棵梧桐树，想拿去当柴烧。他不高兴地说：“这个邻居居然这样居心险恶，怎么可以跟他做邻居呢？”这是有所蔽塞。是否要把那棵梧桐当柴烧，这不能作为怀疑梧桐树好还是不好的依据。

齐国有个一心想得到金子的人，清晨，穿上衣服，戴好帽子，到了卖金子的人那里，看见人拿着金子，便抓住金子就夺了过来。差役把他抓住捆了起来，问他说：“人都在这里，你就抓取人家的金子，这是为什么？”他回答：“我根本没有看见人，只见到金子罢了。”这真是蔽塞到极点了。

有所蔽塞的人，本来就把白天当成黑夜，把白当成黑，把尧当成桀。蔽塞的害处真是

太大了。亡国的君主大概都是蔽塞到极点了吧。所以凡是人一定要能够区分什么是蔽塞，然后才能知道事物的全貌，能够区分什么是蔽塞就能保全自身了。

正　名[①]

原　文

名正则治，名丧则乱。使名丧者，淫说也[②]。说淫则可不可而然不然，是不是而非不非。故君子之说也，足以言贤者之实，不肖者之充而已矣，足以喻治之所悖，乱之所由起而已矣，足以知物之情，人之所获以生而已矣。

凡乱者，刑名不当也[③]。人主虽不肖，犹若用贤，犹若听善，犹若为可者。其患在乎所谓贤从不肖也，所为善而从邪辟，所谓可从悖逆也，是刑名异充而声实异谓也。夫贤不肖，善邪辟，可悖逆，国不乱、身不危，奚待也？

齐湣王是以知说士，而不知所谓士也。故尹文问其故，而王无以应，此公玉丹之所以见信而卓齿之所以见任也。任卓齿而信公玉丹，岂非以自仇邪？

尹文见齐王，齐王谓尹文曰："寡人甚好士。"尹文曰："愿闻何谓士？"王未有以应。尹文曰："今有人于此，事亲则孝，事君则忠，交友则信，居乡则悌，有此四行者，可谓士乎？"齐王曰："此真所谓士已。"尹文曰："王得若人，肯以为臣乎？"王曰："所愿而不能得也。"尹文曰："使若人于庙朝中[④]，深见侮而不斗，王将以为臣乎？"王曰："否。大夫见侮而不斗，则是辱也。辱则寡人弗以为臣矣。"尹文曰："虽见侮而不斗，未失其四行也。未失其四行者，是未失其所以为士一矣。未失其所以为士一，而王以为臣，失其所以为士一，而王不以为臣，则向之所谓士者乃士乎？"王无以应。尹文曰："今有人于此，将治其国，民有非则非之，民无非则非之，民有罪则罚之，民无罪则罚之，而恶民之难治，可乎？"王曰："不可。"尹文曰："窃观下吏之治齐也[⑤]，方若此也。"王曰："使寡人治信若是，则民虽不治，寡人弗怨也。意者未至然乎？"尹文曰："言之不敢无说，请言其说。王之令曰：'杀人者死，伤人者刑。'民有畏王之令，深见侮而不敢斗者，是全王之令也，而王曰'见侮而不敢斗，是辱也'。夫谓之辱者，非此之谓也，以为臣不以为

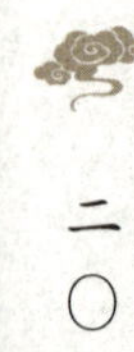

臣者罪之也，此无罪而王罚之也。”齐王无以应。论皆若此，故国残身危，走而之谷，如卫。齐湣王，周室之孟侯也，太公之所以老也。桓公尝以此霸矣，管仲之辩名实审也。

注　释

①正名：辨正名称、名分，使名实相符。名，指名称或名分。**②淫说：**邪说，夸大不实的言论。**③刑：**通“形”，形体，实体。**④庙朝：**君主听政的地方，这里指大庭广众之下。**⑤下吏：**这里暗指齐湣王。

译　文

名分合宜，国家就治理得好；名分不正，国家就混乱。使名分不正的是浮夸失实的言辞。言辞浮夸失实就会把不可以说成可以，把不是这样说成这样，就会把不对说成对，把不错说成错。所以君子的言辞，足以说出贤人的贤明、不肖之人的不肖就行了，足以讲明治世之所以兴盛、乱世由何引起的原因就行了，足以令人知晓事物的真情、人之所以能生存的原因就行了。

凡是混乱，都是由于名实不符造成的。君主即便不贤，也还是知道任用贤人，还是知道听从善言，还是知道做可行之事。他们的弊病就在于他们所认为的贤人只不过是不肖之人，他们所认为的善言只不过是邪僻之言，他们所认为的可行之事只不过是悖逆之事。这就是形名不实、名实不符。把不肖当成贤明，把邪僻当成善良，把悖逆当成可行，像这样，国家不混乱，自身不危险，还等什么呢？

齐湣王知道喜欢士，却不知道什么人才叫士。所以尹文问他什么叫士，湣王无言以对。这就是公玉丹之所以被信任，卓齿之所以被任用的原因。任用卓齿，信任公玉丹，难道不是给自己安排仇人吗？

尹文谒见齐王，齐王对尹文说：“我非常喜欢士。”尹文说：“我希望听您说说什么样的人叫作士。”齐王没有话来回答。尹文说：“假如有这样一个人，侍奉父母很孝顺，侍奉君主很忠诚，结交朋友很守信用，住在乡里敬爱兄长。有这四种品行的人，可以叫作士吗？”齐王说：“这真是所说的士了。”尹文说：“您得到这个人，肯用他做臣子吗？”齐王说：“这是我所希望的，但不能得到。”尹文说：“假如这个人在大庭广众之中受到莫大侮辱却不争斗，您还将让他做臣子吗？”齐王说：“不。士受到侮辱却不争斗，这就是耻辱。甘心受辱，我就不让他做臣子了。”尹文说：“这个人虽然受到侮辱而不争斗，但他并没有丧失上述四种品行。没有丧失上述四种品行，这就是说没有丧失一点成为士的条件。没有丧失一点成为士的条件，可是大王您却不让他做臣子，那么您先前所认为的士还是士吗？”齐王无言以对。尹文说：“假如有这样一个人，将治理他的国家，人民有错误责备他们，人民没有错误也责备他们，人民有罪惩罚他们，人民没有罪也惩罚他们。这样做，反倒埋怨人民

难以治理，可以吗？”齐王说：“不可以。”尹文说：“我私下观察您的臣属治理齐国正像这样。”齐王说：“假如我治理国家真的像这样，那么人民即使治理不好，我也不怨恨。或许我还没有到这个地步吧！”尹文说：“我既然这样说就不能没有理由，请允许我说一说理由。您的法令说：‘杀人的处死，伤人的受刑。’人民中有的敬畏您的法令，受到很大侮辱而不敢争斗，这是顾全您的法令，可是您却说：‘受侮辱而不敢争斗，这是耻辱。’真正叫作耻辱的，不是说的这种情况。本该做臣子的，您却不让他做臣子，等于是惩罚他。这就是没有罪过而您却惩罚他。”齐王无言以对。齐王做事都像这样，所以国家残破，自身危急，逃到穀邑，又到了卫国。齐国是周朝分封的诸侯之长，太公在这里得以寿终。桓公曾凭借齐国称霸诸侯，这是由于管仲辨察名实非常详细明确。

审分览第五

审　分

原　文

凡人主必审分，然后治可以至，奸伪邪辟之涂可以息[①]，恶气苛疾无自至。夫治身与治国，一理之术也。今以众地者，公作则迟，有所匿其力也；分地则速，无所匿迟也。主亦有地，臣主同地，则臣有所匿其邪矣，主无所避其累矣。凡为善难，任善易。奚以知之？人与骥俱走，则人不胜骥矣；居于车上而任骥，则骥不胜人矣。人主好治人官之事，则是与骥俱走也，必多所不及矣。夫人主亦有居车，无去车，则众善皆尽力竭能矣，谄谀诐贼巧佞之人无所窜其奸矣，坚穷廉直忠敦之士毕竟劝骋骛矣。人主之车，所以乘物也。察乘物之理，则四极可有。不知乘物而自怙恃，夺其智能，多其教诏，而好自以，若此则百官恫扰，少长相越，万邪并起，权威分移，不可以卒，不可以教，此亡国之风也。

王良之所以使马者[②]，约审之以控其辔，而四马莫敢不尽力。有道之主，其所以使群臣者亦有辔。其辔何如？正名审分，是治之辔已。故按其实而审其名，以求其情；听其言而察其类，无使放悖。夫名多不当其实、而事多不当其用者，故人主不可以不审名分也。不审名分，是恶壅而愈塞也。壅塞之任，不在臣下，在于人主。尧、舜之臣不独义，汤、禹之臣不独忠，得其数也；桀、纣之臣不独鄙，幽、厉之臣不独辟，失其理也。

今有人于此，求牛则名马，求马则名牛，所求必不得矣。而因用威怒，有司必诽怨矣，牛马必扰乱矣。百官，众有司也；万物，群牛马也。不正其名，不分其职，而数用刑罚，乱莫大焉。夫说以智通，而实以过悗[3]；誉以高贤，而充以卑下；赞以洁白，而随以污德；任以公法，而处以贪枉；用以勇敢，而堙以罢怯；此五者，皆以牛为马，以马为牛，名不正也。故名不正，则人主忧劳勤苦，而官职烦乱悖逆矣。国之亡也，名之伤也，从此生矣。白之顾益黑，求之愈不得者，其此义邪！故至治之务，在于正名。名正则人主不忧劳矣。不忧劳则不伤其耳目之主，问而不诏，知而不为，和而不矜，成而不处。止者不行，行者不止，因形而任之，不制于物，无肯为使，清静以公，神通乎六合，德耀乎海外，意观乎无穷，誉流乎无止，此之谓定性于大湫，命之曰无有。故得道忘人，乃大得人也，夫其非道也？知德忘知，乃大得知也，夫其非德也？至知不几，静乃明几也，夫其不明也？大明不小事，假乃理事也，夫其不假也？莫人不能，全乃备能也，夫其不全也。是故于全乎去能，于假乎去事，于知乎去几，所知者妙矣。若此则能顺其天，意气得游乎寂寞之宇矣，形性得安乎自然之所矣。全乎万物而不宰，泽被天下而莫知其所自始，虽不备五者，其好之者是也。

●耕作图

注　释

①涂：同“途”，路径。**②王良**：春秋时代晋国的驾车高手。**③悗**：迷惑。

译　文

凡是君主，一定要明察君臣的职分，然后国家的安定才可以实现，奸诈邪僻的渠道才可以堵塞，浊气恶疫才无法出现。修养自身与治理国家，其方法道理是一样的。现在用许多人耕种土地，共同耕作就缓慢，这是因为人们有办法藏匿自己的力气，分开耕作就迅速，这是因为人们无法藏匿力气。君主治理国家也像种地一样，臣子和君主共同治理，臣子就有办法藏匿自己的私心，君主就无法避开负累了。凡是亲自去做善事就困难，任用别人做善事就容易。凭什么知道是这样？人与千里马一起跑，那么人不能胜过千里马，人坐在车上驾驭千里马，那么千里马就不能胜过人了。君主喜欢处理官吏职权范围内的事，那么这就是与千里马一起跑，一定在很多方面都赶不上。君主也必须像驾车的人一样坐在车上，不要离开车子，那么所有做善事的人就都会尽心竭力了，阿谀奉承、邪恶奸巧的人就无法藏匿其奸了，刚强睿智、忠诚淳朴的人就会争相努力去奔走效劳了。君主的车子，是用来载物的。明察了载物的道理，那么四方边远之地都可以占有，不懂得载物的道理，仗着自己的能力，夸耀自己的才智，教令下得很多，好凭自己的意图行事，这样各级官吏恐惧骚乱，长幼失序，各种邪恶一起出现，权威分散下移，不可以善终，不可以施教，这是亡国的风气。

王良驾马的方法是，明察驾马的要领，握住马缰绳，因而四匹马没有敢不用尽力气的。有道术的君主，他驾驭臣子们也有“缰绳”。那“缰绳”是什么？辨正名分，明察职分，这就是治理臣子们的“缰绳”。所以依照实际审察名分，以便求得真情，听到言论要考察其所行之事，不要让它们彼此悖逆。名分有很多不符合实际，所行之事有很多不切合实用的，所以君主不可不辨明名分。不辨明名分，这就是厌恶壅闭反而更加阻塞。阻塞的责任，不在臣子，在于君主。尧、舜的臣子并不全是仁义的，汤、禹的臣子并不全是忠诚的，他们能称王天下，是因为驾驭臣子得法！桀、纣的臣子并不全是鄙陋的，幽王、厉王的臣子并不全是邪僻的，他们亡国丧身，是因为驾驭臣子不得法。

假如有这样一个人，想要牛却说马，想要马却说牛，那么他所要的一定不能得到，而他却因此生气发怒，主管人虽一定会责备怨恨他，牛马也一定会受到扰乱。百官就如同众多的主管人员一样，万物就如同众多的牛马一样。不分辨清楚他们的名分，不区别他们的职责，却频繁地使用刑罚，惑乱没有比这更大的了。称道一个人明智通达，实际上这人却愚蠢糊涂，称赞一个人高尚贤德，实际上这人却很卑下；赞誉一个人品德高尚，这人紧跟着表露的却是污秽的品德；委任一个人执掌公法，这人做起事来却贪赃枉法；由于外表勇敢任用一个人，而他内心却疲弱怯懦。这五种情况，都是以牛为马、以马为牛，都是名分不正。所以名分不正，那么君主就忧愁劳苦，百官就混乱乖逆了。国家被灭亡，名声受损害，就由

此产生了。想要白，反倒更加黑了，想得到，却越发不能得到，大概都是这个道理吧！所以国家大治需要做的事情，在于辨正名分。名分确认了，那么君主就不受忧愁劳苦了。不受忧愁劳苦，那么就不会损伤耳目的天性了。多询问，却不专断地下指示。虽然知道怎样做，却不亲自去做。和谐万物，却不自夸。事情做成了，却不居功，静止的东西不让它运动，运动的东西不让它静止。依照事物的特点加以使用，不为外物所制约，不肯被外物役使。清净而公正，精神流传到天地四方，品德照耀到四海之外，思想永远不衰，美名流传不止，这就叫作把性命寄托在深邃幽远之处，命名为无形。所以得道之人能忘掉别人，这样就非常得人心，那怎么能不算有道呢？知道自己有德，不在乎让人知道，这样就更能为人所知，那怎么能不算有德呢？非常有德的人外表不机敏，安然处之，机敏就会显露出来，那怎么能算不聪明呢？特别聪明的人不做小事，大事才能去做，那怎么能不算伟大呢？修真得道的人无所能，但人们全都归附他，于是就无所不能了，那怎么能不算完美之人呢？因此有了众人效力就无须事事都能做，做了大事就无须做小事，被人了解就无须外表机敏，这样所知道的就很微妙了，像这样，就能顺应天性，意气就可以在空旷寂静的宇宙中遨游了，形体就可以在自然的境界里获得安适了。包容万物却不去主宰，恩泽覆盖天下却没有谁知道是从哪里开始的，即使不具备这五种情况，也可以说是爱好这些了。

君　守

原　文

得道者必静，静者无知，知乃无知[1]，可以言君道也。故曰中欲不出谓之扃，外欲不入谓之闭，既扃而又闭，天之用密。有准不以平，有绳不以正，天之大静。既静而又宁，可以为天下正[2]。身以盛心，心以盛智，智乎深藏，而实莫得窥乎。《鸿范》曰："惟天阴骘下民。"阴之者，所以发之也。故曰不出于户而知天下，不窥于牖而知天道。其出弥远者，其知弥少，故博闻之人、强识之士阙矣，事耳目、深思虑之务败矣，坚白之察、无厚之辩外矣。不出者，所以出之也；不为者，所以为之也。此之谓以阳召阳，以阴召阴。东海之极，水至而反，夏热之下，化而为寒。故曰天无形，而万物以成；至精无象，而万物以化；大圣无事，而千官尽能。此乃谓不教之教，无言之诏。故有以知君之狂也，以其言之当也；有以知君之惑也，以其言之得也。君也者，以无当为当，以无得为得者也。当与得不在于君，而在于臣。故善为君者无识，其次无事。有识则有不备矣，有事则有不恢矣。不备不恢，

此官之所以疑，而邪之所从来也。今之为车者，数官然后成。夫国岂特为车哉？众智众能之所持也，不可以一物一方安车也。

夫一能应万、无方而出之务者，唯有道者能之。鲁鄙人遗宋元王闭，元王号令于国，有巧者皆来解闭。人莫之能解。兒说之弟子请往解之，乃能解其一，不能解其一，且曰："非可解而我不能解也，固不可解也。"问之鲁鄙人。鄙人曰："然，固不可解也。我为之而知其不可解也。今不为而知其不可解也，是巧于我。"故如兒说之弟子者，以"不解"解之也。郑大师文终日鼓瑟而兴，再拜其瑟前曰："我效于子，效于不穷也。"故若大师文者，以其兽者先之，所以中之也。故思虑自心伤也，智差自亡也，奋能自殃，其有处自狂也。故至神逍遥倏忽，而不见其容，至圣变习移俗而莫知其所从，离世别群而无不同，君民孤寡而不可障壅，此则奸邪之情得，而险陂谗慝谄谀巧佞之人无由入。凡奸邪险陂之人，必有因也。何因哉？因主之为。人主好以己为，则守职者舍职而阿主之为矣。阿主之为，有过则主无以责之，则人主日侵而人臣日得。是宜动者静，宜静者动也。尊之为卑，卑之为尊，从此生矣。此国之所以衰而敌之所以攻之者也。

奚仲作车，仓颉作书，后稷作稼，皋陶作刑，昆吾作陶，夏鲧作城，此六人者所作当矣，然而非主道者，故曰作者忧，因者平。惟彼君道，得命之情。故任天下而不强，此之谓全人。

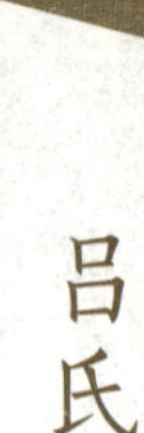

注释

①乃：动词，是，就是。**②正**：主宰。

译文

得道的人一定平静，平静的人什么都不知道，知道就是不知道，这样就可以跟他谈论当君主的原则了。所以说内心的欲望不显露出来叫作封锁，外面的欲望不进入内心叫作关闭。既封锁又关闭，天性由此得以宁静。有水准仪也不用它测平，有墨绳也不用它测直，天性因此非常清净。既清净又安宁，就可以当天下的主宰了。身体是用来保藏心的，心是用来保藏智慧的，智慧被深深保藏着，因而实情就不能被窥看到了。《鸿范》说："只有上天庇护人民并让人民安定。"庇护人民，是为了让人民繁衍生息。所以说不出门就能知道天下事，不从窗户向外望就能知道天的运行规律。那些出去越远的人，他们知道得就越少。

所以见闻广博、记忆力强的，他们的智慧就欠缺了，致力于耳聪目明、深思熟虑的，他们的智慧就毁坏了，考察“坚白”、论辩“无厚”的，他们的智慧就抛弃了。不出门，正是为了达到出门的效果，不做事，正是为了实现做事的目的。这就叫作用阴气招来阳气、用阳气招来阴气。东海那样远，水流到那里还会回来，过了夏天的炎热期以后，就会慢慢变得寒冷。所以说广漠的上天虽无形，可是万物靠它能生成；最精微的元气虽无影，可是万物靠它能化育；非常圣明的人虽不做事，可是所有官吏都把才能使出来，这就叫作不进行教化的教化、不说话的诏告。所以有办法知道君主狂妄，那就是根据他自以为说的话恰当；有办法知道君主昏惑，那就是根据他自以为说的话得体。所谓君主，就是以不求恰当为恰当、以不求得体为得体的人。恰当与得体不属于君主的范围，而属于臣子的范围。所以善于当君主的人不担当任何官职，其次是不做具体的事情。担当官职就会有不能完备的情况，做具体事情就会有不能周全的情况。不完备、不周全，这是官吏之所以产生疑惑，邪僻之所以出现的原因。现在制造车子的，要经过许多有关部门然后才能造成。治理国家难道只像造车子吗？国家是靠众人的智慧和才能来维护的，不可以用一件事情、一种方法使它固定下来。

能以不变应万变，没有方法却能做成事情的，只有有道之人才能这样。有个鲁国边远地区的人送给宋元王连环结，宋元王在国内传下号令，让灵巧的人都来解绳结。没有人能解开。兒说的学生请求去解绳结，只能解开其中的一个，不能解开另一个，并且说：“不是可以解开而我不解开，这个绳结本来就不能解开。”向鲁国边远地区的人询问一下，他说：“是的，这个绳结本来不能解开，我打的这连环结，因而知道它不能解开。现在这人没有打这连环结，却知道它不能解开，这就是比我灵巧啊。”所以像兒说的学生这样的人，是用“不可以解开”的回答解决了绳结的问题。郑国的太师文弹瑟弹了一整天，而后站起来。在瑟前拜了两拜说：“我学习你，学习你的音律变化无穷。”所以像太师文这样的人，先让自己的心如兽类一样冥然无知，所以才能掌握弹瑟的规律。所以思虑就会使自己受到损伤，智巧就会使自己遭到灭亡，自夸逞能就会使自己遭殃，担当职务就会使自己狂妄。所以神妙至极就能逍遥自得转瞬即逝，但人们却看不到它的形体，圣明至极就能移风易俗，但人们却不知道是跟随着什么改变的，超群出世，但没有不和谐的，治理人民，称孤道寡，而不受阻塞壅闭。这样，奸邪的实情就能了解，阴险邪僻，善进谗言，阿谀奉承、机巧虚诈的人就无法靠近了。凡是奸邪险恶的人，一定要有所凭借。凭借什么呢？就是凭借君主的亲自做事。君主喜欢亲自做事，那么担当官职的人就会放弃自己的职责去屈从君主所做的事了。屈从君主所做的事，有了过错，君主也就无法责备他，这样君主就会一天天受损害，臣子就会一天天得志。这是该运动的却安静，该安静的却运动。尊贵的变为卑下的，卑下的变为尊贵的，这种现象就由此产生了。这就是国家之所以衰弱，敌国之所以进犯的原因。

奚仲创造了车子，仓颉创造了文字，后稷发明了种庄稼，皋陶制定了刑罚，昆吾创造了陶器，夏鲧发明了筑城方法。这六个人所创造的东西都是适宜的，然而却不是君主所应做的。所以说创造的人忙乱，靠别人创造的人平静。只有掌握了当君主的原则，才能了解性命的真谛。所以驾驭天下而不感到费力，这样的人就是完人。

任　数[①]

原　文

凡官者，以治为任，以乱为罪。今乱而无责，则乱愈长矣。人主以好暴示能，以好唱自奋，人臣以不争持位，以听从取容，是君代有司为有司也，是臣得后随以进其业。君臣不定，耳虽闻不可以听，目虽见不可以视，心虽知不可以举，势使之也。凡耳之闻也藉于静，目之见也藉于昭，心之知也藉于理。君臣易操，则上之三官者废矣[②]。亡国之主，其耳非不可以闻也，其目非不可以见也，其心非不可以知也，君臣扰乱，上下不分别，虽闻曷闻，虽见曷见，虽知曷知，驰骋而因耳矣，此愚者之所不至也。不至则不知，不知则不信。无骨者不可令知冰。有土之君，能察此言也，则灾无由至矣。

且夫耳目知巧，固不足恃，惟修其数、行其理为可。韩昭釐侯视所以祠庙之牲，其豕小，昭釐侯令官更之。官以是豕来也，昭釐侯曰："是非向者之豕邪？"官无以对。命吏罪之。从者曰："君王何以知之？"君曰："吾以其耳也。"申不害闻之，曰："何以知其聋？以其耳之聪也。何以知其盲？以其目之明也。何以知其狂？以其言之当也。故曰去听无以闻则聪，去视无以见则明，去智无以知则公。去三者不任则治，三者任则乱。"以此言耳目心智之不足恃也。耳目心智，其所以知识甚阙，其所以闻见甚浅。以浅阙博居天下[③]、安殊俗、治万民，其说固不行。十里之间而耳不能闻，帷墙之外而目不能见，三亩之宫而心不能知。其以东至开梧，南抚多颣，西服寿靡，北怀儋耳[④]，若之何哉？故君人者，不可不察此言也。

治乱安危存亡，其道固无二也。故至智弃智，至仁忘仁，至德不德。无言无思，静以待时，时至而应，心暇者胜。凡应之理，清净公素，而正始卒，

焉此治纪，无唱有和，无先有随。古之王者，其所为少，其所因多。因者，君术也；为者，臣道也。为则扰矣，因则静矣。因冬为寒，因夏为暑，君奚事哉？故曰君道无知无为，而贤于有知有为，则得之矣。

有司请事于齐桓公，桓公曰："以告仲父。"有司又请，公曰："告仲父。"若是三。习者曰："一则仲父，二则仲父，易哉为君！"桓公曰："吾未得仲父则难，已得仲父之后，曷为其不易也？"桓公得管子，事犹大易，又况于得道术乎？

孔子穷乎陈、蔡之间，藜羹不斟，七日不尝粒，昼寝。颜回索米，得而爨之，几熟，孔子望见颜回攫其甑中而食之。选间，食熟，谒孔子而进食。孔子佯为不见之。孔子起曰："今者梦见先君，食洁而后馈。"颜回对曰："不可。向者煤炱入甑中，弃食不祥，回攫而饭之。"孔子叹曰："所信者目也，而目犹不可信；所恃者心也，而心犹不足恃。弟子记之，知人固不易矣。"故知非难也，所以知人难也。

注释

①**任数**：指要掌握和运用驾驭臣下的权术、方法。本篇属于法家思想。②**三官**：指耳、目、心三个器官。③**博**：扩大。④**开梧、多颚、寿靡、儋耳**：分别是最东、最南、最西、最北的国家。

译文

凡是任用官吏，把治理得好看成能胜任，把治理得混乱看成有罪。现在治理得混乱却不加责备，那么混乱就更加厉害了。君主以好炫耀来显示自己的才能，以好做先导来自夸，臣子以不劝谏君主来保住官职，以曲意听从来求得收容，这就是君主代替主管官吏当主管官吏，这就是臣子得以跟随着干那些保住官职、曲意求存的事情。君臣的正常关系不确定，耳朵即使能听也无法听清，眼睛即使能看也无法看清，内心即使知道也无法选取，这是情势使他这样的。耳朵能听见是凭借着寂静，眼睛能看见是凭借着光明，内心能知道是凭借着义理。君臣如果交换了各自的职守，那么上面说的三种器官的功用就被废弃了。亡国的君主，他的耳朵不是不可以听到，他的眼睛不是不可以看到，他的内心不是不可以知道，君臣的职分混乱，上下不加分别，即使听到，又能真正听到什么？即使看到，又能真正看到什么？即使知道，又能真正知道什么？要达到随心所欲、无所不至的境界，就得有所凭借，这是愚蠢君主的智慧所不能达到的。不能达到就不能知道，不能知道就不相信这种情

况。没有骨骼的虫子春生秋死，不可能让它知道有冰雪。拥有疆土的君主，能明察这些的话，那么灾祸就无法到来了。

再说耳目智巧，本来就不足以依靠，只有讲求驾驭臣下的方法，按照义理行事才可以依靠。韩昭釐侯察看用来祭祀宗庙的牺牲，其中猪很小，昭釐侯让官员用大猪替换小猪。那官员又把这头小猪拿了来，昭釐侯说："这不是刚才的猪吗？"那官员无言以对。昭釐侯就命令官吏治他的罪。昭釐侯的侍从说："君王您是根据什么知道的？"昭釐侯说："我是根据猪的耳朵识别出来的。"申不害听到了这件事，说："根据什么知道他聋，根据他的听觉不好；根据什么知道他瞎，根据他的视力不好；根据什么知道他狂妄，根据他的话不得当。所以说去掉听觉无法听见了，那么听觉就灵敏了；去掉视觉无法看见了，那么目光就敏锐了；去掉智慧无法知道了，那么内心就公正无私了。去掉这三种东西不使用，就治理得好，使用这三种东西，就治理得乱。"以此说明耳目心智不足以依靠。耳目心智，它们所能了解认识的东西很贫乏，它们所能听到、见到的东西很肤浅。凭着肤浅贫乏的知识占有广袤的天下，使不同习俗的地区安定，治理全国人民，这种主张必定是行不通的。十里远的范围，耳朵就不能听到，帷幕墙壁的外面，眼睛就不能看见，三亩大的宫室里的情况，心就不能知道。往东到开梧国，往南安抚多颚国，往西让寿靡国归服，往北让儋耳国归顺，那又该怎么办呢？所以当君主的，不可不明察这些话。

治乱安危存亡，本来就没有另外的道理。所以最大的聪明是丢掉聪明，最大的仁慈是忘掉仁慈，最高的道德是不要道德。不说话、不思虑，清净地等待时机，时机到来再行动，内心闲暇的人就能取胜。凡是行动，其准则是清静无为，公正质朴，自始至终都端正。这样来整顿纲纪，就能做到虽然没有人倡导，但有人应和，虽然没有人带头，但有人跟随。古代称王的人，他们所做的事很少，所凭借的却很多。善用凭借，是当君主的方法，亲自做事，是当臣子的准则。亲自去做就会忙乱，善用凭借就会清净。顺应冬天而带来寒冷，顺应夏天而带来炎热，君主还要做什么事呢？所以说当君主的原则是无知无为，却胜过有知有为。这样就掌握了当君主的方法了。

主管官吏向齐桓公请示事情，桓公说："把这事情告诉仲父去。"主管官吏又请示事情，桓公说："告诉仲父去。"这种情况连续了三次。桓公的近臣说："第一次请示，说让去找仲父，第二次请示，又说让去找仲父。这样看来，当君主太容易啦！"桓公说："我没有得到仲父时很难，已经得到仲父之后，为什么不容易呢？"桓公得到管仲，做事情尚且非常容易，更何况得到道术呢？

孔子被困在陈国、蔡国之间，只能吃些没有米粒的野菜，七天没有吃到粮食，孔子白天躺着睡觉。颜回讨米，讨到米后烧火做饭，饭快熟了，孔子望见颜回抓取锅里的饭吃。过了一会儿，饭做熟了，颜回谒见孔子并且献上饭食，孔于假装没有看见颜回抓饭吃，起身说："今天我梦见了先君，把饭食弄干净了，然后去祭祀先君。"颜回回答："不

行。刚才烟尘掉到饭锅中，扔掉沾着烟尘的食物不吉利，我抓出来吃了。”孔子叹息着说：“所相信的是眼睛，可是眼睛看到的还是不可以相信；所依靠的是心，可是心里揣度的还是不足以依靠。学生们记住，了解人本来就不容易呀。”所以有所知并不难，掌握知人之术就难了。

勿　躬

原　文

人之意苟善，虽不知，可以为长。故李子曰[1]：“非狗不得兔，兔化而狗，则不为兔。”人君而好为人官，有似于此。其臣蔽之，人时禁之，君自蔽则莫之敢禁。夫自为人官，自蔽之精者也。祓篲日用而不藏于箧，故用则衰，动则暗，作则倦[2]。衰、暗、倦三者，非君道也。

大桡作甲子，黔如作虏首，容成作历，羲和作占日，尚仪作占月，后益作占岁，胡曹作衣，夷羿作弓，祝融作市，仪狄作酒，高元作室，虞姁作舟，伯益作井，赤冀作臼，乘雅作驾，寒哀作御，王冰作服牛，史皇作图，巫彭作医，巫咸作筮，此二十官者，圣人之所以治天下也。圣王不能二十官之事，然而使二十官尽其巧、毕其能，圣王在上故也。圣王之所不能也，所以能之也，所不知也，所以知之也。养其神、修其德而化矣，岂必劳形愁弊耳目哉？是故圣王之德，融乎若日之始出，极烛六合而无所穷屈；昭乎若日之光，变化万物而无所不行。神合乎太一，生无所屈，而意不可障；精通乎鬼神，深微玄妙，而莫见其形。今日南面，百邪自正，而天下皆反其情，黔首毕乐其志，安育其性，而莫为不成。故善为君者，矜服性命之情，而百官已治矣，黔首已亲矣，名号已章矣[3]。

管子复于桓公，曰：“垦田大邑，辟土艺粟，尽地力之利，臣不若宁遬，请置以为大田。登降辞让，进退闲习，臣不若隰朋，请置以为大行。蚤入晏出，犯君颜色，进谏必忠，不辟死亡，不重贵富，臣不若东郭牙，请置以为大谏臣。平原广城，车不结轨，士不旋踵，鼓之，三军之士视死如归，臣不若王子城父，请置以为大司马。决狱折中，不杀不辜，不诬无罪，臣不若弦章，请置以为大理。君若欲治国强兵，则五子者足矣；君欲霸王，则夷吾

在此。”桓公曰:“善。”令五子皆任其事,以受令于管子。十年,九合诸侯,一匡天下,皆夷吾与五子之能也。管子,人臣也,不任己之不能,而以尽五子之能,况于人主乎?人主知能不能之可以君民也,则幽诡愚险之言无不职矣,百官有司之事毕力竭智矣。五帝三皇之君民也,下固不过毕力竭智也。夫君人而知无恃其能、勇、力、诚、信,则近之矣。

凡君也者,处平静,任德化,以听其要,若此则形性弥羸,而耳目愈精,百官慎职,而莫敢愉綖,人事其事,以充其名。名实相保,之谓知道。

注释

①李子:李悝,战国初期政治家。**②作则倦:**君主亲自去做臣子应当去做的事情就会疲惫。**③章:**通“彰”,彰显。

译文

人的心意如果好,即使不懂得什么,也可以当君主。所以李悝说:“没有狗就不能捕获兔,兔如果变得和狗一样,那就无兔可捕了。”君主如果喜欢做臣子该做的事,就与此相似了。臣子蒙蔽君主,别人还能不断加以制止,君主自己蒙蔽自己,那就没有人敢于制止了。君主自己做臣子该做的事,这是最严重的自己蒙蔽自己的行为。扫帚每天要使用,因而不把它藏在箱子里。所以君主思虑臣子职权范围内的事,心志就会衰竭,亲自去做臣子职权范围内的事,就会昏昧,亲自去做臣子该做的事,就会疲惫。衰竭、昏昧、疲惫,这三种情况,不是当君主应该实行的准则。

大桡创造了六十甲子记日,黔如创造了虏首计算法,容成创造了历法,羲和创造了计算日子的方法,尚仪创造了计算月份的方法,后益创造了计算年份的方法,胡曹发明了衣服,夷羿发明了弓,祝融发明了市肆,仪狄发明了酒,高元发明了房屋,虞姁发明了船,伯益发明了井,赤冀发明了舂米的臼,乘雅发明了用马拉车,寒哀发明了驾车的技术,王冰发现了驾牛的方法,史皇创造了绘画技法,巫彭创造了医术,巫咸创造了占卜术。这二十位官员,正是圣人用来治理天下的依靠。圣贤的君王不能自己做二十位官员做的事,然而却能让二十位官员全部献出技艺和才能,这是因为圣贤君王居上位的缘故。圣贤君王有所不能,因此才有所能,有所不知,因此才有所知。修养自己的精神品德,自然就能化育万物了,哪里一定要使自身劳苦忧虑,把耳朵和眼睛搞得疲惫不堪呢?因此圣贤君王的品德,光灿灿地就像太阳刚出来,照耀天地四方,没有照不到的地方;明亮亮的就像太阳的光芒,能化育万物,没有做不到的事情。精神与道符合,生命不受挫折,因而心志不可阻挡;精气与鬼神相通,深微玄妙,没有人能看出其形体来。一旦君主南面而治,各种邪恶的事自然会得到匡正,天下的人都恢复自己的本性,老百姓都从内心感到高兴、安心培

育自己的善性，因而做什么事就没有不成功的。所以善于当君主的人，谨慎地保持住真情本性，因而各种官吏就能治理了，老百姓就能亲附了，名声就显赫了。

管子向桓公禀报："开垦田地，扩大城邑，开辟土地，种植谷物，充分利用地力，我不如宁遬，请让他当大田。迎接宾客，熟悉升降、辞让、进退等各种礼仪，我不如隰朋，请让他当大行。早入朝，晚退朝，敢于触怒国君，忠心谏诤，不躲避死亡，不看重富贵，我不如东郭牙，请让他当大谏臣。在广阔的原野上作战，战车整齐行进而不错乱，士兵不退却，一击鼓进军，三军的士兵都视死如归，我不如王子城父，请让他当大司马。断案恰当，不杀无辜的人，不冤屈没有罪的人，我不如弦章，请让他当大理。您如果想治国强兵，那么这五个人就足够了，您要想成就霸王之业，那么有我在这里。"桓公说："好。"就让五个人都担任了那些官职，接受管子的命令。过了十年，桓公多次盟会诸侯，使天下完全得到匡正，这些都是靠了管仲和这五个人的才能。管子是臣子，他不担当自己不能做的事情，而让五个人把自己的才能都贡献出来，更何况是君主呢？君主如果知道自己能做什么与不能做什么是可以治理人民的，那么蒙蔽欺骗危险的言论就没有不能识别的了，各级官吏对自己主管的事情就会尽心竭力了。五帝三王治理人民时，在下位的本来不过是尽心竭力罢了。治理人民如果懂得不要依仗自己的才能、勇武、有力、诚实、守信，那就接近于君道了。

凡是当君主的，应该处于平静之中，使用道德去教化人民，治理根本的东西。这样，从外表到内心就会更加宽慰，就会越发耳聪目明，各级官吏就会谨慎地对待职守，没有敢于苟且懈怠的，就能人人做好自己应做的事情，切合自己的名声。名声和实际相符，这就叫作懂得了道。

知　度[1]

原　文

明君者，非遍见万物也，明于人主之所执也。有术之主者，非一自行之也，知百官之要也[2]。知百官之要，故事省而国治也。明于人主之所执，故权专而奸止。奸止则说者不来，而情谕矣；情者不饰，而事实见矣。此谓之至治[3]。至治之世，其民不好空言虚辞，不好淫学流说，贤不肖各反其质。行其情，不雕其素，蒙厚纯朴，以事其上。若此则工拙愚智勇惧可得以故易官，易官则各当其任矣。故有职者安其职，不听其议；无职者责其实，以验其辞。此二者审，则无用之言不入于朝矣。君服性命之情，去爱恶之心，用虚无为本，以听有用之言，谓之朝。凡朝也者，相与召理义也，相与植法

则也。上服性命之情，则理义之士至矣，法则之用植矣，枉辟邪挠之人退矣，贪得伪诈之曹远矣。故治天下之要，存乎除奸；除奸之要，存乎治官；治官之要，存乎治道；治道之要，存乎知性命。故子华子曰："厚而不博，敬守一事，正性是喜。群众不周，而务成一能。尽能既成，四夷乃平。唯彼天符[4]，不周而周。此神农之所以长，而尧、舜之所以章也。"

人主自智而愚人[5]，自巧而拙人，若此则愚拙者请矣，巧智者诏矣，诏多则请者愈多矣，请者愈多，且无不请也。主虽巧智，未无不知也。以未无不知应无不请，其道固穷。为人主而数穷于其下，将何以君人乎？穷而不知其穷，其患又将反以自多，是之谓重塞之主，无存国矣。故有道之主，因而不为，责而不诏，去想去意，静虚以待，不伐之言，不夺之事，督名审实，官使自司，以不知为道，以奈何为实。尧曰："若何而为及日月之所烛？"舜曰："若何而服四荒之外？"禹曰："若何而治青北，化九阳、奇怪之所际？"

赵襄子之时，以任登为中牟令，上计，言于襄子曰："中牟有士曰胆胥己，请见之。"襄子见而以为中大夫。相国曰："意者君耳而未之目邪？为中大夫若此其易也，非晋国之故。"襄子曰："吾举登也，已耳而目之矣。登所举，吾又耳而目之，是耳目人终无已也。"遂不复问，而以为中大夫。襄子何为？任人，则贤者毕力。

人主之患，必在任人而不能用之，用之而与不知者议之也。绝江者托于船，致远者托于骥，霸王者托于贤。伊尹、吕尚、管夷吾、百里奚，此霸王者之船骥也。释父兄与子弟，非疏之也；任庖人钓者与仇人仆虏，非阿之也；持社稷立功名之道，不得不然也。犹大匠之为宫室也，量小大而知材木矣，訾功丈而知人数矣。故小臣、吕尚听，而天下知殷、周之王也；管夷吾、百里奚听，而天下知齐、秦之霸也，岂特骥远哉？

夫成王霸者固有人，亡国者亦有人。桀用羊辛，纣用恶来，宋用唐鞅，齐用苏秦，而天下知其亡。非其人而欲有功，譬之若夏至之日而欲夜之长也，射鱼指天而欲发之当也，舜、禹犹若困，而况俗主乎？

注　释

①**知度**：要懂得做国君的方法。此篇是尹文学派的学说。②**要**：根本。③**至治**：最完美的政治。④**天符**：上天的符命。⑤**愚人**：以为别人愚昧。

译　文

能明察的君主，不是普遍地明察万事万物，而是明察君主所应掌握的东西。有道术的君主，不是一切都亲自去做，而是要明了治理百官的根本。明了治理百官的根本，所以事情少而国家太平。明察君主所应掌握的东西，因而大权独揽，奸邪止息。奸邪止息，那么游说的人不来，而真情也能了解了。真情不加虚饰，而事实也能显现了。这就叫作最完美的政治。政治最完美的社会，人民不好说空话假话，不好流言邪说。贤德的与不贤德的人都恢复其本来面目，依照真情行事，对自己的本性不加雕饰，保持敦厚纯朴的品行，以此来侍奉自己的君主。这样，对灵巧的、拙笨的、愚蠢的、聪明的、勇敢的、怯懦的人，就都可以因此而变动他们的官职。变动了官职，他们各自就能胜任自己的职务了。所以对有职位的人就要求他们安于职守，不听他们的议论，对没有职位的人就要求他们的实际行动，用以检验他们的言论。这两种情况都明察了，那么无用之言就不能进入朝廷了。君主依照天性行事，去掉爱惜之心，以虚无为根本，来听取有用之言，这就叫作听朝。凡是听朝，都是君臣共同招致理义，共同确立法度。君主依照天性行事，那么讲求理义的人就会到来了，法度的效用就会确立了，乖僻邪恶之人就会退去了，贪婪诈伪之徒就会远离了。所以治理天下的关键在于除掉奸邪，除掉奸邪的关键在于治理官吏，治理官吏的关键在于研习道术，研习道术的关键在于懂得天性。所以子华子说："君主应该求深入而不求广博，谨慎地守住根本，喜爱正性。与众人不相同，而要致力于学得驾驭臣下的能力。完全学到了这种能力，四方就会平定。只有那些符合天道的人，不求相同却能达到相同。这就是神农之所以兴盛，尧、舜之所以名声卓著的原因。"

君主认为自己聪明却认为别人愚蠢，认为自己灵巧却认为别人笨拙，这样，那愚蠢笨拙的人就请求指示了，灵巧聪明的人就要发布指示了。发布的指示越多，那么请求指示的就越多。请求指示的越多，就将无事不请求指示。君主即使灵巧聪明，也不能无所不知。凭着不能无所不知，应付无所不请，道术必定会穷尽。作为君主却经常被臣下弄得道术穷尽，又将怎样治理人民呢？穷尽了却不知道自己穷尽了，又将犯自高自大的错误。这就叫作受到双重阻塞的君主，就不能保住国家了。所以有道术的君主，依靠臣子做事，自己却不亲自去做。要求臣子做事有成效，自己却不发布指示。去掉想象，去掉猜度，清净地等待时机。不代替臣子讲话，不抢夺臣子的事情做。审察名分和实际，官府之事让臣子自己管理。以不求知为根本，把询问臣子怎么办作为宝物。尧说："怎样做才能像日月那样普照人间？"舜说："怎样做才能使四方边远之处归服？"禹说："怎样做才能治理好青丘国，

使九阳山、奇肱国受到教化？”

赵襄子当政之时，用任登当中牟令。在上呈全年的账簿时，向襄子推荐道：“中牟有个人叫胆胥己，请您召见他。”襄子召见胆胥己并让他当中大夫。相国说：“我料想您对这个人只是耳闻，尚未亲眼见到其为人如何吧！当中大夫，竟是这样容易吗？这不是晋国的成法。”襄子说：“我提拔任登时，已经耳闻并亲眼见到他的情况了。任登所举荐的人，我如果还要耳闻并且亲眼见到这人的实际情况，用耳朵听、用眼睛观察人就没有穷尽了。”于是就不再询问，而让胆胥己当了中大夫。襄子还需要做什么呢？他只是任用人，那么贤德的人就把力量全部献出来了。

君主的弊病，一定是委任别人官职却不让他做事，或者让他做事却与不了解他的人议论他。横渡长江的人靠的是船，到远处去的人靠的是千里马，成就王霸之业的人靠的是贤人。伊尹、吕尚、管夷吾、百里奚，这些人就是成就王霸之业的人的船和千里马。不任用父兄与子弟，并不是疏远他们；任用厨师、钓鱼的人与仇人、奴仆，并不是偏爱他们。保住国家、建立功名的原则要求君主不得不这样。这就如同卓越的工匠建筑宫室一样，测量一下宫室的大小就知道需要的木材了，估量一下工程的大小就知道需要的人数了。所以小臣伊尹、吕尚被重用，天下人就知道殷要灭亡，周要成就王业了，管夷吾、百里奚被重用，天下人就知道齐、秦要成就霸业了，他们岂止是船和千里马啊？

成就王业霸业的当然要有人，亡国的也要有人。桀重用羊辛，纣重用恶来，宋国重用唐鞅，齐国重用苏秦，因而天下人就知道他们要灭亡了。不任用贤人却想要建立功业，这就好像在夏至这一天却想让夜长，射鱼时冲着天却想射中一样。舜、禹尚且办不到，更何况是平庸的君主呢？

慎势

原文

失之乎数，求之乎信，疑。失之乎势，求之乎国，危。吞舟之鱼，陆处则不胜蝼蚁。权钧则不能相使，势等则不能相并[①]，治乱齐则不能相正，故小大、轻重、少多、治乱不可不察，此祸福之门也。

凡冠带之国，舟车之所通，不用象译狄鞮，方三千里。古之王者，择天下之中而立国[②]，择国之中而立宫，择宫之中而立庙。天下之地，方千里以为国，所以极治任也。非不能大也，其大不若小，其多不若少。众封建，非以私贤也，所以便势全威，所以博义。义博利则无敌，无敌者安，故观于上世，其封建众者，其福长，其名彰。神农十七世有天下，与天下同之也。

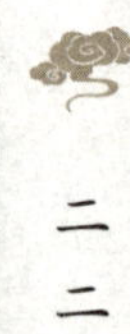

王者之封建也，弥近弥大，弥远弥小，海上有十里之诸侯。以大使小，以重使轻，以众使寡，此王者之所以家以完也。故曰：以滕、费则劳，以邹、鲁则逸，以宋、郑则犹倍日而驰也，以齐、楚则举而加纲旃而已矣。所用弥大，所欲弥易。

汤其无郼，武其无岐，贤虽十全，不能成功。汤、武之贤，而犹藉知乎势，又况不及汤、武者乎？故以大畜小吉，以小畜大灭，以重使轻从，以轻使重凶。自此观之，夫欲定一世，安黔首之命[3]，功名著乎槃盂，铭篆著乎壶鉴，其势不厌尊，其实不厌多。多实尊势，贤士制之，以遇乱世，王犹尚少。

天下之民，穷矣苦矣。民之穷苦弥甚，王者之弥易。凡王也者，穷苦之救也。水用舟，陆用车，涂用輴，沙用鸠，山用樏，因其势也者令行。位尊者其教受，威立者其奸止，此畜人之道也。故以万乘令乎千乘易，以千乘令乎一家易，以一家令乎一人易。尝识及此，虽尧、舜不能。诸侯不欲臣于人，而不得已，其势不便，则奚以易臣？权轻重，审大小，多建封，所以便其势也。王也者，势也；王也者，势无敌也。势有敌，则王者废矣。有知小之愈于大、少之贤于多者，则知无敌矣。知无敌，则似类嫌疑之道远矣。故先王之法，立天子不使诸侯疑焉，立诸侯不使大夫疑焉，立適子不使庶孽疑焉。疑生争，争生乱。是故诸侯失位则天下乱，大夫无等则朝廷乱，妻妾不分则家室乱，適孽无别则宗族乱。慎子曰："今一兔走，百人逐之。非一兔足为百人分也，由未定。由未定，尧且屈力，而况众人乎？积兔满市，行者不顾。非不欲兔也，分已定矣。分已定，人虽鄙不争。"故治天下及国，在乎定分而已矣。

庄王围宋九月，康王围宋五月，声王围宋十月。楚三围宋矣，而不能亡，非不可亡也，以宋攻楚，奚时止矣？凡功之立也，贤不肖强弱治乱异也。齐简公有臣曰诸御鞅，谏于简公曰："陈成常与宰予，之二臣者甚相憎也，臣恐其相攻也。相攻唯固，则危上矣。愿君之去一人也。"简公曰："非而细人所能识也。"居无几何，陈成常果攻宰予于庭，即简公于庙。简公喟

焉太息曰："余不能用鞅之言，以至此患也。"失其数，无其势，虽悔无听鞅也与无悔同，是不知恃可恃而恃不恃也。周鼎著象，为其理之通也。理通，君道也。

注释

①**相并**：彼此兼并。②**国**：国都。③**黔首**：平民百姓。

译文

失去了驾驭臣下的方法，要求人们诚信，这是糊涂的。失去了君主的权势，依仗着享有国家，这是危险的。能吞下船的大鱼，居于陆地都不能胜过蝼蛄、蚂蚁。权力相同就不能役使对方，势力相等就不能兼并对方，治乱相同就不能匡正对方。所以对大小、轻重、多少、治乱等情况，不可不审察清楚，这是通向祸福的路径。

凡是戴帽子、束带子的文明国家，车船所能达到的地方，不用象、译、狄鞮等官员做翻译的地方，有三千里见方。古代称王的人，选择天下的正中来建立京畿，选择京畿的正中来建立宫廷，选择宫廷的正中来建立祖庙。普天之下，只把千里见方的地方作为京畿，是为了更好地担起治理国家的担子。京畿并不是不能扩大，但是大了不如小了好，多了不如少了好。多分封诸侯国，不是因为偏爱贤德之人，而是为了有利于权势，保全威严，是为了使道义扩大。道义扩大了，那就没有人与之为敌了，没有人与之为敌的人就安全。所以对上世考察一下，那些分封诸侯国多的人，他们的福分就长久，他们的名声就显赫。神农享有天下十七世，是与天下人共同享有。

称王的人分封诸侯国，越近的就越大，越远的就越小，边远之处有十里大的诸侯国。用大的诸侯国役使小的诸侯国，用权势重的诸侯国役使权势轻的诸侯国，用人多的诸侯国役使人少的诸侯国，这就是称王的人能保全天下的原因。所以说，用滕、费役使别国就费力，用邹、鲁役使别国就省力，用宋、郑役使别国就加倍容易，用齐、楚役使别国就等于把纲纪加在它们身上罢了。所使用的诸侯国越大，实现自己的愿望就越容易。

汤如果没有郼，武王如果没有岐，他们的贤德即使达到十全十美的程度，也不能成就功业。凭着汤、武王那样的贤德，尚且需要借助于权势，更何况赶不上汤、武王的人呢？所以用大的诸侯国役使小的诸侯国就吉祥，用小的诸侯国役使大的诸侯国就会灭亡，用权势大的诸侯国役使权势小的诸侯国就顺从，用权势小的诸侯国役使权势大的诸侯国就不吉祥。由此看来，想要使一世和平，使百姓安定，使功名刻铸在盘盂上，铭刻在壶鉴上，这样的人，他们对权势尊贵从不满足，他们对实力雄厚从不满足。有雄厚的实力，有尊贵的权势，有贤德之人辅佐，遇上乱世，至少也能成就王业。

天下的人民很贫穷、很困苦了。人民贫穷得越厉害，称王的人成就王业就越容易。凡是称王的，都是挽救人民的贫穷困苦。水里使用船，陆上使用车，泥泞路上使用輴，沙

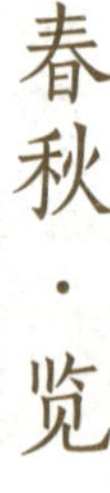

土路上使用鸠，山路上使用樏，这是为了顺应不同的形势。能因势利导的，命令就能执行。地位尊贵的，教化就能被接受，威严树立的，奸邪就能制止，这就是治理人的原则。所以用拥有万辆兵车的国家对拥有千辆兵车的国家发号施令就容易，用拥有千辆兵车的国家对大夫之家发号施令就容易，用大夫之家对一人发号施令就容易。如果认识到这一点，即使尧、舜都不能改变它。诸侯都不想臣服于人，可是却不得不这样。君王的地位如果不利，那么怎能轻易地使之臣服呢？称王的人权衡轻重，审察大小，多立诸侯，是为了使自己的地位有利。所谓称王，凭借的是权势。所谓称王，是权势无人与之抗衡。权势有人抗衡，那么称王的人就被废弃了。有知道小可以超过大、少可以胜过多的人，就知道怎样才能无人与之抗衡了。知道怎样才能无人与之抗衡，那么比拟僭越的事就会远远离开了。所以先王的法度是，立天子不让诸侯僭越，立诸侯不让大夫僭越，立嫡子不让庶子僭越。僭越就会产生争夺，争夺就会产生混乱。因此诸侯丧失了爵位，那么天下就会混乱，大夫没有等级，那么朝廷就会混乱；妻妾不加区分，那么家庭就会混乱，嫡子、庶子没有区别，那么宗族就会混乱。慎子说："如果有一只兔子跑，就会有上百人追赶它，并不是一只兔子足以分上百份，是由于兔子的归属没有确定。归属没有确定，尧尚且会竭力追赶，更何况一般人呢？兔子摆满市，走路的人看都不看，并不是不想要兔子，是由于归属已经确定了。归属已经确定，人即使鄙陋，也不争夺。"所以治理天下及国家，只在于确定职分罢了。

楚庄王围困宋国九个月，楚康王围困宋国五个月，楚声王围困宋国十个月。楚国围困过宋国三次，却不能灭亡它。并不是不可以灭亡，一个跟宋国一样无德的国家去攻打宋国，什么时候才能结束呢？凡是功业的建立，都是因为贤与不肖、强与弱、治与乱而不同。齐简公有个臣子叫诸御鞅，他向简公进谏："陈成常与宰予，这两个臣子彼此非常仇恨，我担心他们会互相攻打。他们一味固执地要互相攻打，就会危害到君王。希望您罢免其中一个人。"简公说："这不是你这样的浅陋之人所能知道的。"过了没多久，陈成常果然在朝廷上攻打宰予，在宗庙里追上了简公。简公长叹着说："我不能采纳诸御鞅的意见，以至于遭到这样的祸患。"失去了驾驭臣下的方法，丧失了君主的权势，虽然后悔没有听从诸御鞅的话，与不后悔的结果是一样的。这就是不知道依靠可以依靠的东西，却依靠不可依靠的东西。周鼎上刻铸物象，是为了让事理贯通。事理贯通，这是君主应该掌握的原则。

不　二[1]

原文

听群众人议以治国，国危无日矣。何以知其然也？老聃贵柔，孔子贵仁，墨翟贵廉，关尹贵清，子列子贵虚，陈骈贵齐，阳生贵己，孙膑贵势，王

廖贵先，兒良贵后。此十人者，皆天下之豪士也。有金鼓所以一耳，必同法令所以一心也。智者不得巧，愚者不得拙，所以一众也。勇者不得先，惧者不得后，所以一力也。故一则治，异则乱；一则安，异则危。夫能齐万不同，愚智工拙，皆尽力竭能，如出乎一穴者，其唯圣人矣乎！无术之智，不教之能，而恃强速贯习，不足以成也。

注　释

①不二：强调国家要统一。本篇是法家的学说。

译　文

听从众人的议论来治理国家，国家很快就会遭到危险。根据什么知道会是这样呢？老聃崇尚柔，孔子崇尚仁，墨翟崇尚廉，关尹崇尚清，列子崇尚虚，陈骈崇尚齐，阳生崇尚己，孙膑崇尚势，王廖崇尚先，兒良崇尚后。这十个人，都是天下的豪杰。军队里设置锣鼓，是为了用来统一士兵的听闻，法令一致，是为了用来统一人们的思想。聪明的人不得灵巧，愚蠢的人不得笨拙，是为了用来统一众人的智力。勇敢的人不得抢先，胆怯的人不得落后，是为了用来统一大家的力量。所以统一就治理得好，不统一就治理得不好；统一就平安，不统一就危险。能够使众多不同的事物齐同，使愚蠢聪明灵巧笨拙的人都能用尽力气和才能，就像由一个起点出发一样的，大概只有圣人吧！没有驾驭臣下方法的智谋，不经过教化而具有的才能，依仗强力、敏捷、贯通、熟习，是不足以实现这些目标的。

执　一

原　文

天地阴阳不革[1]，而成万物不同。目不失其明，而见白黑之殊；耳不失其听，而闻清浊之声。王者执一，而为万物正。军必有将，所以一之也；国必有君，所以一之也；天下必有天子，所以一之也；天子必执一，所以抟之也。一则治，两则乱。今御骊马者，使四人，人操一策，则不可以出于门闾者，不一也。

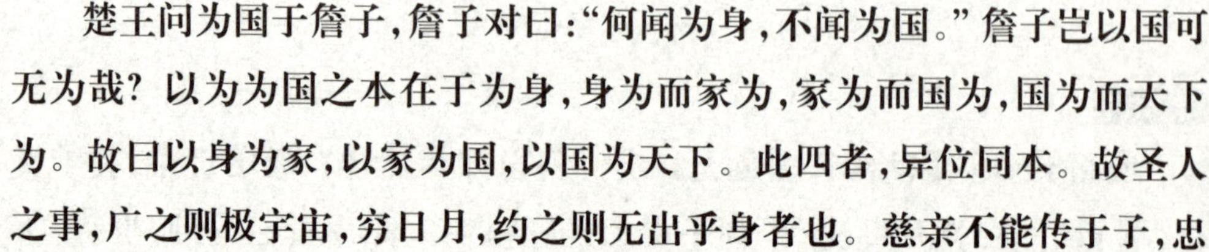

楚王问为国于詹子，詹子对曰："何闻为身，不闻为国。"詹子岂以国可无为哉？以为为国之本在于为身，身为而家为，家为而国为，国为而天下为。故曰以身为家，以家为国，以国为天下。此四者，异位同本。故圣人之事，广之则极宇宙，穷日月，约之则无出乎身者也。慈亲不能传于子，忠臣不能入于君，唯有其材者为近之。

●彭祖

田骈以道术说齐，齐王应之曰："寡人所有者，齐国也，愿闻齐国之政。"田骈对曰："臣之言，无政而可以得政。譬之若林木，无材而可以得材。愿王之自取齐国之政也。"骈犹浅言之也，博言之，岂独齐国之政哉？变化应求而皆有章，因性任物而莫不宜当，彭祖以寿②，三代以昌，五帝以昭，神农以鸿。

吴起谓商文曰："事君果有命矣夫！"商文曰："何谓也？"吴起曰："治四境之内，成驯教，变习俗，使君臣有义，父子有序，子与我孰贤？"商文曰："吾不若子。"曰："今日置质为臣，其主安重；今日释玺辞官，其主安轻，子与我孰贤？"商文曰："吾不若子。"曰："士马成列，马与人敌，人在马前，援桴一鼓，使三军之士，乐死若生，子与我孰贤？"商文曰："吾不若子。"吴起曰："三者子皆不吾若也，位则在吾上，命也夫事君！"商文曰："善。子问我，我亦问子。世变主少，群臣相疑，黔首不定，属之子乎？属之我乎？"吴起默然不对，少选曰："与子。"商文曰："是吾所以加于子之上已。"吴起见其所以长，而不见其所以短；知其所以贤，而不知其所以不肖。故胜于西河，而困于王错，倾造大难，身不得死焉。夫吴胜于齐，而不胜于越；齐胜于宋，而不胜于燕。故凡能全国完身者，其唯知长短赢绌之化邪？

注　释

①**革**：改变。②**彭祖**：传说中的长寿者，相传活了八百岁。

译　文

天地阴阳不改变其规律，生成的万物却各不相同。眼睛不丧失视力，就能分辨出黑白的差别；耳朵不丧失听力，就能听出清浊不同的乐音。称王的人掌握住根本，就能成为万

物的主宰。军队一定要有将帅，这是为了用来统一军队的行动，国家一定要有君主，这是为了用来统一全国的行动，天下一定要有天子，这是为了用来统一天下的行动，天子一定要掌握住根本，这是为了使权力集中。统一就能治理好天下，不统一就会造成天下大乱。譬如并排驾驭四匹马，让四个人每人拿一根马鞭，那么连街门都出不去，这是因为行动不统一。

楚王向詹何问如何治理国家，詹何回答："我只听说过如何修养自身，没有听说过如何治理国家。"詹何难道认为国家可以不要治理吗？他是认为治理国家的根本在于修养自身。自身修养好了，家庭就能治理好。家庭治理好了，国家就能治理好。国家治理好了，天下就能治理好。所以说靠自身的修养来治理家庭，靠家庭的治理来治理国家，靠国家的治理来治理天下。这四种情况，所处的地位虽不一样，可在根本上却是相同的。所以圣人所做的事情，往大处说可以大到天地四方、日月所能照到之处，往简要处说没有离得开修养自身的。慈父慈母不一定能把好品德传给儿子，忠臣的意见不一定能被君主听取，只有修养自身的儿子和君主才接近于做到这一点。

田骈以道术劝说齐王，齐王回答："我所拥有的只是齐国，希望听听如何治理齐国的政务。"田骈回答："我说的虽然没有政事，但可以由此推知政事。这就好像树木一样，本身虽不是木材，但可以由此得到木材。希望您从我的话中自己选取治理齐国政务的道理。"田骈还是就浅显的方面说的，就广博的方面而言，岂止是治理齐国政事是如此呢？万物的变化应和，都是有规律的，根据其本性来使用万物，就没有什么不恰当、不合适的，彭祖因此而长寿，三代因此而昌盛，五帝因此而卓著，神农因此而兴盛。

吴起对商文说："侍奉君主真是靠命运吧！"商文说："您说的是什么意思？"吴起说："治理全国，完成教化，改变习俗，使君臣之间有道义，父子之间有次序，您跟我比哪一个强些？"商文说："我不如您。"吴起说："一旦献身君主当臣子，君主的地位就尊贵，一旦交出印玺辞去官职，君主的地位就轻微，在这方面您跟我比哪一个强些？"商文说："我不如您。"吴起说："兵士战马已经排成行列，战马与人相配，人在马的前面将要发起进攻，拿起鼓槌一击鼓，让进军的兵士视死如归，在这方面您跟我比哪一个强些？"商文说："我不如您。"吴起说："这三样您都不如我，职位却在我之上，侍奉君主真是靠命运啊！"商文说："好。您问我，我也问问您。世道改变，君主年少，臣子们疑虑重重，百姓们很不安定，遇到这种情况，把政权托付给您呢，还是托付给我呢？"吴起沉默不语，过了一会儿，说："托付给您。"商文说："这就是我的职位在您之上的原因啊。"吴起看到了自己的长处，却看不到自己的短处，知道自己的优点，却不知道自己的缺点。所以他能在西河打胜仗，但却因王错进谗而处境困难，不久就遇到大难，自身不得善终。吴国战胜了齐国，却不能胜过越国。齐国战胜了宋国，却不能战胜燕国。所以凡是能保全国家和自身的，大概只有知道长短屈伸的变化才能做到吧！

审应览第六

审　应[1]

原　文

人主出声应容，不可不审。凡主有识，言不欲先。人唱我和，人先我随。以其出为之入，以其言为之名，取其实以责其名，则说者不敢妄言，而人主之所执其要矣。孔思请行，鲁君曰："天下主亦犹寡人也，将焉之？"孔思对曰："盖闻君子犹鸟也，骇则举。"鲁君曰："主不肖而皆以然也，违不肖，过不肖，而自以为能论天下之主乎？凡鸟之举也，去骇从不骇。去骇从不骇，未可知也。去骇从骇，则鸟曷为举矣？"孔思之对鲁君也亦过矣。

魏惠王使人谓韩昭侯曰："夫郑乃韩氏亡之也，愿君之封其后也，此所谓存亡继绝之义，君若封之则大名。"昭侯患之。公子食我曰："臣请往对之。"公子食我至于魏，见魏王曰："大国命弊邑封郑之后，弊邑不敢当也。弊邑为大国所患，昔出公之后声氏为晋公，拘于铜鞮，大国弗怜也，而使弊邑存亡继绝，弊邑不敢当也。"魏王惭曰："固非寡人之志也，客请勿复言。"是举不义以行不义也。魏王虽无以应，韩之为不义愈益厚也。公子食我之辩，适足以饰非遂过。

魏昭王问于田诎曰："寡人之在东宫之时，闻先生之议曰：'为圣易。'有诸乎？"田诎对曰："臣之所举也。"昭王曰："然则先生圣于[2]？"田诎对曰："未有功而知其圣也，是尧之知舜也；待其功而后知其舜也，是市人之知圣也。今诎未有功，而王问诎曰：'若圣乎？'敢问王亦其尧邪？"昭王无以应。田诎之对，昭王固非曰"我知圣也"耳，问曰"先生其圣乎"，己因以知圣对昭王，昭王有非其有，田诎不察。

赵惠王谓公孙龙曰[3]："寡人事偃兵十余年矣而不成，兵不可偃乎？"公

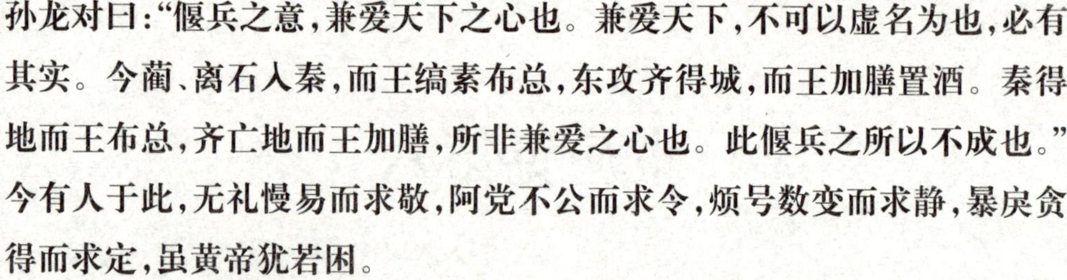

孙龙对曰：“偃兵之意，兼爱天下之心也。兼爱天下，不可以虚名为也，必有其实。今蔺、离石入秦，而王缟素布总，东攻齐得城，而王加膳置酒。秦得地而王布总，齐亡地而王加膳，所非兼爱之心也。此偃兵之所以不成也。”今有人于此，无礼慢易而求敬，阿党不公而求令，烦号数变而求静，暴戾贪得而求定，虽黄帝犹若困。

卫嗣君欲重税以聚粟，民弗安，以告薄疑曰：“民甚愚矣。夫聚粟也，将以为民也。其自藏之与在于上奚择？”薄疑曰：“不然。其在于民而君弗知，其不如在上也；其在于上而民弗知，其不如在民也。”凡听必反诸己，审则令无不听矣。国久则固，固则难亡，今虞、夏、殷、周无存者，皆不知反诸己也。

公子沓相周，申向说之而战。公子沓訾之曰：“申子说我而战，为吾相也夫？”申向曰：“向则不肖。虽然，公子年二十而相，见老者而使之战，请问孰病哉？”公子沓无以应。战者，不习也；使人战者，严驵也。意者恭节而人犹战，任不在贵者矣。故人虽时有自失者，犹无以易恭节。自失不足以难，以严驵则可。

注　释

①**审应**：君主说话时的表情应当审慎。②**于**：乎。③**公孙龙**：字子秉，战国时代名家代表人物。

译　文

君主对自己的言语神色，不可不慎重。凡是君主有见识的，言谈都不想先开口。别人唱，自己应和，别人先做，自己随着。根据他外在的表现，考察他的内心，根据他的言论，考察他的名声，根据他的实际，推求他的名声。这样那游说的人就不敢胡言乱语，而君主就能掌握住根本了。孔思请求离开鲁国，鲁国君主说：“天下的君主也都像我一样啊，你将要到哪里去？”孔思回答：“我听说君子就像鸟一样，受到惊吓就飞走。”鲁国君主说：“君主不贤德，天下都是这样。离开不贤德的君主，还到不贤德的君主那里去，你自己认为能了解天下的君主吗？凡是鸟飞走，都是离开惊吓它的地方到不惊吓它的地方去，惊吓与不惊吓，并不能知道，如果离开惊吓它的地方到惊吓它的地方去，那么鸟为什么要飞走呢？”孔思那样回答鲁国君主也是不对的。

魏惠王派人对韩昭侯说：“郑国是韩国灭亡的，希望您封赏郑国君主的后代。这就是

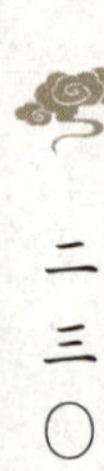

所说的使灭亡的国家得以存在，使灭亡的诸侯得以延续的道义。您如果分封郑国君主的后代，那么您的名声就会显赫。”昭侯对此感到忧虑，公子食我说：“我请您允许我去回答他。”公子食我到了魏国，见到魏王以后说：“贵国命令我国封郑国君主的后代，我国不敢应承。我国一向被贵国视为祸患，从前晋出公的后代声氏当晋国君主，后来被囚禁在铜鞮，贵国不怜悯他，却让我国保存灭亡的国家、延续灭亡的诸侯，我国不敢应承。”魏王惭愧地说：“这本来不是我的意思，请客人不要再说了。”这是举出别人的不义行为来为自己做不义的事辩解。魏王虽然无言以对，但韩国做不义的事却更加厉害了。公子食我的善辩，恰好足以文过饰非。

魏昭王向田诎问道：“我在东宫当太子的时候，听到先生您议论说‘当圣贤很容易’，有这样的话吗？”田诎回答：“这是我说的话。”昭王说：“那么先生您是圣贤吗？”田诎回答：“没有功绩就能知道这人是圣贤，这是尧对舜的了解，等到这人有了功绩然后才知道他是圣贤，这是一般人对舜的了解。现在我没有功绩，可是您却问我说‘你是圣贤吗’，请问您也是尧吗？”昭王无言以对。田诎回答昭王的时候，昭王本来不是说“我了解圣贤”，而是问他说“先生您是圣贤吗”，田诎自己于是就用了解圣贤的话回答昭王，这样就使昭王享有了自己不应该享有的声誉，而田诎在对答时也不自我省察。

赵惠王对公孙龙说：“我致力于消除战争有十多年了，可是没有成功。战争不可以消除吗？”公孙龙回答：“消除战争的本意，体现了兼爱天下人的思想。兼爱天下人，不可以靠虚名来实现，一定要有实际行动。现在蔺、商石二县归属了秦国，您就穿上丧国之服，向东攻打齐国夺取了城邑，您就安排酒筵加餐庆贺。秦国得到土地您就穿上丧服，齐国丧失土地您就加餐庆贺，这都不符合兼爱天下人的思想。这就是消除战争之所以不能成功的原因。”假如有这样一个人，傲慢无礼却想受到尊敬，结党营私、处事不公却想得到好名声，号令冗繁、屡次变更却想平静，乖戾残暴、贪得无厌却想安定，即使是黄帝也会束手无策的。

卫嗣君想加重赋税来聚积粮食，人民对此感到不安，他就把这种情况告诉薄疑说：“人民非常愚昧。我聚积粮食，是为人民着想。他们自己保存粮食与保存在官府里，有什么区别呢？”薄疑说：“不对。粮食保存在人民手里，您就不能得到，这就不如保存在官府里了；粮食保存在官府里，人民就不能得到，这就不如保存在人民手里了。”凡是听到某种意见一定要反躬自求，能详察，那么命令就没有不被听从的了。立国时间长了就稳固，国家稳固就难以灭亡。现在虞、夏、商、周都不存在，都是因为不知道反躬自求。

公子沓当周国的相，申向劝说他时战栗不止。公子沓责备他说：“您劝说我时战栗不止，是因为我是相吧？”申向说：“我是很不贤德，虽说这样，但是您二十岁就当了相，会见年老的人却让他战栗不止，请问这是谁的过错呢？”公子沓无言以对。战栗不只是因为不习惯见尊者，让人战栗不只是因为严厉骄横。倘或谦虚恭敬待人而别人还是战栗不止，那么责任就不在尊贵的人了。所以别人虽说时常有犯过失的，但自己还是不能改变谦虚恭敬待

人的态度。别人犯过失不足以责难，用严厉骄横的态度待人则应该责难。

重言[1]

原文

人主之言，不可不慎。高宗，天子也，即位谅闇[2]，三年不言。卿大夫恐惧，患之。高宗乃言曰："以余一人正四方，余唯恐言之不类也，兹故不言。"古之天子，其重言如此，故言无遗者。

成王与唐叔虞燕居，援梧叶以为珪，而授唐叔虞曰："余以此封女。"叔虞喜，以告周公。周公以请曰："天子其封虞邪？"成王曰："余一人与虞戏也。"周公对曰："臣闻之，天子无戏言。天子言，则史书之，工诵之，士称之。"于是遂封叔虞于晋。周公旦可谓善说矣，一称而令成王益重言，明爱弟之义，有辅王室之固。

荆庄王立三年，不听而好讔[3]。成公贾入谏，王曰："不穀禁谏者，今子谏，何故？"对曰："臣非敢谏也，愿与君王讔也。"王曰："胡不设不穀矣。"对曰："有鸟止于南方之阜，三年不动不飞不鸣，是何鸟也？"王射之曰："有鸟止于南方之阜，其三年不动，将以定志意也。其不飞，将以长羽翼也；其不鸣，将以览民则也。是鸟虽无飞，飞将冲天；虽无鸣，鸣则骇人。贾出矣，不穀知之矣。"明日期，所进者五人，所退者十人。群臣大说，荆国之众相贺也。故《诗》曰："何其久也，必有以也，何其处也，必有与也。"其庄王之谓邪？成公贾之讔也，贤于太宰嚭之说也。太宰嚭之说，听乎夫差，而吴国为墟；成公贾之讔，喻乎荆王，而荆国以霸。

齐桓公与管仲谋伐莒，谋未发而闻于国，桓公怪之曰："与仲父谋伐莒，谋未发而闻于国，其故何也？"管仲曰："国必有圣人也[4]。"桓公曰："嘻！日之役者，有执跖痛而上视者，意者其是邪？"及令复役，无得相代。少顷，东郭牙至。管仲曰："此必是已。"乃令宾者延之而上，分级而立。管子曰："子邪言伐莒者？"对曰："然。"管仲曰："我不言伐莒，子何故言伐莒？"对曰："臣闻君子善谋，小人善意。臣窃意之也。"管仲曰："我不言伐莒，子何

以意之？”对曰：“臣闻君子有三色：显然喜乐者，钟鼓之色也；湫然清静者，衰绖之色也；艴然充盈手足矜者，兵革之色也。日者臣望君之在台上也，艴然充盈手足矜者，此兵革之色也。君呿而不唫，所言者‘莒’也。君举臂而指，所当者莒也。臣窃以虑诸侯之不服者，其惟莒乎，臣故言之。”凡耳之闻以声也，今不闻其声，而以其容与臂，是东郭牙不以耳听而闻也。桓公、管仲虽善匿，弗能隐矣。故圣人听于无声，视于无形，詹何、田子方、老耽是也。

注　释

①**重言**：说话必须小心谨慎。②**谅闇**：古代天子守孝。③**讔**：隐语。④**圣人**：有智慧且贤能的人。

译　文

君主说话，不可不慎重。殷高宗是天子，即位以后，守孝三年不说话。卿大夫们很恐惧，对此感到忧虑。高宗这才说道：“凭我自己的力量使四方得到纠正，我唯恐说的话不恰当，因此才不说话。”古代的天子，他们对说话慎重到如此地步，所以说的话没有失误。

周成王与唐叔虞闲居时，摘下梧桐叶当玉珪，交给唐叔虞说：“我拿这个分封你。”叔虞很高兴，把这事告诉了周公。周公向成王请示：“天子您分封叔虞了吧？”成王说：“我是跟叔虞开玩笑呢。”周公回答：“我听说过，天子没有开玩笑的话。天子一说话，史官就记下来，乐人就吟诵，士就颂扬。”成王于是就把叔虞封在晋。周公旦可以说是善于劝说了，他一劝说就使成王对言谈更加慎重，使爱护弟弟这种道义彰明，又因为封叔虞于晋而使周王室更加稳固。

楚庄王当国君三年，不理政事，却爱好隐语。成公贾入朝劝谏，庄王说：“我禁止人们来劝谏，现在你却来劝谏，这是为什么？”成公贾回答：“我不敢来劝谏，我希望跟您讲隐语。”庄王说：“你何不对我讲隐语呢？”成公贾回答：“有只鸟停在南方的土山上，三年不动、不飞、不鸣，这是什么鸟啊？”庄王猜测：“有只鸟停在南方的土山上，它之所以三年不动，是要借此安定意志。它之所以不飞，是要借此生长羽翼，它之所以不鸣，是要借此观察民间的法度。这鸟虽然不飞，一飞就将冲上天空，虽然不鸣，一鸣就将使人惊恐。你出去吧，我知道隐语的含义了。”第二天上朝，提拔的有五个人，罢免的有十个人。臣子们都非常高兴，楚国的人们都互相庆贺。所以《诗经》说：“为什么这么久不行动呢，一定是有原因的。为什么安居不动呢，一定是有缘故的。”这大概说的就是庄王吧。成公贾讲的隐语，胜过太宰嚭劝说的言论。太宰嚭劝说的言论被夫差听从了，吴国因此成为废墟，成公贾讲的隐语，被楚王理解了，楚国因此称霸诸侯。

齐桓公与管仲谋划攻打莒国，谋划的事尚未公布就被国人知道了，桓公感到很奇怪：“与仲父谋划攻打莒国，谋划的事尚未公布就被国人知道了，这是什么原因呢？”管仲说：“国内一定有聪明睿智的人。”桓公说：“嘻！那天服役的人有拿着跖𤺟向上张望的，我料想大概就是这个人吧！”于是就命令那天服役的人再来服役，不得替代。过了一会儿，东郭牙来了。管仲说：“这人一定是那个把消息传出去的人了。”于是就派礼宾官员领他上来，管仲和他分宾主在台阶上站定。管仲说：“传播攻打莒国消息的人是你吧？”东郭牙回答：“是的。”管仲说：“我没有说过要攻打莒国的话，你为什么要传播攻打莒国的消息呢？”东郭牙回答：“我听说君子善于谋划，小人善于揣测，我是私下里揣测出来的。”管仲说：“我没有说过攻打莒国的话，你根据什么揣测出来的呢？”东郭牙回答：“我听说君子有三种神色：面露喜悦之色，这是欣赏钟鼓等乐器时的神色；面带清冷安静之色，这是居丧时的神色；怒气冲冲、手足挥动，这是要用兵打仗的神色。那天我望见您在台上怒气冲冲、手足挥动，这就是要用兵打仗的神色。您的嘴张开了，没有闭上，这表明您所说的是‘莒’。您举起胳膊指点，指的正是莒国。我私下考虑，诸侯当中不肯归服齐国的，大概只有莒国了吧，因此我就传播了将要攻打莒国的消息。”但凡耳朵能听到，是因为有声音。现在没有听到声音，却根据别人的面部表情与手臂动作了解别人的意图，这是东郭牙不靠耳朵就能听到别人的话。桓公、管仲虽然善于保守秘密，也不能掩盖住。所以圣人能在无声之中有所听闻，能在无形之中有所察见，詹何、田子方、老耽就是这样的人。

精　谕

原　文

圣人相谕不待言，有先言言者也。海上之人有好蜻者，每居海上，从蜻游，蜻之至者，百数而不止，前后左右尽蜻也，终日玩之而不去。其父告之曰：“闻蜻皆从女居，取而来，吾将玩之。”明日之海上，而蜻无至者矣。

胜书说周公旦曰：“廷小人众，徐言则不闻，疾言则人知之，徐言乎？疾言乎？”周公旦曰：“徐言。”胜书曰：“有事于此，而精言之而不明，勿言之而不成，精言乎？勿言乎？”周公旦曰：“勿言。”故胜书能以不言说，而周公旦能以不言听，此之谓不言之听。不言之谋，不闻之事，殷虽恶周，不能疵矣。口昏不言，以精相告，纣虽多心，弗能知矣。目视于无形，耳听于无声，商闻虽众，弗能窥矣。同恶同好，志皆有欲，虽为天子，弗能离矣。

孔子见温伯雪子，不言而出。子贡曰：“夫子之欲见温伯雪子好矣，今

也见之而不言，其故何也？”孔子曰：“若夫人者，目击而道存矣，不可以容声矣。”故未见其人而知其志，见其人而心与志皆见，天符同也。圣人之相知，岂待言哉？

白公问于孔子曰[1]：“人可与微言乎？”孔子不应。白公曰：“若以石投水，奚若？”孔子曰：“没人能取之[2]。”白公曰：“若以水投水，奚若？”孔子曰：“淄、渑之合者，易牙尝而知之。”白公曰：“然则人不可与微言乎？”孔子曰：“胡为不可？唯知言之谓者为可耳。”白公弗得也。知谓则不以言矣。言者，谓之属也。求鱼者濡，争兽者趋，非乐之也。故至言去言，至为无为。浅智者之所争则末矣，此白公之所以死于法室。

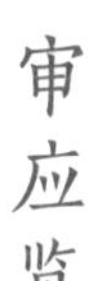

齐桓公合诸侯，卫人后至。公朝而与管仲谋伐卫，退朝而入，卫姬望见君，下堂再拜，请卫君之罪。公曰：“吾与卫无故，子曷为请？”对曰：“妾望君之入也，足高气强，有伐国之志也；见妾而有动色，伐卫也。”明日君朝，揖管仲而进之。管仲曰：“君舍卫乎？”公曰：“仲父安识之？”管仲曰：“君之揖朝也恭，而言也徐，见臣而有惭色，臣是以知之。”君曰：“善。仲父治外，夫人治内，寡人知终不为诸侯笑矣。”桓公之所以匿者不言也，今管子乃以容貌音声，夫人乃以行步气志，桓公虽不言，若暗夜而烛燎也。

晋襄公使人于周曰：“弊邑寡君寝疾，卜以守龟曰：‘三涂为祟。’弊邑寡君使下臣愿藉途而祈福焉。”天子许之。朝，礼使者事毕，客出。苌弘谓刘康公曰：“夫祈福于三涂，而受礼于天子，此柔嘉之事也，而客武色，殆有他事，愿公备之也。”刘康公乃儆戎车卒士以待之。晋果使祭事先，因令杨子将卒十二万而随之，涉于棘津，袭聊、阮、梁蛮氏，灭三国焉。此形名不相当，圣人之所察也，苌弘则审矣。故言不足以断小事，唯知言之谓者可为。

注 释

①**白公**：名胜，楚平王之孙，废楚惠王自立为王，后兵败被杀。②**没人**：水中潜行的人。

译 文

圣人相互晓谕不需要言语，有先于言语来表达思想的东西。海上有个喜欢蜻蜓的人，

每当他停留在海上，总跟蜻蜓一起嬉戏，来的蜻蜓数以百计都不止，前后左右尽是蜻蜓，整天玩赏都不离开。他的父亲告诉他说："听说蜻蜓都跟你在一起，你把它们带来，我也要玩赏它们。"第二天到了海上，蜻蜓没有一个来的了。

胜书劝说周公旦道："庭堂小而人很多，轻声说您不能听到，大声说别人就会知道。是轻声说呢，还是大声说呢？"周公旦说："轻声说。"胜书说："假如有件事情，隐晦地说不能说明白，不说就不能办成。是隐晦地说呢，还是不说呢？"周公旦说："不说。"所以胜书能凭着不言劝说周公，而周公旦也能凭着对方的不言听懂他的意思，这就叫作不用别人说话就能听懂。不说出就能懂得计谋，不听就懂得事情，商虽然厌恶周，也不能挑出毛病。嘴巴不讲话，通过神情告诉对方，纣虽然多心，也不能知道周的计谋。眼睛看到的都是无形的东西，耳朵听到的都是无声的声音，商朝探听消息的人虽然很多，也不能窥探周的秘密。听者与说者好恶相同，志欲一样，纣虽然是天子，也不能把他们隔断。

孔子去见温伯雪子，不说话就出来了。子贡说："先生您希望见到温伯雪子已经很久了，现在见到了却不说话，这是什么原因呢？"孔子说："像他那样的人，用眼一看就知道他是有道之人，不用再讲话了。"所以还没有见到那个人就能知道他的志向，见到那个人以后，他的内心与志向都能看清楚，这是因为彼此都与天道相合。圣人相互了解，哪里要等待言语呢？

白公向孔子问道："人可以跟他讲隐秘的话吗？"孔子不回答。白公说："讲隐秘的话就如同把石头投入水中一样不为人所知，怎么样？"孔子说："在水中潜行的人能得到它。"白公说："就如同把水倒入水中一样不为人所知，怎么样？"孔子说："淄水、渑水汇合在一起，易牙尝尝就能区分它们。"白公说："这样说来，那么人不可以跟他讲隐秘的话了吗？"孔子说："为什么不可以？只有懂得说的话的意思的人才可以。"白公不懂得说的话的意思。懂得意思就可以不用言语了，因为言语是表达思想的。捕鱼的要沾湿衣服，争抢野兽的要奔跑，并不是他们愿意沾湿衣服或奔跑。所以最高境界的言语是抛弃言语，最高境界的作为是无所作为。才智短浅的人他们所争的事物已是很渺小了，这就是白公后来死在监狱里的原因。

齐桓公盟会诸侯，卫国人来晚了。桓公上朝时与管仲谋划攻打卫国，退朝以后进入内室，卫姬望见君主，下堂拜了两拜，为卫国君主请罪。桓公说："我对卫国没有敌意，你为什么要请罪？"卫姬回答："我望见您进来的时候，迈着大步，怒气冲冲，有攻打别国的意思。见到我就变了脸色，这表明是要攻打卫国。"第二天桓公上朝，向管仲作揖请他进来。管仲说："您不攻打卫国了吧？"桓公说："仲父您怎么知道的？"管仲说："您上朝时作揖很恭敬，说话很和缓，见到我面有愧色，我因此得知这件事。"桓公说："好。仲父治理宫外的事情，夫人治理宫内的事情，我知道自己终究不会被诸侯们耻笑了。"桓公用以掩盖自己意图的办法是不说话，现在管子却凭着神色声音，夫人却凭着走路气质察觉到了。桓

公虽然不说话，他的意图就像黑夜点燃烛火一样被看得清楚明白。

晋襄公派人去周朝说："我国君主卧病不起，用龟甲占卜，卜兆说：'是三涂山山神降下灾祸。'我国君主派我来，希望借条路去向三涂山山神求福。"周天子答应了他，于是上朝，按礼节接待完使者，宾客出去了。苌弘对刘康公说："向三涂山山神求福，在天子这里受礼遇，这是温和美善的事情，可是宾客却表现出勇武之色，恐怕有别的事情，希望您加以防备。"刘康公就让战车士卒做好戒备等待着。晋国果然先做祭祀的事，趁机派杨子率领十二万士兵跟随着，渡过棘津，袭击聊、阮、梁等蛮人居住的城邑，灭掉了这三国。这就是实际和名义不相符，这是圣人所能明察的，苌弘对此就审察清楚了。所以单凭说的话不足以决断事情，只有懂得说的话的意思才可以决断事情。

离　谓[1]

原　文

言者，以谕意也。言意相离，凶也。乱国之俗，甚多流言，而不顾其实，务以相毁，务以相誉，毁誉成党，众口熏天，贤不肖不分[2]，以此治国，贤主犹惑之也，又况乎不肖者乎？惑者之患，不自以为惑，故惑惑之中有晓焉，冥冥之中有昭焉。亡国之主，不自以为惑，故与桀、纣、幽、厉皆也。然有亡者国，无二道矣。

郑国多相县以书者。子产令无县书，邓析致之。子产令无致书，邓析倚之。令无穷，则邓析应之亦无穷矣，是可不可无辨也。可不可无辨，而以赏罚，其罚愈疾，其乱愈疾，此为国之禁也。故辨而不当理则伪，知而不当理则诈，诈伪之民，先王之所诛也。理也者，是非之宗也。

洧水甚大，郑之富人有溺者。人得其死者，富人请赎之，其人求金甚多，以告邓析。邓析曰："安之，人必莫之卖矣。"得死者患之，以告邓析。邓析又答之曰："安之，此必无所更买矣。"夫伤忠臣者，有似于此也。夫无功不得民，则以其无功不得民伤之。有功得民，则又以其有功得民伤之。人主之无度者，无以知此，岂不悲哉？比干、苌弘以此死，箕子、商容以此穷，周公、召公以此疑，范蠡、子胥以此流，死生存亡安危，从此生矣。

子产治郑，邓析务难之，与民之有狱者约，大狱一衣，小狱襦裤[3]。民之献衣襦裤而学讼者，不可胜数。以非为是，以是为非，是非无度，而可与

不可日变。所欲胜因胜，所欲罪因罪，郑国大乱，民口喧哗。子产患之，于是杀邓析而戮之，民心乃服，是非乃定，法律乃行。今世之人，多欲治其国，而莫之诛邓析之类，此所以欲治而愈乱也。

齐有事人者，所事有难而弗死也，遇故人于涂，故人曰："固不死乎？"对曰："然。凡事人以为利也。死不利，故不死。"故人曰："子尚可以见人乎？"对曰："子以死为顾可以见人乎？"是者数传。不死于其君长，大不义也，其辞犹不可服，辞之不足以断事也明矣。夫辞者，意之表也。鉴其表而弃其意，悖。故古之人，得其意则舍其言矣。听言者，以言观意也，听言而意不可知，其与桥言无择。

齐人有淳于髡者，以从说魏王。魏王辩之，约车十乘，将使之荆。辞而行，有以横说魏王，魏王乃止其行。失从之意，又失横之事。夫其多能不若寡能，其有辩不若无辩。周鼎著倕而龁其指，先王有以见大巧之不可为也。

注释

①**离谓**：言辞与思想是互相违背的。②**分**：区别。③**襦裤**：短裤。

译文

说的话是为了表达意思的。说的话和意思相违背，是凶险的。造成国家混乱的习俗是，流言很多，却不顾事实如何，一些人极力互相诋毁，一些人极力互相吹捧，诋毁的、吹捧的分别结成朋党，众口喧嚣，气势冲天，贤与不肖不能分辨。靠着这些来治理国家，贤明的君主尚且会感到疑惑，更何况是不贤明的君主呢？疑惑之人的祸患是，自己不感到疑惑。所以得道之人能在疑惑之中悟出事物的道理，能在昏暗之中看到光明的境界。亡国的君主，自己不感到疑惑，所以就与夏桀、商纣、周幽王、周厉王一样了。这样看来，那些遭到灭亡的国家，都是沿着这条路走下去了。

郑国很多人把新法令悬挂起来，子产命令不要悬挂法令，邓析就对新法加以修饰。子产命令不要修饰新法，邓析就把新法弄得很偏颇。子产的命令无穷无尽，邓析对付的办法也就无穷无尽。这样一来，可以的与不可以的就无法辨别了。可以的与不可以的无法辨别，却用以施加赏罚，那么赏罚越厉害，混乱就会越厉害，这是治理国家的禁忌。所以如果善辩但不符合事理就会奸巧，如果聪明但不符合事理就会狡诈。狡诈奸巧的人，是先王所惩处的人。事理，是判断是非的根本。

洧水发洪水，郑国有个富人淹死了，有个人得到了这人的尸体，富人家里请求赎买尸体，得到尸体的那个人要的钱很多，富人家里把这情况告诉了邓析，邓析说："你安心等待，

那个人一定无处去卖尸体了。”得到尸体的人对此很担忧，把这情况告诉了邓析，邓析又回答：“你安心等待，这人一定无处再去买尸体了。”那些诋毁忠臣的人，与此很相似。忠臣没有功劳不能得到人民拥护，就拿他们没有功劳不能得到人民拥护诋毁他们，他们有功劳得到人民拥护，就又拿他们有功劳得到人民拥护诋毁他们。君主中没有原则的，就无法了解这种情况，难道不是很可悲吗？比干、苌弘就是因此而被杀死的，箕子、商容就是因此受到猜疑的，范蠡、伍子胥就是因此而泛舟五湖、离国出逃，生死、存亡、安危，都由此产生了。

子产治理郑国，邓析极力刁难他，跟有狱讼的人约定，学习大的狱讼要送上一件上衣，学习小的狱讼要送上襦裤。献上上衣、襦裤以便学习狱讼的人不可胜数。把错的当成对的，把对的当成错的，对的与错的没有标准，可以的与不可以的每天都在改变。想让人胜诉就能让人胜诉，想让人获罪就能让人获罪。郑国大乱，人民吵吵嚷嚷。子产对此感到忧虑，于是就杀死了邓析并且陈尸示众，民心才顺服了，是非才确定了，法律才实行了。如今世上的人，大都想治理好自己的国家，可是却不杀掉邓析之类的人，这就是想把国家治理好而国家却更加混乱的原因。

齐国有个侍奉人的人，所侍奉的人遇难了，但他却不殉死。这人在路上遇到熟人，熟人说：“你果真不殉死吗？”这个人回答：“是的。凡是侍奉人，都是为了谋利。殉死不利，所以不殉死。”熟人说：“您这样还可以见人吗？”这个人回答：“你认为殉死以后就可以见人吗？”这样的话他多次说起。不为自己的君主殉死，是非常不义的，可是这个人还振振有词。凭言辞不足以决断事情，是很清楚的了。言辞是思想的外在表现，欣赏外在表现却抛弃思想，这是糊涂的。所以古人懂得了人的思想就用不着听他的言语了。听别人讲话是要通过其言语观察其思想，听别人讲话却不了解他的思想，那样的言语就与乖戾之言没有区别了。

齐国人有个叫淳于髡的人，他用合纵之术劝说魏王。魏王认为他说得好，就套好十辆车，要派他到楚国去。他告辞要走时，又用连横之术劝说魏王，魏王于是就不让他去了。既让合纵的主张落空，又让连横的事落空，那么他才能多就不如才能少，他有辩才就不如没有辩才。周鼎刻铸上倕的图像却让他咬断自己的手指，先王以此表明大巧是不可取的。

淫　辞[1]

原　文

非辞无以相期，从辞则乱。乱辞之中又有辞焉，心之谓也。言不欺心，则近之矣。凡言者，以谕心也。言心相离，而上无以参之，则下多所言非所行也，所行非所言也。言行相诡[2]，不祥莫大焉。

空雄之遇，秦、赵相与约，约曰：“自今以来，秦之所欲为，赵助之；赵之所欲为，秦助之。”居无几何，秦兴兵攻魏，赵欲救之。秦王不说，使人让赵王曰：“约曰‘秦之所欲为，赵助之；赵之所欲为，秦助之’。今秦欲攻魏，而赵因欲救之，此非约也。”赵王以告平原君，平原君以告公孙龙，公孙龙曰：“亦可以发使而让秦王曰：‘赵欲救之，今秦王独不助赵，此非约也。’”孔穿、公孙龙相与论于平原君所，深而辩，至于藏三牙[3]，公孙龙言藏之三牙甚辩[4]，孔穿不应，少选，辞而出。明日，孔穿朝。平原君谓孔穿曰：“昔者公孙龙之言甚辩。”孔穿曰：“然。几能令藏三牙矣。虽然，难。愿得有问于君，谓藏三牙甚难而实非也，谓藏两牙甚易而实是也，不知君将从易而是者乎？将从难而非者乎？”平原君不应。明日，谓公孙龙曰：“公无与孔穿辩。”

荆柱国庄伯令其父视。曰：“日在天。”“视其奚如？”曰：“正圆。”“视其时。”“日当今。”令谒者驾，曰：“无马。”令涓人取冠，“进上。”问马齿，圉人曰：“齿十二与牙三十。”人有任臣不亡者，臣亡，庄伯决之，任者无罪。

宋有澄子者，亡缁衣，求之涂，见妇人衣缁衣，援而弗舍，欲取其衣，曰：“今者我亡缁衣。”妇人曰：“公虽亡缁衣，此实吾所自为也。”澄子曰：“子不如速与我衣。昔吾所亡者，纺缁也。今子之衣，禅缁也，以禅缁当纺缁，子岂不得哉[5]？”

宋王谓其相唐鞅曰：“寡人所杀戮者众矣，而群臣愈不畏，其故何也？”唐鞅对曰：“王之所罪，尽不善者也。罪不善，善者故为不畏。王欲群臣之畏也，不若无辨其善与不善而时罪之，若此则群臣畏矣。”居无几何，宋君杀唐鞅。唐鞅之对也，不若无对。

惠子为魏惠王为法。为法已成，以示诸民人，民人皆善之。献之惠王，惠王善之，以示翟翦。翟翦曰：“善也。”惠王曰：“可行邪？”翟翦曰：“不可。”惠王曰：“善而不可行，何故？”翟翦对曰：“今举大木者，前呼舆謣，后亦应之，此其于举大木者善矣，岂无郑、卫之音哉？然不若此其宜也。夫国亦木之大者也。”

注　释

①**淫辞**：浮夸不实的言辞。本篇是尹文学派的学说。②**诡**：违背。③**藏三牙**：羊有三只耳朵，名家论辩的命题。④**甚辩**：诡辩。⑤**岂不得哉**：不是占了便宜吗？

译　文

没有言辞就无法互相交往，只听信言辞就会发生混乱。言辞之中又有言辞，这指的就是思想。言语不违背思想，那就差不多了。凡是说的话，都是为了表达思想。说的话和思想相背离，可是在上位的人却无法考察，那么在下位的人就会有很多说的话与做的事不相符，做的事与说的话不相符的情况。言行互相背离，没有什么比这更不吉祥的了。

在空雄盟会的时候，秦国、赵国相互订立盟约，盟约说："从今以后，秦国想做的事，赵国予以帮助；赵国想做的事，秦国予以帮助。"过了不久，秦国发兵攻打魏国，赵国想援救魏国。秦王很不高兴，派人责备赵王说："盟约说'秦国想做的事，赵国予以帮助；赵国想做的事，秦国予以帮助'，现在秦国想攻打魏国，而赵国却想援救它，这不符合盟约。"赵王把这些话告诉了平原君，平原君把这些话告诉了公孙龙，公孙龙说："赵王也可以派使臣去责备秦王'赵国想援救魏国，现在秦国却偏偏不帮助赵国，这不符合盟约'。"孔穿、公孙龙在平原君那里互相辩论，言辞精深而雄辩，谈到羊有三耳的命题，公孙龙说羊有三耳，说得头头是道。孔穿不回答，过了一会儿，就告辞走了。第二天，孔穿来朝见，平原君对孔穿说："昨天公孙龙非常雄辩。"孔穿说："是的。几乎能让羊有三耳了。虽然如此，这说法很难成立。我愿问问您，说羊有三耳难度很大，而实际上却不是这样，说羊有两耳很容易，而事实确实是这样。不知您将赞同容易而正确的说法呢，还是赞同困难而不正确的说法呢？"平原君不回答。第二天，平原君对公孙龙说："你不要跟孔穿辩论了。"

楚国的柱国庄伯让父亲去看看太阳是早是晚，父亲却说："在天上。"看看太阳怎么样了，却说："正圆。"看看是什么时辰，却说："正是现在。"让谒者去传令驾车，却回答："没有马。"让涓人去拿帽子，回答："呈上去了。"问马的年齿，圉人却说："齿十二个，加上牙共三十个。"有个担保人家的奴仆不逃跑的人，奴仆逃跑了，庄伯却判决担保的人没有罪。

宋国有个叫澄子的人，丢了一件黑色衣服。他到路上去寻找，看见一个妇女穿着黑色衣服，就抓住她不放手，要脱掉她的衣服，说："如今我丢了件黑色衣服。"妇女说："您虽然丢了黑色衣服，不过这件衣服确实是我自己做的。"澄子说："你不如赶快把衣服给我。昨天我丢的是纺丝的黑衣服，如今你的衣服是单面的黑衣服。用单面的黑衣服抵偿纺丝的黑衣服，你难道还不是占便宜吗？"

宋王对他的相唐鞅说："我杀死的人很多了，可是臣子们却越发不畏惧我，这是什么原因呢？"唐鞅回答："您治罪的，都是不好的人。对不好的人治罪，所以好人不畏惧。您想

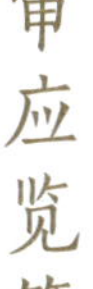

让臣子们畏惧您，不如不要区分好与不好，不断地治罪臣子，这样，臣子们就会畏惧了。”过了不久，宋国君主杀死了唐鞅。唐鞅的回答，还不如不回答。

惠子给魏惠王制定法令。法令已经制定完了，拿来给人们看，人们都认为法令很好。把法令献给惠王，惠王认为法令很好，拿来让翟翦看，翟翦说：“好啊。”惠王说：“可以实行吗？”翟翦说：“不可以。”惠王说：“好却不可以实行，为什么？”翟翦回答：“如今抬大木头的，前面的唱号子，后面的来应和，这号子对于抬大木头的人来说是很好了，难道没有郑国、卫国那样人民喜爱的音乐可唱吗？然而唱那个不如唱这个适宜。治理国家也像抬大木头一样，自有其适宜的法令。”

不屈

原文

察士以为得道则未也[1]。虽然，其应物也，辞难穷矣。辞难穷，其为祸福犹未可知。察而以达理明义，则察为福矣；察而以饰非惑愚，则察为祸矣。古者之贵善御也，以逐暴禁邪也。

魏惠王谓惠子曰：“上世之有国，必贤者也。今寡人实不若先生，愿得传国[2]。”惠子辞。王又固请曰：“寡人莫有之国于此者也，而传之贤者，民之贪争之心止矣。欲先生之以此听寡人也。”惠子曰：“若王之言，则施不可而听矣。王固万乘之主也，以国与人犹尚可。今施，布衣也，可以有万乘之国而辞之，此其止贪争之心愈甚也。”惠王谓惠子曰：“古之有国者，必贤者也。”夫受而贤者舜也，是欲惠子之为舜也；夫辞而贤者许由也，是惠子欲为许由也；传而贤者尧也，是惠王欲为尧也。尧、舜、许由之作，非独传舜而由辞也，他行称此。今无其他，而欲为尧、舜、许由，故惠王布冠而拘于鄄，齐威王几弗受，惠子易衣变冠，乘舆而走，几不出乎魏境。凡自行不可以幸为，必诚。

匡章谓惠子于魏王之前曰：“蝗螟，农夫得而杀之，奚故？为其害稼也。今公行，多者数百乘，步者数百人；少者数十乘，步者数十人。此无耕而食者，其害稼亦甚矣。”惠王曰：“惠子施也，难以辞与公相应。虽然，请言其志。”惠子曰：“今之城者，或者操大筑乎城上，或负畚而赴乎城下，或操表掇以善晞望。若施者，其操表掇者也。使工女化而为丝，不能治丝；使

大匠化而为木，不能治木；使圣人化而为农夫，不能治农夫。施而治农夫者也，公何事比施于螣螟乎？”惠子之治魏为本，其治不治。当惠王之时，五十战而二十败，所杀者不可胜数，大将、爱子有禽者也。大术之愚，为天下笑，得举其讳，乃请令周太史更著其名。围邯郸三年而弗能取，士民罢潞，国家空虚，天下之兵四至。众庶诽谤，诸侯不誉，谢于翟翦而更听其谋，社稷乃存。名宝散出，土地四削，魏国从此衰矣。仲父，大名也；让国，大实也。说以不听、不信。听而若此，不可谓工矣。不工而治，贼天下莫大焉，幸而独听于魏也。以贼天下为实，以治之为名，匡章之非，不亦可乎？

白圭新与惠子相见也，惠子说之以强，白圭无以应。惠子出，白圭告人曰：“人有新取妇者，妇至，宜安矜烟视媚行。竖子操蕉火而钜，新妇曰：‘蕉火大钜。’入于门，门中有敛陷，新妇曰：‘塞之，将伤人之足。’此非不便之家氏也，然而有大甚者。今惠子之遇我尚新，其说我有大甚者。”惠子闻之曰：“不然。《诗》曰：‘恺悌君子③，民之父母。’恺者，大也；悌者，长也。君子之德，长且大者，则为民父母。父母之教子也，岂待久哉？何事比我于新妇乎？《诗》岂曰‘恺悌新妇’哉？”诽污因污，诽辟因辟，是诽者与所非同也。白圭曰“惠子之遇我尚新，其说我有大甚者”，惠子闻而诽之，因自以为为之父母，其非有甚于白圭，“亦有大甚者”。

注　释

①**察士**：明察之士。②**传国**：把国家交给你。③**恺悌君子**：平易近人的君子。

译　文

明察的士人，认为他得到了道术那倒未必。虽说这样，可是他对答事物，言辞是难以穷尽的。言辞难以穷尽，这到底是祸是福还是不知道。明察如果用以通晓事理弄清道义，那么明察就是福了，明察如果用以掩饰错误愚弄蠢人，那么明察就是祸了。古代之所以看重善于驾车的人，是因为可以借以驱逐残暴的人，制止邪恶的事。

魏惠王对惠子说：“前代享有国家的人，一定是贤德的人。如今我确实不如先生您，我希望能把国家传给您。”惠子谢绝了，魏王又坚决请求道：“假如我不享有这个国家，而把它传给贤德的人，人们贪婪争夺的想法就可以制止了。希望先生您因此听从我的话。”惠子说：“像您说的这样，那我就不能听从您的话了。您本来是大国的君主，把国家让给别人尚且可以制止人们贪婪争夺的想法。如今我是个平民，可以享有大国却谢绝了，这样就

更能制止人们贪婪争夺的想法了。”惠王对惠子说：“古代享有国家的，一定是贤德的人。”接受别人的国家而且自己又贤德的，是舜，这样就是想让惠子成为舜那样的人；谢绝享有别人的国家而且自己又贤德的，是许由，这是惠子想成为许由那样的人；把国家传给别人而且自己又贤德的，是尧，这就是惠王想成为尧那样的人。尧、舜、许由之所以名闻天下，不只是因为尧把帝位传给舜而舜接受了，尧把帝位传给许由而许由谢绝了，他们其他的行为也与此相称。如今没有其他的行为，却想成为尧、舜、许由那样的人，所以惠王穿着丧国之服把自己拘禁在鄄请求归服齐国，齐威王不肯接受他的归服；惠子改换了衣帽，乘车逃走，几乎逃不出魏国国境。但凡自己的行为，不可以凭侥幸之心去行动，一定要诚恳。

匡章在惠王面前对惠子说：“螟虫，农夫捉住就弄死它，为什么？因为它损害庄稼。如今您一行动，多的时候跟随着几百辆车、几百个步行的人，少的时候跟随着几十辆车、几十个步行的人。这些都是不耕而食的人，他们损害庄稼也太厉害了。”惠王说：“惠子很难用言辞回答您，虽然如此，还是请惠子谈谈自己的想法。”惠子说：“如今修筑城墙的人，有的拿着大杵在墟上捣土，有的背着畚箕在城下来来往往运土，有的拿着标志物仔细观望方位的斜正。像我这样的，就是拿着标志的人。让善于织丝的女子变成丝，就不能织丝了，让巧匠变成木材，就不能处置木材了，让圣人变成农夫，就不能管理农夫了。我就是能管理农夫的人。您为什么把我比作螟虫呢？”惠子以治理魏国为根本，他却治理得不好。在惠王的时代，作战五十次却失败了二十次，被杀死的人不计其数，惠王的大将、爱子有被俘虏的。惠子治国之术的愚惑，被天下人耻笑，天下人得以举说他的过错，惠王这才请求让周天子的太史改变惠子仲父的名号。惠王包围邯郸三年却不能攻下来，兵士和人民很疲惫，国家弄得很空虚，天下诸侯的救兵从四面到来解救邯郸之围，百姓们责难他，诸侯们不赞誉他，他向翟翦道歉，重新听取翟翦的计谋，国家才保住。名贵的宝物都失散到国外，土地被四邻割去，魏国从此衰落了。仲父是显赫的名号，把国家让给别人是高尚的行动。惠子用不可听、不可信之言劝说惠王。惠王如此听从意见，不是善于听取意见。不善于听取意见却来治理国家，对天下人的危害没有比这更大的了，幸好惠子的话只是被魏国听从了。以危害天下人为实，却以治理国家为名，匡章非难惠子，不是应该的吗？

白圭刚与惠子相见，惠子就用如何使国家强大来劝说他，白圭无言以对。惠子出去后，白圭告诉别人说：“有个刚娶媳妇的人，媳妇到来时，应该安稳持重，微视慢行。童仆拿的火把烧得太旺，新媳妇说：‘火把太旺。’进了门，门里有坑，新媳妇说：‘填上它！它将跌伤人的腿。’这对于她的夫家不是没有好处，然而太过分了些。如今惠子刚刚见到我，他劝说我的话太过分了些。”惠子听到这话以后，说：“不对。《诗经》说：‘具有恺悌之风的君子，如同人民的父母。’恺是大的意思，悌是长的意思。君子的品德，高尚盛大的，就可以成为人民的父母。父母教育孩子，哪里要等好久呢？为什么把我比作新媳妇呢？《诗

经》难道说过‘具有恺悌之风的新媳妇’吗？”用污秽责难污秽，用邪僻责难邪僻，这样就是责难的人与被责难的人相同了。白圭说“惠子刚刚见到我，他劝说我的话太过分了些”，惠子听到这话以后就责难他，于是自认为可以成为他的父母，那惠子的错误比白圭说得太过分还要严重。

应　言

原　文

白圭谓魏王曰：“市丘之鼎以烹鸡，多洎之则淡而不可食，少洎之则焦而不熟，然而视之蝺焉美无所可用。惠子之言，有似于此。”惠子闻之曰：“不然。使三军饥而居鼎旁，适为之甑，则莫宜之此鼎矣。”白圭闻之曰：“无所可用者，意者徒加其甑邪？”白圭之论自悖，其少魏王大甚。以惠子之言“蝺焉美无所可用”，是魏王以言无所可用者为仲父也，是以言无所用者为美也。

公孙龙说燕昭王以偃兵，昭王曰：“甚善。寡人愿与客计之。”公孙龙曰：“窃意大王之弗为也。”王曰：“何故？”公孙龙曰：“日者大王欲破齐[1]，诸天下之士其欲破齐者，大王尽养之；知齐之险阻要塞君臣之际者，大王尽养之；虽知而弗欲破者，大王犹若弗养，其卒果破齐以为功。今大王曰‘我甚取偃兵’。诸侯之士在大王之本朝者，尽善用兵者也，臣是以知大王之弗为也。”王无以应。

司马喜难墨者师于中山王前以非攻，曰：“先生之所术非攻乎？”墨者师曰：“然。”曰：“今王兴兵而攻燕，先生将非王乎？”墨者师对曰：“然则相国是攻之乎？”司马喜曰：“然。”墨者师曰：“今赵兴兵而攻中山，相国将是之乎？”司马喜无以应。

路说谓周颇曰：“公不爱赵，天下必从。”周颇曰：“固欲天下之从也。天下从则秦利也。”路说应之曰：“然则公欲秦之利夫？”周颇曰：“欲之。”路说曰：“公欲之，则胡不为从矣？”

魏令孟卬割绛、窌、安邑之地以与秦王。王喜，令起贾为孟卬求司徒于魏王。魏王不说，应起贾曰：“卬，寡人之臣也。寡人宁以臧为司徒，无用卬。

愿大王之更以他人诏之也。”起贾出，遇孟卬于廷，曰：“公之事何如？”起贾曰：“公甚贱于公之主。公之主曰‘宁用臧为司徒，无用公’。”孟卬入见，谓魏王曰：“秦客何言？”王曰：“求以女为司徒。”孟卬曰：“王应之谓何？”王曰：“宁以臧，无用卬也。”孟卬太息曰：“宜矣王之制于秦也。王何疑秦之善臣也？以绛、窌、安邑令负牛书与秦，犹乃善牛也。卬虽不肖，独不如牛乎？且王令三将军为臣先曰‘视卬如身’，是重臣也。令二轻臣也，令臣责，卬虽贤固能乎？”居三日，魏王乃听起贾。凡人主之与其大官也，为有益也。今割国之锱锤矣，而因得大官，且何地以给之？大官，人臣之所欲也。孟卬令秦得其所欲，秦亦令孟卬得其所欲，责以偿矣，尚有何责？魏虽强犹不能责无责，又况于弱？魏王之令乎孟卬为司徒，以弃其责，则拙也。

秦王立帝[2]，宜阳令许绾诞魏王，魏王将入秦。魏敬谓王曰：“以河内孰与梁重？”王曰：“梁重。”又曰：“梁孰与身重？”王曰：“身重。”又曰：“若使秦求河内，则王将与之乎？”王曰：“弗与也。”魏敬曰：“河内，三论之下也。身，三论之上也。秦索其下而王弗听，索其上而王听之，臣窃不取也。”王曰：“甚然。”乃辍行[3]。秦虽大胜于长平[4]，三年然后决，士民倦，粮食。当此时也，两周全，其北存。魏举陶削卫，地方六百，有之势是，而入大蚤，奚待于魏敬之说也？夫未可以入而入，其患有将可以入而不入，入与不入之时，不可不熟论也。

注　释

①**日者**：过去。②**秦王立帝**：秦昭襄王曾自立为西帝，但不久后取消帝号。③**辍**：停止。④**大胜于长平**：秦赵在长平大战，赵国惨败。

译　文

白圭对魏王说：“用帝丘出产的大鼎来煮鸡，多加汤汁就会淡得没法吃，少加汤汁就会烧焦可是却不熟，然而这鼎看起来非常高大漂亮，不过没有什么用处。惠子的话，就跟这大鼎相似。”惠子听到这话以后，说：“不对。假使三军士兵饥饿了停留在鼎旁边，恰好弄到了蒸饭用的大甑，那么和甑搭配起来蒸饭就没有比这鼎更合适的了。”白圭听到这话以后，说：“没有什么用处的东西，想来只能在上面放上甑来蒸饭啦！”白圭的评论自然是错

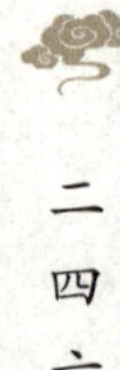

的，他太轻视魏王了。认为惠子的话只是说得漂亮，但没什么用处，这样就是魏王把说话没什么用处的人当成仲父了，这样就是把说话没用处的人当成完美的人了。

公孙龙用如何消除战争的话劝说燕昭王，昭王说："很好。我愿意跟宾客们商议这件事。"公孙龙说："我私下里估计大王您是不会消除战争的。"昭王说："为什么？"公孙龙说："从前大王您想打败齐国，天下杰出的人士中那些想打败齐国的人，大王您全都接纳了他们；那些了解齐国的险阻要塞和君臣之间关系的人，大王您全都接纳了他们；那些虽然了解这些情况但不想打败齐国的人，大王您还是不肯接纳他们，最后果然打败了齐国，并以此为功劳。如今大王您说，我很赞成消除战争。可是在大王您朝廷里的其他诸侯国的人士，都是善于用兵的人。我因此知道大王您不会消除战争的。"昭王无言以对。

司马喜在中山国君前就"非攻"的主张诘责墨家学派名叫师的人，说："先生您所主张的是'非攻'吧？"师说："是的。"司马喜说："假如国君发兵攻打燕国，先生您将责备国君吗？"师回答："这样说来，相国您赞成攻打燕国吗？"司马喜说："是的。"师说："假如赵国发兵攻打中山国，相国您也将赞成攻打中山国吗？"司马喜无言以对。

路说对周颇说："您如果不爱赵国，天下人一定会跟随您。"周颇说："我本来想让天下人跟随我。天下人跟随我，那么秦国就有利。"路说回答他说："这样说来，那么您想让秦国有利啦？"周颇说："想让秦国有利。"路说说："您想让秦国有利，那么为什么不因此而让天下人跟随您呢？"

魏王派孟卬割让绛、窃、安邑等地给秦王。秦王很高兴，让起贾去向魏王为孟卬请求司徒的官职。魏王很不高兴，回答起贾说："孟卬是我的臣子。我宁肯用奴仆当司徒，也不用孟卬。希望大王另用其他的人诏示我。"起贾出来，在庭院里遇到孟卬。孟卬说："您说的事情怎么样？"起贾说："您太受您的君主轻视了。您的君主说宁肯用奴仆当司徒，也不用您。"孟卬进去谒见，对魏王说："秦国客人说什么？"魏王说："请求用你当司徒。"孟卬说："您怎样回答他的？"魏王说："我说'宁肯任用奴仆，也不用孟卬'。"孟卬长叹道："您受秦国控制是应该的，秦国善待我，您对此为什么要猜疑呢？把绛、窃、安邑的地图让牛驮着献给秦国，秦国尚且会好好对待牛。我虽然不好，难道还不如牛吗？况且您让三位将军先去秦国为我致意，说'看待孟卬如同看待我一样'，这是重视我。如今您轻视我，以后让我去索取秦国答应过的东西，我即使贤德，难道还能做到吗？"过了三天，魏王才答应了起贾的请求。但凡君主给人大的官职，是因为他有益于国家。如今割让国家少量土地，因而得到了大的官职，以后哪有那么多土地供他割让呢？大的官职，是臣子所希望得到的。孟卬让秦国得到了它所希望的土地，秦国也让孟卬得到了他所希望的官职。对方所欠的债已经偿还了，还有什么可以索取的呢？魏国即使强大，也还不能向不欠债的索取债务，更何况它本身是弱小的国家呢？魏王让孟卬当了司徒，从而失掉了向秦国提出要求的地位，这就很笨拙了。

秦王自立为帝，宜阳令许绾骗魏王，魏王将要去秦朝拜。魏敬对魏王说："拿河内和大梁比，哪一个重要？"魏王说："大梁重要。"魏敬又说："大梁跟您自身比，哪一个重要？"魏王说："自身重要。"魏敬又说："假如秦国索取河内，那么您将会给它吗？"魏王说："不给它。"魏敬说："河内在三者之中居于最下等的位置，您自身在三者之中占最上等。秦国索取最下等的您不答应，索取最上等的您却答应了，我私下里对此是不赞成的。"魏王说："很对。"这才不去秦国。秦国虽然在长平打了大胜仗，但三年之后才决出胜负，它的兵士和人民很疲惫，粮食很匮乏。正当那个时候，东、西周尚未灭亡，大梁以北的地区尚未失去，魏国攻下了陶，夺取了卫国城邑，土地有六百里见方。具有这样的形势，却要去秦朝拜，那是太早了，何必要等魏敬的劝说？在不可去的时候却要去，这种祸患与将来可以去的时候却不去是一样的。去与不去的时机，不可不仔细考察。

具　备

原　文

今有羿、蠭蒙、繁弱于此而无弦，则必不能中也。中非独弦也，而弦为弓中之具也。夫立功名亦有具，不得其具，贤虽过汤、武，则劳而无功矣。汤尝约于郼薄矣，武王尝穷于毕裎矣，伊尹尝居于庖厨矣，太公尝隐于钓鱼矣，贤非衰也，智非愚也，皆无其具也。故凡立功名，虽贤必有其具，然后可成。

宓子贱治亶父，恐鲁君之听谗人，而令己不得行其术也，将辞而行，请近吏二人于鲁君[1]，与之俱至于亶父。邑吏皆朝，宓子贱令吏二人书。吏方将书，宓子贱从旁时掣摇其肘。吏书之不善，则宓子贱为之怒。吏甚患之，辞而请归。宓子贱曰："子之书甚不善，子勉归矣。"二吏归报于君，曰："宓子不可为书。"君曰："何故？"吏对曰："宓子使臣书，而时掣摇臣之肘，书恶而有甚怒，吏皆笑宓子，此臣所以辞而去也。"鲁君太息而叹曰："宓子以此谏寡人之不肖也。寡人之乱子，而令宓子不得行其术，必数有之矣。微二人，寡人几过。"遂发所爱，而令之亶父，告宓子曰："自今以来，亶父非寡人之有也，子之有也。有便于亶父者，子决为之矣。五岁而言其要。"宓子敬诺，乃得行其术于亶父。三年，巫马旗短褐衣弊裘，而往观化于亶父，见夜渔者，得则舍之。巫马旗问焉，曰："渔为得也，今子得而舍之，何也？"

对曰:“宓子不欲人之取小鱼也。所舍者小鱼也。”巫马旗归,告孔子曰:“宓子之德至矣。使民闇行,若有严刑于旁。敢问宓子何以至于此?”孔子曰:“丘尝与之言曰:‘诚乎此者刑乎彼’。宓子必行此术于亶父也。”夫宓子之得行此术也,鲁君后得之也。鲁君后得之者,宓子先有其备也。先有其备,岂遽必哉?此鲁君之贤也。

三月婴儿,轩冕在前,弗知欲也,斧钺在后,弗知恶也,慈母之爱谕焉,诚也。故诚有诚乃合于情,精有精乃通于天。乃通于天,水木石之性,皆可动也,又况于有血气者乎?故凡说与治之务莫若诚。听言哀者,不若见其哭也;听言怒者,不若见其斗也。说与治不诚,其动人心不神[2]。

注　释

①**近吏**:君主身边的近臣。②**不神**:无法感化人心。

译　文

假如有羿、蠭蒙这样的善射之人和繁弱这样的良弓,却没有弓弦,那么必定不能射中。射中不只是靠弓弦,可弓弦是射中的条件。建立功名也要有条件,不具备条件,即使贤德超过了汤、武王,那也会劳而无功。汤曾经在郼、薄受贫困,武王曾经在毕、裎受困窘,伊尹曾经在厨房里当仆隶,太公望曾经隐居钓鱼。他们的贤德并不是衰微了,他们的才智并不是愚蠢了,都是因为没有具备条件。所以凡是建立功名,即使贤德,也必定要具备条件,然后才可以成功。

宓子贱去治理亶父,担心鲁国君主听信小人的谗言,从而使自己不能施行自己的主张,将要告辞的时候,向鲁国君主请求君主身边的两个官吏跟自己一起去。到了亶父,亶父的官吏都来朝见,宓子贱让那两个官吏书写公文。官吏刚要书写公文,宓子贱从旁边不时地摇动他们的胳膊肘,官吏写得很不好,宓子贱就为此而发怒。官吏对此厌恨,就告辞请求回去。宓子贱说:“你们写得很不好,你们赶快回去吧!”两个官吏回去以后向鲁国君主禀报:“宓子这个人不可以为他书写公文。”鲁国君主说:“为什么?”官吏回答:“宓子让我们书写公文,却不时地摇动我们的胳膊肘,写得不好又大发脾气,亶父的官吏都因宓子这样做而发笑,这就是我们所以要告辞离开的原因。”鲁国君主长叹道:“宓子是用这种方式对我的缺点进行劝谏。我扰乱宓子,使宓子不能实行自己的主张,这样的事一定多次发生过了。假如没有这两个人,我几乎要犯错误。”于是就派所喜欢的人让他去亶父,告诉宓子说:“从今以后,亶父不归我所有,归你所有。有对亶父有利的事情,你自己决断去做吧。五年后报告施政的要点。”宓子恭敬地答应了,这才得以在亶父实行自己的主张。过了三年,巫马旗穿着粗劣的衣服和破旧的皮衣,到亶父去观察施行教化的情况,看到夜里

●放鲰知德

捕鱼的人，得到鱼就扔回水里。巫马旗问他："捕鱼是为了得到鱼，现在你得到鱼却把它扔回水里，这是为什么？"那人回答："宓子不想让人们捕取小鱼。我扔回水里的都是小鱼。"巫马旗回去以后，告诉孔子说："宓子的德政达到极点了，他能让人们黑夜中独自做事，就像有严刑在身旁一样。请问宓子用什么办法达到这种境地的？"孔子说："我曾经跟他说过'自己心诚的，就能在外实行'。宓子一定是在亶父施行这个主张了。"宓子得以实行这个主张，是因为鲁国君主后来领悟到这一点。鲁国君主之所以后来能领悟到这一点，是因为宓子事先有了准备。事先有了准备，难道就一定能让君主领悟到吗？这就是鲁国君主的贤明之处。

三个月的婴儿，轩冕在前边不知道羡慕，斧钺在后边不知道厌恶，对慈母的爱却能懂得，这是因为婴儿的心赤诚。所以诚而又诚才能合乎真情，精而又精才能与天性相通。与天性相通，水、木、石的本性都可以改变，更何况有血气的人呢？所以凡是劝说别人与治理政事，没有比赤诚更重要的了。听别人说的话很悲哀，不如看到他哭泣；听别人说的话很愤怒，不如看到他搏斗。劝说别人与处理政事不赤诚，那就不能感化人心。

离俗览第七

离　俗[1]

原　文

世之所不足者，理义也；所有余者，妄苟也。民之情，贵所不足，贱所有余。故布衣人臣之行，洁白清廉中绳[2]，愈穷愈荣。虽死，天下愈高之，

所不足也。然而以理义斫削，神农、黄帝犹有可非，微独舜、汤。飞兔、要裹，古之骏马也，材犹有短。故以绳墨取木，则宫室不成矣。

舜让其友石户之农，石户之农曰："棬棬乎后之为人也[3]，葆力之士也。"以舜之德为未至也，于是乎夫负妻戴携子以入于海，去之终身不反。舜又让其友北人无择，北人无择曰："异哉，后之为人也，居于甽亩之中，而游入于尧之门。不若是而已，又欲以其辱行漫我，我羞之。"而自投于苍领之渊。

汤将伐桀，因卞随而谋。卞随辞曰："非吾事也。"汤曰："孰可？"卞随曰："吾不知也。"汤又因务光而谋。务光曰："非吾事也。"汤曰："孰可？"务光曰："吾不知也。"汤曰："伊尹何如？"务光曰："强力忍询，吾不知其他也。"汤遂与伊尹谋夏伐桀，克之。以让卞随，卞随辞曰："后之伐桀也，谋乎我，必以我为贼也[4]。胜桀而让我，必以我为贪也。吾生乎乱世，而无道之人再来询我，吾不忍数闻也。"乃自投于颍水而死。汤又让于务光曰："智者谋之，武者遂之，仁者居之，古之道也。吾子胡不位之？请相吾子。"务光辞曰："废上，非义也。杀民，非仁也。人犯其难，我享其利，非廉也。吾闻之，非其义，不受其利，无道之世，不践其土，况于尊我乎？吾不忍久见也。"乃负石而沉于募水。

故如石户之农、北人无择、卞随、务光者，其视天下若六合之外，人之所不能察；其视富贵也，苟可得已，则必不之赖；高节厉行，独乐其意，而物莫之害；不漫于利，不牵于势，而羞居浊世，惟此四士者之节。

若夫舜、汤，则苞裹覆容，缘不得已而动，因时而为，以爱利为本，以万民为义。譬之若钓者，鱼有小大，饵有宜适，羽有动静。

齐、晋相与战，平阿之余子亡戟得矛，却而去，不自快，谓路之人曰："亡戟得矛，可以归乎？"路之人曰："戟亦兵也，矛亦兵也，亡兵得兵，何为不可以归？"去行，心犹不自快，遇高唐之孤叔无孙，当其马前曰："今者战，亡戟得矛，可以归乎？"叔无孙曰："矛非戟也，戟非矛也，亡戟得矛，岂亢

责也哉？"平阿之余子曰："嘻！还反战，趋尚及之。"遂战而死。叔无孙曰："吾闻之，君子济人于患，必离其难。"疾驱而从之，亦死而有反。令此将众，亦必不北矣。令此处人主之旁，亦必死义矣。今死矣而无大功，其任小故也。任小者，不知大也。今焉知天下之无平阿余子与叔无孙也？故人主之欲得廉士者，不可不务求。

齐庄公之时，有士曰宾卑聚，梦有壮子，白缟之冠，丹绩之衵，东布之衣，新素履，墨剑室，从而叱之，唾其面，惕然而寤，徒梦也。终夜坐不自快。明日，召其友而告之曰："吾少好勇，年六十而无所挫辱。今夜辱，吾将索其形，期得之则可，不得将死之。"每朝与其友俱立乎衢，三日不得，却而自殁。谓此当务则未也，虽然，其心之不辱也，有可以加乎？

注　释

①**离俗**：脱离世俗。②**中绳**：符合法度。③**惓惓**：用力的样子。④**贼**：残暴。

译　文

社会上不足的东西，是理义；有余的东西，是胡作非为。人之常情是，以不足的东西为贵，以有余的东西为贱。所以平民、臣子的品行，应该纯洁清廉，合乎法度，越穷困越感到荣耀，即使死了，天下的人也越发尊崇他们，这是因为社会上这种品行不足。然而如果按照理义的标准来衡量，连神农、黄帝都还有可以非难的地方，不仅仅是舜、汤而已。飞兔、要褭，是古代的骏马，它们的力气尚且有所不足。所以如果用墨绳严格地量取木材，那么房屋就不能建成。

舜把帝位让给自己的朋友石户之农，石户之农说："君王您的为人真是孜孜不倦，是个勤劳任力的人。"他认为舜的品德尚未完备，于是丈夫背着东西，妻子领着孩子去海上隐居，离开了舜，终生不再回来。舜又把帝位让给自己的朋友北人无择，北人无择说："君王您的为人真是与众不同，本来居住在乡野之中，却到尧那里继承了王位。仅仅是这样就罢了，又想用自己耻辱的行为玷污我，我对此感到羞耻。"因而自己跳到苍领的深渊中。

汤将要讨伐桀，去找卞随谋划，卞随谢绝说："这不是我的事情。"汤说："谁可以谋划？"卞随说："我不知道。"汤又去找务光谋划，务光说："这不是我的事情。"汤说："谁可以谋划？"务光说："我不知道。"汤说："伊尹怎么样？"务光说："他能奋力做事，忍受耻辱，我不知道他别的情况了。"汤于是就跟伊尹谋划讨伐夏桀，战胜了夏桀。汤想把王位让给卞随，卞随谢绝说："君王您讨伐桀的时候，要跟我谋划，一定是认为我残忍，战胜桀后要把王位让给我，一定是认为我贪婪。我生在乱世，而无道之人两次来污辱我，我不忍心屡

次听这样的话。”于是自己跳入颍水而死。汤又想把王位让给务光，说：“聪明的人谋划它，勇武的人实现它，仁德的人享有它，这是自古以来的原则。您何不居王位呢？我甘愿辅佐您。”务光谢绝说：“废弃君主桀，这是不义的行为。作战杀死人民，这是不仁的行为。别人遭受战争的危难，我享受战争的利益，这是不廉洁的行为。我听说过这样的话，不符合义，就不接受利益，不符合道义的社会，就不踏上它的土地，更何况使我显贵呢？我不忍心长久地看到这种情况。”于是就背负石头沉没在募水之中。

所以像石户之农、北人无择、卞随、务光这样的人，他们看待天下，就如同天外之物一样，一般人所不能理解的。他们看待富贵，即使可以得到，也一定不把它当作有利的事。他们节操高尚，品行坚贞，独自为坚持自己的理想而感到快乐，因而外物没有什么可以危害他们的。他们不为利益玷污，不受权势牵累，以居于污浊的社会为耻，只有这四位贤士具有这样的节操。

至于舜、汤，则无所不包，无所不容，因为迫不得已而采取行动，顺应时势而有所作为，把爱和利作为根本，把为万民作为义的准则。这就如同钓鱼的人一样，鱼有小有大，钓饵与之相应，钓浮有动有静。

齐国、晋国相互作战，平阿邑的士卒丢失了戟，得到了矛，后退时自己很不高兴，对路上的人说：“我丢失了戟，得到了矛，可以回去吗？”路上的人说：“戟也是兵器，矛也是兵器，丢失了兵器又得到了兵器，为什么不可以回去？”士卒又往回走，心里还是不高兴，遇到高唐邑的守邑大夫叔无孙，就在他的马前说：“今天作战时，我丢失了戟，得到了矛，可以回去吗？”叔无孙说：“矛不是戟，戟不是矛，丢失了戟，得到了矛，怎么能交代得了呢？”那个士卒说了声：“嘿！马上返回去作战，跑到战场，还赶得上作战。”最终战死。叔无孙说：“我听说过，君子让人遭受祸患，自己一定要跟他共患难。”骑马急速去追他，也死在战场上没有回来。假使让这两个人统率军队，也必定不会战败逃跑。假使让他们处于君主身边，也必定会为道义而献身。如今他们死了，却没有什么大功劳，这是因为他们职位低的缘故。职位低的人是不考虑大事情的。现在怎么知道天下没有平阿的士卒与叔无孙那样的人呢？所以君主希望得到廉正之士的人，不可不努力寻求这样的人。

齐庄公时，有个士人名叫宾卑聚，他梦见有个强壮的男子，戴着白绢做的帽子，系着红麻线做的帽带，穿着熟绢做的衣服、白色的新鞋，佩带着黑鞘宝剑，走上前来斥责他，用唾沫吐他的脸。他吓醒了，原来只是一个梦。坐了整整一夜，自己很不高兴。第二天，找来他的朋友并告诉他说：“我年轻时就爱好勇力，已经六十岁了，没有遭受过挫折侮辱。现在夜里遭到侮辱，我将寻找这个人的踪迹，如果找到还可以，如果找不到我将为此而死。”每天早晨跟他的朋友一起站在四通八达的街道上，过了三天没有找到，回去以后就自刎而死。要说这是应当尽力去做的，但却不是的，虽说如此，他的内心不可受辱，还有能超过他的人吗？

高义[1]

原文

君子之自行也，动必缘义，行必诚义，俗虽谓之穷，通也。行不诚义，动不缘义，俗虽谓之通，穷也。然则君子之穷通，有异乎俗者也。故当功以受赏，当罪以受罚。赏不当，虽与之必辞；罚诚当，虽赦之不外。度之于国，必利长久，长久之于主，必宜内反于心不惭然后动。

孔子见齐景公，景公致廪丘以为养，孔子辞不受，人谓弟子曰："吾闻君子当功以受禄。今说景公，景公未之行而赐之廪丘，其不知丘亦甚矣。"令弟子趣驾，辞而行。孔子布衣也，官在鲁司寇，万乘难与比行，三王之佐不显焉，取舍不苟也夫！

子墨子游公上过于越[2]，公上过语墨子之义，越王说之，谓公上过曰："子之师苟肯至越，请以故吴之地阴江之浦书社三百以封夫子。"公上过往复于子墨子，子墨子曰："子之观越王也，能听吾言、用吾道乎？"公上过曰："殆未能也。"墨子曰："不唯越王不知翟之意，虽子亦不知翟之意。若越王听吾言、用吾道，翟度身而衣，量腹而食，比于宾萌，未敢求仕。越王不听吾言、不用吾道，虽全越以与我，吾无所用之。越王不听吾言、不用吾道，而受其国，是以义翟也，义翟何必越，虽于中国亦可[3]。"凡人不可不熟论。秦之野人，以小利之故，弟兄相狱，亲戚相忍。今可得其国，恐亏其义而辞之，可谓能守行矣，其与秦之野人相去亦远矣。

荆人与吴人将战，荆师寡，吴师众，荆将军子囊曰："我与吴人战，必败。败王师，辱王名，亏壤土，忠臣不忍为也。"不复于王而遁。至于郊，使人复于王曰："臣请死。"王曰："将军之遁也，以其为利也。今诚利，将军何死？"子囊曰："遁者无罪，则后世之为王臣者，将皆依不利之名而效臣遁，若是则荆国终为天下挠。"遂伏剑而死。王曰："请成将军之义。"乃为之桐棺三寸，加斧锧其上。人主之患，存而不知所以存，亡而不知所以亡，此存亡之所以数至也。郼、岐之广也，万国之顺也，从此生矣。荆之为四十二

世矣，尝有乾溪、白公之乱矣，尝有郑襄、州侯之避矣，而今犹为万乘之大国，其时有臣如子囊与？子囊之节，非独厉一世之人臣也。

荆昭王之时，有士焉曰石渚，其为人也公直无私，王使为政。道有杀人者，石渚追之，则其父也。还车而返，立于廷曰："杀人者，仆之父也。以父行法，不忍。阿有罪，废国法，不可。失法伏罪，人臣之义也。"于是乎伏斧锧，请死于王。王曰："追而不及，岂必伏罪哉？子复事矣。"石渚曰："不私其亲，不可谓孝子。事君枉法，不可谓忠臣。君令赦之，上之惠也。不敢废法，臣之行也。"不去斧锧，殁头乎王廷。正法枉必死，父犯法而不忍，王赦之而不肯，石渚之为人臣也，可谓忠且孝矣。

注　释

①**高义**：推崇道义。②**游**：动词，使之游说。③**中国**：中原地区的各国。

译　文

君子自身的所作所为，举动必须遵循义的原则，行为必须忠于义的原则，世俗虽然认为行不通，但君子认为行得通。行为不忠于义的原则，举动不遵循义的原则，世俗虽然认为行得通，但君子认为行不通。这样看来，那么君子的所谓行不通或行得通，就跟世俗不同了。所以有功就接受奖赏，有罪就接受惩罚。如果不该受赏，那么即使赏给自己，也一定谢绝，如果应该受罚，那么即使赦免自己，也不躲避惩罚。用这种原则考虑国家大事，一定会对国家有长远的利益。要对君主有长远的利益，君子一定应该内心反省不感到惭愧，然后才行动。

孔子谒见齐景公，景公送给他廪丘作为食邑，孔子谢绝了，不肯接受，出来以后对学生们说："我听说君子有功因而接受俸禄，现在我劝景公听从我的主张，景公还没有实行，却要赏赐我廪丘，他太不了解我了。"让学生们赶快套好车，告辞离开了。孔子这时是平民，他在鲁国只当过司寇的官职，然而拥有万辆兵车的大国君主难以跟他相提并论，三位帝王的辅佐之臣不比他显赫，这是因为他取舍都不苟且啊！

墨子让公上过到越国游说，公上过讲述了墨子的主张，越王很喜欢，对公上过说："您的老师如果肯到越国来，我愿把过去吴国的土地阴江沿岸三百社的地方封给他。"公上过回去禀报墨子，墨子说："你看越王能听从我的话，采纳我的主张吗？"公上过说："恐怕不能。"墨子说："不仅越王不了解我的心意，就是你也不了解我的心意。假如越王听从我的话、采纳我的主张，我衡量自己的身体穿衣，估量自己的肚子吃饭，我将处于客居之民的地位，不敢要求做官；假如越王不听从我的话、不采纳我的主张，即使把整个越国给我，

我也用不着它。越王不听从我的话，不采纳我的主张，我却接受他的国家，这就是拿原则做交易。拿原则做交易，何必到越国去？即使是中原之国也是可以的。”但凡对于人不可不仔细考察。秦国的鄙野之人，因为一点小利的缘故，弟兄之间打官司，亲人之间相互残害。现在墨子可以得到越王的国土，却担心损害了自己的道义，因而谢绝了，这可以说是能保持操行了，他与秦国的鄙野之人相差也太远了。

楚国人与吴国人将要作战，楚国军队人少，吴国军队人多。楚国将军子囊说：“我国与吴国人作战，必定失败。让君主的军队失败，让君主的名声受辱，使国家的土地受损失，忠臣不忍心这样做。”没有向楚王禀告就跑回来了。到了郊外，派人向楚王禀告说：“我请求被处死。”楚王说：“将军你跑回来，是认为这样做有利啊。现在确实有利，将军你为什么要死呢？”子囊说：“跑回来的如果不加惩处，那么后世当君主将领的人，都会借口作战不利而效法我逃跑。如果这样，楚国最终就会被天下的诸侯挫败。”于是就用剑自杀而死。楚王说：“让我成全他的道义。”就给他做了三寸厚的桐木棺，把斧子、砧子等刑具放在棺上表示处以死刑。君主的弊病是，保存住国家却不知道为什么会保存住，丧失国家却不知道为什么会丧失，这就是保存住国家与丧失掉国家的情况频繁出现的原因。郼、岐的扩大，各国的归顺，由此就产生了。楚国成为国家已经四十二代了，曾经有过灵王被迫在乾溪自缢而死、白公胜杀死子西、子旗攻陷楚都那样的祸乱，曾经有过郑袖、州侯帮楚王行邪僻的事情，可是如今仍然是个拥有万辆兵车的大国，这大概就是因为它经常有像子囊那样的臣子吧！子囊的气节，不只是激励一代的臣子。

楚昭王时，有个贤士名叫石渚，他为人公正无私，昭王让他处理政事。有个在道上杀人的人，石渚去追赶这个人，原来是他父亲。他掉转车子返回，站在朝廷上说：“杀人的人是我父亲。对父亲施刑，我不忍心。我也不忍心偏袒有罪之人，废弃国家刑法，这不可以。执法有失要受惩处，这是臣子应遵守的道义。”于是就趴伏在刑具上，向昭王请求处死。昭王说：“追赶杀人的人没有追上，哪里一定要受惩处呢？你重新担任官职吧。”石渚说：“不偏爱自己的父亲，不可以叫作孝子；侍奉君主而违法，不可以叫作忠臣。您命令赦免我，这是君主的恩惠，不敢废弃刑法，这是臣子的操行。”他不让拿掉刑具，在昭王朝廷上自刎而死。按照公正的刑法，违法必定处死，父亲犯法，自己不忍心处以死刑，君主赦免了自己，却不肯接受，石渚作为臣子，可以说是又忠又孝了。

上　德[1]

原　文

为天下及国，莫如以德，莫如行义。以德以义，不赏而民劝[2]，不罚而

邪止，此神农、黄帝之政也。以德以义，则四海之大，江河之水，不能亢矣；太华之高，会稽之险，不能障矣；阖庐之教，孙、吴之兵，不能当矣。故古之王者，德回乎天地，澹乎四海，东西南北，极日月之所烛，天覆地载，爱恶不臧，虚素以公，小民皆之。其之敌而不知其所以然，此之谓顺天；教变容改俗而莫得其所受之，此之谓顺情。故古之人，身隐而功著，形息而名彰[3]，说通而化奋，利行乎天下而民不识，岂必以严罚厚赏哉？严罚厚赏，此衰世之政也。

三苗不服，禹请攻之。舜曰："以德可也。"行德三年，而三苗服。孔子闻之曰："通乎德之情，则孟门、太行不为险矣。故曰德之速，疾乎以邮传命。"周明堂，金在其后，有以见先德后武也。舜其犹此乎？其臧武通于周矣。

晋献公为骊姬远太子，太子申生居曲沃，公子重耳居蒲，公子夷吾居屈。骊姬谓太子曰："往昔君梦见姜氏。"太子祠而膳于公[4]，骊姬易之。公将尝膳，姬曰："所由远，请使人尝之。"尝人人死，食狗狗死，故诛太子。太子不肯自释，曰："君非骊姬，居不安，食不甘。"遂以剑死。公子夷吾自屈奔梁。公子重耳自蒲奔翟。去翟过卫，卫文公无礼焉。过五鹿如齐，齐桓公死。去齐之曹，曹共公视其骈胁[5]，使袒而捕池鱼。去曹过宋，宋襄公加礼焉。之郑，郑文公不敬，被瞻谏曰："臣闻贤主不穷穷。今晋公子之从者，皆贤者也。君不礼也，不如杀之。"郑君不听。去郑之荆，荆成王慢焉。去荆之秦，秦缪公入之。晋既定，兴师攻郑，求被瞻。被瞻谓郑君曰："不若以臣与之。"郑君曰："此孤之过也。"被瞻曰："杀臣以免国，臣愿之。"被瞻入晋军，文公将烹之。被瞻据镬而呼曰："三军之士皆听瞻也，自今以来，无有忠于其君，忠于其君者将烹。"文公谢焉，罢师，归之于郑。且被瞻忠于其君而君免于晋患也，行义于郑而见说于文公也，故义之为利博矣。

墨者钜子孟胜，善荆之阳城君。阳城君令守于国，毁璜以为符，约曰："符合听之。"荆王薨，群臣攻吴起，兵于丧所，阳城君与焉，荆罪之。阳城君走，荆收其国。孟胜曰："受人之国，与之有符，今不见符，而力不能禁，不

能死，不可。"其弟子徐弱谏孟胜曰："死而有益阳城君，死之可矣。无益也，而绝墨者于世，不可。"孟胜曰："不然。吾于阳城君也，非师则友也，非友则臣也，不死，自今以来，求严师必不于墨者矣，求贤友必不于墨者矣，求良臣必不于墨者矣。死之，所以行墨者之义而继其业者也。我将属钜子于宋之田襄子，田襄子，贤者也，何患墨者之绝世也？"徐弱曰："若夫子之言，弱请先死以除路。"还殁头前于孟胜。因使二人传钜子于田襄子。孟胜死，弟子死之者百八十三人。以致令于田襄子，欲反死孟胜于荆，田襄子止之曰："孟子已传钜子于我矣，当听。"遂反死之。墨者以为不听钜子不察，严罚厚赏，不足以致此。今世之言治，多以严罚厚赏，此上世之若客也。

注　释

①**上德**：推崇德政。②**劝**：勉励。③**形息**：身死。④**膳**：奉上食物。⑤**骈胁**：晋文公肋骨之间的间隙很小，犹如长在一起，因此被称为骈胁。

译　文

治理天下和国家，莫过于用德，莫过于行义。用德用义，不靠赏赐人民就会受到勉励，不靠刑罚邪恶就能被制止，这是神农、黄帝的政治。用德用义，那么四海的广大，长江、黄河的流水，都不能抵御，华山的高大，会稽山的险峻，都不能阻挡，阖庐的教化，孙武、吴起的军队，都不能抵挡。所以古代称王的人，他们的道德布满天地之间，充满四海之内，东西南北，一直到达日月所能照耀到的地方，像天一样覆盖万物，像地一样承载万物，无论对喜爱的还是厌恶的，都不藏匿其道德，恬淡质朴，处事公正，小民们也都随之公正。小民与王一起公正处事，自己却不知道为什么会这样，这就叫作顺应了天性。王的教化改变了小民的面貌和习俗，小民自己却不知道受了教化，这就叫作顺应了人情。所以古代的人，他们自身隐没了，可是功绩却卓著，他们本身死了，可是名声却显扬。他们的主张畅通，教化大行。他们给天下人带来利益，可是人民并不能察觉到，哪里一定要用严刑厚赏呢？严刑厚赏，这是衰落的社会政治形态。

三苗不归服，禹请求攻打它，舜说："用德政就可以了。"实行德政三年，三苗就归服了。孔子听到了这件事，说："通晓了德教的实质，那么孟门、太行山都算不得险峻了。所以说德教的迅速，比用驿车传递命令还快。"周代的朝堂把金属乐器和器物摆在后边，这是用来表示先行德教后用武力。舜大概就是这样做的吧，他不轻易动用武力的精神流传到周代了。

晋献公为了骊姬的缘故而疏远了太子，太子申生住在曲沃，公子重耳住在蒲城，公子夷吾住在屈邑。骊姬对太子说："前几天夜里君主梦见了姜氏。"太子就祭祀姜氏，并把食

品奉献给献公，骊姬用有毒的食物替换了膳食。献公要吃膳食，骊姬说：“膳食是从远处进献来的，请让人先尝尝。”让人尝，人死了；让狗吃，狗死了，所以要杀死太子。太子不肯为自己申辩，说：“君主如果没有骊姬，睡觉就不安稳，吃饭就不香甜。”于是就用剑自杀了。公子夷吾从屈邑逃到梁国。公子重耳从蒲城逃到翟，离开翟，经过卫国，卫文公不以礼相待。经过五鹿，到了齐国，正赶上齐桓公死了。又离开齐国到了曹国，曹共公想看看他紧紧相连的肋骨，就让他脱了衣服去捕池里的鱼。离开曹国，经过宋国，宋襄公以礼相待。到了郑国，郑文公不尊重他，被瞻劝告：“我听说贤明的君主不会永远困厄。现在晋国公子随行的人，都是贤德之人。您不以礼相待，不如杀了他。”郑国君主不听从他的劝告。重耳离开郑国，到了楚国，楚成王对他很不敬。离开楚国，到了秦国，秦穆公把他送回晋国。重耳即位以后，发兵攻打郑国，索取被瞻。被瞻对郑国君主说：“不如把我交给晋国。”郑国君主说：“这是我的过错。”被瞻说：“杀死我从而使国家免于灾难，我愿意这样做。”被瞻到了晋国军队里，晋文公要煮死他，被瞻抓住大锅大喊：“三军的兵士都听我说，从今以后，不要再忠于自己的君主了，忠于自己君主的人将被煮死。”文公向他道歉，撤回了军队，让被瞻回到了郑国。被瞻忠于自己的君主，因而君主避免了晋国的侵害，他在郑国按义的原则行事，因而受到了晋文公的喜欢，所以义带来的利益太大了。

墨家学派的巨子孟胜，与楚国的阳城君交好。阳城君让他守卫自己的食邑，剖分开璜玉作为符信，与他约定说：“合符以后才能听从命令。”楚王死了，大臣们攻打吴起，在停丧的地方动起了兵器，阳城君参与了这件事，楚国治罪这些大臣，阳城君逃走了，楚国要收回他的食邑。孟胜说：“我接受了人家的食邑，与人家有符信为凭证，现在没有见到符信，而自己的力量又不能阻止楚国收回食邑，不能为此而死，是不行的。”他的学生徐弱劝阻他说：“死了如果对阳城君有好处，那么为此而死是可以的；如果对阳城君没有好处，却使墨家在社会上断绝了，这不可以。”孟胜说：“不对。我对于阳城君来说，不是老师就是朋友，不是朋友就是臣子。如果不为此而死，从今以后，寻求严师一定不会从墨家中寻求了，寻求贤友一定不会从墨家中寻求了，寻求良臣一定不会从墨家中寻求了。为此而死，正是为了实行墨家的道义从而使墨家的事业得以延续。我将把巨子的职务托付给宋国的田襄子，田襄子是贤德的人，哪里用得着担心墨家在社会上断绝呢？”徐弱说：“像先生您说的这样，那我请求先死以便扫清道路。”转过身去在孟胜之前刎颈而死。孟胜于是就派两个人把巨子的职务传给田襄子。孟胜死了，学生们为他殉死的有一百八十三人。那两个人把孟胜的命令传达给田襄子，想返回去在楚国为孟胜殉死，田襄子制止他们说：“孟胜已把巨子的职务传给我了，你们应当听我的。”两个人最终还是返回为孟胜殉死。墨家认为不听从自己的巨子的话就是不知墨家之义，严刑厚赏，不足以达到这样的地步。现在社会上谈到治理天下国家，大都认为要用严刑厚赏，这就是古代所认为的以烦琐苛酷为明察。

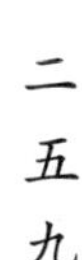

用 民[1]

原 文

凡用民，太上以义，其次以赏罚。其义则不足死[2]，赏罚则不足去就，若是而能用其民者，古今无有。民无常用也，无常不用也，唯得其道为可。阖庐之用兵也不过三万，吴起之用兵也不过五万。万乘之国，其为三万五万尚多。今外之则不可以拒敌，内之则不可以守国，其民非不可用也，不得所以用之也。不得所以用之，国虽大，势虽便，卒无众，何益？古者多有天下而亡者矣，其民不为用也。用民之论，不可不熟。

剑不徒断[3]，车不自行，或使之也。夫种麦而得麦，种稷而得稷，人不怪也。用民亦有种，不审其种，而祈民之用，惑莫大焉。

当禹之时，天下万国，至于汤而三千余国，今无存者矣，皆不能用其民也。民之不用，赏罚不充也。汤、武因夏、商之民也，得所以用之也。管、商亦因齐、秦之民也，得所以用之也。民之用也有故，得其故，民无所不用。用民有纪有纲[4]，壹引其纪，万目皆起[5]，壹引其纲，万目皆张。为民纪纲者何也？欲也恶也。何欲何恶？欲荣利，恶辱害。辱害所以为罚充也，荣利所以为赏实也。赏罚皆有充实，则民无不用矣。

阖庐试其民于五湖[6]，剑皆加于肩，地流血几不可止；句践试其民于寝宫，民争入水火，死者千余矣，遽击金而却之，赏罚有充也。莫邪不为勇者兴惧者变，勇者以工，惧者以拙，能与不能也。

夙沙之民，自攻其君，而归神农。密须之民，自缚其主，而与文王。汤、武非徒能用其民也，又能用非己之民。能用非己之民，国虽小，卒虽少，功名犹可立。古昔多由布衣定一世者矣，皆能用非其有也。用非其有之心，不可察之本。三代之道无二，以信为管。

宋人有取道者，其马不进，倒而投之鸂水。又复取道，其马不进，又倒而投之鸂水。如此者三。虽造父之所以威马，不过此矣。不得造父之道，而徒得其威，无益于御。人主之不肖者，有似于此。不得其道，而徒多其威。

威愈多，民愈不用。亡国之主，多以多威使其民矣。故威不可无有，而不足专恃。譬之若盐之于味，凡盐之用，有所托也，不适则败托而不可食。威亦然，必有所托，然后可行。恶乎托？托于爱利。爱利之心谕，威乃可行。威太甚则爱利之心息，爱利之心息而徒疾行威，身必咎矣，此殷、夏之所以绝也。君，利势也，次官也。处次官，执利势，不可而不察于此。夫不禁而禁者，其唯深见此论邪！

注　释

①**用民：**役使百姓。②**则：**如果。③**徒：**凭空，无故。④**纪：**网的绳头。**纲：**网的总绳。⑤**目：**网眼。⑥**五湖：**太湖。

译　文

大凡使用人民，最上等的是用义，其次是用赏罚。义如果不足以让人民效死，赏罚如果不足以让人民去恶向善，这样却能使用自己人民的，从古到今都没有。人民并不永远被使用，也不永远不被使用，只有掌握了正确的方法，人民才可以被使用。阖庐用兵不超过三万，吴起用兵不超过五万。拥有万辆兵车的大国，它们用兵比三万五万还多。可是如今三万五万人的军队对外不可以御敌，对内不可以保国，它们的人民并不是不可以使用，只是没有掌握恰当地使用人民的方法。没有掌握恰当地使用人民的方法，国家即使很大，形势即使很有利，士兵不是很多，有什么益处？古代有很多享有天下最后却遭到灭亡的，就是因为人民不被他们使用。使用人民的道理，不可不详尽了解。

剑不会自己凭空砍断东西，车不会自己行走，是有人让它们这样的。播种麦子就收获麦子，播种糜子就收获糜子，人们对此并不感到奇怪。使用人民也有播什么种子的问题，不考察播下什么种子，却要求人民被使用，没有比这更糊涂的了。

在禹那个时代，天下有上万个诸侯国，到汤那个时代有三千多个诸侯国，这些诸侯国现在没有存在的了，都是因为不能使用自己的人民。人民不受使用，是因为赏罚不能兑现。汤、武王依靠的是夏朝、商朝的人民，这是因为他们掌握了恰当使用人民的方法。管仲、商鞅也是凭借了齐国、秦国的人民，这是因为他们掌握了恰当使用人民的方法。人民被使用是有原因的，懂得了这原因，人民就会听任使用了。使用人民也有纲纪，一举起纲纪来，万目都随之张开。成为人民纲纪的是什么呢？是希望和厌恶。希望什么，厌恶什么？希望荣耀与利益，厌恶耻辱与祸害。耻辱与祸害是用来实现惩罚的，荣耀与利益是用来实现赏赐的。赏赐和惩罚都能实现，那人民就没有不被使用的了。

阖庐在五湖检验他的人民，剑都刺到了肩头，血流遍地，几乎都不能制止人民前进。勾践在寝宫检验他的人民，人民争着赴汤蹈火，死的人有一千多，赶紧鸣金才能让人民后

退，这是因为赏罚都能兑现。莫邪那样的良剑不因为勇敢的人与怯懦的人而改变锋利的程度，勇敢的人靠了它更加灵巧，怯懦的人靠了它更加笨拙，这是由于他们善于使用或不善于使用造成的。

夙沙国的人民，自己杀死君主来归附神农。密须国的人民，自己捆上自己的君主来归附周文王。汤、武王不只是能使用自己的人民，还能使用不属于自己的人民。能使用不属于自己的人民，国家即使小，士兵即使少，功名仍然可以建立。古代有很多依靠平民而平定天下的人，这是因为他们都能使用不属于自己的人民。使用不属于自己的人民这种心思，是不可不考察清楚的根本。夏、商、周三代的法则没有别的，就是把信用作为准绳。

宋国有个赶路的人，他的马不肯前进，就杀死一匹把它扔到溪水里。又重新赶路，他的马不肯前进，又杀死一匹把它扔到溪水里。这样反复了三次。即使是造父对马树立威严的方法，也不过如此。那个宋国人没有学到造父驭马的方法，却仅仅学到了威严，这对于驾驭马没有什么好处。君主当中那些不贤德的人，与此相似。他们没有学到当君主的方法，却仅仅学到很多当君主的威严。威严越多，人民越不被使用。亡国的君主，大都凭着威严使用人民。所以威严不可以没有，也不足以专门倚仗。这就譬如盐对于味道一样，凡是使用盐，一定要有凭借的东西。用量不适度，就毁坏了所凭借的东西，因而就不可食用了。威严也是这样，一定要有所凭借，然后才可以施以威严。凭借什么？凭借爱和利。爱和利的心被人晓谕了，威严才可以施行。威严太过，那爱和利的心就会消失。爱和利的心消失了，却只是力行威严，自身必定遭殃。这就是夏、商之所以灭亡的原因。君主有利有势，能决定官吏的等级。处于决定官吏等级的地位，掌握着利益和权势，不可不审察清楚。无须刑罚就能禁止人们为非作歹的，大概只有深刻地认识到这个道理才能做到吧！

适 威

原 文

先王之使其民，若御良马，轻任新节，欲走不得，故致千里。善用其民者亦然。民日夜祈用而不可得，苟得为上用，民之走之也，若决积水于千仞之溪[①]，其谁能当之？

《周书》曰："民善之则畜也，不善则仇也。"有仇而众，不若无有。厉王，天子也，有仇而众，故流于彘，祸及子孙，微召公虎而绝无后嗣。今世之人主，多欲众之，而不知善，此多其仇也。不善则不有，有必缘其心爱之谓也。有其形，不可谓有之。舜布衣而有天下。桀，天子也，而不得息[②]，由此生矣。有无之论，不可不熟。汤、武通于此论，故功名立。

古之君民者，仁义以治之，爱利以安之，忠信以导之，务除其灾，思致其福。故民之于上也，若玺之于涂也，抑之以方则方，抑之以圜则圜；若五种之于地也，必应其类，而蕃息于百倍，此五帝三王之所以无敌也。身已终矣，而后世化之如神，其人事审也。

魏武侯之居中山也，问于李克曰："吴之所以亡者何也？"李克对曰："骤战而骤胜。"武侯曰："骤战而骤胜，国家之福也。其独以亡，何故？"对曰："骤战则民罢，骤胜则主骄。以骄主使罢民，然而国不亡者，天下少矣。骄则恣，恣则极物；罢则怨，怨则极虑。上下俱极，吴之亡犹晚，此夫差之所以自殁于干隧也。"

东野稷以御见庄公，进退中绳，左右旋中规。庄公曰："善。"以为造父不过也，使之钩百而少及焉。颜阖入见，庄公曰："子遇东野稷乎？"对曰："然。臣遇之，其马必败。"庄公曰："将何败？"少顷，东野之马败而至。庄公召颜阖而问之曰："子何以知其败也？"颜阖对曰："夫进退中绳，左右旋中规，造父之御，无以过焉。乡臣遇之，犹求其马，臣是以知其败也。"

故乱国之使其民，不论人之性，不反人之情，烦为教而过不识，数为令而非不从，巨为危而罪不敢，重为任而罚不胜。民进则欲其赏，退则畏其罪。知其能力之不足也，则以为继矣。以为继知，则上又从而罪之，是以罪召罪，上下之相仇也，由是起矣。

故礼烦则不庄，业烦则无功，令苛则不听，禁多则不行。桀、纣之禁，不可胜数，故民因而身为戮，极也，不能用威适。子阳极也好严，有过而折弓者，恐必死，遂应猘狗而弑子阳[3]，极也。周鼎有窃曲，状甚长，上下皆曲，以见极之败也。

注　释

①**仞**：周代时以八尺为一仞。②**息**：安定。③**猘狗**：疯狗。

译　文

先王役使自己的百姓，就像驾驭好马一样，让马拉着轻载，手里拿着马鞭，马想尽情跑也办不到，所以能达到千里远的地方。善于役使自己的百姓的人也是这样。百姓日夜祈求被使用可是却不能够被使用，如果能够被君主使用，百姓为君主奔走，就像积水从万丈深的溪中决口冲出来，谁又能阻挡得住呢？

《周书》说：“百姓，善待他们，他们就和君主友好，不善待他们，他们就和君主成为仇人。”有很多仇人，就不如没有的好。周厉王是天子，有很多仇人，所以被放逐到彘，灾祸连累到子孙，如果没有召公虎，就断绝了后嗣。现世上的君主，大都想使自己的百姓众多，却不知道善待百姓，这只是使仇人增多。不善待百姓，就不能得到百姓拥护。得到百姓拥护，必须让百姓从内心里拥护，这就是所说的爱戴了。只占有百姓的躯体不能叫得到了百姓拥护。舜是平民，却占有了天下。桀是天子，却不得安居其位。这些结果都是从能否得民心产生出来的。得失民心的道理，不可不认真审察。汤、武王精通这个道理，所以功成名就。

古代当君主的人，用仁和义治理百姓，用爱和利使百姓安定，用忠和信引导百姓，致力于为民除害，想着为民造福。所以百姓对于君主来说，就像把玺印按在封泥上一样，用方形的按压就成为方形的，用圆形的按压就成为圆形的，就像把五谷种在土地上一样，收获的果实必定与种子同类，而且能成百倍地增长，这就是五帝三王之所以无敌于天下的原因。他们自己虽然去世了，可是后世蒙受他们的教化如同神灵一般，这是因为他们对人世间的各种事情实行的准则经过认真审察。

魏武侯当中山君的时候，向李克问道：“吴国之所以灭亡的原因是什么呢？”李克回答：“是因为屡战屡胜。”武侯说：“屡战屡胜，这是国家的福分，它却偏偏因此灭亡，是什么原因呢？”李克回答：“多次作战百姓就疲惫，多次胜利君主就骄傲。用骄傲的君主役使疲惫的百姓，这样国家却不灭亡的，天下太少了。骄傲就会放纵，放纵就会用尽所欲之物，疲惫就会怨恨，怨恨就会用尽巧诈之心。君主和百姓都达到极点，吴国被灭亡还算晚了呢，这就是夫差之所以在干隧自刎的原因。”

东野稷在庄公面前表演自己的驾车技术，前进后退都符合规则，左转右转都合乎规矩。庄公说：“好。”认为造父也不能超过他，又让他的马绕一百个圈之后再回来。颜阖来谒见庄公，庄公说：“你遇到东野稷了吗？”颜阖回答：“是的，我遇到了他，他的马一定要被累坏。”庄公说：“怎么会累坏呢？”过了一会儿，东野稷的马累坏了。庄公找来颜阖问他：“你怎么知道他的马要累坏呢？”颜阖回答：“前进后退都符合规则，左转右转都合乎规矩，造父驾车的技术都无法超过他。刚才我遇到他，他还在无止境地要求自己的马，我因此知道他的马要被累坏。”

所以混乱的国家役使自己的百姓，不了解人的本性，不反求人的常情。频繁地制定教令，而对人们不能掌握却加以责备；屡次下达命令，而对人们不能听从却加以非难；制造巨大的危难，对人们不敢迎难而上却加以治罪；把任务弄得十分繁重，而对人们不能胜任却加以惩罚。百姓前进就希望得到赏赐，后退就害怕受到惩处，当知道自己的能力不足时，

就会做虚假的事了。做虚假的事，君主知道了，跟着又加以惩处，所以因为畏罪而获罪，君主和百姓相互仇恨，就由此产生了。

所以礼节烦琐就不庄重，事情烦琐就不能成功，命令严苛就不被听从，禁令多了就行不通。桀、纣的禁令不可胜数，所以百姓因此而被杀死，这是因为他们过分到极点了。子阳喜好严厉，有个人犯了过失弄断了弓，担心会被杀死，于是就乘追赶疯狗之机杀死了子阳，这是因为他过分到极点了。周鼎上铸有窃曲形的花纹，花纹很长，上下都是弯曲的，以此表明过分到极点的害处。

为　欲

原　文

使民无欲，上虽贤犹不能用。夫无欲者，其视为天子也与为舆隶同，其视有天下也与无立锥之地同，其视为彭祖也与为殇子同。天子至贵也，天下至富也，彭祖至寿也，诚无欲则是三者不足以劝[1]。舆隶至贱也，无立锥之地至贫也，殇子至夭也，诚无欲则是三者不足以禁。会有一欲，则北至大夏，南至北户，西至三危，东至扶木，不敢乱矣；犯白刃，冒流矢，趣水火，不敢却也；晨寤兴，务耕疾庸，檏为烦辱，不敢休矣。故人之欲多者，其可得用亦多；人之欲少者，其得用亦少；无欲者，不可得用也。人之欲虽多，而上无以令之，人虽得其欲，人犹不可用也。令人得欲之道，不可不审矣。

善为上者，能令人得欲无穷，故人之可得用亦无穷也。蛮夷反舌殊俗异习之国，其衣服冠带，宫室居处，舟车器械，声色滋味皆异，其为欲使一也。三王不能革，不能革而功成者，顺其天也；桀、纣不能离，不能离而国亡者，逆其天也。逆而不知其逆也，湛于俗也，久湛而不去则若性。性异非性，不可不熟。不闻道者，何以去非性哉？无以去非性，则欲未尝正矣。欲不正，以治身则夭，以治国则亡。故古之圣王，审顺其天而以行欲，则民无不令矣，功无不立矣。圣王执一，四夷皆至者，其此之谓也。执一者，至贵也。至贵者无敌。圣王托于无敌，故民命敌焉[2]。

群狗相与居，皆静无争，投以炙鸡，则相与争矣，或折其骨，或绝其筋，争术存也。争术存[3]，因争，不争之术存因不争。取争之术而相与争，万国无一。

凡治国令其民争行义也；乱国，令其民争为不义也；强国，令其民争乐用也；弱国，令其民争竞不用也。夫争行义乐用与争为不义竞不用，此其为祸福也，天不能覆，地不能载。

晋文公伐原，与士期七日，七日而原不下，命去之。谋士言曰："原将下矣。"师吏请待之。公曰："信，国之宝也。得原失宝，吾不为也。"遂去之。明年复伐之，与士期必得原然后反，原人闻之乃下。卫人闻之，以文公之信为至矣，乃归文公。故曰"攻原得卫"者，此之谓也。文公非不欲得原也，以不信得原，不若勿得也，必诚信以得之，归之者非独卫也。文公可谓知求欲矣。

注释

①劝：勉励。②敌：通"适"，依附。③争术：引发争端的原因。

译文

假使人们没有欲望，君主即使贤明，还是不能使用他们。没有欲望的人，他们看待天子，跟看待奴仆相同，他们看待享有天下的人，跟没有立锥之地的人相同，他们看待像彭祖那样长寿的人，跟夭折的孩子相同。天子是最尊贵的了，天下是最富饶的了，彭祖是最长寿的了，如果没有欲望，那么这三种情况都不足以鼓励人们．奴仆是最低贱的了，没有立锥之地是最贫穷的了，夭折的孩子是最短命的了，如果没有欲望，那么这三种情况都不足以禁止人们。如果有一种欲望，那向北到大夏，向南到北户，向西到三危，向东到扶桑，人们就不敢作乱了，迎着闪光的刀，冒着飞来的箭，奔赴水火之中，人们也不敢后退，清早起身，致力于耕种，受人雇用，从事繁杂劳碌的耕作，也不敢休息。所以欲望多的人，可以使用的地方也就多，欲望少的人，可以使用的地方也就少，没有欲望的人，就不可以使用了。人们的欲望即使很多，可是君主没有恰当的方法役使他们，人们虽然满足了自己的欲望，还是不可以使用。让人们得到欲望的方法，不可不审察清楚。

善于当君主的人，能够让人们无穷无尽地得到欲望，所以人们也就可以无穷无尽地被役使。言语、风俗、习惯与华夏都不同的蛮夷之国，他们的衣服、帽子、衣带，房屋、住处，车船、器物，声音、颜色、饮食，都与华夏不同，但是他们为欲望所驱使却与华夏是一样的。三王不能改变这种情况，不能改变这种情况而能成就功业，这是因为顺应了人们的天性；桀、纣不能背离这种情况，不能背离这种情况而国家遭到灭亡，这是因为违背了人们的天性。违背了天性却还不知道，这是因为沉溺在习俗中了，长期沉溺在习俗中而不能自拔，那就变成自己的习性了。本性与非本性不同，这是不可不认真分辨清楚的。不懂得让人们得到欲望的方法的人，怎么能去掉非本性的东西呢？没有办法去掉非本性的东西，那么欲望就不会正当了。欲望不正当，用它来治理自身就会夭折，用它来治理国家就会亡国。所以古代的圣贤君主，审察并顺应人们的天性，以便满足人们的欲望，那么人们就没有不听从命令的了，功业就没有不建立的了。圣贤的君王执守根本，四方部族都来归服，大概说的就是这种情况吧！执守根本的人是最尊贵的，最尊贵的人没有对手。圣贤的君主立身于没有对手的境地，所以人们的命运就都依附于他们了。

一群狗待在一起，都安安静静地无所争夺。把烤熟的鸡扔给它们，就相互争夺了。有的被咬折了骨，有的被咬断了筋，这是因为存在着争夺的条件。存在着争夺的条件，就争夺；不存在争夺的条件，就不争夺。不存在争夺的条件却相互争夺，所有的国家没有任何一国有这样的事。

凡是安定的国家，都是让人们争着做符合道义的事，混乱的国家，都是让人们争着做不符合道义的事。强大的国家，都是让人们争着乐于为君主所使用，弱小的国家，都是让人们争着不为君主所使用。有的争着做符合道义的事、争着为君主所使用，有的争着做不符合道义的事、争着不为君主所使用，这两种情况带来的祸和福，天都不能覆盖住，地都不能承载起。

晋文公攻打原邑，与士兵约定七天为期。过了七天可是原邑却不投降，文公就命令离开。将士们说："原邑就要投降了。"军官们都请求等待一下，文公说："信用是国家的珍宝。得到原邑失掉珍宝，我不这样做。"于是离开了。第二年，又攻打原邑，与士兵约定一定得到原邑然后才返回。原邑人听到这约定，就投降了。卫国人听到这件事，认为文公的信用真是达到极点了，就归顺了文公。所以人们说"攻打原邑同时得到了卫国"，指的就是这事。文公并不是不想得到原邑，以不守信用为代价得到原邑，不如不得到。一定要靠诚信来得到，归顺的就不仅仅是卫国了。文公可以说是懂得如何实现自己的欲望了。

贵　信[1]

原　文

凡人主必信。信而又信，谁人不亲？故《周书》曰："允哉允哉！"以言非信则百事不满也，故信之为功大矣。信立，则虚言可以赏矣。虚言可以赏，则六合之内皆为己府矣。信之所及，尽制之矣[2]。制之而不用，人之有也；制之而用之，己之有也。己有之，则天地之物毕为用矣。人主有见此论者，其王不久矣；人臣有知此论者，可以为王者佐矣。

天行不信，不能成岁；地行不信，草木不大。春之德风，风不信，其华

不盛[3]，华不盛则果实不生；夏之德暑，暑不信，其土不肥，土不肥则长遂不精；秋之德雨，雨不信，其谷不坚，谷不坚则五种不成；冬之德寒，寒不信，其地不刚，地不刚则冻闭不开。天地之大，四时之化，而犹不能以不信成物，又况乎人事？

君臣不信，则百姓诽谤，社稷不宁；处官不信，则少不畏长，贵贱相轻；赏罚不信，则民易犯法，不可使令；交友不信，则离散郁怨，不能相亲；百工不信，则器械苦伪，丹漆染色不贞。夫可与为始，可与为终，可与尊通，可与卑穷者，其唯信乎！信而又信，重袭于身，乃通于天。以此治人，则膏雨甘露降矣，寒暑四时当矣。

齐桓公伐鲁，鲁人不敢轻战，去鲁国五十里而封之，鲁请比关内侯以听，桓公许之。曹翙谓鲁庄公曰："君宁死而又死乎？其宁生而又生乎？"庄公曰："何谓也？"曹翙曰："听臣之言，国必广大，身必安乐，是生而又生也。不听臣之言，国必灭亡，身必危辱，是死而又死也。"庄公曰："请从。"于是明日将盟，庄公与曹翙皆怀剑至于坛上。庄公左搏桓公，右抽剑以自承，曰："鲁国去境数百里，今去境五十里，亦无生矣。钧其死也，戮于君前。"管仲、鲍叔进，曹翙按剑当两陛之间曰："且二君将改图，毋或进者。"庄公曰："封于汶则可，不则请死。"管仲曰："以地卫君，非以君卫地，君其许之。"乃遂封于汶南，与之盟。归而欲勿予，管仲曰："不可。人特劫君而不盟，君不知，不可谓智；临难而不能勿听，不可谓勇；许之而不予，不可谓信。不智不勇不信，有此三者，不可以立功名。予之，虽亡地亦得信。以四百里之地见信于天下，君犹得也。"庄公，仇也；曹翙，贼也。信于仇贼，又况于非仇贼者乎？夫九合之而合，壹匡之而听，从此生矣。管仲可谓能因物矣。以辱为荣，以穷为通，虽失乎前，可谓后得之矣，物固不可全也。

注释

①**贵信**：重视诚信。②**制**：控制。③**华**：古"花"字。

译文

凡是君主一定要诚信，诚信了再诚信，谁能不亲附呢？所以《周书》说："诚信啊！诚信啊！"这是说如果不诚信，那么所有的事情都不能成功，因此诚信所产生的功效太大了。

诚信树立了，那么虚假的话就可以鉴别了。虚假的话可以鉴别，那么整个天下就都成为自己的了。诚信所达到的地方，就都能够控制了。能够控制却不加以利用，仍然会为他人所有，能够控制而又加以利用，才会为自己所有。为自己所有，那么天地间的事物就全都为自己所用了。君主有知道这个道理的，那他很快就能称王了；臣子如有知道这个道理的，就可以当帝王的辅佐了。

天的运行不遵循规律，就不能形成岁时；地的运行不遵循规律，草木就不能长大。春天的特征是风，风不能按时到来，花就不能盛开，花不能盛开，那么果实就不能生长。夏天的特征是炎热，炎热不能按时到来，土地就不肥沃，土地不肥沃，那么植物生长成熟的情况就不好。秋天的特征是雨，雨不能按时降下，谷粒就不坚实饱满，谷粒不坚实饱满，那么五谷就不能成熟。冬天的特征是寒冷，寒冷不能按时到来，地冻得就不坚固，地冻得不坚固，那么就不能冻开裂缝。天地如此之大，四时如此变化，尚且不能不遵循规律生成万物，更何况人事呢？

君臣不诚信，那百姓就会批评指责，国家就不得安宁。当官不诚信，那年轻的人就不敬畏年长的人，地位尊贵的人和地位低下的人就会互相轻视。赏罚不诚信，那么百姓就会轻易地犯法，不可以役使。结交朋友不诚信，那么就会离散怨恨，不能互相亲近。各种工匠不诚信，那么制造器物就会粗劣作假，丹和漆等颜料就不纯正。可以跟它一块开始，可以跟它一块终止，可以跟它一块尊贵显达，可以跟它一块卑微穷困的，大概只有诚信吧！诚信了再诚信，诚信重叠于身，就能与天意相通。靠这个来治理人，那么滋润大地的雨水和甜美的露水就会降下来，寒暑四季就会得当了。

齐桓公攻打鲁国，鲁国人不敢轻率作战，以离鲁国都城五十里封土为界。鲁国请求像齐国的封邑大臣一样服从齐国，桓公答应了。曹翙对鲁庄公说：“您是愿意死而又死呢，还是愿意生而又生？”庄公说：“你说的是什么意思呢？”曹翙说：“您听从我的话，国土必定广大，您自身必定安乐，这就是生而又生。若不听从我的话，国家必定灭亡，您自身必定遭到危险耻辱，这就是死而又死。”庄公说：“我愿意听从你的话。”于是第二天将要盟会时，庄公与曹翙都怀揣着剑到了盟会的土坛上。庄公左手抓住桓公，右手抽出剑来指向自己，说：“鲁国都城本来离边境几百里。如今离边境只有五十里，反正也无法生存了。割让领土不能生存与跟你拼命同样是死，让我死在您面前。”管仲、鲍叔要上去，曹翙手按着剑站在两阶之上说：“两位君主将另作商量，谁都不许上去。”庄公说：“在汶水封土为界就可以，不然的话就请求一死。”管仲对桓公说：“是用领土保卫君主，不是用君主保卫领土，您还是答应了吧！”于是终于在汶水之南封土为界，跟鲁国订立盟约。桓公回国以后想不还给鲁国土地，管仲说：“不可以。人家只是要劫持您，并不想跟您订立盟约，可是您却不知道，这不能说是聪明；面对危难却不能不受人家胁迫，这不能说是勇敢；答应了人家却不还给人家土地，这不能算作诚信。不聪明、不勇敢、不诚信，有这三种行为的，不可以

建立功名。还给鲁国土地，这样虽说失去了土地，也还能获得诚信的名声。用四百里土地就在天下人面前显示出诚信来，您还是合算的。”庄公是仇人，曹翙是敌人，对仇人、敌人都讲诚信，更何况对不是仇人、敌人的人呢？桓公多次会盟诸侯而能成功，使天下一切都得到匡正而天下能听从，就是由此而来。管仲可以说是能因势利导了。他把耻辱变成光荣，把困窘变成通达，虽说前边有所失，可以说后来有所得，事情本来就不可能十全十美。

举　难

原　文

以全举人固难，物之情也。人伤尧以不慈之名，舜以卑父之号，禹以贪位之意，汤、武以放弑之谋，五伯以侵夺之事[①]。由此观之，物岂可全哉？故君子责人则以人[②]，自责则以义。责人以人则易足，易足则得人；自责以义则难为非，难为非则行饰，故任天地而有余。不肖者则不然，责人则以义，自责则以人。责人以义则难瞻，难瞻则失亲；自责以人则易为，易为则行苟。故天下之大而不容也，身取危、国取亡焉，此桀、纣、幽、厉之行也。尺之木必有节目，寸之玉必有瑕瓋。先王知务之不可全也，故择务而贵取一也。

季孙氏劫公家，孔子欲谕术则见外，于是受养而便说，鲁国以訾。孔子曰：“龙食乎清而游乎清，螭食乎清而游乎浊，鱼食乎浊而游乎浊。今丘上不及龙，下不若鱼，丘其螭邪！”夫欲立功者，岂得中绳哉？救溺者濡，追逃者趋。

魏文侯弟曰季成，友曰翟璜。文侯欲相之而未能决，以问李克。李克对曰：“君欲置相，则问乐腾与王孙苟端孰贤？”文侯曰：“善。”以王孙苟端为不肖，翟璜进之；以乐腾为贤，季成进之，故相季成。凡听于主，言人不可不慎。季成，弟也，翟璜，友也，而犹不能知，何由知乐腾与王孙苟端哉？疏贱者知，亲习者不知，理无自然。自然而断相过，李克之对文侯也亦过。虽皆过，譬之若金之与木，金虽柔犹坚于木。

孟尝君问于白圭曰：“魏文侯名过桓公，而功不及五伯，何也？”白圭对曰：“文侯师子夏，友田子方，敬段干木，此名之所以过桓公也。卜相曰‘成与璜孰可’？此功之所以不及五伯也。相也者，百官之长也。择者，欲其博

也。今择而不去二人，与用其仇亦远矣。且师友也者，公可也；戚爱也者，私安也。以私胜公，衰国之政也。然而名号显荣者，三士羽翼之也。”

宁戚欲干齐桓公，穷困无以自进，于是为商旅将任车以至齐，暮宿于郭门之外。桓公郊迎客，夜开门，辟任车，爝火甚盛，从者甚众。宁戚饭牛居车下，望桓公而悲，击牛角疾歌。桓公闻之，抚其仆之手曰：“异哉！之歌者，非常人也。”命后车载之。桓公反，至，从者以请。桓公赐之衣冠，将见之。宁戚见，说桓公以治境内。明日复见，说桓公以为天下。桓公大说，将任之。群臣争之曰：“客，卫人也。卫之去齐不远，君不若使人问之，而固贤者也，用之未晚也。”桓公曰：“不然。问之，患其有小恶，以人之小恶，亡人之大美，此人主之所以失天下之士也已。”凡听必有以矣。今听而不复问，合其所以也。且人固难全，权而用其长者，当举也，桓公得之矣。

注　释

①五伯：五霸。②以人：根据普通人的标准。

译　文

用十全十美的标准举荐人必然很难，这是事物的实情。有人用不爱儿子的传言诋毁尧，用不孝顺父亲的传言诋毁舜，用内心贪图帝位的传言来诋毁禹，用谋划放逐、杀死君主的事来诋毁汤、武王，用侵吞掠夺别国的事来诋毁五霸。由此看来，事物怎么能十全十美呢？所以君子要求别人按照一般的标准，要求自己按照义的标准。按照一般的标准要求别人就容易得到满足，容易得到满足就能受别人的拥护，按照义的标准要求自己就难以做错事，难做错事，行为就严正，所以承担天地间的重任就游刃有余。不贤德的人就不是这样了，他们要求别人按照义的标准，要求自己按照一般的标准。按照义的标准要求别人就难以满足，难以满足就连最亲近的人也会失去；按照一般的标准要求自己就容易做到，容易做到，行为就苟且。所以天下如此之大他们却不能容身，自己遇到危险，国家灭亡，这就是桀、纣、周幽王、周厉王的所作所为。一尺长的树木必定有结节，一寸大的玉石必定有瑕疵。先王知道事物不可能十全十美，所以对事物的选择只看重其长处。

季孙氏把持公室政权，孔子想晓之以理，但这样就会被疏远，于是就去接受他的衣食，以便向他进言，鲁国人因此都责备孔子。孔子说：“龙在清澈的水里吃东西，在清澈的水里游动；螭在清澈的水里吃东西，在浑浊的水里游动；鱼在浑浊的水里吃东西，在浑浊的水里游动。现在我往上赶不上龙，往下不像鱼那样，我大概像螭一样吧！”那些想建立功业的人，哪能处处都合乎规则呢？援救溺水之人的人要沾湿衣服，追赶逃跑之人的人要奔跑。

魏文侯的弟弟名叫季成，朋友名叫翟璜。文侯想让他们当中的一个人当相，可是不能决断，就询问李克，李克回答："您想立相，那么看看乐腾与王孙苟端哪一个好些就可以了。"文侯说："好。"文侯认为王孙苟端不好，而他是翟璜举荐的，认为乐腾好，而他是季成举荐的，所以就让季成当了相。凡是言论被君主听从的人，谈论别人不可不慎重。季成是弟弟，翟璜是朋友，而文侯尚且不能了解，又怎么能够了解乐腾与王孙苟端呢？对疏远低贱的人了解，对亲近熟悉的人却不了解，没有这样的道理。没有这样的道理却要以此决断相位，这就错了。李克回答文侯的话也错了。他们虽然都错了，就如同金和木一样，金虽然软，但还是比木硬。

孟尝君向白圭问道："魏文侯名声超过了齐桓公，可是功业却赶不上五霸，这是为什么呢？"白圭回答："文侯以子夏为师，以田子方为友，敬重段干木，这就是他的名声超过桓公的原因。选择相的时候说'季成与翟璜哪一个可以'，这就是他的功业赶不上五霸的原因。相是百官之长，选择时要从众人中挑选。现在选择相却离不开那两个人，这跟桓公任用自己的仇人管仲为相相差太远了。况且以师友为相，是为了公利，以亲属宠爱的人为相，是为了私利。把私利放在公利之上，这是衰微国家的政治。然而他的名声却显赫荣耀，这是因为有三位贤士辅佐他。"

宁戚想向齐桓公谋求官职，但处境穷困，没有办法使自己得到举荐，于是就给商人赶着装载货物的车子到了齐国，傍晚住在城门外。桓公到郊外迎客，夜里打开城门，让装载货物的车子躲开，火把很明亮，跟随的人很多。宁戚在车下喂牛，望见桓公，心里很悲伤，就敲着牛角大声唱起歌来。桓公听到歌声，抚摸着自己车夫的手说："真是与众不同啊！这个唱歌的不是一般人！"命令用副车载着他。桓公回去，到了朝廷里，跟随的人请示桓公如何安置宁戚。桓公赐给他衣服帽子，准备召见他。宁戚见到桓公，用如何治理国家的话劝说桓公。第二天又见桓公，用如何治理天下的话劝说桓公。桓公非常高兴，准备任用他。臣子们劝谏说："这个宾客是卫国人。卫国离齐国不远，您不如去询问一下，如果确实是贤德的人，再任用他也不晚。"桓公说："不是这样。去询问是担心他有小毛病，因为人家的小毛病，丢掉人家的大优点，这是君主失掉天下杰出人才的原因。"凡是听取别人的主张一定是有根据的，现在听从了他的主张而不再去追究他的为人如何，这是因为其主张符合听者心目中的标准。况且人本来就难以十全十美，衡量以后用其所长，这是举荐人才的恰当做法，桓公算是掌握了这个原则。

恃君览第八

恃　君[1]

原　文

凡人之性，爪牙不足以自守卫，肌肤不足以扞寒暑，筋骨不足以从利辟害，勇敢不足以却猛禁悍，然且犹裁万物，制禽兽，服狡虫[2]，寒暑燥湿弗能害，不唯先有其备，而以群聚邪。群之可聚也，相与利之也。利之出于群也，君道立也。故君道立则利出于群，而人备可完矣。

昔太古尝无君矣，其民聚生群处，知母不知父，无亲戚兄弟夫妻男女之别，无上下长幼之道，无进退揖让之礼，无衣服履带宫室畜积之便，无器械舟车城郭险阻之备，此无君之患。故君臣之义，不可不明也。

自上世以来，天下亡国多矣，而君道不废者，天下之利也。故废其非君，而立其行君道者。君道何如？利而物利章。

非滨之东，夷、秽之乡，大解、陵鱼、其、鹿野、摇山、扬岛、大人之居，多无君；扬、汉之南，百越之际，敝凯诸、夫风、余靡之地，缚娄、阳禺、驩兜之国，多无君；氐、羌、呼唐、离水之西，僰人、野人、篇笮之川，舟人、送龙、突人之乡，多无君；雁门之北，鹰隼、所鸷、须窥之国，饕餮、穷奇之地，叔逆之所，儋耳之居，多无君；此四方之无君者也。其民麋鹿禽兽，少者使长，长者畏壮，有力者贤，暴傲者尊，日夜相残，无时休息，以尽其类。圣人深见此患也，故为天下长虑，莫如置天子也，为一国长虑，莫如置君也。置君非以阿君也，置天子非以阿天子也，置官长非以阿官长也。德衰世乱，然后天子利天下，国君利国，官长利官，此国所以递兴递废也，乱难之所以时作也。故忠臣廉士，内之则谏其君之过也，外之则死人臣之义也。

豫让欲杀赵襄子，灭须去眉，自刑以变其容，为乞人而往乞于其妻之

所。其妻曰:“状貌无似吾夫者,其音何类吾夫之甚也?”又吞炭以变其音。其友谓之曰:“子之所道甚难而无功。谓子有志则然矣,谓子智则不然。以子之材而索事襄子,襄子必近子,子得近而行所欲,此甚易而功必成。”豫让笑而应之曰:“是先知报后知也,为故君贼新君矣,大乱君臣之义者无此,失吾所为为之矣。凡吾所为为此者,所以明君臣之义也,非从易也。”

柱厉叔事莒敖公,自以为不知,而去居于海上,夏日则食菱芡,冬日则食橡栗。莒敖公有难,柱厉叔辞其友而往死之。其友曰:“子自以为不知故去,今又往死之,是知与不知无异别也。”柱厉叔曰:“不然。自以为不知故去。今死而弗往死,是果知我也。吾将死之,以丑后世人主之不知其臣者也,所以激君人者之行,而厉人主之节也。行激节厉,忠臣幸于得察,忠臣察则君道固矣。”

注释

①**恃君**:论述君道产生的原因是什么。此篇是道家伊尹学派的学说。②**狡虫**:凶恶之虫。

译文

就人的本能来说，爪牙不足以保卫自己，肌肤不足以抵御寒暑，筋骨不足以使人趋利避害，勇敢不足以使人击退凶猛的野兽，制伏强悍的生物。然而人还是能够主宰万物，制伏毒虫猛兽，使寒暑燥湿不能为害，这不正是人们事先有准备，并且能团结吗？人们可以团结，是因为彼此都能使对方得利。人们在群聚中能够相互得利，君主的原则就确立了。所以君主的原则确立了，那利益就会从群聚中产生出来了，而人事方面的准备就可以齐全了。

从前远古时期没有君主，那时的人民过着群居的生活，只知道母亲而不知道父亲，没有父母、兄弟、夫妻、男女的区别，没有上下长幼的准则，没有进退揖让的礼节，没有衣服、鞋子、衣带、房屋、积蓄的便利，没有器械、车船、城郭、险隘的准备，这就没有君主的祸患。所以君臣之间的原则，不可不明察。

上古以来，天下灭亡的国家很多了，可是君主的原则却不废掉，因为这是对天下有利的。所以要废掉那些不按君主原则行事的人，拥立那些按君主原则行事的人。君主的原则是什么？就是把为人民谋利而自己不谋私利作为准则。

非滨以东，是夷人、秽人居住的地方，是大解、陵鱼、其、鹿野、摇山、扬岛、大人等部族居住的地方，大都没有君主；扬州、汉水以南，百越人住的地方，敝凯诸、夫风、余靡等部族那里，缚娄、阳禺、驩兜等国家，大都没有君主；氐族、羌族、呼唐、离水以西，

僰人、野人、篇笮川那里，舟人、送龙、突人等部族居住的地方，大都没有君主；雁门以北，鹰隼、所鸷、须窥等国家，饕餮、穷奇等部族那里，叔逆族那里，儋耳族居住的地方，大都没有君主，这是四方没有君主的地方。那里的人民像麋鹿禽兽一样，年轻人役使老年人，老年人畏惧壮年人，有力气的人就被认为贤德，残暴骄横的人就受到尊重，人们日夜互相残害，没有停息的时候，以此来灭绝自己的同类。圣人清楚地看到这种危害，所以为天下做长远的考虑，没有比设立天子更好的了，为一国做长远的考虑，没有比设立国君更好的了。设立国君不是为了让国君谋私利，设立天子不是为了让天子谋私利，设立官长不是为了让官长谋私利。等到道德衰微、世道混乱的时代，然后天子才凭借天下谋私利，国君才凭国家谋私利，官长才凭借官职谋私利，这就是国家一个接一个兴起、一个接一个被灭掉的原因，这就是混乱灾难会时时发生的原因。所以忠臣和廉正之士，对内就要敢于劝谏自己国君的过错，对外就要敢于为维护臣子的道义而献身。

豫让想刺杀赵襄子，剃掉胡须和眉毛，自己动手毁坏了面容，装扮成乞丐去他妻子那里乞讨。他的妻子说：“这个人相貌没有像我丈夫的地方，他的声音怎么这样像我的丈夫呀？”他又吞炭改变了自己的声音。他的朋友对他说：“您所选取的道路很艰难，而且没有什么功效。要说您有决心那是对的，要说您聪明那就不对了。凭着您的才干去请求侍奉襄子，襄子必定亲近您，您受到亲近然后再做您想做的事，这样就会很容易而且必定能成功。”豫让笑着回答：“你说的这种做法是为了先知遇自己的人而去报复后知遇自己的人，是为了过去的主人而去杀害新的主人，使君臣之间的准则大乱的事没有比这更大的了，这就失去我所要行刺的目的了。我要行刺的目的，是为了让君臣之间的道义彰明，并不是要抛弃君臣之义选取容易的方法。”

柱厉叔侍奉莒敖公，自己认为不受知遇，因而离开敖公到海边居住，夏天吃菱角、芡实，冬天吃橡树籽。莒敖公遇难，柱厉叔辞别他的朋友要为敖公而死。他的朋友说：“您自己认为不受知遇所以离开他，如今又要为他去死，这样看来，受知遇与不受知遇就没有什么区别了。”柱厉叔说：“不是这样。我自己认为不受知遇，所以离开了他，如今他死了我却不为他去死，这就表明他果真了解我是不忠不义之臣了。我将为他而死，以便使后世君主为不了解自己的臣子感到惭愧，用以激励君主的品行，磨砺君主的节操。君主的品行得到激励，节操受到磨砺，忠臣就有可能被了解。忠臣被了解，那么为君之道就牢固了。”

长　利

原　文

天下之士也者，虑天下之长利，而固处之以身若也[1]。利虽倍于今，而不便于后，弗为也；安虽长久，而以私其子孙，弗行也。自此观之，陈无宇之可丑亦重矣，其与伯成子高、周公旦、戎夷也形虽同，取舍之殊，岂不远哉？

尧治天下，伯成子高立为诸侯。尧授舜，舜授禹，伯成子高辞诸侯而耕。禹往见之，则耕在野。禹趋就下风而问曰："尧理天下，吾子立为诸侯，今至于我而辞之，故何也？"伯成子高曰："当尧之时，未赏而民劝[2]，未罚而民畏，民不知怨，不知说，愉愉其如赤子。今赏罚甚数，而民争利且不服，德自此衰，利自此作，后世之乱自此始。夫子盍行乎，无虑吾农事。"协而耰，遂不顾。夫为诸侯，名显荣，实佚乐，继嗣皆得其泽，伯成子高不待问而知之，然而辞为诸侯者，以禁后世之乱也。

辛宽见鲁缪公曰："臣而今而后知吾先君周公之不若太公望封之知也。昔者太公望封于营丘之渚，海阻山高，险固之地也，是故地日广，子孙弥隆。吾先君周公封于鲁，无山林溪谷之险，诸侯四面以达，是故地日削，子孙弥杀。"辛宽出，南宫括入见，公曰"今者宽也非周公，其辞若是也。"南宫括对曰："宽，少者，弗识也。君独不闻成王之定成周之说乎？其辞曰：'惟余一人，营居于成周。惟余一人，有善易得而见也，有不善易得而诛也。'故曰善者得之，不善者失之，古之道也。夫贤者岂欲其子孙之阻山林之险以长为无道哉？小人哉宽也！今使燕爵为鸿鹄凤皇虑，则必不得矣。其所求者，瓦之间隙，屋之翳蔚也，与一举则有千里之志，德不盛、义不大则不至其郊。愚庳之民，其为贤者虑，亦犹此也。固妄诽訾，岂不悲哉？"

戎夷违齐如鲁，天大寒而后门，与弟子一人宿于郭外，寒愈甚，谓其弟子曰："子与我衣，我活也；我与子衣，子活也。我国士也，为天下惜死；子不肖人也，不足爱也。子与我子之衣。"弟子曰："夫不肖人也，又恶能与国士之衣哉？"戎夷太息叹曰："嗟乎！道其不济夫。"解衣与弟子，夜半而死，弟子遂活。谓戎夷其能必定一世，则未之识。若夫欲利人之心，不可以加矣。达乎分，仁爱之心识也，故能以必死见其义。

注释

①固处之以身若也：必须要身体力行。**②劝：**勉励。

译文

天下杰出的人士，考虑的是天下长远的利益，而自己必定要身体力行。即使对现在有加倍的利益，只要对后世不利，也不去做；即使能长久安定，只要是为自己的子孙谋利，也不去做。由此看来，陈无宇的贪婪可耻也很严重了，他与伯成子高、周公旦、戎夷相比，虽然同样是人，但取舍的不同，难道不是很远吗？

尧管理天下时，伯成子高被立为诸侯。尧把帝位让给舜，舜把帝位让给禹，伯成子高就辞去诸侯去耕种。禹去见他，他正在田里耕种。禹快步走到下风处问道："尧管理天下时，您被立为诸侯。现在到我这里您却辞去诸侯之位，这是什么原因呢？"伯成子高说："尧的时候，不施奖赏，可是人们勉力向善，不行惩罚，可是人们畏惧为非。人们不知道什么是怨恨，不知道什么是高兴，就像小孩子一样和悦。现在奖赏和惩罚很频繁，可是人们却争利而且不顺服，道德从此衰微了，谋私利的事从此兴起了，后世的混乱从此开始了。先生您为什么不走呢？您不要打扰我耕种。"说罢，面带和悦之色来覆盖种子，不再回头看禹。当个诸侯，名声显赫荣耀，实际情况又很安逸快乐，后嗣都能得到恩惠，伯成子高不必问便能知道，然而他推辞不当诸侯，这是为了以此制止后世的混乱。

辛宽见到鲁穆公说："我从今以后，知道了我们先君周公在受封的问题上不如太公望聪明。从前太公望被封到营丘一带滨海之地，那里是海阻山高、险要坚固的地方，所以地域日益广大，子孙越来越昌盛。我们先君周公被封到鲁国，这里没有山林溪谷之险，诸侯从四面都可以侵入，所以地域日益缩小，子孙越来越衰败。"辛宽出去以后，南宫括进来见穆公。穆公说："刚才辛宽责备周公，他的话是这样说的。"南宫括回答："辛宽是个年幼无知的人，不懂道理，您难道没有听说过成王建立成周时说的话吗？他说的是：'我营建并居住在成周，我有好地方容易被发现，不好的地方容易受责备。'所以说做好事的人得天下，干坏事的人失天下，这是自古以来的规律。贤德的人难道想让自己的子孙凭借山林之险来长久地干无道之事吗？辛宽是个小人啊！如果让燕雀为鸿鹄、凤凰谋划，那一定不会得当。它们所谋求的，只不过是瓦缝之间、屋檐之下罢了，哪里比得上鸿鹄、凤凰一飞千里的志向，如果君主品德不宽厚、道义不宏大，就不飞到他的郊野。愚昧卑下的人，他们为贤德的人谋划，也和这相同。孤陋狂妄，横加诽谤，难道不是很可悲吗？"

●下车泣罪

戎夷离开齐国到鲁国去，天气非常冷，城门关闭后才到达，就跟一个学生露宿城外，冷得越来越厉害了，他对自己的学生说："你把衣服给我，我就能活命；我把衣服给你，你就能活命。我是国家杰出的人，为天下着想舍不得死，你是个不贤德的人，不值得爱惜生命。你把你的衣服给我吧。"学生说："不贤德的人，又怎么能给国家杰出的人衣服呢？"戎夷长叹一声："唉！道义大概是行不通啦！"说罢就脱下自己的衣服给了学生，半夜里冻死了，学生得以活命。要说戎夷的才能一定能让整个社会安定，那是不一定的。至于他想对别人有利的思想，那是无以复加了。他通晓死和生的区别，仁爱之心是很诚恳的，所以他能用必死的行为来显示自己的道义。

知　分[1]

原　文

达士者，达乎死生之分。达乎死生之分，则利害存亡弗能惑矣。故晏子与崔杼盟而不变其义；延陵季子，吴人愿以为王而不肯；孙叔敖三为令尹而不喜[2]，三去令尹而不忧，皆有所达也。有所达则物弗能惑。

荆有次非者，得宝剑于干遂，还反涉江，至于中流，有两蛟夹绕其船。次非谓舟人曰："子尝见两蛟绕船能两活者乎？"船人曰："未之见也。"次非攘臂祛衣拔宝剑曰："此江中之腐肉朽骨也。弃剑以全己，余奚爱焉！"于是赴江刺蛟，杀之而复上船，舟中之人皆得活。荆王闻之，仕之执圭。孔子闻之曰："夫善哉！不以腐肉朽骨而弃剑者，其次非之谓乎？"

禹南省[3]，方济乎江，黄龙负舟，舟中之人，五色无主。禹仰视天而叹曰："吾受命于天，竭力以养人。生，性也；死，命也。余何忧于龙焉？"龙俯耳低尾而逝。则禹达乎死生之分、利害之经也。

凡人物者，阴阳之化也。阴阳者，造乎天而成者也。天固有衰嗛废伏[4]，有盛盈坌息；人亦有困穷屈匮，有充实达遂，此皆天之容物理也，而不得不然之数也。古圣人不以感私伤神，俞然而以待耳。

晏子与崔杼盟，其辞曰："不与崔氏而与公孙氏者，受其不祥。"晏子俯而饮血，仰而呼天曰："不与公孙氏而与崔氏者，受此不祥。"崔杼不说，直兵造胸，句兵钩颈，谓晏子曰："子变子言，则齐国吾与子共之；子不变子言，则今是已。"晏子曰："崔子！子独不为夫《诗》乎？《诗》曰：'莫莫葛藟，

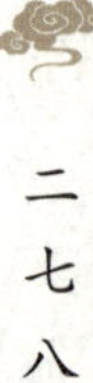

延于条枚，凯弟君子，求福不回。’婴且可以回而求福乎？子惟之矣。”崔杼曰：“此贤者，不可杀也。”罢兵而去。晏子援绥而乘，其仆将驰，晏子抚其仆之手曰：“安之，毋失节。疾不必生，徐不必死。鹿生于山，而命悬于厨。今婴之命，有所悬矣。”晏子可谓知命矣。命也者，不知所以然而然者也，人事智巧以举错者不得与焉。故命也者，就之未得，去之未失。国士知其若此也，故以义为之决而安处之。

白圭问于邹公子夏后启曰：“践绳之节，四上之志，三晋之事，此天下之豪英。以处于晋，而迭闻晋事。未尝闻践绳之节、四上之志，愿得而闻之。”夏后启曰：“鄙人也，焉足以问？”白圭曰：“愿公子之毋让也。”夏后启曰：“以为可为，故为之；为之，天下弗能禁矣。以为不可为，故释之；释之，天下弗能使矣。”白圭曰：“利弗能使乎？威弗能禁乎？”夏后启曰：“生不足以使之，则利曷足以使之矣？死不足以禁之，则害曷足以禁之矣？”白圭无以应。夏后启辞而出。

凡使贤不肖异，使不肖以赏罚，使贤以义。故贤主之使其下也必义，审赏罚，然后贤不肖尽为用矣。

注　释

①**知分**：清楚生与死的区别。②**孙叔敖**：楚国名臣，名敖，字孙叔。③**省**：视察。④**嗛**：不足。

译　文

通达事理的人士，通晓死生之义。通晓死生之义，那么利害存亡就不能使之迷惑了。所以晏子与崔杼盟誓时，能够不改变自己遵守的道义；延陵季子，吴国人愿意让他当王他却不肯当；孙叔敖几次当令尹并不显得高兴，几次不当令尹并不显得忧愁，这是因为他们都通晓理义。通晓理义，那么外物就不能使之迷惑了。

楚国有个叫次非的人，在干遂得到了一把宝剑。回来的时候渡过长江，到了江心，有两条蛟龙从两边缠绕住他乘坐的船。次非对船工说：“你曾见到过两条蛟龙缠绕住船，龙和船上的人都能活命的吗？”船工说：“没有见到过。”次非捋起袖子，伸出胳膊，撩起衣服，拔出宝剑，说：“我至多不过成为江中的腐肉朽骨罢了，如果丢掉剑能保全自己，我何必要舍不得宝剑呢？”于是跳到江里去刺蛟龙，杀死蛟龙后又上了船。船里的人全都得以活命了。楚王听到这事以后，封他执圭之爵。孔子听到这事以后说：“好啊，不因为将成为腐肉

朽骨而丢掉宝剑的，大概只有次非能做到吧！”

禹到南方巡视，当他渡江的时候，一条黄龙把他乘的船驮了起来，船上的人大惊失色。禹仰面朝天感慨地说：“我从上天接受使命，尽力养育人民。生和死都是命中注定的，我对龙有什么可害怕的呢？”龙伏下耳朵、垂下尾巴游开了。这样看来，禹是通晓死生之义、利害之道了。

凡是人和物，都是阴阳化育而成的。阴阳是由天创造而形成的。天本来就有衰微、亏缺、毁弃、隐伏，有兴盛、盈余、聚积、生息；人也有困顿、窘迫、贫穷、匮乏，有充足、富饶、显贵、成功，这些都是天包容万物的原则，是命运不得不如此的规律。古代的圣人不因自己的私念伤害神性，只是安然地对待罢了。

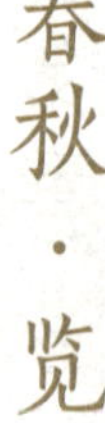

晏子与崔杼盟誓，崔杼的誓词说：“不亲附崔氏而亲附齐国公室的，遭受祸殃！”晏子低下头含了血，仰起头向上天呼告：“不亲附齐国公室而亲附崔氏的，遭受祸殃！”崔杼很不高兴，用矛顶着他的胸，用戟钩住他的颈，对晏子说：“你改变你的话，我跟你共同享有齐国；你不改变你的话，那么现在就杀死你！”晏子说：“崔子，你难道没有学过《诗经》吗？《诗经》说：‘密麻麻的葛藤，爬上树干枝头。和悦近人的君子，不以邪道求福。’我难道能够以邪道求福吗？你考虑考虑这些话吧！”崔杼说：“这是个贤德的人，不可以杀死他。”于是崔杼撤去兵器离开了。晏子拉着车上的绳索上了车，他的车夫要赶马快跑，晏子抚摸着车夫的手说：“安稳点，不要失去常态！快了不一定就能活，慢了不一定就会死。鹿生长在山上，可是它的命却掌握在厨师手里。如今我的命也被人掌握了。”晏子可以说是懂得命了。命指的是不知为什么会这样却终于这样了，靠要聪明乖巧来做事的人，是不能领会这些的。所以命这种东西，靠近它未必能得到，离开它未必能失去。国家杰出的人知道命是如此，所以按照义的原则决断，安然地对待它。

白圭向邹公子夏后启问道：“正直之士的节操，想成为君王的志向，三家分晋的事情，这些都是天下最杰出的人才。因为我住在晋国，所以能经常听到晋国的事情，不曾听到过正直之士的节操、想成为君王的志向，希望能听您说一说。”夏后启说：“我是鄙陋之人，哪里值得来问呢？”白圭说：“希望您不要推辞。”夏后启说：“认为可以做，所以就去做，做了，天下谁都不能禁止他；认为不可以做，所以就不去做，他不去做，天下谁都不能驱使他。”白圭说：“利益也不能驱使他吗？威严也不能禁止他吗？”夏后启说：“就连生存都不能驱使他，那么利益又怎么足以驱使他呢？连死亡都不足以禁止他，那么祸害又怎么足以禁止他呢？”白圭无言以对。夏后启告辞走了。

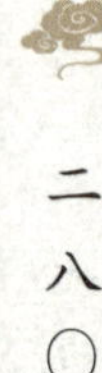

役使贤德之人和不肖之人的方法不同，役使不肖之人用赏罚，役使贤德之人用道义。所以贤明的君主役使自己的臣属一定要根据道义，慎重地施行赏罚，然后贤德之人和不肖之人就都能为自己所用了。

召　类[1]

原文

类同相召，气同则合，声比则应[2]。故鼓宫而宫应，鼓角而角动，以龙致雨，以形逐影。祸福之所自来，众人以为命焉，不知其所由。故国乱非独乱，有必召寇。独乱未必亡也，召寇则无以存矣。

凡兵之用也[3]，用于利，用于义。攻乱则服，服则攻者利；攻乱则义，义则攻者荣。荣且利，中主犹且为之，有况于贤主乎？故割地宝器戈剑，卑辞屈服，不足以止攻，唯治为足。治则为利者不攻矣，为名者不伐矣。凡人之攻伐也，非为利则固为名也。名实不得，国虽强大，则无为攻矣。

兵所自来者久矣。尧战于丹水之浦，以服南蛮；舜却苗民，更易其俗；禹攻曹魏、屈骜、有扈，以行其教；三王以上，固皆用兵也。乱则用，治则止。治而攻之，不祥莫大焉；乱而弗讨，害民莫长焉。此治乱之化也，文武之所由起也。文者爱之征也，武者恶之表也。爱恶循义，文武有常，圣人之元也。譬之若寒暑之序，时至而事生之。圣人不能为时，而能以事适时，事适于时者其功大。

士尹池为荆使于宋，司城子罕觞之。南家之墙，犨于前而不直；西家之潦，径其宫而不止。士尹池问其故，司城子罕曰："南家，工人也，为鞔者也。吾将徙之，其父曰：'吾恃为鞔以食三世矣[4]。今徙之，是宋国之求鞔者不知吾处也，吾将不食。愿相国之忧吾不食也。'为是故，吾弗徙也。西家高，吾宫庳，潦之经吾宫也利，故弗禁也。"士尹池归荆，荆王适兴兵而攻宋，士尹池谏于荆王曰："宋不可攻也。其主贤，其相仁。贤者能得民，仁者能用人。荆国攻之，其无功而为天下笑乎！"故释宋而攻郑。孔子闻之曰："夫修之于庙堂之上，而折冲乎千里之外者，其司城子罕之谓乎？"宋在三大万乘之间，子罕之时，无所相侵，边境四益，相平公、元公、景公以终其身，其唯仁且节与？故仁节之为功大矣。故明堂茅茨蒿柱，土阶三等，以见节俭。

赵简子将袭卫，使史默往睹之，期以一月，六月而后反。赵简子曰："何其久也？"史默曰："谋利而得害，犹弗察也？今蘧伯玉为相，史鳝佐焉，孔子为客，子贡使令于君前，甚听。《易》曰：'涣其群，元吉。[⑤]'涣者，贤也；群者，众也；元者，吉之始也；'涣其群元吉'者，其佐多贤也。"赵简子按兵而不动。

凡谋者，疑也。疑则从义断事，从义断事则谋不亏，谋不亏则名实从之。贤主之举也，岂必旗偾将毙而乃知胜败哉？察其理而得失荣辱定矣。故三代之所贵，无若贤也。

注释

①召类：同类相召。**②比**：相近。**③兵**：战争。**④吾恃为鞔以食**：我家靠做鞋谋生。**⑤涣其群，元吉**：出自《周易·涣卦》六四爻辞。

译文

物类相同就互相招引，气味相同就互相投合，声音相同就互相应和。所以敲击宫音，则其他的宫音与之共鸣，敲击角音，则其他的角音与之共振。用龙就能招来雨，凭形体就能找到影子。祸与福的到来，一般人认为是天命，却不知道它们到来的原因。所以国家混乱不仅仅是内部混乱，又必定会招致外患。国家仅仅是内部混乱未必会灭亡，招致外患就无法保存了。

凡是用兵作战，应该用在有利的地方，用在符合道义的地方。攻打混乱的国家就能使之屈服，敌国屈服，那么进攻的国家就有利；攻打混乱的国家就符合道义，符合道义，那么进攻的国家就荣耀。既荣耀又有利，中等才能的君主尚且会去做，更何况是贤明的君主呢？所以割让土地，献出宝器，奉上金戈利剑，言辞卑谦，屈服于人，这些都不足以制止别国的进攻，只有国家治理得好才足以制止别国的进攻。国家治理得好，那么图利的就不来进攻了，图名的就不来讨伐了。凡是发动攻伐的，不是图利就一定是图名。名利都得不到，国家即使强大，也不会发动进攻了。

战争的由来已经很久了。尧在丹水边作战，以便使南蛮归服；舜击退了苗民，改变了他们的习俗；禹攻打曹魏、屈骜、有扈，以便推行自己的教化。由三王往上，本来都是利用军队。对发生混乱的国家就用兵，对治理得好的国家就不用兵。一个国家治理得很好却去攻打它，没有比这更不吉祥的了，一个国家发生混乱却不去讨伐它，对人民的残害没有比这更大的了。这就是根据治乱不同而采取的不同策略，用文和用武就由此选择。用文是喜爱的表露，用武是厌恶的表现。喜爱或厌恶都遵循道义的原则，用文或用武都有常规，这是圣人的根本。这就如同寒暑的更迭一样，时令到了就做相应的事情。圣人不能改变时令，却能使所做的事情适应时令，做的事情适应时令，取得的功效就大。

士尹池为楚国出使到宋国去，司城子罕宴请他。子罕南边邻居的墙向前突出却不拆了它取直，西边邻居家的积水流过子罕的院子却不加以制止。士尹池询问这是为什么，司城子罕说："南边邻居家是工匠，是做鞋的。我要让他搬家，他的父亲说：'我家靠做鞋谋生已经三代了，现在如果搬家，那么宋国那些要买鞋的，就不知道我的住处了，我将不能谋生。希望相国您怜悯我。'因为这个缘故，我没有让他搬家。西边邻居家院子地势高，我家院子地势低，积水流过我家院子很便利，所以没有加以制止。"士尹池回到楚国，楚王正要发兵攻打宋国，士尹池劝谏楚王说："不可攻打宋国。它的君主贤明，它的国相仁慈。贤明的人能得民心，仁慈的人有人为他出力。楚国去攻打它，大概不会有功，而且还要为天下所耻笑吧！"所以楚国放弃了宋国而攻打郑国。孔子听到这事以后说："在朝廷上修养自己的品德，却能制胜敌军于千里之外，大概说的就是司城子罕吧！"宋国处在三个拥有万辆兵车的大国之间，子罕当相的时候，一直没有受到侵犯，四方边境都很安宁，子罕辅佐平公、元公、景公一直到去世，这大概正是因为他既仁慈又节俭吧！所以仁慈和节俭的功效太大了。因此天子理事的朝堂用茅草覆盖屋顶，用蒿秆做柱子，土制台阶只有三级，用这些来表示节俭。

赵简子要偷袭卫国，派史默去卫国观察动静，约定以一个月为期，过了六个月，史默才回来。赵简子说："怎么去了这么长时间呢？"史默说："您要攻打卫国是为了谋取利益，结果反要遭受祸害，这个情况您还不了解啊。如今卫国蘧伯玉当相，史鳍辅佐卫君，孔子当宾客，子贡在卫君面前供差遣，他们都很受卫君信任。《周易》说：'涣其群，元吉。''涣'是贤德的意思，'群'是众多的意思，'元'是吉开始的意思。'涣其群元吉'，是说他的辅佐之臣里有很多贤德之人。"于是赵简子才按兵不动。

凡是进行谋划的，都是因为有疑惑。有疑惑，就要按照义的原则决断事情，按照义的原则决断事情，那么谋划就不会失当，谋划不失当，那么名声和实利就会跟着到来。贤明君主行事，难道一定要弄得旗倒将死，然后才知道胜败吗？明察事理、得失荣辱就能确定了。所以夏商周三代所尊崇的，没有什么比得上贤德。

达　郁

原文

凡人三百六十节，九窍五藏六府。肌肤欲其比也，血脉欲其通也，筋骨欲其固也，心志欲其和也，精气欲其行也，若此则病无所居，而恶无由生矣。病之留、恶之生也，精气郁也。故水郁则为污，树郁则为蠹，草郁则为蒉。国亦有郁，主德不通，民欲不达，此国之郁也。国郁处久，则百恶并起，而万灾丛至矣。上下之相忍也，由此出矣。故圣王之贵豪士与忠臣也，为

其敢直言而决郁塞也。

周厉王虐民，国人皆谤。召公以告曰："民不堪命矣。"王使卫巫监谤者，得则杀之。国莫敢言，道路以目。王喜，以告召公曰："吾能弭谤矣[1]。"召公曰："是障之也，非弭之也。防民之口，甚于防川，川壅而溃，败人必多[2]。夫民犹是也，是故治川者决之使导，治民者宣之使言。是故天子听政，使公卿列士正谏，好学博闻献诗，矇箴师诵[3]，庶人传语，近臣尽规，亲戚补察，而后王斟酌焉。是以下无遗善，上无过举。今王塞下之口，而遂上之过，恐为社稷忧。"王弗听也。三年，国人流王于彘。此郁之败也。郁者，不阳也。周鼎著鼠，令马履之，为其不阳也。不阳者，亡国之俗也。

管仲觞桓公，日暮矣，桓公乐之而征烛。管仲曰："臣卜其昼，未卜其夜。君可以出矣。"公不说，曰："仲父年老矣，寡人与仲父为乐将几之？请夜之[4]。"管仲曰："君过矣。夫厚于味者薄于德，沈于乐者反于忧[5]。壮而怠则失时，老而解则无名。臣乃今将为君勉之，若何其沈于酒也？"管仲可谓能立行矣。凡行之堕也于乐，今乐而益饬；行之坏也于贵，今主欲留而不许。伸志行理，贵乐弗为变，以事其主，此桓公之所以霸也。

列精子高听行乎齐湣王，善衣东布衣，白缟冠，颡推之履，特会朝雨袪步堂下，谓其侍者曰："我何若？"侍者曰："公姣且丽。"列精子高因步而窥于井，粲然恶丈夫之状也，喟然叹曰："侍者为吾听行于齐王也，夫何阿哉？又况于所听行乎万乘之主。人之阿之亦甚矣，而无所镜，其残亡无日矣。孰当可而镜？其唯士乎？人皆知说镜之明己也，而恶士之明己也。镜之明己也功细，士之明己也功大。得其细，失其大，不知类耳。"

赵简子曰："厥也爱我，铎也不爱我。厥之谏我也，必于无人之所；铎之谏我也，喜质我于人中，必使我丑。"尹铎对曰："厥也爱君之丑也，而不爱君之过也；铎也爱君之过也，而不爱君之丑也。臣尝闻相人于师，敦颜而土色者忍丑。不质君于人中，恐君之不变也。"此简子之贤也。人主贤，则人臣之言刻。简子不贤，铎也卒不居赵地，有况乎在简子之侧哉？

注 释

①弭谤：终止责备。**②败**：伤害。**③蒙箴师**：盲人乐官。**④夜之**：夜里继续喝酒。**⑤沈**：同“沉”，沉迷。

译 文

凡是人都有三百六十个骨节，有九窍、五脏、六腑。肌肤应该让它细密，血脉应该让它通畅，筋骨应该让它强壮，心志应该让它平和，精气应该让它运行，这样病痛就无处滞留，恶疾就无法产生了。病痛的滞留，恶疾的产生，是因为精气闭塞。所以，水闭塞就会变污浊，树闭塞就会生蛀虫，草闭塞就会枯死。国家也有闭塞的情形，君主的道德不通达，百姓的愿望不能实现，这就是国家的闭塞。国家的闭塞长期存在，那么各种邪恶都会一起产生，所有灾难都会一起到来了。高官与下民的互相残害，就由此产生了。所以圣贤的君王尊重豪杰和忠臣，这是因为他们敢于直言劝谏而且能排除阻塞。

周厉王残害百姓，国人都指责他。召公把这情况告诉周厉王，说：“百姓们不能忍受您的政令了！”厉王派卫国的巫者监视敢于指责的人，抓到以后就杀掉。都城内没有人敢再讲话，彼此在道上相遇只是用眼神示意。厉王很高兴，把这种情况告诉了召公，说：“我能消除人们的怨言了！”召公说：“这只是阻止人们的指责，并不是消除人们的怨言。堵塞人们的嘴，其危害比堵塞流水还厉害。流水被堵塞，一旦决口，伤人必定很多。人民也是这样，因此治水的人应该排除阻塞，使水畅流，治理百姓的人应该引导百姓，让百姓尽情讲话。所以天子处理政事，让公卿列士直言劝谏，让好学博闻之人献上讽谏诗歌，让乐官进箴言，让乐师吟诵讽谏之诗，让平民把意见传达上来，让身边的臣子把规劝的话全讲出来，让同宗的大臣弥补天子的过失、监督天子的政事，然后由天子去斟酌。因此下边没有遗漏的善言，上边没有错误的举动。如今您堵住下边人的嘴，从而铸成君王的过错，恐怕要成为国家的忧患。”厉王不听他的劝告。过了三年，国人把厉王放逐到彘地。这就是堵塞言路造成的祸害。堵塞就会丧失阳气。周鼎上刻铸着鼠形图案，让马踩着它，就是因为它属阴。丧失阳气，这是亡国的征兆。

管仲宴请齐桓公，天已经黑了，桓公喝得很高兴，让点上烛火接着喝。管仲说：“白天招待您喝酒，我占卜过，至于晚上喝酒，我没有占卜过。您可以走了。”桓公很不高兴，说：“仲父您年老了，我跟您一块享乐的时间还能有多久呢？希望夜里继续喝酒。”管仲说：“您错了。贪图美味的人道德就微薄，沉湎于享乐的人最终要忧伤。壮年懈怠就会失去时机，老年懈怠就会丧失功名。我从现在开始将对您加以勉励，怎么可以沉湎在饮酒中呢！”管仲可以说是能树立品行的人了。凡是品行的堕落在于过分享乐，现在虽然享乐，态度却越发严正；品行的败坏在于过分尊贵，现在君主想留下，他却不答应。他申明自己的意志，按照原则行事，不因为尊贵和享乐就加以改变，用这种态度来侍奉自己的君主，这就是桓公之所以成就霸业的原因。

列精子高的德行受到刘滑王的尊敬，列精子高穿着熟绢做的衣服，戴着白绢做的帽子，穿着粗劣的鞋子，天刚亮就特意在堂下撩起衣服走来走去，对自己的侍从说："我的样子怎么样？"侍从说："您又美好又漂亮。"列精子高于是走到井边去照看，分明是个丑陋男子的形象。他慨叹着说："侍从因为齐王对我尊崇，就这样曲意迎合我啊！更何况对于听信施行我的主张的齐王呢？对大国君主来说，人们曲意迎合他，也就更厉害了，可他自己却无法看见自己的缺点，这样国破身亡也就没有多久了。谁能够帮他照见自己的缺点，大概只有贤士吧！人都知道喜欢镜子能照出自己的形象，却厌恶贤士指明自己的缺点。镜子能照出自己的形象，功用很小，贤士能指明自己的缺点，功绩很大。如果只知得到小的，而丢掉大的，这是不知道类比啊。"

赵简子说："赵厥热爱我，尹铎不热爱我。赵厥劝谏我的时候，一定在没有人的地方；尹铎劝谏我的时候，喜欢当着别人的面纠正我，一定让我出丑。"尹铎回答："赵厥顾惜您的出丑，却不顾惜您的过错；我顾惜您的过错，却不顾惜您的出丑。我曾经从老师那里听到过如何观察人的相貌，相貌敦厚而且皮肤是黄色的，能够承受住出丑。我如果不在别人面前纠正您，恐怕您不能改正啊。"这就是简子的贤明之处。君主贤明，那么臣子的谏言就严苛。如果简子不贤明，那么尹铎最终在赵地存身都不能，更何况待在简子身边呢？

行　论[1]

原　文

人主之行与布衣异，势不便，时不利，事仇以求存[2]。执民之命，重任也，不得以快志为故。故布衣行此指于国[3]，不容乡曲。

尧以天下让舜，鲧为诸侯，怒于尧曰："得天之道者为帝，得地之道者为三公。今我得地之道，而不以我为三公。"以尧为失论，欲得三公，怒甚猛兽，欲以为乱。比兽之角，能以为城；举其尾，能以为旌。召之不来，仿佯于野以患帝。舜于是殛之于羽山，副之以吴刀。禹不敢怨，而反事之，官为司空，以通水潦，颜色黎黑，步不相过，窍气不通，以中帝心[4]。

昔者纣为无道，杀梅伯而醢之，杀鬼侯而脯之，以礼诸侯于庙。文王流涕而咨之[5]。纣恐其畔，欲杀文王而灭周。文王曰："父虽无道，子敢不事父乎？君虽不惠，臣敢不事君乎？孰王而可畔也？"纣乃赦之。天下闻之，以文王为畏上而哀下也。《诗》曰："惟此文王，小心翼翼，昭事上帝，聿怀多福。"

齐攻宋，燕王使张魁将燕兵以从焉，齐王杀之。燕王闻之，泣数行而下，召有司而告之曰[6]："余兴事而齐杀我使[7]，请令举兵以攻齐也。"使受命矣。

凡繇进见，争之曰：“贤王故愿为臣，今王非贤主也，愿辞不为臣。”昭王曰：“是何也？”对曰：“松下乱，先君以不安，弃群臣也。王苦痛之而事齐者，力不足也。今魁死而王攻齐，是视魁而贤于先君。”王曰：“诺。”请王止兵，王曰：“然则若何？”凡繇对曰：“请王缟素辟舍于郊，遣使于齐，客而谢焉，曰：‘此尽寡人之罪也。大王贤主也，岂尽杀诸侯之使者哉？然而燕之使者独死，此弊邑之择人不谨也，愿得变更请罪。’”使者行至齐，齐王方大饮，左右官实，御者甚众，因令使者进报。使者报，言燕王之甚恐惧而请罪也，毕，又复之，以矜左右官实。因乃发小使以反令燕王复舍。此济上之所以败，齐国以虚也。七十城，微田单固几不反。湣王以大齐骄而残，田单以即墨城而立功。《诗》曰：“将欲毁之，必重累之；将欲踣之，必高举之。”其此之谓乎？累矣而不毁，举矣而不踣，其唯有道者乎！

楚庄王使文无畏于齐，过于宋，不先假道。还反，华元言于宋昭公曰：“往不假道，来不假道，是以宋为野鄙也。楚之会田也，故鞭君之仆于孟诸，请诛之。”乃杀文无畏于扬梁之堤。庄王方削袂，闻之曰：“嘻！”投袂而起，履及诸庭，剑及诸门，车及之蒲疏之市，遂舍于郊，兴师围宋九月。宋人易子而食之，析骨而爨之。宋公肉袒执牺[8]，委服告病，曰：“大国若宥图之，唯命是听。”庄王曰：“情矣宋公之言也。”乃为却四十里，而舍于庐门之阖，所以为成而归也。凡事之本在人主，人主之患，在先事而简人，简人则事穷矣。今人臣死而不当，亲帅士民以讨其故，可谓不简人矣。宋公服以病告而还师，可谓不穷矣。夫舍诸侯于汉阳而饮至者，以其义进退邪？强不足以成此也。

注　释

①**行论**：论人的行为处世。②**事**：侍奉。③**指**：意旨。④**中**：符合。⑤**咨**：叹息。⑥**有司**：官吏。⑦**兴事**：发兵。⑧**肉袒执牺**：赤裸上身，牵着纯色牲畜，表示投降并任凭处置。

译　文

君主的所作所为，与平民不同。形势不好，时机不利，可以侍奉仇敌以便求得生存。君主掌握着人民的命运，是重大的责任，不能以恣心所欲为能事。所以平民如果在国内也这样做，那就不能在乡里容身了。

尧把帝位让给了舜，鲧当诸侯，他对尧发怒说：“符合天道的就当帝王，符合地道的就

当三公。如今我符合地道，却不让我当三公。”鲧认为尧这样做是丧失了原则，想得到三公的职位。他的愤怒超过了猛兽，想发动叛乱。他像猛兽把角并排放置起来一样固城自守，像猛兽举起尾巴一样立旗为号。舜召见他他不来，在野外游荡，以便给舜制造祸患。舜于是在羽山杀死了他，用锋利的吴刀肢解了他。禹对此不敢怨恨，反而侍奉舜。他担任了司空之职，疏导洪水，晒得面孔黧黑，累得步履艰难，七窍不能畅通，因而很得舜的欢心。

从前纣王暴虐无道，杀死梅伯做成肉酱，杀死鬼侯做成肉干，在宗庙里宴请诸侯。文王流着眼泪为此叹息。纣王担心他背叛自己，想杀死文王灭掉周国。文王说：“父亲即使无道，儿子敢不侍奉父亲吗？君主即使无道，臣子敢不侍奉君主吗？君主怎么可以背叛呢？”纣王于是赦免了他。天下人听到这件事，认为文王畏惧在上位的人而哀怜在下位的人。《诗经》说：“就是这个周文王，言与行小心翼翼。心地光明侍奉上帝，因而得来大福大吉。”

齐国攻打宋国，燕王派张魁率领燕国士兵去帮助齐国，齐王却杀死张魁。燕王听到消息，眼泪一行行落下来，找来有关官员告诉他说：“我派人参战，可是齐国却杀死了我的使臣，我要立即发兵攻打齐国。”官员接受了命令。凡繇进来谒见燕王，劝谏说：“从前认为您是贤德的君主，所以我愿意当您的臣子。现在看来您不是贤德的君主，所以我希望辞官不再当您的臣子。”燕昭王说：“这是什么原因呢？”凡繇回答：“松下之难，我们的先君不得安宁而被俘。您对此感到痛苦，但侍奉齐国，是因为力量不足。如今张魁被杀死，您却要攻打齐国，这是把张魁看得比先君还重。”燕王说：“好吧。”凡繇请燕王停止出兵，燕王说：“既然这样，那么应该怎么办？”凡繇回答：“请您穿上丧服离开宫室住到郊外，派遣使臣到齐国，以客人的身份去谢罪，说：‘这都是我的罪过。大王您是贤德的君主，哪能全部杀死诸侯们的使臣呢？然而燕国的使臣被杀死，这是我国选择人不慎重，希望能够让我改换使臣以表示请罪。’”使臣到了齐国，齐王正在举行盛大宴会，参加宴会的近臣、官员、侍从很多，于是让使臣前来禀告。使臣禀告，说是燕王非常恐惧，因而来请罪。使臣说完了，齐王又让他重复一遍，以此来向近臣、官员、侍从炫耀。于是齐王就派出地位低微的使臣去让燕王返回宫室居住。这就是后来齐国之所以在济水一带被燕国打败的原因，齐国因而变得衰落，七十余座城池被攻下，如果没有田单，几乎不能复国。齐湣王凭借强大的齐国，骄横而使国家残破，田单凭借即墨城，却能立下大功。《诗经》说：“要想毁坏它，必先把它重叠起；要想摔倒它，必先把它高举起。”大概说的就是这个吧！重叠起来却能不被毁坏，高举起来却能不被摔倒，大概只有有道之人能做到吧！

楚庄王派文无畏出使齐国，途经宋国，没有事先借道。等他返回时，华元对宋昭公说：“他去的时候不借道，回来的时候也不借道，这是把宋国当成楚国的边远城邑了。从前楚王跟您田猎时，在孟诸故意鞭打您的车夫，请您允许杀掉文无畏。”于是就在扬梁的堤防上杀死了文无畏。楚庄王正悠闲地把手揣在衣袖里，听到这消息后说：“哼！”拂袖而起，奉鞋的侍从追到庭院中才给他穿上鞋，奉剑的侍从追到寝门才给他佩上剑，驾车的御者追到蒲疏街市上才让他乘上车。楚王住在郊外，发兵围困宋国九个月。宋国人彼此交换孩子杀了吃掉，劈开尸骨来烧火做饭。宋国君主脱去衣服，露出臂膀，牵着纯色牲畜，表示屈服，述说困苦状况，说："贵国如果打算赦免我的罪过，我将唯命是从。"庄王说："宋国君主的话很诚恳啊！"因此就后退了四十里，驻扎在卢门那里，两国媾和以后就返回了。大凡事情的根本在于君主，君主的弊病，在于重事而轻人，轻视人，那么事情就会处于困境。现在臣子死得不应该，楚庄王亲自率领士兵加以讨伐，可以说是不轻视人了。宋国君主表示屈服述说困苦状况之后，楚庄王就退军了，可以说是不会处于困境了。他在汉水之北盟会诸侯，回国之后用饮至之礼向祖先报功他一进一退都根据义的原则吧，单凭强大是不足以达到这个地步的。

骄　恣[1]

原　文

亡国之主，必自骄，必自智，必轻物。自骄则简士[2]，自智则专独，轻物则无备。无备召祸，专独位危，简士壅塞。欲无壅塞必礼士，欲位无危必得众，欲无召祸必完备。三者人君之大经也。

晋厉公侈淫，好听谗人，欲尽去其大臣而立其左右。胥童谓厉公曰："必先杀三郤[3]。族大多怨，去大族不逼。"公曰："诺。"乃使长鱼矫杀郤犨、郤锜、郤至于朝而陈其尸。于是厉公游于匠丽氏，栾书、中行偃劫而幽之，诸侯莫之救，百姓莫之哀，三月而杀之。人主之患，患在知能害人，而不知害人之不当而反自及也。是何也？智短也。智短则不知化，不知化者举自危。

魏武侯谋事而当，攘臂疾言于庭曰："大夫之虑，莫如寡人矣！"立有间，再三言。李悝趋进曰："昔者楚庄王谋事而当，有大功，退朝而有忧色。左右曰：'王有大功，退朝而有忧色，敢问其说？'王曰：'仲虺有言，不穀说之。曰：'诸侯之德，能自为取师者王，能自取友者存，其所择而莫如己者亡。'今以不穀之不肖也，群臣之谋又莫吾及也，我其亡乎？"曰："此霸王之所忧也，而君独伐之，其可乎？"武侯曰："善。"人主之患也，不在于自少，而在于自多。自多则辞受，辞受则原竭。李悝可谓能谏其君矣，壹称而令武侯益知君人之道。

齐宣王为大室，大益百亩，堂上三百户。以齐之大，具之三年而未能成。群臣莫敢谏王。春居问于宣王曰："荆王释先王之礼乐而乐为轻，敢问荆国为有主乎？"王曰："为无主。""贤臣以千数而莫敢谏，敢问荆国为有臣乎？"王曰："为无臣。""今王为大室，其大益百亩，堂上三百户。以齐国之大，具之三年而弗能成。群臣莫敢谏，敢问王为有臣乎？"王曰："为无臣。"春居曰："臣请辟矣。"趋而出。王曰："春子，春子，反！何谏寡人之晚也？寡人请今止之。"遽召掌书曰："书之：寡人不肖，而好为大室，春子止寡人。"箴谏不可不熟。莫敢谏若，非弗欲也。春居之所以欲之与人同，其所以入之与人异。宣王微春居，几为天下笑矣。由是论之，失国之主，多如宣王，然患在乎无春居。故忠臣之谏者，亦从入之，不可不慎，此得失之本也。

赵简子沈鸾徼于河，曰："吾尝好声色矣，而鸾徼致之。吾尝好宫室台榭矣，而鸾徼为之。吾尝好良马善御矣，而鸾徼来之。今吾好士六年矣，而鸾徼未尝进一人也，是长吾过而绌善也。"故若简子者，能厚以理督责于其臣矣。以理督责于其臣，则人主可与为善，而不可与为非；可与为直，而不可与为枉，此三代之盛教。

注　释

①**骄恣**：骄傲恣纵。本篇属于阴阳家学说。②**简**：傲慢，轻视。③**三郄**：指晋国的三大贵族，即郄犨、郄锜、郄至。

译　文

亡国的君主，必然骄傲自满，必然自以为聪明，必然轻视外物。骄傲自满就会傲视贤士，自以为聪明就会独断专行，看轻外物就会没有准备。没有准备，就会导致祸患，独断专行，君位就会危险，傲视贤士，听闻就会闭塞。要想不闭塞，必须礼贤下士；要想君位不危险，必须得到众人辅佐；要想不招致祸患，必须准备齐全。这三条，是君主治理国家的最大原则。

晋厉公奢侈放纵，喜欢听信谗人之言，他想把他的大臣们都除掉，提拔他身边的人为官。胥童对厉公说："一定要先杀掉三个姓郄的人。他们家族大，对公室有很多怨恨，除掉大家族，就不会威逼公室了。"厉公说："好吧。"于是就派长鱼矫在朝廷上杀死了郄犨、郄锜、郄至，陈列他们的尸体示众。接着厉公到匠丽氏那里游乐，栾书、中行偃劫持并囚禁了他。诸侯们没有人援救他，百姓们没有人哀怜他。过了三个月，就把他杀死了。君主

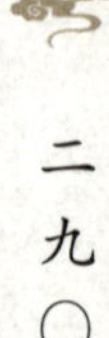

的弊病，在于只知道自己能危害别人，却不知道如果所害的人是不该害的，自己反而会遭殃。这是为什么呢？这是因为智谋短浅。智谋短浅就不知道事物的变化，不知道事物变化的人一举一动都会危害自己。

魏武侯有一次谋划事情很得当，他便在朝廷中捋袖伸臂大声说："大夫们的谋虑，没有人赶得上我了。"只站了一会儿，这句话就说了好几遍。李悝快步走上前说："从前楚庄王谋划事情很得当，成就了很大功业，退朝以后却面有忧色。身边的人说：'大王您成就了很大的功业，退朝以后却面有忧色，请问这是什么原因？'庄王说：'仲虺有一些话，我很喜欢。他说：'诸侯的品德，能为自己选取老师的，就会称王天下；能为自己选取朋友的，就会保存自身；所选取的人不如自己的，就会遭到灭亡。'如今凭着我这样不贤德的人，臣子们的谋划又都赶不上我，我大概要灭亡了吧！"李悝接着又说道："这就是成就霸王之业的人所忧虑的，可是您却偏偏自夸，那怎么可以呢？"武侯说："你说得好。"君主的弊病，不在于自己看轻自己，而在于自己看重自己。自己看重自己，那么该接受的意见就会加以拒绝，该接受的意见加以拒绝，那么进谏之路就堵塞了。李悝可以说是善于劝谏自己的君主了，他一劝谏，就让武侯更加懂得了当君主的原则。

齐宣王修建大宫室，规模之大超过了一百亩，堂上设置三百座门。凭着齐国这样的大国，修建了三年还没有能修建完成。臣子们没有人敢劝阻齐王。春居向宣王说："楚王抛弃了先王的礼乐，音乐因此变得轻浮了，请问楚国算是有贤明君主吗？"宣王说："不算有贤明君主。"春居说："所谓的贤臣数以千计，却没有人敢劝谏，请问楚国算有贤臣吗？"宣王说："没有贤臣。"春居说："您修建大宫室，宫室之大超过了一百亩，堂上设置三百座门。凭着齐国这样的大国，修建了三年仍不能够修建完成。臣子们没有人敢劝阻，请问您算是有贤臣吗？"宣王说："没有贤臣。"春居说："我请您允许我离开吧！"说完就快步走出去。宣王说："春子，春子，回来！为什么这么晚才劝阻我呢？我现在就停止修建。"赶紧找来记事的官员说："写上，我不贤德，喜欢修建大宫室，春子阻止了我。"对于劝谏，不可不认真考虑。不敢劝谏的人，并不是不想劝谏。春居想要做的跟别人相同，而他采用的劝谏的方法跟别人不一样。宣王如果没有春居，几乎要被天下人耻笑了。由此说来，亡国的君主，大多像宣王一样，然而他们的祸患在于没有春居那样的臣子。所以那些敢于劝谏的忠臣，也应顺势加以劝谏，不可不慎重，这是成败的根本。

赵简子把鸾徼沉没到黄河里，说："我曾经爱好音乐女色，鸾徼就给我弄来；我曾经爱好宫室台榭，鸾徼就给我修建；我曾经爱好良马及好的驭手，鸾徼就帮我找来。如今我爱好贤士六年了，可鸾徼不曾举荐过一个人。这是助长我的过错，磨灭我的长处。"所以像简子这样的人，是能严格地依照原则审察责求自己的臣子了。对自己的臣子依照原则审察责求，那么就可以跟他一起为善，而不可以跟他一起为非，可跟他一起做正直的事，而不可以跟他一起做邪恶的事，这就是夏、商、周三代的美好教化。

观表

原文

凡论人心，观事传，不可不熟，不可不深。天为高矣，而日月星辰云气雨露未尝休也；地为大矣，而水泉草木毛羽裸鳞未尝息也。凡居于天地之间、六合之内者，其务为相安利也，夫为相害危者，不可胜数。人事皆然。事随心，心随欲。欲无度者，其心无度。心无度者，则其所为不可知矣。人之心隐匿难见，渊深难测。故圣人于事志焉。圣人之所以过人以先知，先知必审征表。无征表而欲先知，尧、舜与众人同等。征虽易，表虽难，圣人则不可以飘矣。众人则无道至焉。无道至则以为神，以为幸。非神非幸，其数不得不然。郈成子、吴起近之矣。

郈成子为鲁聘于晋，过卫，右宰谷臣止而觞之①。陈乐(yuè)而不乐(lè)，酒酣而送之以璧。顾反，过而弗辞。其仆曰："向者右宰谷臣之觞吾子也甚欢，今侯渫(xiè)过而弗辞？"郈成子曰："夫止而觞我，与我欢也。陈乐而不乐，告我忧也。酒酣而送我以璧，寄之我也。若由是观之，卫其有乱乎！"倍卫三十里，闻宁喜之难作，右宰谷臣死之，还车而临(lìn)②，三举而归。至，使人迎其妻子，隔宅而异之，分禄而食之。其子长而反其璧。孔子闻之，曰："夫智可以微谋、仁可以托财者，其郈成子之谓乎！"郈成子之观右宰谷臣也，深矣妙矣。不观其事而观其志，可谓能观人矣。

吴起治西河之外，王错谮(zèn)之于魏武侯③，武侯使人召之。吴起至于岸门，止车而休，望西河，泣数行而下。其仆谓之曰："窃观公之志，视舍天下若舍屣。今去西河而泣，何也？"吴起雪泣而应之曰："子弗识也。君诚知我，而使我毕能，秦必可亡，而西河可以王。今君听谗人之议，而不知我，西河之为秦也不久矣，魏国从此削矣。"吴起果去魏入荆，而西河毕入秦。魏日以削，秦日益大。此吴起之所以先见而泣也。

古之善相马者，寒风是相口齿，麻朝相颊，子女厉相目，卫忌相髭，许鄙相尻(kāo)，投伐褐相胸胁，管青相唇吻，陈悲相股脚，秦牙相前，赞君相后。

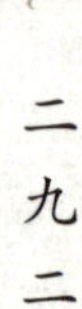

凡此十人者，皆天下之良工也。其所以相者不同，见马之一征也，而知节之高卑，足之滑易，材之坚脆，能之长短。非独相马然也，人亦有征，事与国皆有征。圣人上知千岁，下知千岁，非意之也，盖有自云也。绿图幡薄，从此生矣。

注　释

①**右宰谷臣**：卫大夫。右宰本是官名，此以官为姓。②**临**：哭悼死者。③**谮**：诬陷。

译　文

凡论人心，观事物，不可不明察，不可不深人。天算是很高了，而日月星辰云气雨露从来没有停止过；地算是很大了，而泉水草木飞禽走兽从来没有灭绝过。凡是处于天地之间四方之内的，本来都是可以相安互惠的，可是它们之间的相互伤害，却数不胜数。人和事情也都是如此。事情取决于人心，人心取决于欲望。欲望没有限度的，人心也没有限度。人心没有限度的，那么他的所作所为就不可以被了解了。人心难测，就像深渊一样看不见底。所以圣人考察事情必先观察行事之人的志向。圣人之所以超过普通人，是因为能先知先觉，要先知先觉必须审察征兆和表象。没有征兆表象却想先知先觉，就是尧、舜也和普通人一样做不到。虽然真相易于观察，假相难于考查，圣人不论对哪种情况都不会轻易下结论。普通人不能审察征兆和表象，所以就无法达到先知先觉。无法达到先知先觉，就认为圣人是靠神力，是靠侥幸。其实，圣人并不是靠神力和侥幸，而是根据征兆表象看到事理的本质。郈成子、吴起就是接近于先知先觉的人了。

郈成子为了鲁国出使晋国，途径卫国，卫国的右宰谷臣挽留并且设宴款待他。右宰谷臣陈列乐器奏乐，乐曲却不欢快；喝酒喝到畅快之时，把璧玉送给了郈成子。郈成子从晋国返回，经过卫国，却没有向右宰谷臣告别。他的车夫说：“先前右宰谷臣宴请您，感情很欢洽，如今又经过这里为什么不向他告别？”郈成子说：“他留下我并宴请我，是要跟我欢乐一番。但是演奏的乐曲却不怎么欢快，这证明他有烦心的事情。酒喝到畅快之际，他把璧玉送给了我，这是把璧玉托付给我啊！从这些迹象来看，卫国要有大的灾祸了。”郈成子离开卫国三十里，听说宁喜作乱杀死卫君，右宰谷臣为卫君殉难，就立刻掉转车子回去哭悼谷臣，哭了三次然后才回到自己的国家。到了鲁国，他派人把右宰谷臣的妻儿接到鲁国，并且把住宅隔开让他们与自己分开住，分出自己的俸禄来养活他们。右宰谷臣的孩子长大了，郈成子把璧玉还给了他。孔子听到这件事后，道：“论智慧可以通过隐微的方式跟他进行谋划，论仁德可以托付给他财物的，这种人也许说的就是郈成子吧！”郈成子观察右宰谷臣，真是深入精妙啊！不观察他做的事情，而观察他的思想，可以说是能够观察人了。

吴起治理西河，王错在魏武侯面前诋毁他，武侯派人把吴起召回。吴起走到岸门，停

下车，回头遥望西河，眼泪一行行流了下来。他的车夫对他说："我私下观察您的心志，把舍弃天下看得就像扔掉鞋子一样。如今离开西河，您却流了泪，这是什么缘故啊？"吴起擦去眼泪回答："你不知道。如果君主了解信任我，使我尽自己所能，凭着西河就可以帮助君主成就王业。如今君主听信小人的谗言而不信任我，西河被秦国攻取的日子不会太远了，魏国从此要被削弱了。"吴起最后离开魏国，去了楚国。不久，西河被秦国吞并，秦国日益强大。这正是吴起所预见到并为之流泪的事。

历史上善于相马的人，寒风是观察品评马的口齿，麻朝观察品评马的面颊，子女厉观察品评马的眼睛，卫忌观察品评马的须髭，许鄙观察品评马的臀部，投伐褐观察品评马的胸肋，管青观察品评马的嘴唇，陈悲观察品评马腿，秦牙观察品评马的前部，赞君现察品评马的后部。所有这十个人，都是天下的能工巧匠。他们用来相马的方法不同，但他们看到马的一处特征，就能明白马骨节的高低，腿脚的快慢，体质的强弱，才能的高下。不仅相马是这个样的，人也是有征兆，事情和国家都是有征的兆。圣人能够知晓千年以前的事情，知晓千年以后的事情，这些都不是凭空猜测的，而是有根据的。绿图幡薄这些吉祥征兆，就从此产生了。

论

开春论第一

开　春[1]

原文

开春始雷，则蛰虫动矣。时雨降，则草木育矣。饮食居处适，则九窍百节千脉皆通利矣。王者厚其德，积众善，而凤皇圣人皆来至矣。共伯和修其行，好贤仁，而海内皆以来为稽矣。周厉之难，天子旷绝，而天下皆来谓矣。以此言物之相应也，故曰行也成也。善说者亦然，言尽理而得失利害定矣，岂为一人言哉！

魏惠王死，葬有日矣。天大雨雪，至于牛目。群臣多谏于太子者，曰："雪甚如此而行葬，民必甚疾之，官费又恐不给，请弛期更日。"太子曰："为人子者，以民劳与官费用之故，而不行先王之葬，不义也。子勿复言。"群臣皆莫敢谏，而以告犀首。犀首曰："吾未有以言之。是其唯惠公乎？请告惠公。"惠公曰："诺。"驾而见太子曰："葬有日矣？"太子曰："然。"惠公曰："昔王季历葬于涡山之尾，栾水啮其墓，见棺之前和。文王曰：'嘻！先君必欲一见群臣百姓也夫！故使栾水见之。'于是出而为之张朝，百姓皆见之，三日而后更葬，此文王之义也。今葬有日矣，而雪甚，及牛目，难以行。太子为及日之故，得无嫌于欲亟葬乎？愿太子易日。先王必欲少留而抚社稷安黔首也，故使雨雪甚。因弛期而更为日，此文王之义也。若此而不为，意者羞法文王也？"太子曰："甚善。敬弛期，更择葬日。"惠子不徒行说也，又令魏太子未葬其先君而因有说文王之义。说文王之义以示天下，岂小功也哉！

韩氏城新城[2]，期十五日而成。段乔为司空，有一县后二日，段乔执其

吏而囚之。囚者之子走告封人子高曰："唯先生能活臣父之死，愿委之先生。"封人子高曰："诺。"乃见段乔，自扶而上城。封人子高左右望曰："美哉城乎！一大功矣，子必有厚赏矣！自古及今，功若此其大也，而能无有罪戮者，未尝有也。"封人子高出，段乔使人夜解其吏之束缚也而出之。故曰封人子高为之言也，而匿己之为而为也；段乔听而行之也，匿己之行而行也。说之行若此其精也，封人子高可谓善说矣。

叔向之弟羊舌虎善栾盈，栾盈有罪于晋，晋诛羊舌虎，叔向为之奴而朡。祈奚曰："吾闻小人得位，不争不祥；君子在忧，不救不祥。"乃往见范宣子而说也，曰："闻善为国者，赏不过而刑不慢。赏过则惧及淫人，刑慢则惧及君子。与其不幸而过，宁过而赏淫人，毋过而刑君子。故尧之刑也殛鲧于虞而用禹，周之刑也戮管蔡而相周公。不慢刑也。"宣子乃命吏出叔向。救人之患者，行危苦，不避烦辱，犹不能免。今祈奚论先王之德，而叔向得免焉。学岂可以已哉！类多若此。

注　释

①**开春**：指夏历二月。②**城**：修建城墙。

译　文

开春刚刚响起雷声，蛰伏的动物苏醒。应时之雨降落下来，草木滋生。饮食居处适度，身体各种器官和骨节经脉就都通畅了。治理天下的人增加自己的美德，积累各种善行，凤凰和圣人都到他身边了。共伯和修养他的品行，喜好贤士仁人，海内都因此来归附了。厉王之乱，王位空缺，天下诸侯都来朝见共伯和了。这些事情说明事物是互相应和的，所以任何行为都有其相应的结果。善于说服别人的人也是这样，把道理说透，得失利害就确定了，他们的议论哪里是为了某一个人随意而发的呢！

魏惠王死了，安葬的日期已经临近。正遇上下大雪，深得几乎埋住牛的眼睛。臣子们有很多人劝谏太子，说："雪下得这样大还要举行葬礼，百姓们一定感到非常困苦，国家的费用也恐怕不够，请您把日期推迟，改日安葬。"太子说："做子女的，如果因为百姓劳苦和国家费用不足的缘故就不举行先王的葬礼，这是不义的。你们不要再说了。"臣子们都不敢再劝谏，就把这件事告诉了犀首。犀首说："我也没有办法去劝说，能做这件事的恐怕只有惠公吧，请让我告诉惠公。"惠公听了说："好吧。"就坐着车来见太子，说："安葬的日期临近了吗？"太子说："是的。"惠公说："从前王季历葬在涡山脚下，渗漏下来的水流淹了他的坟墓，露出了棺木的前部。周文王说：'啊，先王一定是想看一看臣下和百姓吧，

所以才让漏水把棺木露出来。'于是就把棺木挖出，给它设置帷幕，举行朝会，百姓都来谒见，三天以后才改葬，这是文王的仁义呀！现在安葬的日期已经临近，但雪大得几乎埋住牛的眼睛，路难以行走，太子您为了赶上既定日期的缘故坚持要安葬，恐怕有想快点安葬了事之嫌吧？希望您改个日子。先王一定是想稍作停留以便安抚国家和百姓，所以才使雪下得这样大。据此推迟葬期另择日子，这正是文王的义啊！像目前这种情况还不改日安葬，想来是把效法文王当作羞耻了。"太子说："您说得太好了，我谨奉命缓期，另选安葬的日子。"惠子不仅使自己的主张得以施行，又使魏太子由不葬先王进而喜好文王之义。喜好文王之义，并以此显示于天下，哪里是小功劳呢！

韩国修筑新城的城墙，规定十五天内完成。段乔身为司空主管这件事，有一个县拖延了两天，段乔就逮捕了这个县的主管官员，把他囚禁起来。这个官员的儿子跑来告诉封人子高，说："只有先生您才能把我父亲从死罪中拯救出来，我想把这件事托付给先生。"封人子高说："好吧。"就去拜见段乔，子高自己攀登上城墙，向左右张望说："这城墙修得真漂亮呀！真算得上一件大功了，您一定能得到重赏。从古到今，功劳这样大又能不处罚杀戮一个人，这种人还没有过。"封人子高离开后，段乔就派人在夜里解开被囚禁的官员的绳索，释放了他。所以可以说，封人子高说服别人，说了又不让人看出是在说服他，段乔听从别人的意见并加以施行，做了又不让人看出是自己做的。说服别人的做法如此精妙，封人子高可算是善于说服别人了。

叔向的弟弟羊舌虎与栾盈友善，栾盈在晋国犯了罪，晋国杀了羊舌虎，叔向为此被没入官府为奴，戴上了刑具。祈奚说："我听说当小人得到官位时，不谏诤是不善；当君子处于忧患时，不援救是不善。"于是就去拜见范宣子，劝他说："我听说善于治国的人，行赏不过度，施刑不轻忽。行赏过度，恐怕会赏到奸人；施刑轻忽，恐怕会处罚到君子。如果不得已做得过分了，那么宁可行赏过度赏赐了奸人，也不要施刑过度处罚了君子。所以尧施刑罚杀死了鲧，而在舜的时候起用了鲧的儿子禹，周施刑罚诛杀了管叔、蔡叔，而仍任用他们的兄弟周公，这都是施刑不轻忽。"于是范宣子命令官吏把叔向放了出来。解救别人危难的人，冒着危险和困苦，不怕麻烦和屈辱，有时仍然不能使人免于危难。如今祈奚论说先王的德政，叔向却因而得以免遭危难。由此看来，学习怎么能废止呢！很多事情都像这种情形一样。

察　贤[1]

原　文

今有良医于此，治十人而起九人，所以求之万也。故贤者之致功名也，比乎良医，而君人者不知疾求，岂不过哉？今夫塞者[2]，勇力、时日、卜筮、祷祠无事焉，善者必胜。立功名亦然，要在得贤。魏文侯师卜子夏，友田

子方，礼段干木，国治身逸。天下之贤主，岂必苦形愁虑哉？执其要而已矣。雪霜雨露时，则万物育矣，人民修矣，疾病妖厉去矣。故曰尧之容若委衣裘[3]，以言少事也。

宓子贱治单父，弹鸣琴，身不下堂而单父治。巫马期以星出，以星入，日夜不居，以身亲之，而单父亦治。巫马期问其故于宓子，宓子曰："我之谓任人，子之谓任力；任力者故劳，任人者故逸。"宓子则君子矣，逸四肢，全耳目，平心气，而百官以治义矣，任其数而已矣。巫马期则不然，弊生事精，劳手足，烦教诏，虽治犹未至也。

注　释

①**察贤**：发现、辨识贤士。②**塞**：古代一种棋类游戏。③**委衣裘**：衣裘下垂，喻无为而治。

译　文

假如有这样一个良医，给十个人治病治好了九个，找他治病的人必定会成千上万。贤人能为君主求得功名，就好比良医能给人治好病一样，可是当君主的却不知赶快去寻找，这难道不是错了吗？如今下棋的人，用不着凭借勇力、时机、占卜、祭祷，技巧高的一定获胜。建立功名也是如此，关键在于得到贤人。魏文侯以卜子夏为师，与田子方交友，对段干木礼敬尊崇，就使得国家太平、自身安逸。天下贤明的君主哪里必定要劳神费心呢？掌握治国要领就行了。霜雪雨露合乎时节，万物就会生长了，人们就会舒适了，疾病和怪异灾祸就不会发生了。所以人们说到尧的仪表形容，就说他穿着宽大下垂的衣服，这是说他很少有政务啊！

宓子贱治理单父，每天在堂上静坐弹琴，单父就被治理得很好。巫马期披星戴月，早朝晚退，昼夜不闲，亲自处理各种政务，单父也被治理得很好。巫马期向宓子询问其中的缘故。宓子说："我的做法叫作使用人才，你的做法叫作使用力气。使用力气的人当然劳苦，使用人才的人当然安逸。"宓子算得上君子了，使四肢安逸，耳目保全，心气平和，而官府的各种事务处理得很好，这是应该的了，他只不过使用正确的方法罢了。巫马期却不是这样，他损伤生命，耗费精气，手足疲劳，教令烦琐，尽管也治理得不错，但还未达到最高境界。

期　贤

原　文

今夫爚蝉者[1]，务在乎明其火、振其树而已。火不明，虽振其树，何益？明火不独在乎火，在于闇。当今之时，世闇甚矣，人主有能明其德者，天下之士，其归之也，若蝉之走明火也②。凡国不徒安，名不徒显，必得贤士。

赵简子昼居，喟然太息曰："异哉！吾欲伐卫十年矣，而卫不伐。"侍者曰："以赵之大，而伐卫之细，君若不欲则可也。君若欲之，请令伐之。"简子曰："不如而言也。卫有士十人于吾所，吾乃且伐之，十人者其言不义也，而我伐之，是我为不义也。"故简子之时，卫以十人者按赵之兵，殁简子之身。卫可谓知用人矣，游十士而国家得安。简子可谓好从谏矣，听十士而无侵小夺弱之名。

魏文侯过段干木之闾而轼之③，其仆曰："君胡为轼？"曰："此非段干木之闾欤？段干木盖贤者也，吾安敢不轼？且吾闻段干木未尝肯以己易寡人也，吾安敢骄之？段干木光乎德④，寡人光乎地；段干木富乎义，寡人富乎财。"其仆曰："然则君何不相之？"于是君请相之，段干木不肯受，则君乃致禄百万，而时往馆之。于是国人皆喜，相与诵之曰："吾君好正，段干木之敬；吾君好忠，段干木之隆。"居无几何，秦兴兵欲攻魏，司马唐谏秦君曰："段干木贤者也，而魏礼之，天下莫不闻，无乃不可加兵乎！"秦君以为然，乃按兵辍不敢攻之。魏文侯可谓善用兵矣。尝闻君子之用兵，莫见其形，其功已成，其此之谓也。野人之用兵也，鼓声则似雷，号呼则动地，尘气充天，流矢如雨，扶伤舆死，履肠涉血，无罪之民其死者量于泽矣，而国之存亡、主之死生犹不可知也，其离仁义亦远矣！

注　释

①**爚：**用火照耀。②**走：**趋向，奔向。③**轼之：**手扶车轼表达敬意。④**光：**荣耀。

译　文

如今以火照蝉的人，要做的事只在于弄亮火光、摇动树木罢了。火光不明，即使摇动那些树木，又有什么用处？弄亮火光，不仅在于火光本身，还在于黑暗的映衬。现在这个时候，社会黑暗到极点了，国君中如有能昭明自己德行的，天下的士人归附他，就像蝉奔向明亮的火光那样。凡国家都不会无缘无故地安定，国君的名声都不会无缘无故地显赫，一定要得到贤士才行。

赵简子白日闲坐，慨然长叹，说："真是不寻常啊，我想伐卫已经有十年了，可是讨伐不成。"侍从说："凭赵国这样的大国来讨伐卫国那样的小国，您要是不想讨伐它也就罢了，您要是想这样做，只管立即动手就是了。"赵简子说："事情不像你说的那样啊，卫国有十

位士人在我这里，我确实想伐卫，可是这十个人都说伐卫不义，如果我还非要去讨伐它，那我就是做不义的事了。”所以赵简子的时候，卫国用十个人就遏止了赵国的军队，直到简子去世。卫国可以算是懂得使用人才了，让十位士人出游赵国，国家就获得了安全。简子可以算是喜欢听从劝谏了，接受十位士人的意见，从而避免了侵夺弱小的坏名声。

魏文侯从段干木居住的里巷前经过，手扶车轼表示敬意。他的车夫说：“您为什么要扶轼致敬？”魏文侯说：“这不是段干木住的里巷吗？段干木是个贤者，我怎么敢不致敬？而且我听说段干木把操守看得比什么都重要，即使拿我的君位同他的操守相交换，他也决不会同意，我怎么敢对他骄慢无礼呢？段干木是在德行上显耀，而我只是在地位上显耀；段干木是在道义上富有，而我只是在财物上富有。”他的车夫说：“既然如此，那么您为什么不让他当国相呢？”于是魏文侯就请段干木做国相，段干木不肯接受这个职位，文侯就给了他丰厚的俸禄，并且时常到其家里去探望他。于是国人都很高兴，共同吟咏道：“我们国君喜欢廉正，把段干木来敬重；我们国君喜欢忠诚，把段干木来推崇。”过了没多久，秦国想出兵攻魏，司马唐劝谏秦君说：“段干木是个贤者，魏国礼敬他，天下没有谁不知道，恐怕不能对魏国动兵吧？”秦君认为司马唐说得很对，于是不再动用军队攻魏。魏文侯可以说是善于用兵了。曾听说君子用兵，没有人看见军队的举动，大功却已告成，恐怕说的就是魏文侯这种情况。鄙陋无知的人用兵，鼓声如雷，喊声动地，烟尘满天，飞箭如雨，扶救伤兵，抬运死尸，踩着尸体，踏着血泊，使无辜百姓尸横遍野。尽管这样，国家的存亡、君主的生死仍然不可料定，这种做法离仁义实在是太远了。

审　为

原　文

身者所为也[①]，天下者所以为也[②]，审所以为而轻重得矣[③]。今有人于此，断首以易冠，杀身以易衣，世必惑之。是何也？冠所以饰首也，衣所以饰身也，杀所饰，要所以饰，则不知所为矣。世之走利，有似于此。危身伤生，刈颈断头以徇利，则亦不知所为也。

太王亶父居邠，狄人攻之，事以皮帛而不受，事以珠玉而不肯，狄人之所求者，地也。太王亶父曰：“与人之兄居而杀其弟，与人之父处而杀其子，吾不忍为也。皆勉处矣，为吾臣与狄人臣，奚以异？且吾闻之，不以所以养害所养。”杖策而去，民相连而从之，遂成国于岐山之下。太王亶父可谓能尊生矣。能尊生，虽贵富不以养伤身，虽贫贱不以利累形。今受其先人之爵禄，则必重失之。生之所自来者久矣，而轻失之，岂不惑哉？

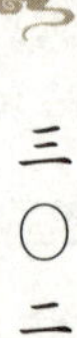

韩、魏相与争侵地。子华子见昭釐侯，昭釐侯有忧色。子华子曰："今使天下书铭于君之前，书之曰：'左手攫之则右手废，右手攫之则左手废，然而攫之必有天下。'君将攫之乎？亡其不与？"昭釐侯曰："寡人不攫也。"子华子曰："甚善。自是观之，两臂重于天下也，身又重于两臂。韩之轻于天下远，今之所争者，其轻于韩又远，君固愁身伤生以忧之，臧不得也。"昭釐侯曰："善。教寡人者众矣，未尝得闻此言也。"子华子可谓知轻重矣。知轻重，故论不过。

中山公子牟谓詹子曰："身在江海之上，心居乎魏阙之下，奈何？"詹子曰："重生。重生则轻利。"中山公子牟曰："虽知之，犹不能自胜也。"詹子曰："不能自胜则纵之，神无恶乎。不能自胜而强不纵者，此之谓重伤。重伤之人，无寿类矣。"

注　释

①**所为**：行为动作的目的。②**所以为**：用来达到目的的手段。③**得**：恰当。

译　文

自身的生命是目的，天下是用来保养生命的凭借，弄清哪个是目的，哪个是凭借，二者的轻重位置就能摆恰当了。假如有这样一个人，为了换帽子而砍掉头颅，为了换衣服而残害身躯，世上的人一定认为他糊涂。这是为什么呢？因为帽子是用来装饰头部的，衣服是用来装饰身体的，残害要装饰的头颅、身躯以求得作为装饰用的衣帽的完好，这就是不懂得应该以什么为目的了。世上的人趋向财利跟这种情形相似。他们危害身体，损伤生命，甚至不惜割断脖子、砍掉头颅来追求财利，这也是不懂得该以什么为目的。

●太王亶父和王妃太姜

太王亶父居于邠地，北方狄人攻打他，太王亶父用皮毛丝帛侍奉他们，狄人不接受，用珍珠美玉侍奉他们，狄人不应允，狄

人所要的是土地。太王亶父说："跟人家的哥哥在一起，却使他的弟弟被杀，跟人家的父亲在一起，却使他的儿子被杀，我不忍心这样做。你们都好好在这里住下去吧，给我做臣民和给狄人做臣民有什么不同呢？而且我听说，不要为用来养育民众的土地危害所养育的民众。"于是拄着手杖离开了邠地，百姓们成群结队地跟着他，终于在岐山下又建起了国家。太王亶父可算是能够看重生命了。能够看重生命，即使富贵，也不因为供养丰足而残害生命；即使贫贱，也不为了财利而拖累身体，假如人们继承了先人的官爵俸禄，一定舍不得失去。而生命的由来长久多了，人们却不把失去生命放在心上，这难道不是糊涂吗？

韩、魏两国互相争夺侵占来的土地。子华子拜见韩昭釐侯，昭釐侯面有忧色。子华子说："假使现在天下人在您面前写下铭文，这样写道：'左手抓取这篇铭文就砍掉右手，右手抓取这篇铭文就砍去左手，但是抓取了就一定占有天下。'您是抓取呢，还是不抓取呢？"昭釐侯说："我是不抓取的。"子华子说："您说得很好。由此看来，双臂比天下重要，而身体又比双臂重要。韩国比天下次要得多，现在您争夺的土地又比韩国次要得多。您丢掉双臂占有天下尚且不愿去做，反倒要劳神伤身为得不到这些土地而忧虑，这恐怕是不得当的。"昭釐侯说："好，教诲我的人很多，但我从未听过这样的话。"子华子可说是知道轻重了。知道轻重，所以议论不犯错误。

中山公子牟对詹子说："我身居江海之上，可是心却在朝廷之中，该怎么办？"詹子说："看重生命。看重生命就会轻视名利了。"中山公子牟说："虽然知道这个道理，还是不能克制自己。"詹子说："不能克制自己就放纵它，这样精神就没什么伤害了吧。不能克制自己又竭力不放纵，这叫作双重损伤。受双重损伤的人，没有长寿的。"

爱　类[1]

原　文

仁于他物，不仁于人，不得为仁；不仁于他物，独仁于人，犹若为仁。仁也者，仁乎其类者也。故仁人之于民也，可以便之，无不行也。

《神农之教》曰："士有当年而不耕者[2]，则天下或受其饥矣；女有当年而不绩者，则天下或受其寒矣。"故身亲耕，妻亲绩[3]，所以见致民利也。贤人之不远海内之路，而时往来乎王公之朝，非以要利也，以民为务故也。人主有能以民为务者，则天下归之矣。王也者，非必坚甲利兵选卒练士也，非必隳人之城郭，杀人之士民也。上世之王者众矣，而事皆不同，其当世之急，忧民之利，除民之害同。

公输般为高云梯，欲以攻宋。墨子闻之，自鲁往，裂裳裹足，日夜不休，

十日十夜而至于郢，见荆王曰：“臣北方之鄙人也，闻大王将攻宋，信有之乎？”王曰：“然。”墨子曰：“必得宋乃攻之乎？亡其不得宋且不义犹攻之乎？”王曰：“必不得宋且有不义，则曷为攻之？”墨子曰：“甚善。臣以宋必不可得。”王曰：“公输般，天下之巧工也，已为攻宋之械矣。”墨子曰：“请令公输般试攻之，臣请试守之。”于是公输般设攻宋之械，墨子设守宋之备。公输般九攻之，墨子九却之，不能入，故荆辍不攻宋。墨子能以术御荆免宋之难者，此之谓也。

圣王通士，不出于利民者无有。昔上古龙门未开，吕梁未发，河出孟门，大溢逆流，无有丘陵沃衍平原高阜，尽皆灭之，名曰鸿水。禹于是疏河决江，为彭蠡之障，干东土，所活者千八百国，此禹之功也。勤劳为民，无苦乎禹者矣。

匡章谓惠子曰：“公之学去尊，今又王齐王，何其到也？”惠子曰：“今有人于此，欲必击其爱子之头，石可以代之。”匡章曰：“公取之代乎？其不与？”“施取代之。子头，所重也；石，所轻也。击其所轻以免其所重，岂不可哉！”匡章曰：“齐王之所以用兵而不休，攻击人而不止者，其故何也？”惠子曰：“大者可以王，其次可以霸也。今可以王齐王而寿黔首之命，免民之死，是以石代爱子头也，何为不为？”民寒则欲火，暑则欲冰，燥则欲湿，湿则欲燥。寒暑燥湿相反，其于利民一也。利民岂一道哉？当其时而已矣。

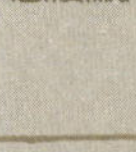

注　释

①**爱类**：仁爱自己的同类。②**当年**：成年。③**绩**：把麻搓成线。

译　文

对其他物类仁爱，对人却不仁爱，不能算是仁；对其他物类不仁爱，只是对人仁爱，仍然算是仁。所谓仁，就是对自己的同类仁爱。所以仁德的人对于百姓，只要可以使他们得利，就没有什么事情是不可以去做的。

《神农之教》记载：“男子如果有人正当成年却不种田，那么天下就会有人因此而挨饿；女子如果有人正当成年却不纺麻，那么天下就会有人因此而受冻。”所以神农自己亲自种田，妻子亲自纺麻，以此表示要为百姓谋利。贤人不嫌海内路途遥远，时常往来于君主的朝廷，并不是以此谋求私利，而是要努力为百姓谋利的缘故。国君如能努力为百姓谋利益，

那么天下就会归附他了。统一天下，并不一定要靠坚利的武器、铠甲和经过挑选的精兵猛士，不一定非要毁坏人家的城郭，杀戮人家的臣民。上古统一天下的人很多，他们的情形都不相同，但他们承担社会的危难，关心百姓的利益，消除百姓的祸害，这是相同的。

公输般制作高大的云梯，想用来帮楚国进攻宋国。墨子听说这件事，从鲁国出发，撕了衣裳裹脚，日夜不停地走，一直走了十天十夜才到达郢都。墨子拜见楚王，说："我是北方的鄙野之人，听说大王想进攻宋国，确实有这回事吗？"楚王说："有。"墨子说："您是认为一定能得到宋国才进攻它呢，还是即使得不到宋国并且要落下不义的名声仍要进攻它呢？"楚王说："如果一定不能得到宋国而且有不义的名声，那么为什么还进攻它呢？"墨子说："您说得很好。我认为您一定不能得到宋国。"楚王说："公输般是天下最有名的巧匠，已经制作出进攻宋国的器械了。"墨子说："请您让公输般试着攻一攻，我来试着守一守。"于是公输般设计攻宋的器械，墨子设计守宋的设备。公输般多次进攻，墨子多次把他打退，公输般不能攻入城中，所以楚国不再进攻宋国。所谓墨子能够设法抵御楚国而解救宋国的危难，说的就是这件事。

圣明的君主和通达的士人，言行不出自为民谋利的人是没有的。上古时代，龙门山尚未开凿，吕梁山尚未打通，黄河从孟门山漫过，大水泛滥横流，不管是丘陵、沃野、平原，还是高山，全都被淹没，人们把它叫作"鸿水"。于是禹疏通黄河，导引长江，筑起彭蠡泽的堤防，使东方洪水消退，拯救的国家有一千八百多个，这是禹的功绩。为百姓辛苦操劳，没有人比得上禹了。

匡章对惠子说："您的学说主张废弃尊位，现在却尊齐王为王，为什么言行如此矛盾呢？"惠子说："假如现在有这样一个人，一定得击打自己的爱子之头，而爱子之头又可以用石头代替。"匡章接过来说："您是拿石头代替呢，还是不这样做呢？"惠子说："我是要拿石头来代替爱子之头的。爱子之头是重要的，石头是轻贱的，击打轻贱之物使重要之物免受伤害，为什么不这样做呢？"匡章又问："齐王用兵不休，攻战不止，是什么缘故呢？"惠子说："因为这样做功效大的话可以称王天下，次一等也可以称霸诸侯。现在可以用尊齐王为王的方法使齐王罢兵，使百姓得以寿终，免于死亡，这正是用石头代替爱子之头，为什么不去做呢？"百姓寒冷了就希望得到火，炎热了就希望得到冰，干燥了就希望潮湿些，潮湿了就希望干燥些。寒冷与炎热、干燥与潮湿互相对立，但它们在利于百姓方面是一样的。为民谋利岂止一种办法呢？只不过要适合时宜罢了。

贵卒

原文

力贵突[1]，智贵卒[2]。得之同则速为上，胜之同则湿为下。所为贵骥者，为其一日千里也，旬日取之，与驽骀同。所为贵镞矢者，为其应声而至，终

日而至，则与无至同。

吴起谓荆王曰：“荆所有余者地也，所不足者民也。今君王以所不足益所有余，臣不得而为也。”于是令贵人往实广虚之地，皆甚苦之。荆王死，贵人皆来，尸在堂上，贵人相与射吴起。吴起号呼曰：“吾示子，吾用兵也。”拔矢而走，伏尸插矢而疾言曰：“群臣乱王！”吴起死矣，且荆国之法，丽兵于王尸者尽加重罪，逮三族。吴起之智，可谓捷矣。

齐襄公即位，憎公孙无知，收其禄。无知不说，杀襄公。公子纠走鲁，公子小白奔莒。既而国人杀无知，未有君，公子纠与公子小白皆归，俱至，争先入公家。管仲扜弓射公子小白[3]，中钩。鲍叔御，公子小白僵。管子以为小白死，告公子纠曰：“安之，公子小白已死矣！”鲍叔因疾驱先入，故公子小白得以为君。鲍叔之智应射而令公子小白僵也，其智若镞矢也。

周武君使人刺伶悝于东周，伶悝僵，令其子速哭曰：“以谁刺我父也？”刺者闻，以为死也。周君以为不信，因厚罪之。

赵氏攻中山，中山之人多力者曰吾丘鸩，衣铁甲，操铁杖以战，而所击无不碎，所冲无不陷，以车投车，以人投人也，几至将所而后死。

注　释

①**突**：突然，出其不意。②**卒**：通“猝”，迅疾、敏捷。③**扜弓**：把弓拉满。

译　文

用力贵在突发，用智贵在敏捷。同样获得一物，速度快的为优，同样对抗对手，拖延久的为劣。人们之所以看重骐骥，是因为它能日行千里，如果走上十天才能到达，就与劣马相同了。人们之所以看重利箭，是因为它能应声而至，如果整整一天才能到达，就跟没有达到目标结果相同了。

吴起对楚王说：“楚国有余的是土地，不足的是百姓。现在您想用本就不足的百姓作战来增加本就有余的土地，我是无法办到的。”于是下令显贵们迁居到荒无人烟的地方去，显贵们都深以为苦。楚王死了，显贵们都回到京城，楚王尸体停在堂上，显贵们共同向吴起射箭。吴起高喊着：“我让你们看看我是怎样用兵的！”拔下箭跑到堂上，趴在楚王尸体上，一面把箭插在王尸上，一面大声说道：“臣子们作乱，箭射王尸！”吴起虽然死了，而按照楚国的法律，武器碰到君王身体的都要处以重罪，连累三族。吴起用智，可算是敏捷。

齐襄公即位，厌恶公孙无知，收回了他的禄位。无知很不高兴，杀死了襄公。公子纠

投奔到鲁国，公子小白出逃到莒国。不久国内杀死了无知，齐国没有君主，公子纠与公子小白都动身回国，二人同时赶往国内，争先入主朝廷。途中相遇，管仲开弓射公子小白，射中了衣带钩。鲍叔牙为公孙小白驾马，让公子小白仰面倒下去。管仲以为小白死了，告诉公子纠说："从从容容地走吧，公子小白已经死了。"鲍叔牙乘机赶车快跑，首先进入朝廷，所以公子小白得以成为国君。鲍叔牙机智地对付管仲射来的箭，让公子小白仰面倒下，他用起智来像箭一样快啊！

周武君派人到东周刺杀伶悝，伶悝仰面倒下，让他的儿子赶快装哭，且边哭边说："这是谁刺杀了我的父亲啊？"行刺的人听到哭声，以为伶悝已经死了。周武君认为刺客的话不诚实，于是重重地治了他的罪。

赵国进攻中山，中山国有个力士叫吾丘鸩，穿着铁甲，拿着铁杖作战。打到什么，什么就被打碎；冲向哪里，哪里就被冲垮。举起车来投击敌方的战车，举起人来投击敌方的将士，几乎打到赵军主帅所在之处，却还是被杀死了。

慎行论第二

慎 行[1]

原文

行不可不孰[2]。不孰，如赴深溪，虽悔无及。君子计行虑义，小人计行其利，乃不利。有知不利之利者，则可与言理矣。

荆平王有臣曰费无忌，害太子建，欲去之。王为建娶妻于秦而美，无忌劝王夺。王已夺之，而疏太子。无忌说王曰："晋之霸也，近于诸夏，而荆僻也，故不能与争。不若大城城父而置太子焉，以求北方，王收南方，是得天下也。"王说，使太子居于城父。居一年，乃恶之曰："建与连尹将以方城外反。"王曰："已为我子矣，又尚奚求？"对曰："以妻事怨，且自以为犹宋也，齐、晋又辅之，将以害荆，其事已集矣。"王信之，使执连尹。太子建出奔。左尹郄宛，国人说之，无忌又欲杀之，谓令尹子常曰："郄宛欲饮令尹酒。"又谓郄宛曰："令尹欲饮酒于子之家。"郄宛曰："我贱人也，不足以辱

令尹。令尹必来辱，我且何以给待之？”无忌曰：“令尹好甲兵，子出而置之门，令尹至，必观之，已，因以为酬。”乃飨日，惟门左右而置甲兵焉③。无忌因谓令尹曰：“吾几祸令尹。郄宛将杀令尹，甲在门矣。”令尹使人视之，信，遂攻郄宛，杀之。国人大怨，动作者莫不非令尹。沈尹成谓令尹曰：“夫无忌，荆之谗人也，亡夫太子建，杀连尹奢，屏王之耳目，今令尹又用之，杀众不辜，以兴大谤，患几及令尹。”令尹子常曰：“是吾罪也，敢不良图。”乃杀费无忌，尽灭其族，以说其国。动而不论其义，知害人而不知人害己也，以灭其族，费无忌之谓乎！

崔杼与庆封谋杀齐庄公，庄公死，更立景公，崔杼相之。庆封又欲杀崔杼而代之相，于是掾崔杼之子，令之争后。崔杼之子相与私哄，崔杼往见庆封而告之。庆封谓崔杼曰：“且留，吾将兴甲以杀之。”因令卢满嫳兴甲以诛之，尽杀崔杼之妻子及枝属，烧其室屋，报崔杼曰：“吾已诛之矣。”崔杼归无归，因而自绞也。庆封相景公，景公苦之。庆封出猎，景公与陈无宇、公孙灶、公孙虿诛封。庆封以其属斗，不胜，走如鲁。齐人以为让，又去鲁而如吴，王子之朱方。荆灵王闻之，率诸侯以攻吴，围朱方，拔之，得庆封，负之斧质，以徇于诸侯军，因令其呼之曰：“毋或如齐庆封，弑其君而弱其孤，以亡其大夫。”乃杀之。黄帝之贵而死，尧、舜之贤而死，孟贲之勇而死，人固皆死，若庆封者，可谓重死矣。身为戮，支属不可以见，行忮之故也。

凡乱人之动也，其始相助，后必相恶。为义者则不然，始而相与，久而相信，卒而相亲，后世以为法程。

注　释

①慎行：行为要谨慎。**②孰：**慎重考虑。**③惟：**通“帷”，设置帷幕。

译　文

行动不可不深思熟虑。不深思熟虑，就会像奔向深谷，即使后悔也来不及。君子谋划行动时考虑道义，小人谋划行动时期求利益，结果反而不利。假如有人懂得不谋求利益实际上就包含着利益，那么就可以跟他谈论道义了。

楚平王有个臣子叫费无忌，嫉恨太子建，想除掉他。平王为太子建从秦国娶了个妻子，长得很美，费无忌就鼓动平王将其强占为己有。平王强占这个女子以后，就疏远了太子。

费无忌又劝平王说："晋国称霸，是因为靠近华夏各国，而楚国地处偏远，所以不能同晋国争霸。不如大建城父，把太子安置在那里，以谋求北方各国的尊奉，您自己收取南方各国，这样，就能得到天下了。"平王很高兴，让太子居住在城父。过了一年，费无忌又诋毁太子建说："太子建和连尹伍奢将在方城以外作乱。"平王说："他已经做了我的太子了，还谋求什么？"费无忌回答："他为娶妻的事而怨恨您，而且自以为就像宋国这样的独立小国一样。齐国和晋国又帮助他，他将要以此危害楚国，事情肯定要成功了。"平王相信了费无忌的话，派人逮捕了连尹伍奢。太子建出逃到国外。左尹郄宛很得国人爱戴，费无忌又想杀掉郄宛。他对令尹子常说："郄宛想请令尹您喝酒。"又对郄宛说："令尹想到你家来喝酒。"郄宛说："我是个卑贱的人，不值得令尹光临。假如令尹一定屈尊光临，我该拿什么招待他呢？"费无忌说："令尹喜欢铠甲兵器，你把这些东西搬出来放在门口，令尹来了一定会观赏它们，你就乘势把这些东西作为礼物进献给他。"等到宴享这天，郄宛把门口两旁用帷幕遮起来，把铠甲兵器放在里边。费无忌于是对令尹说："我差一点害了您。郄宛想杀您，已经把铠甲兵器藏在门口了。"令尹派人去察看，真是这样。于是派兵进攻郄宛，杀死了他。国人非常痛恨令尹，卿大夫没有一个人不指责他。沈尹戌对令尹说："费无忌是楚国的谗谀小人，使太子建出亡，连尹伍奢被杀，遮蔽国君的耳目。现在您又听信他的话杀害无辜的人们，从而招致了各种严厉的指责，祸害很快就会来到您身上。"令尹子常说："这是我的罪过，怎么敢不好好地想法对付呢？"于是就杀死了费无忌，并把他的宗族全部诛灭，以此取悦于国人。做事情不讲道义，只知道害别人却不知道别人也会害自己，致使宗族被诛灭，指的就是费无忌吧！

崔杼和庆封合谋杀死了齐庄公。庄公死后，二人另立景公为君，由崔杼担任国相。庆封又想杀掉崔杼，自己代他为相，于是就挑拨崔杼的儿子们，让他们争夺做后嗣的资格。崔杼的儿子们私自争斗起来，崔杼去见庆封，告诉他这件事。庆封对崔杼说："你姑且留在这里，我将派兵去把他们杀掉。"于是派了卢满嫳起兵去诛杀他们，把崔杼的妻儿老小以及宗族亲属全部杀光，烧了他的房屋住宅，回报崔杼说："我已经把他们杀死了。"崔杼回去，已经无家可归，因而自缢而死。庆封做了齐景公的相，景公深以为苦。庆封外出打猎，景公乘机与陈无宇、公孙灶、公孙虿起兵讨伐庆封。庆封率领自己的家丁同景公交战，未能取胜，就逃到鲁国。齐国就这件事责备鲁国，庆封又离开鲁国去吴国，吴王把朱方邑封给了他。楚灵王听说了，就率领诸侯进攻吴国，包围朱方，攻占了它，俘获了庆封，让他背着斧质在诸侯军中游行示众，并让他喊道："不要像齐国庆封那样，杀害他的君主，欺凌丧父的新君，强迫大夫盟誓！"然后才杀死了他。黄帝那样尊贵，最后也要死亡；尧舜那样圣贤，最后也要死亡；孟贲那样勇武，最后也要死亡，人本来都要死亡，但像庆封这样的人，受尽凌辱而死，可以说是死而又死了。自己被杀，宗族亲属也不能保全，这是嫉妒别人的缘故。

凡是邪恶的小人做事，开始的时候互相帮忙，而到后来一定互相憎恶。坚守道义的人

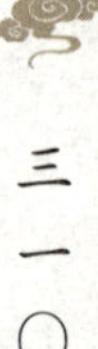

却不是这样，他们开始时互相帮助，时间越长越互相信任，最后更是互相亲近，后世把这种做法当作准则。

无　义

原　文

先王之于论也极之矣，故义者百事之始也，万利之本也，中智之所不及也。不及则不知，不知趋利。趋利固不可必也[①]，公孙鞅、郑平、续经、公孙竭是已。以义动则无旷事矣。人臣与人臣谋为奸，犹或与之，又况乎人主与其臣谋为义，其孰不与者？非独其臣也，天下皆且与之。

公孙鞅之于秦，非父兄也[②]，非有故也，以能用也。欲堙之责，非攻无以，于是为秦将而攻魏。魏使公子卬将而当之。公孙鞅之居魏也，固善公子卬，使人谓公子卬曰："凡所为游而欲贵者[③]，以公子之故也。今秦令鞅将，魏令公子当之，岂且忍相与战哉？公子言之公子之主，鞅请亦言之主，而皆罢军。"于是将归矣，使人谓公子曰："归未有时相见，愿与公子坐而相去别也。"公子曰："诺。"魏吏争之曰："不可。"公子不听，遂相与坐，公孙鞅因伏卒与车骑以取公子卬。秦孝公薨，惠王立，以此疑公孙鞅之行，欲加罪焉。公孙鞅以其私属与母归魏。襄庇不受，曰："以君之反公子卬也，吾无道知君。"故士自行不可不审也。

郑平于秦王臣也，其于应侯交也，欺交反主，为利故也。方其为秦将也，天下所贵之无不以者，重也。重以得之，轻必失之。去秦将，入赵、魏，天下所贱之无不以也，所可羞无不以也。行方可贱可羞，而无秦将之重，不穷奚待？

赵急求李欬，李言续经与之俱如卫，抵公孙与，公孙与见而与入，续经因告卫吏使捕之，续经以仕赵五大夫。人莫与同朝，子孙不可以交友。

公孙竭与阴君之事，而反告之樗里相国，以仕秦五大夫，功非不大也，然而不得入三都，又况乎无此其功而有行乎？

注　释

①**必**：必然。②**父兄**：宗亲。③**游**：出游。

译 文

先王对于事理论述得非常透彻了，所以义是各种事情的开端，是一切利益的本源，这是才智平庸的人认识不到的。认识不到就不明事理，不明事理就会追求私利。追求私利的做法肯定是靠不住的，公孙鞅、郑平、续经、公孙竭等人的情形就是这样。根据道义去行动就不会有做不成的事情了。臣子与臣子谋划做坏事，尚且有人赞同，又何况国君和他的臣子谋划施行道义，还会有谁不赞同呢？不只是臣子们赞同，天下的人都将赞同他。

公孙鞅对于秦王来说，并不是宗亲，并没有旧谊，只是凭着才能被任用。他要对秦国尽责，除了进攻别的国家没有其他办法，于是公孙鞅就为秦国统兵进攻魏国。魏国派公子卬率兵抵御他。公孙鞅在魏国时，原本和公子卬很要好。他派人对公子卬说："我所以出游并希望显贵，都是为了公子您的缘故。现在秦国让我统兵，魏国让公子同我对抗，我们怎么忍心互相交战呢？请公子向公子的君主报告，我也向我的君主报告，让双方都罢兵。"双方都准备回师的时候，公孙鞅又派人对公子卬说："回去以后再也无日相见，希望同公子聚一聚再离别。"公子说："好吧。"魏国的军校们谏诤说："不能这样做。"公子卬不听。于是两人相聚叙旧，公孙鞅乘机埋伏下步卒车骑俘虏了公子卬。秦孝公死后，惠王即位，因为这件事而怀疑公孙鞅的品行，想加罪于公孙鞅。公孙鞅带着自己的家人与母亲回魏国去，魏国大臣襄庇不接纳，说："因为您对公子卬背信弃义，我无法信任您。"所以士人对自己的行为不可不审慎。

郑平对秦王来说是臣子，对应侯来说是朋友。他欺骗朋友，背叛君主，是因为追求私利的缘故。当他做秦将的时候，天下认为尊贵显耀的事情他没有不做的，这是因为他位尊权重。靠位尊权重得到的东西，权去身轻时一定要丧失。郑平离开秦国，进入赵国和魏国以后，天下认为轻贱的事情他没有不做的，天下认为羞耻的事情他没有不做的。行为降至可贱可耻的地步，又没有做秦将的重权高位，不潦倒还等什么呢？

赵国紧急搜捕李欬，李言、续经跟他一起去卫国投奔公孙与，公孙与会见并同意接纳他们。续经乘机向卫国官员告发了这件事，让他们逮捕了李欬，续经靠这个在赵国做了五大夫。人们没有谁愿意跟他同朝为官，就连他的子孙也交不到朋友。

公孙竭参与阴君之事，却又反过来向相国樗里疾告发，靠这个在秦做了五大夫，他的功劳并不是不大，但为人们所鄙夷，不能进入赵、卫、魏三国国都，又何况没有这种功劳却有他那样行为的人呢！

疑 似[①]

原 文

使人大迷惑者，必物之相似也。玉人之所患[②]，患石之似玉者；相剑者之所患，患剑之似吴干者；贤主之所患，患人之博闻辩言而似通者。亡国之主似智，亡国之臣似忠。相似之物，此愚者之所大惑，而圣人之所加虑也，

故墨子见歧道而哭之。

周宅酆镐近戎人[3]，与诸侯约，为高葆祷于王路，置鼓其上，远近相闻。即戎寇至，传鼓相告，诸侯之兵皆至救天子。戎寇当至，幽王击鼓，诸侯之兵皆至，褒姒大说，喜之。幽王欲褒姒之笑也，因数击鼓，诸侯之兵数至而无寇。至于后戎寇真至，幽王击鼓，诸侯之兵不至。幽王之身乃死于丽山之下，为天下笑。此夫以无寇失真寇者也。贤者有小恶以致大恶。褒姒之败，乃令幽王好小说以致大灭。故形骸相离，三公九卿出走，此褒姒之所用死，而平王所以东徙也，秦襄、晋文之所以劳王劳而赐地也。

梁北有黎丘部，有奇鬼焉，喜效人之子侄昆弟之状。邑丈人有之市而醉归者，黎丘之鬼效其子之状，扶而道苦之。丈人归，酒醒而诮其子，曰："吾为汝父也，岂谓不慈哉？我醉，汝道苦我，何故？"其子泣而触地曰："孽矣！无此事也。昔也往责于东邑，人可问也。"其父信之，曰："嘻！是必夫奇鬼也，我固尝闻之矣。"明日端复饮于市，欲遇而刺杀之。明旦之市而醉，其真子恐其父之不能反也，遂逝迎之。丈人望其真子，拔剑而刺之。丈人智惑于似其子者，而杀其真子。夫惑于似士者而失于真士，此黎丘丈人之智也。

疑似之迹，不可不察，察之必于其人也。舜为御，尧为左，禹为右，入于泽而问牧童，入于水而问渔师，奚故也？其知之审也。夫孪子之相似者，其母常识之，知之审也。

注释

①**疑似**：类似，近似。本篇是法家的学说。②**玉人**：治玉的人。③**宅**：居。

译文

让人深感迷惑的，一定是相似的事物。玉工所忧虑的，是像玉一样的石头；相剑的人所忧虑的，是像吴干一样的剑；贤明的君主所忧虑的，是见闻广博、能言善辩像是通达事理的人。亡国的君主好像很聪明，亡国的臣子好像很忠诚。相似的事物，这是愚昧的人深感迷惑的原因，圣人也要用心思索，所以墨子看见歧路为之哭泣。

周建都于丰、镐，靠近戎人，和诸侯约定在大路上修筑高大的土堡，上面设置大鼓，使远近都能听到鼓声。如果戎兵入侵，就由近及远击鼓传告，诸侯的军队就都来援救天子。戎兵曾经入侵，周幽王击鼓，诸侯军队都如约而至，褒姒看了非常高兴，很喜欢幽王这种做法。幽王希望看到褒姒的笑靥，于是屡屡击鼓，诸侯的军队多次到来，却没有敌兵。到

后来戎兵真的来了，幽王击鼓，但诸侯的军队不再到来，幽王于是被杀死在骊山之下，为天下人耻笑，这是因为没有敌寇乱击鼓而让真的敌寇有可乘之机啊！贤明的人有小的过失尚且会招致大的灾祸，何况不肖的人呢？褒姒败坏国事，是让幽王喜好无足轻重的欢乐而导致杀身亡国，所以幽王身首分离，三公九卿出逃，这也是褒姒所以身死、平王之所以东迁的原因，是秦襄公、晋文侯之所以起兵勤王，后来被赐予土地的原因。

梁国北部有个黎丘乡，那里有个奇鬼，善于模仿人的子侄兄弟的样子。乡中有个老者到市上去，喝醉了酒往家走，黎丘奇鬼模仿他儿子的样子，搀扶他回家，在路上苦苦折磨他。老者回到家里，酒醒以后责问他的儿子说："我作为你的父亲，难道能说不慈爱吗？我喝醉了，你在路上苦苦折磨我，这是为什么？"他的儿子哭着以头碰地说："您遇到鬼怪了！没有这回事呀！昨天我去东村讨债，这是可以问别人的。"父亲相信了儿子的话，说："噢，这一定是那个奇鬼作怪了！我本来就听人说起过它。"第二天老者特意又到市上饮酒，希望再次遇见奇鬼，把它杀死。天刚亮就到市上去，又喝醉了，他的儿子怕父亲回不了家，就去接他。老者望见儿子，拔剑就刺。老者的思想被像他儿子的奇鬼所迷惑，而杀死了自己的真儿子。那些被像是贤士的人所迷惑的人，错过了真正的贤士，这种思想正像黎丘老者一样啊！

对于令人疑惑的相似的现象，不能不审察清楚，审察这种现象，一定要找适当的人。即使舜做车夫，尧做主人，禹做车右，进入草泽也要问牧童，到了水边也要问渔夫，这是什么缘故呢？因为他们对情况了解得清楚。孪生子长得很相像，但他们的母亲总是能够辨认，这是因为母亲对他们了解得清楚。

壹　行

原　文

先王所恶，无恶于不可知[1]，不可知，则君臣、父子、兄弟、朋友、夫妻之际败矣。十际皆败，乱莫大焉。凡人伦以十际为安者也，释十际则与麋鹿虎狼无以异[2]，多勇者则为制耳矣。不可知则知无安君、无乐亲矣，无荣兄、无亲友、无尊夫矣。

强大未必王也，而王必强大。王者之所藉以成也何？藉其威与其利。非强大则其威不威，其利不利。其威不威则不足以禁也，其利不利则不足以劝也，故贤主必使其威利无敌，故以禁则必止，以劝则必为。威利敌，而忧苦民、行可知者王；威利无敌，而以行不知者亡。小弱而不可知，则强大疑之矣。人之情不能爱其所疑，小弱而大不爱则无以存。故不可知之道，王者行之废，强大行之危，小弱行之灭。

今行者见大树，必解衣县冠倚剑而寝其下。大树非人之情亲知交也，而安之若此者信也。陵上巨木，人以为期，易知故也。又况于士乎？士义可知故也，则期为必矣。又况强大之国？强大之国诚可知，则其王不难矣。

人之所乘船者，为其能浮而不能沈也；世之所以贤君子者，为其能行义而不能行邪辟也。

孔子卜，得贲。孔子曰："不吉。"子贡曰："夫贲亦好矣，何谓不吉乎？"孔子曰："夫白而白，黑而黑，夫贲又何好乎？"故贤者所恶于物，无恶于无处。

夫天下之所以恶，莫恶于不可知也。夫不可知，盗不与期，贼不与谋。盗贼大奸也，而犹所得匹偶，又况于欲成大功乎？夫欲成大功，令天下皆轻劝而助之，必之士可知。

注　释

①**不可知：**指言行无信、变化无常。②**释：**放弃。

译　文

先王所厌恶的，莫过于言行不可察知，言行不可察知，那么君臣、父子、兄弟、朋友、夫妻各自的界限就要被破坏。十者的界限都遭到破坏，祸乱没有比这再大的。人与人之间的伦理关系，是靠十者的界限保持安定的，舍弃这些界限，人和麋鹿、虎狼就没什么区别了，勇悍多力的人就会管束别人了。不可察知，就没有人安定国君了，没有人取悦父母了，没有人敬重兄长了，没有人亲近朋友了，没有人尊敬丈夫了。

国家强大不一定能够统一天下，但统一天下一定要国家强大。统一天下的人赖以成功的是什么呢？是凭借他的威势和给人的利益。国家不强大，他的威势就不能使人敬畏，他的利益就不能给人好处。威势不能使人敬畏，就不足禁止人们为恶，利益不能给人好处，就不足以鼓励人们行善，所以贤明的君主一定要使自己的威势和给人的利益都无可匹敌。因此用以禁止，人们就一定住手；用以鼓动，人们就一定去做。威势和利益彼此相当，那么为百姓忧虑辛劳、言行诚信可知的人就会统一天下；威势和利益无可匹敌，但言行不可察知，这样的人就会灭亡。国家弱小而又不可察知，强大的国家就会猜疑它了。人之常情，不能爱自己猜疑的人，国家弱小而又不被大国喜爱，就没有办法生存。所以言行让人不可察知的做法，统治天下的人施行它就会衰落，强大的国家施行它就会危险，弱小的国家施行它就会灭亡。

行路的人看见大树，就一定会来到树下，脱下衣服，挂上帽子，把宝剑靠在树边，躺在树下休息。大树并不是人们的亲朋好友，但人们却对它如此放心，是因为大树可以信赖。

高山上的大树，人们常用来作为约会之处，是因为它容易看到的缘故。树木尚且如此，又何况是士人呢！士人的道义如果诚信可知，那么他为人所瞩目就是必然的了。士人尚且如此，又何况强大的国家呢？强大的国家如果确实诚信可知，那么它统一天下就不难了。

人们之所以乘船，是因为它能浮在水上而不会沉下去；世间之所以敬重君子，是因为他能实行信义而不会做邪恶的事。

孔子占卜，得到贲卦。孔子说："不吉利。"子贡说："贲卦很好了，为什么说不吉利呢？"孔子说："白就应该是白，黑就应该是黑，贲卦杂而不纯，又好在哪里呢？"所以贤者对于事物，所厌恶的莫过于它不可辨察审度。

天下所厌恶的，莫过于不可察知。一个人如果不可察知，就连窃贼也不约他结伙，就连强盗也不与他谋划。窃贼强盗是非常邪恶的人，尚且要找合适的伙伴，又何况打算成就大功的人呢？打算成就大功，让天下人都竞相努力来帮助自己的人，一定要依赖士的诚信可察知。

求　人[①]

原　文

身定，国安，天下治，必贤人。古之有天下也者，七十一圣。观于《春秋》，自鲁隐公以至哀公十有二世，其所以得之，所以失之，其术一也[②]。得贤人，国无不安，名无不荣；失贤人，国无不危，名无不辱。

先王之索贤人无不以也[③]，极卑极贱，极远极劳。虞用宫之奇、吴用伍子胥之言，此二国者，虽至于今存可也，则是国可寿也[④]。有能益人之寿者，则人莫不愿之。今寿国有道，而君人者而不求，过矣。

尧传天下于舜，礼之诸侯，妻以二女，臣以十子，身请北面朝之，至卑也。伊尹，庖厨之臣也；傅说，殷之胥靡也。皆上相天子，至贱也。禹东至榑木之地，日出九津、青羌之野，攒树之所，揞天之山，鸟谷、青丘之乡，黑齿之国；南至交趾、孙朴、续樠之国，丹粟、漆树、沸水、漂漂、九阳之山，羽人、裸民之处，不死之乡；西至三危之国，巫山之下，饮露、吸气之民，积金之山，其肱、一臂、三面之乡；北至人正之国，夏海之穷，衡山之上，犬戎之国，夸父之野，禺强之所，积水、积石之山。不有懈惰，忧其黔首，颜色黎黑，窍藏不通，步不相过，以求贤人，欲尽地利，至劳也。得陶、化益、真窥、横革、之交五人佐禹，故功绩铭乎金石，著于盘盂。

昔者尧朝许由于沛泽之中，曰：“十日出而焦火不息，不亦劳乎？夫子为天子，而天下已治矣，请属天下于夫子。”许由辞曰：“为天下之不治与？而既已治矣。自为与？啁噍巢于林，不过一枝；偃鼠饮于河，不过满腹。归已君乎！恶用天下？”遂之箕山之下，颍水之阳，耕而食，终身无经天下之色。故贤主之于贤者也，物莫之妨，戚爱习故，不以害之，故贤者聚焉。贤者所聚，天地不坏，鬼神不害，人事不谋，此五常之本事也。

皋子众疑取国，召南宫虔、孔伯产而众口止。

晋人欲攻郑，令叔向聘焉，视其有人与无人。子产为之诗曰：“子惠思我，褰裳涉洧；子不我思，岂无他士？”叔向归曰：“郑有人，子产在焉，不可攻也。秦、荆近，其诗有异心，不可攻也。”晋人乃辍攻郑。孔子曰：“《诗》云：‘无竞惟人。’子产一称而郑国免。”

注释

①**求人：**寻找贤能之人。②**术：**方法。③**以：**用。④**寿：**长存。

译文

要使自身安定、国家安宁、天下太平，必须依靠贤人。古代治理天下的共有七十一位圣王，从《春秋》看，自鲁隐公到鲁哀公共十二代，诸侯获得君位和失去君位，其道理是一样的。得到贤人，国家没有不安定的，名声没有不显荣的；失去贤人，国家没有不危险的，名声没有不受羞辱的。

先王为了寻求贤人，是无所不做的，他们可以对贤人极其谦卑，可以举用极为卑贱的人，可以到极远的地方去，可以付出极大的辛劳。假如虞国采用宫之奇的意见，吴国采用伍子胥的意见，这两个国家存在到今天也是可能的。由此看来，国运是可以使之长久的。如果有人能延长人的寿命，那么人们没有人不愿意的。现在有办法使国运长久，而做君主的却不去努力寻求，这就错了。

尧把天下传给舜，在诸侯面前礼敬他，把两个女儿嫁给他，让自己的十个儿子给他做臣属，自己要求以臣子身份朝拜他，这是把自己降到最低下的地位了。伊尹是在厨房中服役的奴隶，傅说是殷商的刑徒，两个人都做了天子之相，这是举用最卑贱的人了。禹东行到达榑木之地，太阳升起的九津之山，青羌之野，林木茂密之处，耸人云天之山，鸟谷、青丘之乡，黑齿之国；南行到达交趾、孙朴、续樠之国，盛产丹砂、生长漆树、泉水喷涌的九阳之山，羽人之国、裸民之国、不死之国；西行到达三危之国，巫山之下，饮露吸气之民所居之处，积金之山，奇肱、一臂、三面之国；北行到达人正之国，夏海之滨，衡山

之上，犬戎之国，夸父逐日之野，禺强居住之所，积水、积石之山。他四处奔走，毫不懈怠，为百姓忧虑，面色黧黑，周身不适，步履艰难，去寻求贤人，想要充分发挥土地的效益，这是辛劳到极点了。结果得到皋陶、化益、真窥、横革、之交五人为佐臣，所以功绩刻于金石，书于盘盂，流传后世。

从前尧到大泽之中拜见许由，说："十个太阳都出来了，火把却还不熄灭，不是徒劳吗？您来做天子，天下一定能够大治，我愿把天下交给您治理。"许由推辞说："这是为什么呢？要说是因为天下还不太平吧，可如今天下已经太平了；说是为了自己吧，须知鹤鹩在树林中筑巢，树木再多，自己也只不过占据一根树枝；鼹鼠到河里喝水，河水再多，自己也只不过喝饱肚皮。您回去吧！我哪里用得着天下？"于是就去箕山脚下、颍水北岸种田为生，终生也没有过统领天下的表示。所以贤明的君主任用贤者，不因外界事物使之受到妨害，不因亲人、爱幸、近习、故旧使之受到破坏，因而贤者聚集到他这里来。贤者所聚之处，天地不会降灾，鬼神不会作祟，人们不去谋算，这是五教的根本。

人们怀疑皋子窃国，皋子把贤者南宫虔、孔伯产找来，人们就停止了议论。

晋君想进攻郑国，派叔向到郑国聘问，借以察看郑国有没有贤人。子产对叔向诵诗说："如果你心里思念我，就请提起衣服涉过洧河；如果你不再把我思念，难道我没有其他伴侣可选？"叔向回到晋国，说："郑国有贤人，那里有子产在，进攻不得。郑国跟秦国、楚国邻近，子产赋的诗又流露出二心，郑国攻不得。"晋国于是停止攻郑。孔子说："《诗经》说'国家强大完全在于有贤人。'子产只是诵诗一首，郑国就免遭灾难。"

察　传[①]

原　文

夫得言不可以不察，数传而白为黑，黑为白。故狗似玃，玃似母猴，母猴似人，人之于狗则远矣，此愚者之所以大过也。

闻而审则为福矣，闻而不审，不若无闻矣。齐桓公闻管子于鲍叔，楚庄闻孙叔敖于沈尹筮，审之也，故国霸诸侯也。吴王闻越王句践于太宰嚭，智伯闻赵襄子于张武，不审也，故国亡身死也。

凡闻言必熟论，其于人必验之以理。鲁定公问于孔子曰："乐正夔一足，信乎？"孔子曰："昔者舜欲以乐传教于天下，乃令重黎举夔于草莽之中而进之，舜以为乐正。夔于是正六律，和五声，以通八风，而天下大服。重黎又欲益求人，舜曰：'夫乐，天地之精也，得失之节也[②]，故唯圣人为能和，乐之本也。夔能和之，以平天下。若夔者一而足矣。'故曰夔一足，非一足也。"

宋之丁氏，家无井而出溉汲，常一人居外。及其家穿井，告人曰：“吾穿井得一人。”有闻而传之者曰：“丁氏穿井得一人。”国人道之，闻之于宋君，宋君令人问之于丁氏，丁氏对曰：“得一人之使，非得一人于井中也。”求能之若此，不若无闻也。

子夏之晋，过卫，有读史记者曰：“晋师三豕涉河。”子夏曰：“非也，是己亥也。夫‘己’与‘三’相近，‘豕’与‘亥’相似。”至于晋而问之，则曰“晋师己亥涉河”也。

辞多类非而是，多类是而非。是非之经，不可不分，此圣人之所慎也。然则何以慎？缘物之情及人之情以为所闻，则得之矣。

注　释

①**察传**：审察传言。②**节**：关键。

译　文

听到传闻不可不审察清楚，多次辗转相传，白的就成了黑的，黑的就成了白的。狗像玃，玃像母猴，母猴像人，但是人和狗就差远了，这是愚蠢的人出现大错误的原因。

听到传闻如果加以审察，就会带来好处，听到传闻如果不加审察，就不如没有听到。齐桓公从鲍叔牙那里听到关于管仲的情况，楚庄王从沈尹筮那里听到关于孙叔敖的情况，听到以后加以审察，所以称霸诸侯。吴王夫差从太宰嚭那里听到关于越王勾践的议论，智伯从张武那里听到关于赵襄子的议论，听到以后不加审察，所以国破身亡。

凡是听到传闻一定要深入考察，关于人的传闻一定要用事理加以验证。鲁哀公问孔子说：“听说舜的乐正夔只有一只脚，是真的吗？”孔子说：“从前舜想利用音乐把教化传布到天下，于是让重黎把夔从民间选拔出来，进荐给君主，舜任用他为乐正。于是夔正定六律，和谐五声，以调和八风，因而天下完全归服。重黎还想多找些像夔这样的人，舜说：‘音乐是天地之气的精华，政治得失的关键，所以只有圣人才能使音乐和谐，而和谐是音乐的根本。夔能使音乐和谐，以此安定天下。像夔这样的人，有一个就足够了。’所以说‘夔一足’，并不是说夔只有一只脚啊！”宋国的丁氏，家里没有井，要外出打水，经常有一个人在外专管打水。等到他家挖了井，就告诉别人说：“我挖井得到一个人。”有人听到了，传言说：“丁氏挖井挖到一个人。”国人谈论这件事，让宋国国君听到了，派人去问丁氏。丁氏说：“我是说得到一个人使唤，并不是从井里挖到一个人。”对传闻如果这样不得法地寻根究底，就不如没有听到。

子夏到晋国去，路过卫国，听到有人读史书，说：“晋国军队三豕渡过黄河。”子夏说：“这是不对的，‘三豕’应是‘己亥’。‘己’和‘三’字形相近，‘豕’和‘亥’写法类似。”

到了晋国一问，果然回答晋国军队在己亥这天渡过黄河。

言辞中有很多似乎错误其实是正确的，也有很多似乎正确其实是错误的。正确和错误的界限，不能不分清，这是连圣人都要慎重对待的。那么怎样慎重对待呢？要顺着自然和人事的情理来考察听到的传闻，那么就可以得到真实的情况了。

贵直论第三

贵 直[1]

原 文

贤主所贵莫如士。所以贵士，为其直言也。言直则枉者见矣。人主之患，欲闻枉而恶直言，是障其源而欲其水也，水奚自至？是贱其所欲而贵其所恶也，所欲奚自来？

能意见齐宣王，宣王曰："寡人闻子好直，有之乎？"对曰："意恶能直？意闻好直之士，家不处乱国，身不见污君。身今得见王，而家宅乎齐，意恶能直？"宣王怒曰："野士也！"将罪之。能意曰："臣少而好事，长而行之，王胡不能与野士乎，将以彰其所好邪？"王乃舍之。能意者，使谨乎论于主之侧，亦必不阿主。不阿主之所得岂少哉？此贤主之所求，而不肖主之所恶也。

狐援说齐湣王曰："殷之鼎陈于周之廷，其社盖于周之屏，其干戚之音，在人之游。亡国之音，不得至于庙；亡国之社，不得见于天；亡国之器陈于廷，所以为戒，王必勉之。其无使齐之大吕陈之廷，无使太公之社盖之屏，无使齐音充人之游。"齐王不受。狐援出而哭国三日，其辞曰："先出也，衣絺纻；后出也，满囹圄。吾今见民之洋洋然东走而不知所处。"齐王问吏曰："哭国之法若何？"吏曰："斫。"王曰："行法。"吏陈斧质于东闾，不欲杀之，而欲去之。狐援闻而蹶往过之，吏曰："哭国之法斫。先生之老欤？昏欤？"狐援曰："曷为昏哉？"于是乃言曰："有人自南方来，鲋入而鲵居，使人之朝为草而国为墟。殷有比干，吴有子胥，齐有狐援。已不用若言，

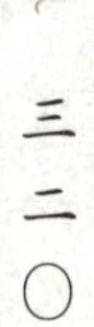

又斫之东闾。每斫者以吾参夫二子者乎！”狐援非乐斫也，国已乱矣，上已悖矣，哀社稷与民人，故出若言。出若言非平论也，将以救败也，固嫌于危。此触子之所以去之也，达子之所以死之也。

赵简子攻卫附郭，自将兵。及战，且远立，又居于犀蔽屏橹之下，鼓之而士不起，简子投桴而叹曰：“呜呼！士之速弊一若此乎？”行人烛过免胄横戈而进曰：“亦有君不能耳，士何弊之有？”简子艴然作色曰：“寡人之无使，而身自将是众也，子亲谓寡人之无能，有说则可，无说则死。”对曰：“昔吾先君献公即位五年，兼国十九，用此士也。惠公即位二年，淫色暴慢，身好玉女，秦人袭我，逊去绛七十，用此士也。文公即位二年，厎之以勇，故三年而士尽果敢，城濮之战，五败荆人，围卫取曹，拔石社，定天子之位，成尊名于天下，用此士也。亦有君不能耳，士何弊之有？”简子乃去犀蔽屏橹而立于矢石之所及，一鼓而士毕乘之。简子曰：“与吾得革车千乘也，不如闻行人烛过之一言。”行人烛过可谓能谏其君矣，战斗之上，枹鼓方用，赏不加厚，罚不加重，一言而士皆乐为其上死。

注　释

①**贵直**：崇尚直言相劝。

译　文

贤主所崇尚的莫过于士人。之所以崇尚士人，是因为他们言谈正直。言谈正直，邪恶就会显现出来了。君主的弊病，在于想闻知邪恶却又厌恶正直之言，这就等于阻塞水源又想得到水，水又从何而至？这就等于轻贱自己想要得到的而尊尚自己所厌恶的，所要得到的又从何而来？

能意见齐宣王，宣王说：“我听说你喜好正直，有这样的事吗？”能意回答：“我哪里能做到正直？我听说喜好正直的士人，家不居于政治混乱的国家，自己不见德行污浊的君主。如果我来见您，家又住在齐国，我哪里能算得上正直！”宣王生气地说：“真是个鄙野的家伙！”打算治他的罪。能意说：“我年轻时最好直言争辩，成年以后一直这样做，您为什么不能听取鄙野之士的言论，来彰明他们的爱好呢？”宣王于是赦免了他。像能意这样的人，即使让他在君主身边谨慎地议事，也一定不会屈从君主。不屈从君主，君主得到的教诲难道会少吗？这是贤明的君主所追求的，不肖的君主所厌恶的。

狐援游说齐湣王：“殷商的九鼎被周摆放在朝廷，它的神社被周罩盖上庐棚，它的舞乐被人们用在游乐中。亡国的音乐不准进入宗庙，它的神社不准见到天日，它的重器被摆放

在朝廷，这些都是用来警戒后人的，您一定要好自为之啊！千万不要让齐国的大吕摆在别国的朝廷里，不要让太公建起的神社被人罩盖上庐棚，不要让齐国的音乐充斥在别人的游乐之中。”齐王不听他的劝谏。狐援离开朝廷以后，为国家哭了三天，哭道：“先离开的，尚可穿布衣；后离开的，遭难入监狱。我马上就会看到百姓仓皇东逃，不知道在哪里安居。”齐王问狱官说：“国家太平无事却被他哭丧，按法令该治什么罪？”狱官回答：“当斩。”齐王说：“照法令行事！”狱官把刑具摆在国都东门，不愿真的杀死狐援，只想把他吓跑。狐援听到这个消息，反倒自己跌跌撞撞地去见狱官，狱官说：“为国事痛哭的依法当斩，先生不知道吗？您这样做，是老糊涂了呢，还是头脑发昏呢？”狐援说：“怎么是发昏呢！”他进一步说道：“有人从南方来，进来时像鲫鱼那样恭顺谦卑，住下以后却像鲸鲵那样凶狠残暴，使别国朝廷变为草莽，国都变为废墟。殷商有比干，吴国有伍子胥，齐国有狐援。既不听我的这些话，又要在东门把我杀掉，这是要把我同比干、伍子胥并列吧！”狐援并不是乐于被杀，国家太混乱了，君主太昏聩了，他哀怜国家和人民，所以才说这样的话。这些话并不是持平之论，因为想以此挽救国家的危亡，所以必定近于危言耸听。齐湣王不纳忠言却屠戮侮辱正直的人，这正是触子弃之而去的原因，也正是达子战败而死于齐难的原因。

赵简子进攻卫国，逼近了外城，他亲自统率军队。可是到了交战的时候，却站得远远的，躲在屏障和盾牌后面。简子击鼓，士兵却动也不动。简子扔下鼓槌感叹道：“唉！士卒变坏竟然快到这个地步！”行人烛过摘下头盔，横拿着戈走到他面前说：“只不过是您有些地方没能做到罢了，士卒有什么不好！”简子气得勃然变色，说：“我不委派他人而亲自统率士卒，你却当面说我有些地方没能做到。你的话有理便罢，没理就治你死罪！”烛过回答：“从前我们先君献公，即位五年就兼并了十九个国家，用的就是这样的士卒。惠公即位两年，纵情声色，残暴傲慢，喜好美女，秦人袭击我国，晋军溃逃到离绛城只有七十里的地方，用的也是这样的士卒。文公即位两年，以勇武砥砺士卒，所以三年之后士卒都变得非常坚毅果敢，城濮之战，五次打败楚军，围困卫国，夺取曹国，攻占石社，安定天子的王位，显赫的名声扬于天下，用的还是这样的士卒。所以说只不过是您有些地方没能做对罢了，士卒有什么不好？”简子于是离开屏障和盾牌，站到弓箭石弩的射程以内，只击鼓一次士卒就全都登上了城墙。简子说：“与其让我获得兵车千辆，不如听到行人烛过的一句话！”行人烛过可算得上能劝谏他的君主了。正当击鼓酣战之时，赏赐不增多，刑罚不加重，只说了一句话，就使士卒都乐于为君主效死。

直　谏

原　文

言极则怒[1]，怒则说者危，非贤者孰肯犯危？而非贤者也，将以要利矣。要利之人，犯危何益？故不肖主无贤者。无贤则不闻极言，不闻极言

则奸人比周，百邪悉起，若此则无以存矣。凡国之存也，主之安也，必有以也。不知所以，虽存必亡，虽安必危，所以不可不论也。

齐桓公、管仲、鲍叔、宁戚相与饮，酒酣，桓公谓鲍叔曰："何不起为寿？"鲍叔奉杯而进曰："使公毋忘出奔在于莒也，使管仲毋忘束缚而在于鲁也，使宁戚毋忘其饭牛而居于车下。"桓公避席再拜曰："寡人与大夫能皆毋忘夫子之言，则齐国之社稷幸于不殆矣。"当此时也，桓公可与言极言矣。可与言极言，故可与为霸。

荆文王得茹黄之狗，宛路之矰，以畋于云梦，三月不反；得丹之姬，淫，期年不听朝。葆申曰[2]："先王卜以臣为葆，吉。今王得茹黄之狗，宛路之矰，畋三月不反；得丹之姬，淫，期年不听朝。王之罪当笞。"王曰："不穀免衣襁褓而齿于诸侯，愿请变更而无笞。"葆申曰："臣承先王之令，不敢废也。王不受笞，是废先王之令也。臣宁抵罪于王，毋抵罪于先王。"王曰："敬诺。"引席，王伏。葆申束细荆五十，跪而加之于背，如此者再，谓"王起矣。"王曰："有笞之名一也，遂致之。"申曰："臣闻君子耻之，小人痛之。耻之不变，痛之何益？"葆申趣出，自流于渊，请死罪。文王曰："此不穀之过也，葆申何罪？"王乃变更，召葆申，杀茹黄之狗，析宛路之矰，放丹之姬。后荆国，兼国三十九。令荆国广大至于此者，葆申之力也，极言之功也。

注　释

①**言极**：说话不加隐讳。②**葆**：太保，官职。

译　文

臣下言谈尽情，君主就会发怒。君主发怒，劝谏的人就危险。除了贤明的人，谁肯去冒这危险？如果是不贤明的人，就要凭着进言谋求私利了。对于谋求私利的人来说，冒这危险有什么好处？所以不贤的君主身边没有贤人。没有贤人就听不到尽情之言，听不到尽情之言，奸人就会结党营私，各种邪说恶行都会一起产生。这样，国家就无法生存了。凡是国家生存、君主平安，肯定是有原因的。不了解这个原因，即使目前生存也必定要灭亡，即使目前平安也必定遭遇危险，国存主安的原因是不可不察知的。

齐桓公、管仲、鲍叔牙、宁戚在一起喝酒，喝得正高兴，桓公对鲍叔牙说："何不起身敬酒？"鲍叔捧起酒杯敬酒，说："希望您不要忘记逃亡在莒国的情景，希望管仲不要忘记被囚禁在鲁国的情景，希望宁戚不要忘记自己喂牛住在车下的情景。"桓公离席对鲍叔牙再拜，

说："如果我和各位大夫能都不忘记您说的话，那么齐国的江山也许就不危险了！"在这个时候，桓公是可以尽情听取进言的了。正因为可以尽情进言，所以可以跟他一起成就霸业。

楚文王得到茹黄之狗和宛路之箭，就用它们到云梦泽打猎，三个月不回来。得到丹地的美女，纵情女色，整整一年不上朝听政。葆申说："先王占卜让我做太保，卦象吉利。如今您得到茹黄之狗和宛路之箭，前去打猎，三个月不回来。得到丹地的美女，纵情女色，一年不上朝听政。您的罪应该施以鞭刑。"文王说："我从离开襁褓就列位于诸侯，请您换一种刑罚，不要鞭打我。"葆申说："我敬受先王之命，不敢废弃。您不接受鞭刑，这是我废弃了先王之命。我宁可获罪于您，不能获罪于先王。"文王说："遵命。"于是葆申拉过席子，文王伏在上面。葆申把五十根细荆条捆在一起，跪着放在文王的背上，再拿起来。这样反复做了两次，对文王说："请您起来吧！"文王说："同样是有了受鞭刑的名声，索性真打我一顿吧！"葆申说："我听说对于君子，要使他心里感到羞耻，对于小人，要让他皮肉觉得疼痛。如果让他感到羞耻仍不能改正，那么让他觉得疼痛又有什么用处？"葆申说完，快步离开了朝廷，自行流放到深渊边，请求文王治自己死罪。文王说："这是我的过错，葆申有什么罪？"于是改弦更张，召回葆申，杀了茹黄之狗，折了宛路之箭，遣散丹地的美女。后来楚国兼并了三十九个国家。使楚国疆土广阔到现在这个样子，这是葆申的力量，是直言劝谏的功效。

知　化

原　文

夫以勇事人者，以死也，未死而言死，不论，以，虽知之，与勿知同[1]。凡智之贵也，贵知化也。人主之惑者则不然，化未至则不知，化已至，虽知之，与勿知一贯也。

事有可以过者，有不可以过者，而身死国亡，则胡可以过？此贤主之所重，惑主之所轻也。所轻，国恶得不危？身恶得不困？危困之道，身死国亡，在于不先知化也。吴王夫差是也。子胥非不先知化也，谏而不听，故吴为丘墟，祸及阖庐。

吴王夫差将伐齐，子胥曰："不可。夫齐之与吴也，习俗不同，言语不通，我得其地不能处，得其民不得使。夫吴之与越也，接土邻境，壤交通属，习俗同，言语通，我得其地能处之，得其民能使之。越于我亦然。夫吴、越之势不两立。越之于吴也，譬若心腹之疾也，虽无作，其伤深而在内也。夫齐之于吴也，疥癣之病也，不苦其已也，且其无伤也。今释越而伐齐，譬

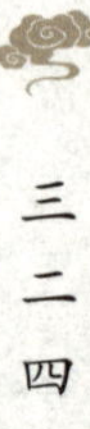

之犹惧虎而刺猏，虽胜之，其后患无央。”太宰嚭曰：“不可。君王之令所以不行于上国者，齐、晋也。君王若伐齐而胜之，徙其兵以临晋，晋必听命矣，是君王一举而服两国也，君王之令必行于上国。”夫差以为然，不听子胥之言，而用太宰嚭之谋。子胥曰：“天将亡吴矣，则使君王战而胜。天将不亡吴矣，则使君王战而不胜。”夫差不听。子胥两祛高蹶而出于廷，曰：“嗟乎！吴朝必生荆棘矣。”夫差兴师伐齐，战于艾陵，大败齐师，反而诛子胥。子胥将死曰：“与！吾安得一目以视越人之入吴也？”乃自杀。夫差乃取其身而流之江，抉其目，著之东门，曰：“汝胡视越人之入我也？”居数年，越报吴，残其国，绝其世，灭其社稷，夷其宗庙，夫差身为擒。夫差将死曰：“死者如有知也，吾何面以见子胥于地下？”乃为幎以冒面而死[②]。夫患未至，则不可告也；患既至，虽知之无及矣，故夫差之知惭于子胥也，不若勿知。

注　释

①与勿知同：人死后，别人了解他，但为时已晚，和不了解他是一样的。**②幎：**盖住死者脸部的布。

译　文

以勇力侍奉别人的人，也就是以死侍奉别人。勇士没有死的时候谈论以死侍奉别人，人们不会了解，等到勇士真的死了以后，人们虽然已经了解了他，但为时已晚，和不了解是一样的。大凡智慧的可贵，就贵在能事先察知事物的变化。君主中的糊涂者却不是这样，变化没有到来时一无所知，变化出现后，虽然知道了却又为时已晚，和不知道是一样的。

事情有些是可以失误的，有些是不可以失误的，对于会导致身死国亡的大事，怎么能够失误呢！这是贤明的君主所重视的，糊涂的君主所轻忽的。轻忽这一点，国家怎么能不危险，自身怎么能不困厄？行于危险困厄之道，招致身死国亡，在于不能事先察知事物的发展变化。吴王夫差就是这样。伍子胥并不是事先没有察知事物的变化，但他劝谏夫差而夫差不听，所以吴国成为废墟，殃及先君阖庐。

吴王夫差要伐齐，伍子胥说：“不行。齐国和吴国习俗不同，言语不同，即使我们得到齐国的土地也不能居住，得到齐国的百姓也不能役使。而吴国和越国疆土毗邻，田地交错，道路相连，习俗一样，言语相通，我们得到越国的土地能够居住，得到越国的百姓能够役使。越国对于我国也是如此。吴、越两国从情势上看不能并存。越国对于吴国如同心腹之疾，即使一时没有发作，但它造成的伤害严重而且处于体内。而齐国对于吴国只是癣疥之疾，不愁治不好，再说治不好也没什么妨害。现在舍弃越国去进攻齐国，这就像担心虎患却去

猎杀野猪一样，虽然可能获胜，但后患无穷。”太宰嚭说：“伍子胥的话不可听信。君王您的命令所以不能推行到中原各国，就是由于齐晋的缘故。君王如果进攻齐国并战胜它，然后移兵，以大军逼近晋国国境，晋国一定会俯首听命，这是君王一举降服两个国家，这样君王的命令一定可以在中原各国推行。”夫差认为太宰嚭说得对，不听从子胥的意见，而采用了太宰嚭的计谋。伍子胥说：“上天如果想要灭亡吴国的话，就会让君王打胜仗；上天如果不想灭亡吴国的话，就会让君王打不了胜仗。”夫差不听。伍子胥提起衣服，迈着大步从朝廷中走了出去，说：“唉！吴国的朝廷一定要生荆棘了！”夫差兴兵伐齐，和齐军在艾陵交战，把齐军打得大败，回来以后就要杀伍子胥。伍子胥将死的时候说：“我怎么才能留下一只眼睛看着越军入吴呢？”说完就自杀了。夫差把他的尸体投到江中冲走，把他的眼睛挖出来挂在国都的东门，说：“你怎么能看到越军侵入我的吴国？”过了几年，越人报复吴国，攻破了吴国的国都，灭绝了吴国的世系，毁灭了吴国的社稷，夷平了吴国的宗庙，夫差本人也被活捉。夫差临死时说：“死人如果有知的话，我在地下有什么脸面见伍子胥呢？”于是用布盖在脸上自杀了。糊涂的君主，祸患还没有到来时，无法使他明白；祸患到来以后，他们虽然明白过来也来不及了，所以夫差死到临头才知道愧对伍子胥，这种知道就还不如不知道。

过　理

原　文

亡国之主一贯。天时虽异，其事虽殊，所以亡同者，乐不适也。乐不适，则不可以存。

糟丘酒池，肉圃为格，雕柱而桔诸侯，不适也。刑鬼侯之女而取其环，截涉者胫而视其髓，杀梅伯而遗文王其醢，不适也。文王貌受，以告诸侯。作为琁室，筑为顷宫，剖孕妇而观其化，杀比干而视其心，不适也。孔子闻之曰：“其窍通则比干不死矣。”夏、商之所以亡也。

晋灵公无道，从上弹人而观其避丸也；使宰人臑熊蹯，不熟，杀之，命妇人载而过朝以示威，不适也。赵盾骤谏而不听，公恶之，乃使沮麛。沮麛见之，不忍贼[①]，曰：“不忘恭敬，民之主也。贼民之主不忠，弃君之命不信，一于此，不若死。”乃触廷槐而死。

齐湣王亡居卫，谓公王丹曰：“我何如主也？”王丹对曰：“王贤主也。臣闻古人有辞天下而无恨色者，臣闻其声，于王而见其实。王名称东帝，实辨天下。去国居卫，容貌充满，颜色发扬，无重国之意。”王曰：“甚善！

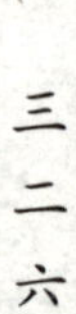

丹知寡人。寡人自去国居卫也，带益三副矣。"

宋王筑为蘖帝，鸱夷血，高悬之，射著甲胄，从下，血坠流地。左右皆贺曰："王之贤过汤、武矣。汤、武胜人，今王胜天，贤不可以加矣。"宋王大说，饮酒。室中有呼万岁者，堂上尽应，堂上已应，堂下尽应，门外庭中闻之，莫敢不应，不适也。

注　释

①**贼：**杀害。

译　文

亡国的君主都是一样的。天时虽然各异，行事虽然不同，但他们灭亡的原因相同，都是把不合礼义当作快乐。把不合礼义当作快乐，国家就不能存续。

商纣设置糟丘、酒池、肉圃、炮烙，铸造铜柱以虐害诸侯，这是不合礼义的。杀死鬼侯的女儿摘取她的玉环，截断涉水者的小腿观看他的骨髓，纣王杀害梅伯，把用他的尸体制作的肉酱送给文王，这是不合礼义的。文王表面接受下来，暗中把这件事告诉了其他诸侯。纣王建造琁室，修筑顷宫，剖开孕妇之腹观看她的胎儿，杀死比干观看他的心脏，这是不合礼义的。孔子听到商纣的暴行，说："他的心窍如果通达，比干就不会被杀了。"这是商纣灭亡的原因。

晋灵公暴虐无道，从高处用弹弓射人，看人怎样躲避弹丸；让厨师煮熊掌，熊掌没有煮熟，就把厨师杀死，命令妇人用车子拉着尸体从朝廷中经过，借以显示淫威，这是不合礼义的。赵盾多次劝谏也不听，灵公厌恶赵盾，就派沮麛去刺杀他。沮麛看到赵盾，不忍心杀他，说："时刻不忘恭谨，这是百姓的主宰啊！杀害百姓的主宰，这是对百姓的不忠！抛弃国君的命令，这是对国君不守信用。两条中有一条，就不如死了好。"于是就在院中的槐树上撞死了。

齐湣王逃离齐国，居住在卫国，对公玉丹说，"我是怎样的一个君主呢？"公玉丹回答："大王是个贤明的君主啊！我听说古时有人抛弃天下也没有憾色，从前我只是耳闻，今天在您身上才眼见其实。您名义上称为东帝，实际是平治天下，但离开齐国住到卫国以后，体貌丰盈，容光焕发，毫无舍不得国家的念头。"湣王悦："说得太好了！还是公玉丹了解我呀！我自从离开齐国到了卫国，衣带已经加长三倍了！"

宋康王筑起高台，用大皮口袋盛上血，给它穿上铠甲头盔，高高地悬挂起来当作天帝，站在下面射它，血一直流到地上。他的左右侍从都祝贺说："您的贤明超过商汤和周武王了！商汤、周武只能胜人，如今您却能胜天，您的贤明无法超越了！"宋康王非常高兴，于是设宴饮酒。室中有人喊万岁，堂上的人都应和，堂上一应和，堂下的人也都应和，门外和院中的人听到了，没有一个人敢不应和，这是不合礼义的。

壅塞

原文

亡国之主，不可以直言。不可以直言，则过无道闻，而善无自至矣[①]。无自至则壅。

秦缪公时，戎强大，秦缪公遗之女乐二八与良宰焉，戎王大喜，以其故，数饮食，日夜不休。左右有言秦寇之至者，因扜弓而射之。秦寇果至，戎王醉而卧于樽下，卒生缚而擒之。未擒则不可知，已擒则又不知。虽善说者犹若此，何哉？

齐攻宋，宋王使人候齐寇之所至。使者还，曰："齐寇近矣，国人恐矣。"左右皆谓宋王曰："此所谓肉自至虫者也。以宋之强，齐兵之弱，恶能如此？"宋王因怒而诎杀之。又使人往视齐寇，使者报如前，宋王又怒诎杀之。如此者三。其后又使人往视，齐寇近矣，国人恐矣。使者遇其兄曰："国危甚矣，若将安适？"其弟曰："为王视齐寇，不意其近，而国人恐如此也。今又私患乡之先视齐寇者，皆以寇之近也报而死。今也报其情，死；不报其情，又恐死，将若何？"其兄曰："如报其情，有且先夫死者死，先夫亡者亡。"于是报于王曰："殊不知齐寇之所在，国人甚安。"王大喜。左右皆曰："乡之死者宜矣。"王多赐之金。寇至，王自投车上驰而走[②]，此人得以富于他国。

夫登山而视牛若羊，视羊若豚。牛之性不若羊，羊之性不若豚，所自视之势过也，而因怒于牛羊之小也，此狂夫之大者。狂而以行赏罚，此戴氏之所以绝也。

齐王欲以淳于髡傅太子，髡辞曰："臣不肖，不足以当此大任也，王不若择国之长者而使之。"齐王曰："子无辞也，寡人岂责子之令太子必如寡人也哉？寡人固生而有之也。子为寡人令太子如尧乎？其如舜也？"凡说之行也，道不智听智，从自非受是也。今自以贤过于尧、舜，彼且胡可以开说哉？说必不入，不闻存君。

齐宣王好射，说人之谓己能用强弓也。其尝所用不过三石，以示左右，左右皆试引之，中关而止，皆曰："此不下九石，非王，其孰能用是？"宣王

之情，所有不过三石，而终身自以为用九石，岂不悲哉？非直士其孰能不阿主？世之直士，其寡不胜众，数也。故乱国之主，患存乎用三石为九石也。

注　释

①**善**：贤者。②**投**：奔到。

译　文

亡国的君主，不可直言相谏。君主不可直言相谏，过失就无法听到，贤人就无从到来。贤人无从到来，君主的思想就会壅塞不通。

秦穆公时，戎人势力强大，秦穆公就送给他们两队女子歌舞队和一些高明的厨师，戎王十分高兴，因为这个缘故，不管白天黑夜，不停地大吃大喝。身边有谁说秦军将会到来，戎王就开弓射他。后来秦军果然到了，这时戎王正喝得大醉躺在酒樽下面睡觉，结果被秦军捆起来捉住了。戎王被捉以前，不可能使他知道将会被捉，就是被捉以后，自己还睡在梦中，仍然不知道已经被捉。对于这种人，即使是善于劝谏的人又有什么办法呢？

齐国进攻宋国，宋王派人去侦察齐军到了什么地方。派去的人回来说："齐人已经临近了，国人已经恐慌了。"左右近臣都对宋王说："这完全是俗话说的'肉自己生出蛆虫'。凭着宋国的强大，齐兵的虚弱，怎么可能这样？"于是宋王大怒，把派去的人屈杀了。接着又派人去察看，派去的人的回报仍像前一个人一样，宋王又大怒，把他屈杀了。这样的事接连发生了三次，之后又派人去察看，那时齐军确实已经临近了，国人确实已经恐慌了。派去的人在路上遇见了他的哥哥，他的哥哥说："国家已经十分危险了，你还要到哪儿去？"弟弟说："去替君主察看齐寇，没想到齐寇已经离得这么近，国人已经这么恐慌。现在我担心的是，先前察看齐军动静的人，都是因为回报齐军逼近被屈杀了。如今我回报真情是死，不回报真情恐怕也是一死。这该怎么办呢？"他的哥哥说："如果回报真情，你将比国破后被杀和逃亡的人先遭受灾难。"于是派去的人回报宋王说："根本没看到齐寇在哪里，国人也非常安定。"宋王十分高兴。左右近臣都说："可见先前被杀的人是该杀了。"宋王就赏赐这个人大量钱财。齐军一到，宋王自己来到车上，赶着车飞跑，急急忙忙逃命去了，这个人得以迁徙到他国，生活非常富足。

登上高山往下看，就会觉得牛像羊一样，羊像小猪一样。牛实际上不像羊那样小，羊实际上不像小猪那样小，之所以觉得它们像羊或小猪一样，是因为观察它们时站的地势不对。如果因此对牛羊这样小而发怒，这种人可算是头等愚蠢的人。在狂乱状态下施行赏罚，这是宋国所以灭亡的原因。

齐王想让淳于髡当太子的老师，淳于髡推辞说："我才德低下，不足以担当这样的重任，您不如挑选国中德高望重的人予以委派。"齐王说："你不要推辞了，我哪能要求你让太子一定像我一样呢！我的贤德本来是天生就具备的。你替我把太子教得像尧那样，或者

像舜那样就行了。”凡是臣下的主张得以实行，都是因为君主能够从自以为愚的认识出发去听从别人高明的见解，能够从自以为非的认识出发去接受别人正确的意见。现在齐王自以为贤明超过了尧舜，这还怎么让人对他陈说劝谏呢？对臣下的劝谏如果一点也听不进去，没听说过这样的君主还能享有国家的。

齐宣王爱好射箭，喜欢别人说自己能用硬弓。他平时所使用的弓力量不过三石，拿给左右侍从看，侍从们都试着拉这张弓，都只拉到一半就停了下来，说：“这张弓的弓力不低于九石，除了您，谁还能用这样的弓！”宣王的实际情况是所用的弓不超过三石，但一辈子都自认为用的弓是九石，这难道不可悲吗？除了正直之士，还有谁能不逢迎君主？世上的正直之士寡不敌众，这是情势注定的。所以给国家造成祸乱的君主，他们的弊病就在于用的弓实为三石而自以为有九石。

原乱

原文

乱必有弟[1]，大乱五，小乱三，讱乱三，故《诗》曰：“毋过乱门”，所以远之也。虑福未及，虑祸之，所以皃之也。武王以武得之，以文持之[2]，倒戈弛弓，示天下不用兵，所以守之也。

晋献公立骊姬以为夫人，以奚齐为太子，里克率国人以攻杀之。荀息立其弟公子卓，已葬，里克又率国人攻杀之。于是晋无君，公子夷吾重赂秦以地而求入，秦缪公率师以纳之，晋人立以为君，是为惠公。惠公既定于晋，背秦德而不予地。秦缪公率师攻晋，晋惠公逆之，与秦人战于韩原。晋师大败，秦获惠公以归，囚之于灵台。十月，乃与晋成，归惠公而质太子圉。

太子圉逃归也。惠公死，圉立为君，是为怀公。秦缪公怒其逃归也，起奉公子重耳以攻怀公，杀之于高梁，而立重耳，是为文公。文公施舍，振废滞，匡乏困，救灾患，禁淫慝，薄赋敛，宥罪戾，节器用，用民以时，败荆人于城濮，定襄王，释宋，出谷戍，外内皆服，而后晋乱止。故献公听骊姬，近梁五、优施，杀太子申生，而大难随之者五，三君死，一君虏，大臣卿士之死者以百数，离咎二十年。

自上世以来，乱未尝一。而乱人之患也，皆曰一而已，此事虑不同情也。事虑不同情者，心异也。故凡作乱之人，祸希不及身。

注　释

①**弟**：次序。②**文**：礼乐教化。

译　文

祸乱一定按等次顺序而至，大乱多次发生以后，还会有数次小乱，然后经过数次讨乱，所以《诗经》中说“不要从作乱者门前经过”，这是远离祸乱的方法。对福祉宁可估计不足，对灾祸宁可估计过分，这是保全自身的方法。武王以武力得天下，以文德治天下，倒置干戈，松开弓弦，向天下表示不再用兵，这是保有天下的方法。

晋献公立骊姬为夫人，以奚齐为太子。献公刚死，里克就率人攻杀了奚齐。荀息又立奚齐的弟弟公子卓为君。安葬献公后，里克又率领国人攻杀了公子卓。这时晋国没有君主，公子夷吾拿土地给秦国送厚礼，以求回国为君。秦穆公带领军队把他送入晋国，晋人立夷吾为国君，这就是惠公。惠公在晋国安定下来以后，背弃秦国之恩，不给秦国土地。秦穆公率领军队进攻晋国，晋惠公带兵迎敌，与秦军战于韩原。晋军大败，秦俘获晋惠公带回秦国，囚禁在灵台。到了十月，才同晋媾和，释放惠公回国，而以他的太子圉为人质。

后来太子圉逃回晋国。惠公死了，圉立为国君，这就是怀公。秦穆公对圉逃归很恼怒，就扶植公子重耳，帮助他进攻怀公，把怀公杀死在高梁，立重耳为国君，这就是文公。文公施布德惠，举用被废黜的旧臣和长期不得进用的人，救助钱财匮乏、生活困难的人，赈济遭受灾荒祸患的人，禁绝邪恶，减轻赋税，赦免罪犯，减省所用器物，按一定时令役使民众，在城濮打败楚军，安定周襄王的王位，为宋国解围，使戍守谷邑的楚军撤离，国外国内都很敬服，而后晋国祸乱才停息，所以献公听信骊姬，宠幸梁五、优施，杀害太子申生，随之而来的大祸有五次，三个国君被杀，一个国君被俘，大臣卿士死于祸乱的数以百计，使晋国遭受灾祸长达二十年之久。

从上古以来，祸乱从来没有只发生一次就停息的。而作乱的人的弊病，正在于全都认为祸乱只发生一次就会停息，这是想法和事实不一致。想法和事实不一致，都是由于思想不符合实际。所以凡是作乱的人，灾祸很少不降临到自己身上。

不苟论第四

不　苟

原　文

贤者之事也①，虽贵不苟为，虽听不自阿，必中理然后动，必当义然后

举，此忠臣之行也，贤主之所说，而不肖主之所不说，非恶其声也，人主虽不肖，其说忠臣之声与贤主同，行其实则与贤主有异。异，故其功名祸福亦异。异，故子胥见说于阖闾而恶乎夫差，比干生而恶于商，死而见说乎周。

武王至殷郊，系堕。五人御于前，莫肯之为，曰："吾所以事君者，非系也。"武王左释白羽[②]，右释黄钺，勉而自为系。孔子闻之曰："此五人者之所以为王者佐也，不肖主之所弗安也。"故天子有不胜细民者，天下有不胜千乘者。

秦缪公见戎由余，说而欲留之，由余不肯。缪公以告蹇叔，蹇叔曰："君以告内史廖。"内史廖对曰："戎人不达于五音与五味，君不若遗之。"缪公以女乐二八人与良宰遗之，戎王喜，迷惑大乱，饮酒昼夜不休。由余骤谏而不听，因怒而归缪公也。蹇叔非不能为内史廖之所为也，其义不行也。缪公能令人臣时立其正义，故雪殽之耻，而西至河雍也。

秦缪公相百里奚，晋使叔虎、齐使东郭蹇如秦，公孙枝请见之。公曰："请见客，子之事欤？"对曰："非也。""相国使子乎？"对曰："不也。"公曰："然则子事非子之事也。秦国僻陋戎夷，事服其任，人事其事，犹惧为诸侯笑。今子为非子之事，退，将论而罪。"公孙枝出，自敷于百里氏。百里奚请之[③]，公曰："此所闻于相国欤？枝无罪，奚请？有罪，奚请焉？"百里奚归，辞公孙枝。公孙枝徙，自敷于街。百里奚令吏行其罪。定分官，此古人之所以为法也。今缪公乡之矣[④]，其霸西戎，岂不宜哉？

晋文公将伐邺，赵衰言所以胜邺之术，文公用之，果胜。还，将行赏。衰曰："君将赏其本乎？赏其末乎？赏其末则骑乘者存，赏其本则臣闻之郤子虎。"文公召郤子虎曰："衰言所以胜邺，邺既胜，将赏之，曰：'盖闻之于子虎，请赏子虎。'"子虎曰："言之易，行之难。臣言之者也。"公曰："子无辞。"郤子虎不敢固辞，乃受矣。凡行赏欲其博也，博则多助。今虎非亲言者也，而赏犹及之，此疏远者之所以尽能竭智者也。晋文公亡久矣，归而因大乱之余，犹能以霸，其由此欤？

注 释

①**事**：动词，做事情。②**释**：放下。③**请之**：替他求情。④**乡**：趋向。

译 文

贤明的人做事，即使地位尊贵也不随意而行，即使为君主所听信也不借以谋私，一定要合于事理才行动，一定符合道义才去做，这是忠臣的德行，是贤明的君主所赏识的，不肖的君主所厌恶的。不肖的君主并不是厌恶忠臣的声音，他们虽然不肖，喜欢忠臣的声音跟贤君是相同的，但实际做起来却跟贤君不同。实际行动不同，所以他们的功名祸福也就不同。实际行动不同，所以伍子胥被阖闾赏识，却被夫差厌恶；比干活着时被商纣王厌恶，死后却受到周的赞赏。

周武王率大军伐纣，到了殷都郊外，袜带掉了下来。当时他的五个辅臣都在身边陪侍，没有一个人肯替他把带子系上，他们说："我是来侍奉君主的，并不是替他系带子的。"武王左手放下白羽，右手放下黄钺，自己费力地把带子系上了。后来孔子听到这件事，说："这正是五个人成为王者辅臣的原因，也正是不肖的君主所不能容忍的。"所以天子有时不能胜过小民，占有天下有时不能胜过一个普通国家。

秦穆公见到戎国的由余，很赏识他，想把他留下，由余不答应。穆公把自己的意图告诉了蹇叔，蹇叔说："您去把它告诉内史廖。"内史廖听了，回答："戎人不懂得音乐和美味，您不如把这些东西送给他们。"穆公就把两队女乐和高明的厨师送给了戎人。戎王十分高兴，神魂颠倒，任意胡为，饮酒昼夜不止。由余多次劝谏不听，一怒之下归附了秦穆公。蹇叔并不是不能做内史廖做的事，而是他所遵守的道义不允许他这样做。秦穆公能让臣下时时坚持自己应遵守的道义，所以能洗刷殽之战的耻辱，把疆土向西开拓到雍州。

秦穆公任命百里奚为相国，这时晋派叔虎，齐派东郭蹇出使秦国，公孙枝请求会见他们。穆公说："请求会见客人，这是你分内的事吗？"公孙枝回答："不是。"穆公又说："是相国委派你了吗？"回答："没有。"秦穆公说："这样看来，你是要做不该你做的事。秦国偏僻荒远，处于戎夷之地，即使是事事都有专职，人人恪守其责，仍然怕被诸侯耻笑，而现在你竟然要做不该你做的事，下去吧！我要对你的罪过审理惩治！"公孙枝出朝，到百里奚那里陈述事情的原委。百里奚替他向穆公求情，穆公说："这样的事是相国该过问的吗？公孙枝没有罪的话，有什么必要求情？要是有罪的话，求情又有什么用？"百里奚回来，回绝了公孙枝。公孙枝转而又到闹市中去陈诉。百里奚就命令官吏对公孙枝论罪行罚。确定官员的名分职守，这是古人实行法治的方法。秦穆公已朝这个方向努力了，他称霸西戎，岂不是情理之中的事吗？

晋文公将要伐邺，赵衰提出击败邺地的方法，文公采纳了他的建议，果然取得了胜利，伐邺回来，文公准备赏赐他。赵衰说："您是要赏赐根本呢，还是要赏赐末节呢？如果赏赐末节，那么有参战的将士在；如果赏赐根本，那么我的建议是从郤子虎那里听来的。"文公

召见郤子虎，说："赵衰提出击败郯地的方法，现在郯地已被占领，我要赏赐他，他说：'我是从子虎那里听来的，请赏赐子虎。'"郤子虎说："事情谈起来容易，做起来难，而我只不过是个谈了几句话的人。"文公说："你就不要推辞了。"郤子虎不敢坚决推辞，这才接受了赏赐。凡是行赏，赏赐的范围应该越大越好，范围大，得到的帮助就多。如今郤子虎并不是直接进言的人，而仍然赏赐到他，这是距离远的人为君主竭尽才智的原因。晋文公在外流亡很久，回国后继承的又是大乱以后的残破局面，但仍能凭这种条件成就霸业，恐怕就是这个原因吧！

赞　能

原　文

贤者善人以人[1]，中人以事，不肖者以财。得十良马，不若得一伯乐；得十良剑，不若得一欧冶；得地千里，不若得一圣人。舜得皋陶而舜受之，汤得伊尹而有夏民，文王得吕望而服殷商。夫得圣人，岂有里数哉？

管子束缚在鲁，桓公欲相鲍叔。鲍叔曰："吾君欲霸王，则管夷吾在彼，臣弗若也。"桓公曰："夷吾，寡人之贼也，射我者也，不可。"鲍叔曰："夷吾为其君射人者也。君若得而臣之，则彼亦将为君射人。"桓公不听，强相鲍叔。固辞让而相，桓公果听之。于是乎使人告鲁曰："管夷吾，寡人之仇也，愿得之而亲加手焉。"鲁君许诺，乃使吏鞟其拳，胶其目，盛之以鸱夷，置之车中。至齐境，桓公使人以朝车迎之，祓以爟火，衅以牺猳焉[2]，生与之如国，命有司除庙筵几而荐之，曰："自孤之闻夷吾之言也，目益明，耳益聪，孤弗敢专，敢以告于先君。"因顾而命管子曰："夷吾佐予。"管仲还走，再拜稽首，受令而出。管子治齐国，举事有功，桓公必先赏鲍叔，曰："使齐国得管子者，鲍叔也。"桓公可谓知行赏矣。凡行赏欲其本也，本则过无由生矣。

孙叔敖、沈尹茎相与友。叔敖游于郢三年，声问不知，修行不闻。沈尹茎谓孙叔敖曰："说义以听，方术信行，能令人主上至于王，下至于霸，我不若子也。耦世接俗，说义调均，以适主心，子不若我也。子何以不归耕乎？吾将为子游。"沈尹茎游于郢五年，荆王欲以为令尹，沈尹茎辞曰："期思之鄙人有孙叔敖者，圣人也。王必用之，臣不若也。"荆王于是使人以王舆迎叔敖，以为令尹，十二年而庄王霸，此沈尹茎之力也，功无大乎进贤。

注　释

①以人：指根据这个人的仁德。人，通“仁”。**②牺豭：**祭祀用的纯色公猪。

译　文

贤明的人与人亲善是根据这个人的仁德，一般的人与人亲善是根据这个人的功业，不肖的人与人亲善是根据这个人的财富。得到十匹好马，不如得到一个伯乐；得到十口宝剑，不如得到一个欧冶子；得到千里土地，不如得到一个圣人。舜得到皋陶就用他治理好了天下，汤得到伊尹就拥有了夏的民众，周文王得到吕望就征服了殷商。得到了圣人，所得土地哪里有里数的限制呢！

管仲被囚禁在鲁国的时候，齐桓公想用鲍叔牙为相。鲍叔牙说：“您如果想成就王霸之业，那么有管夷吾在鲁国，我不如他。”桓公说：“管夷吾是想杀害我的凶手，用箭射过我的人，不能用他。”鲍叔牙说：“夷吾是为他的君主射人的人，您如果得到他，用他为臣，他也会为您射别人。”桓公不听，坚持要用鲍叔牙为相。鲍叔牙坚辞，最后桓公终于听从了鲍叔牙的意见。于是派人告诉鲁国说：“管夷吾是我的仇敌，希望能得到他，亲手把他杀死。”鲁君答应了，派官吏用皮革套住管仲的双手，用胶粘上他的眼睛，把他装在大皮口袋里，放在车上给齐国送去。到了齐国边境，齐桓公派人用朝车来迎接管仲，点起火把祛除不祥，杀了公猪举行血祭，恢复了他的自由，跟他一起回到国都。桓公命令主管官吏扫除宗庙，设置筵席，把管仲推荐给祖先，说：“我自从听了夷吾的谈论，目光越发明亮，耳朵越发灵敏，我准备用他为相，不敢擅自决定，冒昧地以此告请先君。”桓公说完，就回过头来命令管仲：“夷吾辅佐我！”管仲退避了几步，向桓公再拜叩头，接受了命令，而后离开了宗庙。管仲治理齐国，只要做事有功，桓公就一定先赏鲍叔牙，说：“使齐国得到管子的是鲍叔牙啊！”桓公可算得上知道如何行赏了。凡是行赏，应该赏赐根本，赏赐根本，过失就无从出现了。

孙叔敖和沈尹茎彼此交好。孙叔敖到郢都游说了三年，名声不为人所知，美德不为人了解。沈尹茎对孙叔敖说：“陈说道理能使人听从，所持方策必定能够施行，能使君主上自称王天下，下至称霸诸侯，这方面我不如你。随顺社会，附和世俗，陈说道理调和适中，以迎合君主的心意，这方面你不如我。你何不先回去耕田隐居呢？我将为你在这里奔走。”沈尹茎在郢都奔走了五年，楚王想用他为令尹。沈尹茎辞让说：“期思有个叫孙叔敖的草野之人，是个圣人。请您一定要任用他，我比不上他。”于是楚王派人用王车把孙叔敖接来，任命他做了令尹，过了十二年，楚庄王成就了霸业，这是沈尹茎的力量，功劳没有比举荐贤人再大的了。

自　知

欲知平直，则必准绳；欲知方圆，则必规矩；人主欲自知，则必直士。

故天子立辅弼，设师保[①]，所以举过也。夫人故不能自知，人主犹其。存亡安危，勿求于外，务在自知。

尧有欲谏之鼓，舜有诽谤之木，汤有司过之士，武王有戒慎之鞀，犹恐不能自知，今贤非尧、舜、汤、武也，而有掩蔽之道，奚繇自知哉？荆成、齐庄不自知而杀，吴王、智伯不自知而亡，宋、中山不自知而灭，晋惠公、赵括不自知而虏，钻荼、庞涓、太子申不自知而死，败莫大于不自知。

范氏之亡也，百姓有得钟者，欲负而走，则钟大不可负，以椎毁之，钟况然有音，恐人闻之而夺己也，遽掩其耳。恶人闻之可也，恶己自闻之悖矣。为人主而恶闻其过，非犹此也？恶人闻其过尚犹可。

魏文侯燕饮，皆令诸大夫论己。或言君之智也。至于任座，任座曰："君，不肖君也。得中山不以封君之弟，而以封君之子，是以知君之不肖也。"文侯不说，知于颜色。任座趋而出。次及翟黄，翟黄曰："君贤君也。臣闻其主贤者，其臣之言直。今者任座之言直，是以知君之贤也。"文侯喜曰："可反欤？"翟黄对曰："奚为不可？臣闻忠臣毕其忠，而不敢远其死。座殆尚在于门。"翟黄往视之，任座在于门，以君令召之。任座入，文侯下阶而迎之，终座以为上客。文侯微翟黄，则几失忠臣矣。上顺乎主心以显贤者，其唯翟黄乎？

注　释

①师保：负责教养、辅导帝王的官，有师有保，统称师保。

译　文

要知道平直，一定要依靠水准墨线；要知道方圆，一定要依靠圆规矩尺；君主要想了解自己的过失，一定要依靠正直之士。所以天子设立辅弼，设置师保，这是用来指出天子过错的。人本来就不能了解自己的过失，天子尤为严重。国存身安不用到外部寻求，关键在于了解自己的过失。

尧有供想进谏的人敲击的鼓，舜有供书写批评意见的木柱，汤有主管纠正过失的官吏，武王有供告诫君主的人所用的摇鼓，即使这样，他们仍担心不能了解自己的过失。而当今的君主，贤能并不能比得上尧、舜、汤、武，却采取遮蔽视听的做法，这还靠什么了解自己的过失呢？楚成王、齐庄公因为不了解自己的过失而被杀，吴王、智伯因为不了解自己的过失而灭亡，宋、中山因为不了解自己的过失而亡国，晋惠公、赵括因为不了解自己的过失而被俘，钻荼、庞涓、太子申因为不了解自己的过失而兵败身死，所以没有比不

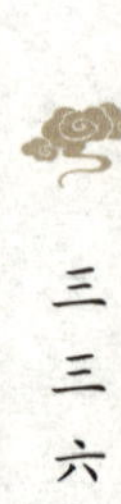

了解自己的过失更坏的事了。

范氏出逃的时候，有个百姓得到了他的一口钟，这个人想背着钟快点跑开，可是钟太大，没法背，于是就想把钟打碎弄走。拿木槌一敲，钟轰然作响，他怕别人听见钟声来同自己争夺，就急忙把耳朵捂了起来。不愿别人听到钟声是可以的，不愿自己听到就是糊涂了。做君主却不愿听到自己的过失，不正像这种情况一样吗？不愿别人听到自己的过失倒还可以。

魏文侯宴饮，让大夫们评论自己。有的人说君主很仁义，有的人说君主很英明。轮到任座，任座说："您是个不肖的君主。得到中山国，不把它封给您的弟弟，却把它封给您的儿子，因此知道您不肖。"文侯听了很不高兴，在脸色上表现了出来。任座快步走了出去。按次序轮到翟黄，翟黄说："您是个贤君。我听说君主贤明的，他的臣子言语就直率。现在任座的言语直率，因此我知道您贤明。"文侯很高兴，说："还能让他回来吗？"翟黄回答："怎么不能？我听说忠臣竭尽自己的忠心，即使因此获得死罪也不敢躲避。任座恐怕还在门口。"翟黄出去一看，任座当真还在门口，翟黄就以君主的命令叫他进去。任座进来了，文侯走下台阶来迎接他，此后终生都把任座待为上宾。文侯如果没有翟黄，就差点儿失掉了忠臣。对上能够顺应君主的心意来尊显贤者，大概说的就是翟黄吧！

当　赏[①]

原　文

民无道知天，民以四时寒暑日月星辰之行知天。四时寒暑日月星辰之行当，则诸生有血气之类皆为得其处而安其产。人臣亦无道知主，人臣以赏罚爵禄之所加知主。主之赏罚爵禄之所加者宜，则亲疏远近贤不肖皆尽其力而以为用矣。

晋文公反国，赏从亡者，而陶狐不与。左右曰："君反国家，爵禄三出，而陶狐不与，敢问其说。"文公曰："辅我以义、导我以礼者，吾以为上赏。教我以善、强我以贤者，吾以为次赏。拂吾所欲、数举吾过者，吾以为末赏。三者所以赏有功之臣也。若赏唐国之劳徒，则陶狐将为首矣。"周内史兴闻之曰："晋公其霸乎！昔者圣王先德而后力，晋公其当之矣。"

秦小主夫人用奄变，群贤不说自匿，百姓郁怨非上。公子连亡在魏，闻之，欲入，因群臣与民从郑所之塞。右主然守塞，弗入，曰："臣有义，不两主。公子勉去矣。"公子连去，入翟，从焉氏塞，菌改入之。夫人闻之，大

骇，令吏兴卒，奉命曰："寇在边。"卒与吏其始发也，皆曰："往击寇。"中道因变曰："非击寇也，迎主君也。"公子连因与卒俱来，至雍，围夫人，夫人自杀。公子连立，是为献公，怨右主然而将重罪之，德菌改而欲厚赏之。监突争之曰："不可。秦公子之在外者众，若此则人臣争入亡公子矣。此不便主。"献公以为然，故复右主然之罪，而赐菌改官大夫，赐守塞者人米二十石。献公可谓能用赏罚矣。凡赏非以爱之也，罚非以恶之也，用观归也[②]。所归善，虽恶之，赏；所归不善，虽爱之，罚。此先王之所以治乱安危也。

注释

①当赏：赏罚适当。本篇为阴阳家的学说。②归：结果。

译文

人民没有别的途径了解上天，人民依据四季寒暑、日月星辰的运行了解上天。四季寒暑、日月星辰的运行适宜，那么各种有生命有血气的物类，就能各得其所、各安其生了。臣下也没有别的途径了解君主，臣下依据君主赏罚爵禄如何施予来了解君主。君主赏罚爵禄施行得恰当，那么亲和疏、远和近、贤和不肖的人就都竭尽其力为君主所用了。

晋文公回到晋国，赏赐跟随自己流亡的人，而陶狐不在其中。文公的左右侍从说："您回到晋国，三次拿出爵禄赏人，陶狐却不在其中，想冒昧地请教您这样做的道理。"文公说："用义来辅佐我，用礼来引导我的，我给他最高的赏赐；用善道来教育我，用贤德来约束我的，我给他次一等的赏赐；违背我的意愿，多次指出我的过失的，我给他末等的赏赐。这三种赏赐，是用来赏有功之臣的。如果赏赐晋国辛劳的隶役，那就要把陶狐放在首位了。"周内史兴听到这件事，说："晋侯大概会成就霸业吧！从前圣王把德行放在首位，而把力量放在其次，晋侯的做法与此相符了！"

秦小主夫人任用奄变，贤人们心中不快，隐匿不出；百姓们忧郁怨恨，指责君主。公子连这时正亡居魏国，听到这种情况，打算乘机入秦，取代小主为君，于是借臣下和百姓的帮助到郑所这个要塞去。右主然把守着要塞，不放他进去，说："我要坚守道义，不同时侍奉两个君主，公子您快点离开吧！"公子连离开郑所要塞，进入北狄，去往焉氏塞，守塞的菌改把他放了进去。小主夫人听到这个消息，大吃一惊，命令将帅起兵去拦阻。将士们接到命令说："敌寇在边境上。"这些将士刚出发的时候，都说："去迎击敌寇。"走到半路，乘机发动哗变，说："不是去迎击敌寇，而是去迎接君主。"于是公子连与士卒一起回来，到了雍城，包围了小主夫人，小主夫人自杀了。公子连立为国君，这就是献公，献公怨恨右主然，想重重地处罚他，感激菌改，想多多地赏赐他。监突进谏说："这样做不行。秦公子流亡在外的很多，如果这样做，那么臣子们就会争相把流亡的公子放进来了。这对您是不利的。"献公认为他说得对，所以赦免了右主然的罪，而赐给菌改官大夫的爵位，赏给

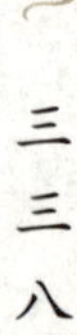

守塞的士卒每人二十石米。献公可说是能够善用赏罚了。但凡赏赐一个人，并不是因为喜爱他；处罚一个人，并不是因为憎恶他。赏罚是看一个人的行为将会导致什么结果来决定的。导致的结果好，即使憎恶他，也要给予赏赐；导致的结果不好，即使喜爱他，也要给予处罚，这是先王使乱世转为太平、使危局转为平安的方法。

博　志

原　文

先王有大务，去其害之者，故所欲以必得，所恶以必除，此功名之所以立也。俗主则不然，有大务而不能去其害之者，此所以无能成也。夫去害务与不能去害务，此贤不肖之所以分也。

使獐疾走，马弗及至，已而得者，其时顾也。骥一日千里，车轻也；以重载则不能数里，任重也。贤者之举事也，不闻无功，然而名不大立、利不及世者，愚不肖为之任也[①]。

冬与夏不能两刑，草与稼不能两成，新谷熟而陈谷亏，凡有角者无上齿，果实繁者木必庳，用智褊者无遂功，天之数也。故天子不处全，不处极，不处盈。全则必缺，极则必反，盈则必亏。先王知物之不可两大，故择务，当而处之。

孔、墨、宁越皆布衣之士也，虑于天下，以为无若先王之术者，故日夜学之。有便于学者，无不为也；有不便于学者，无肯为也。盖闻孔丘、墨翟，昼日讽诵习业[②]，夜亲见文王、周公旦而问焉。用志如此其精也，何事而不达？何为而不成？故曰精而熟之，鬼将告之。非鬼告之也，精而熟之也。今有宝剑良马于此，玩之不厌，视之无倦。宝行良道，一而弗复，欲身之安也，名之章也，不亦难乎？

宁越，中牟之鄙人也，苦耕稼之劳，谓其友曰："何为而可以免此苦也？"其友曰："莫如学。学三十岁则可以达矣。"宁越曰："请以十五岁。人将休，吾将不敢休；人将卧，吾将不敢卧。"十五岁而周威公师之。矢之速也，而不过二里止也；步之迟也，而百舍不止也。今以宁越之材而久不止，其为诸侯师，岂不宜哉？

养由基、尹儒，皆文艺之人也。荆廷尝有神白猿，荆之善射者莫之能中，荆王请养由基射之。养由基矫弓操矢而往，未之射而括中之矣，发之则猿应矢而下，则养由基有先中中之者矣。尹儒学御三年而不得焉，苦痛之，夜梦受秋驾于其师。明日往朝其师，望而谓之曰："吾非爱道也，恐子之未可与也。今日将教之以秋驾。"尹儒反走，北面再拜曰："今昔臣梦受之。"先为其师言所梦，所梦固秋驾已。上二士者，可谓能学矣，可谓无害之矣，此其所以观后世已。

注　释

①**为之任**：成为他的负担。②**讽诵**：背诵。

译　文

先王有了大事，就要消除妨害它的因素，所以他所要求的一定能得到，他所憎恶的一定能除掉，这是功成名立的原因。平庸的君主却不是这样，有了大事却不能消除妨害它的因素，这是他不能成功的原因。能不能消除妨害事务的因素，这是贤和不肖截然不同的原因。

假使獐飞快地奔逃，马是追不上它的。但是不久就被捕获，这是因为它时时回头张望。骥日行千里，是因为车轻；拉重载就一天走不了几里，是因为负担重。贤明的人做事，绝不是没有成效，但是名声不能显赫、福泽不能传及后世，是因为有愚昧不肖的人做了他的拖累。

冬夏两季不能同时形成，野草与庄稼不能一起长大，新粮成熟，陈粮就必然亏缺，凡是长角的动物就没有上齿，果实繁多的树木一定长得低矮，思想褊狭的人做事就不会成功，这些都是自然的定则。所以天子做事情，不做得很完美，不做得很极端，不做得很圆满。完美就会转向缺损，极端就会转向反面，满盈就会转向亏失。先王知道事物不能两方面同时发展壮大，所以对于事物要加以选择，适宜做的才做。

孔丘、墨翟、宁越都是没有地位的读书人，他们就天下所有的事务进行考虑，认为没有比先王道术更重要的，所以就日夜学习。有利于学习的，没有不去做的；不利于学习的，怎么也不肯去做。据说孔丘、墨翟白天背诵经典，研习学业，夜里就亲眼见到了文王和周公，当面向他们请教。他们用心如此精深，还有什么做不到？还有什么办不成？所以说精心习熟，鬼将告之。并不是真的有鬼神告之，是因为精心习熟啊！假如这里有宝剑良马，人们一定会把玩起来不知满足，观赏起来不觉疲倦。而对于嘉言懿行，却稍加尝试就不再钻研实行。这样做，还想使自身平安、名声显扬，不是太困难了吗？

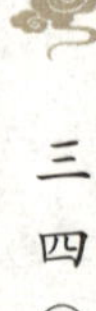

宁越是中牟的草野之民，苦于耕作的辛劳，对他的友人说："怎样做才能免除这种痛苦呢？"他的友人说："做什么也比不上学习。学习三十年就可以显达了。"宁越说："让我用十五年来实现。别人休息，我不敢休息；别人睡觉，我不敢睡觉。"学了十五年，周威公拜他做了老师。箭的速度很快，射程却不超过二里，因为它飞一段就停了下来。步行速度很慢，却可以走到几百里之外，因为脚步不停。如果凭宁越的才干，又长久不停地努力，他成为诸侯的老师，难道不正应该吗？

养由基和尹儒都是精通技艺的人。楚国朝廷中曾有一只白色的神猿，楚国善射的人没有一个人能射中，楚王就请养由基来射它。养由基拿着弓箭去了，还没开弓，实际上就把白猿射中了，箭一射出去，白猿就应声坠落。由此看来，养由基具有在射中目标以前就能从精神上把它射中的技艺。尹儒学习驾车，学了三年仍无所得，为此很苦恼，夜里做梦，梦见从老师那里学习秋驾的技艺。第二天去拜见老师，老师看见他，就说："我从前并不是吝惜技艺舍不得教你，是怕你还不可教授。今天我将教给你秋驾的方法。"尹儒转身后退几步，向北再拜说："这种技艺我昨天夜里在梦中已经学了。"他先向老师叙述自己所梦到的，梦到的正是秋驾的技艺。以上两位士人，可算是善于学习了，可以说没有什么东西能妨碍他们了，这正是他们扬名后世的原因啊！

贵　当

原　文

名号大显，不可强求，必繇其道。治物者不于物于人，治人者不于事于君，治君者不于君于天子，治天子者不于天子于欲，治欲者不于欲于性。性者万物之本也，不可长，不可短，因其固然而然之，此天地之数也。窥赤肉而乌鹊聚，狸处堂而众鼠散，衰绖陈而民知丧[1]，竽瑟陈而民知乐，汤、武修其行而天下从，桀、纣慢其行而天下畔，岂待其言哉？君子审在己者而已矣。

荆有善相人者，所言无遗策，闻于国，庄王见而问焉，对曰："臣非能相人也，能观人之友也。观布衣也，其友皆孝悌纯谨畏令，如此者，其家必日益，身必日荣矣，所谓吉人也。观事君者也，其友皆诚信有行好善，如此者，事君日益，官职日进，此所谓吉臣也。观人主也，其朝臣多贤，左右多忠，主有失，皆交争证谏，如此者，国日安，主日尊，天下日服，此所谓吉主也。臣非能相人也，能观人之友也。"庄王善之，于是疾收士，日夜不懈，遂霸天下。故贤主之时见文艺之人也，非特具之而已也，所以就大务也。夫事无大小，固相与通。田猎驰骋，弋射走狗，贤者非不为也，为之而智日得焉，不肖主为之而智日惑焉。《志》曰："骄惑之事，不亡奚待？"

齐有好猎者，旷日持久而不得兽，入则愧其家室，出则愧其知友州里。

惟其所以不得之故，则狗恶也。欲得良狗，则家贫无以。于是还疾耕，疾耕则家富，家富则有以求良狗，狗良则数得兽矣，田猎之获常过人矣。非独猎也，百事也尽然。霸王有不先耕而成霸王者，古今无有。此贤者不肖之所以殊也。贤不肖之所欲与人同，尧、桀、幽、厉皆然，所以为之异。故贤主察之，以为不可，弗为；以为可，故为之。为之必繇其道，物莫之能害，此功之所以相万也。

注释

①**衰绖**：丧服。衰，丧服上衣。绖，服丧的人系的麻带。

译文

名声显赫是不能强求的，必须遵循恰当的途径才能实现。整理器物，不在于器物本身而在于人；治理人民，不在于人民本身而在于诸侯；辖制诸侯，不在于诸侯本身而在于天子；制约天子，不在于天子本身而在于他的欲望；节制欲望，不在于欲望本身而在于天性。天性是万物的根本，它不能增益，不能减损，只能顺应它的本性加以引导，这是自然的定则。瞥见鲜红的血肉，乌鹊就会聚合；猫在堂上，老鼠就会逃散；穿丧服出来人们就知道有了丧事；摆出乐器来人们就知道有了喜事。商汤、周武修养自己的德行，天下就顺从他们；夏桀、商纣轻忽自己的道德修养，天下就叛离他们，这些难道还用说吗？所以君子只要详察存在于自身的因素就行了。

楚国有个善于给人看相的人，他的判断不曾有过失误，名声闻于全国。楚庄王召见他，向他询问这件事，他回答："我并不能给人看相，而是能观察人们的朋友。观察平民，如果他的朋友都很孝敬和顺，忠厚恭谨、敬畏王命，这样的平民，他家里一定会日益富足，自身一定会日益显荣，这是所谓的吉人。观察侍奉君主的臣子，如果他的朋友都很忠诚可靠，品德高尚，喜欢行善，这样的臣子，侍奉君主就会日益有所进益，官职就会日益得到升迁，这是所谓的吉臣。观察君主，如果他的朝臣多是贤能，侍从多是忠良，君主有过失都争相进谏，这样的君主，他的国家就会日益安定，自身就会日益尊贵，天下就会日益敬服，这是所谓的吉主。我并不是能给人看相，而是能观察人们的朋友啊！"庄王认为他说得很好，于是大力招揽贤士，日夜坚持不懈，从而称霸于天下。所以贤明的君主时时召见擅长各种技艺的人，并不只是做做样子，而是要借以成就大业的。事情不论大小，道理本来都是彼此相通的。驰骋射猎，鹰飞犬逐，这些事贤明的君主不是不做，而是做了能使思想上日有所得。不肖的君主做了，却使思想越发昏惑。古书上说："做事傲慢昏惑，不灭亡还等什么！"

齐国有个好打猎的人，荒废了很长时日也没有猎到野兽，在家愧对家人，在外愧对邻里朋友。他琢磨自己猎获不到野兽的原因，发现原来是猎狗不好。想弄到好猎狗，家里又穷得没钱买。于是他就回家奋力耕作，奋力耕作，家里就富足了；家里富足了，就有了钱

买好猎狗，猎狗好了，就屡屡猎到野兽，打猎的收获就经常超过别人了。不只是打猎，各种事情都是如此。成就王霸之业的人，不经过像这个齐人一样的努力就获得成功的，古往今来不曾有过。这是贤明的君主和不肖的君主截然不同的原因。贤明的君主和不肖的君主，他们的欲望跟常人相同，尧这样的圣王和夏桀、周幽王、周厉王这样的昏君都是如此，但他们用来实现目的的做法不同。所以贤明的君主要对事情加以审察，认为不能做就不去做，认为可以做就去做。做时一定遵循恰当的途径，所以外界没有什么东西能够妨害他，这是他们的功业之所以远远超过不肖君主的原因。

似顺论第五

似　顺

原　文

事多似倒而顺[1]，多似顺而倒。有知顺之为倒、倒之为顺者，则可与言化矣。至长反短，至短反长，天之道也。

荆庄王欲伐陈，使人视之。使者曰："陈不可伐也。"庄王曰："何故？"对曰："城郭高，沟洫深，蓄积多也。"宁国曰："陈可伐也。夫陈，小国也，而蓄积多，赋敛重也，则民怨上矣；城郭高，沟洫深[2]，则民力罢矣。兴兵伐之，陈可取也。"庄王听之，遂取陈焉。

田成子之所以得有国至今者，有兄曰完子，仁且有勇。越人兴师诛田成子曰："奚故杀君而取国？"田成子患之。完子请率士大夫以逆越师，请必战，战请必败，败请必死。田成子曰："夫必与越战可也。战必败，败必死，寡人疑焉。"完子曰："君之有国也，百姓怨上，贤良又有死之臣蒙耻。以完观之也，国已惧矣。今越人起师，臣与之战，战而败，贤良尽死，不死者不敢入于国。君与诸孤处于国，以臣观之，国必安矣。"完子行，田成子泣而遣子。夫死败，人之所恶也，而反以为安，岂一道哉？故人主之听者与士之学者，不可不博。

尹铎为晋阳，下，有请于赵简子。简子曰：“往而夷夫垒。我将往，往而见垒，是见中行寅与范吉射也。”铎往而增之。简子上之晋阳，望见垒而怒曰：“嘻！铎也欺我。”于是乃舍于郊，将使人诛铎也。孙明进谏曰：“以臣私之，铎可赏也。铎之言固曰：‘见乐则淫侈，见忧则诤治，此人之道也。今君见垒念忧患，而况群臣与民乎？夫便国而利于主，虽兼于罪，铎为之。夫顺令以取容者，众能之，而况铎欤？’君其图之。”简子曰：“微子之言，寡人几过。”于是乃以免难之赏赏尹铎。人主太上喜怒必循理，其次不循理必数更，虽未至大贤，犹足以盖浊世矣，简子当此。世主之患，耻不知而矜自用，好愎过而恶听谏，以至于危。耻无大乎危者。

注释

①**倒**：违背事理。**顺**：合乎事理。②**沟洫**：护城河。

译文

事情有很多似乎悖理其实是合理的，有很多似乎合理的其实是悖理的。如果有人知道表面合理其实悖理、表面悖理其实合理的道理，就可以跟他谈论事物的发展变化了。白天到了最长的时候就要反过来变短，到了最短的时候就要反过来变长，这是自然的规律。

楚庄王打算进攻陈国，派人去侦察陈国的情况。派去的人回来说：“陈国不能进攻。”庄王说：“什么缘故？”回答：“陈国城墙很高，护城河很深，蓄积的粮食财物很多。”宁国说：“照这样说，陈国是可以进攻的。陈国是个小国，蓄积的粮食财物却很多，说明它的赋税繁重，那么人民就怨恨君主了。城墙高，护城河深，那么民力就凋敝了。起兵进攻它，陈国是可以攻取的。”庄王听从了宁国的意见，于是攻取了陈国。

田成子之所以能够享有齐国直至今天，他有个哥哥叫完子，仁爱而且勇敢。越国起兵讨伐田成子，说：“为什么要杀死国君而夺取他的国家？”田成子对此很忧虑。完子请求率领士大夫迎击越军，并且要求准许自己一定同越军交战，交战还要一定战败，战败还要一定战死。田成子说：“一定同越国交战是可以的，交战一定要战败，战败还要一定战死，这我就不明白了。”完子说：“你据有齐国，百姓怨恨你，贤良之中又有敢死之臣认为蒙受了耻辱。据我看来，国家已经令人忧惧了。如今越国起兵，我去同他们交战，如果交战失败，随我去的贤良之人就会全部死掉，即使不死的人也不敢回到齐国来。你和他们的遗孤居于齐国，据我看来，国家一定会安定了。”完子出发，田成子哭着为他送别。死亡和失败，这是人们所厌恶的，而完子反使齐国借此得以安定，做事情岂止有一种方法呢！所以听取意见的君主和学习道术的士人，所听所学不可不广博。

尹铎治理晋阳，到新绛向简子请示事情，简子说：“去把那些营垒拆平。我将到晋阳去，

如果去了看见营垒，这就像看见中行寅和范吉射似的。”尹铎回去以后，反倒把营垒增高了。简子来到晋阳，望见营垒，生气地说：“哼！尹铎欺骗了我！”于是住在郊外，要派人把尹铎杀掉。孙明进谏说：“据我私下考虑，尹铎是该奖赏的。尹铎的意思本来是说遇见享乐之事就会恣意放纵，遇见忧患之事就会励精图治，这是人之常理。如果君主见到营垒就想到了忧患，又何况群臣和百姓呢！有利于国家和君主的事，即使加倍获罪，尹铎也宁愿去做。顺从命令以取悦于君主，一般人都能做到，又何况是尹铎呢！希望您好好考虑一下。”简子说：“如果没有你这一番话，我几乎犯了错误。”于是就按使君主免于患难的赏赐赏了尹铎。德行最高的君主，喜怒一定依理而行，次一等的，虽然有时不依理而行，但一定经常改正。这样的君主虽然还没有达到大贤的境地，仍足以超过乱世的君主了，简子跟这类人相当。当今君主的弊病，在于把无知当作羞耻，把自行其是当作荣耀，喜欢坚持错误而厌恶听取规谏之言，以致陷入危险的境地。耻辱当中没有比使自己陷入危险再大的。

别类

原文

知不知，上矣。过者之患，不知而自以为知。物多类然而不然，故亡国僇民无已。夫草有莘有藟，独食之则杀人，合而食之则益寿。万堇不杀[1]。漆淖水淖，合两淖则为蹇，湿之则为乾；金柔锡柔，合两柔则为刚，燔之则为淖。或湿而乾，或燔而淖，类固不必，可推知也。

小方，大方之类也；小马，大马之类也；小智，非大智之类也。鲁人有公孙绰者，告人曰：“我能起死人。”人问其故，对曰：“我固能治偏枯，今吾倍所以为偏枯之药，则可以起死人矣。”物固有可以为小，不可以为大；可以为半，不可以为全者也。

相剑者曰：“白所以为坚也，黄所以为牣也，黄白杂则坚且牣，良剑也。”难者曰：“白所以为不牣也，黄所以为不坚也，黄白杂则不坚且不牣也。又柔则锩[2]，坚则折，剑折且锩，焉得为利剑？”剑之情未革，而或以为良，或以为恶，说使之也。故有以聪明听说则妄说者止，无以聪明听说则尧、桀无别矣。此忠臣之所患也，贤者之所以废也。

义，小为之则小有福，大为之则大有福。于祸则不然，小有之不若其亡也。射招者欲其中小也，射兽者欲其中大也。物固不必，安可推也？高阳应将为室家，匠对曰：“未可也，木尚生，加涂其上，必将挠。以生为室，今

虽善，后将必败。”高阳应曰：“缘子之言，则室不败也。木益枯则劲，涂益干则轻，以益劲任益轻则不败。”匠人无辞而对，受令而为之。室之始成也善，其后果败。高阳应好小察，而不通乎大理也。

骥骜、绿耳背日而西走，至乎夕则日在其前矣。目固有不见也，智固有不知也，数固有不及也，不知其说所以然而然，圣人因而兴制，不事心焉。

注　释

①万：“虿”的古字。指蝎子一类有毒的虫。**②锩：**刀刃卷曲。

译　文

知道自己有所不知，就可以说是高明了。犯错误的人的弊病，正在于不知却自以为知。很多事物都是好像如此，其实并非如此，所以国家被灭亡、百姓被杀戮的事情才接连不断地发生。药草有莘、藟，两种药单独服用会致死，合在一起服用却会益寿。蝎子和紫堇都是毒药，配在一起反倒毒不死人。漆是液体，水也是液体，漆与水相遇却会凝固，越是潮湿就干得越快。铜很柔软，锡也很柔软，二者融合起来却会变硬，而用火焚烧又会变成液体。有的东西弄湿反倒变得干燥，有的东西焚烧反倒变成液体，物类本来就不是固定不变的，可以通过推断了解。

小的方形跟大的方形是同类的，小马跟大马是同类的，小聪明跟大聪明却不是同类的。鲁国有个叫公孙绰的人，告诉别人说：“我能使死人复活。”别人问他是什么缘故，他回答：“我本来就能治疗偏瘫，现在我把治疗偏瘫的药加倍，就可以使死人复活了。”公孙绰并不懂得，有的事物本来就只能在小处起作用却不能在大处起作用，只能对局部起作用却不能对全局起作用。

相剑的人说：“白色是表示剑坚硬，黄色是表示剑柔韧，黄白相杂，就表示既坚硬又柔韧，就是好剑。”反驳的人说：“白色是表示剑不柔韧，黄色是表示剑不坚硬，黄白相杂，就表示既不坚硬又不柔韧。而且柔韧就会卷刃，坚硬就会折断，剑既易折又卷刃，怎么能算利剑呢？”剑的实质没有变化，而有的人认为好，有的人认为不好，这是人为的议论造成的。所以如果能凭耳聪目明来听取议论，那么胡乱议论的人就得住口；不能凭耳聪目明听取议论，就会连议论的人是尧、是桀也分辨不清了。这正是忠臣感到忧虑的地方，也是贤人被弃用的原因。

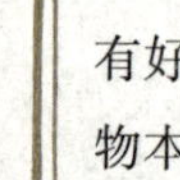

符合道义的事，小做就得小福，大做就得大福。灾祸则不是这样，稍有灾祸也不如没有好。射靶子的人希望射中的目标越小越好，射野兽的人则希望射中的野兽越大越好。事物本来就不是固定不变的，怎么能够推知呢？高阳应打算建造房舍，木匠答复说：“现在还不行，木料还湿，上面再加上泥，一定会被压弯。用湿木料盖房子，现在虽然很好，以后一定要倒塌。”高阳应说：“照你所说，房子恰恰不会倒塌。木料越干就会越结实有力，泥越干就会越轻，用越来越结实的东西承担越来越轻的东西，肯定不会倒塌。”木匠无言以对，只好奉命而行。房子刚落成时很好，后来果然倒塌了。高阳应是喜在小处明察，却不懂得大道理。

骥骜、绿耳等良马背朝太阳向西奔跑，到了傍晚，太阳却在它们的前方。眼睛本来就有看不到的东西，智慧本来就有弄不明白的道理，道术本来就有解释不了的地方。人们不知道一些事物的所以然，但它们确实就是这样。圣人顺应自然创制制度，不在一时不懂的地方进行主观判断。

有　度[1]

原　文

贤主有度而听，故不过。有度而以听，则不可欺矣，不可惶矣，不可恐矣，不可喜矣。以凡人之知，不昏乎其所已知，而昏乎其所未知，则人之易欺矣，可惶矣，可恐矣，可喜矣，知之不审也。

客有问季子曰：“奚以知舜之能也？”季子曰：“尧固已治天下矣，舜言治天下而合己之符，是以知其能也。”“若虽知之，奚道知其不为私？”季子曰：“诸能治天下者，固必通乎性命之情者，当无私矣。夏不衣裘，非爱裘也，暖有余也。冬不用篓，非爱篓也，清有余也。圣人之不为私也，非爱费也，节乎己也。节己，虽贪污之心犹若止，又况乎圣人？”

许由非强也，有所乎通也。有所通则贪污之利外矣。孔、墨之弟子徒属充满天下，皆以仁义之术教导于天下，然而无所行。教者术犹不能行，又况乎所教？是何也？仁义之术外也。夫以外胜内，匹夫徒步不能行，又况乎人主？唯通乎性命之情，而仁义之术自行矣。

先王不能尽知，执一而万物治。使人不能执一者，物感之也。故曰通意之悖，解心之缪，去德之累，通道之塞。贵富显严名利六者，悖意者也。容动色理气意六者，缪心者也。恶欲喜怒哀乐六者，累德者也。智能去就取舍六者，塞道者也。此四六者不荡乎胸中则正，正则静，静则清明，清明则虚，虚则无为而无不为也。

注　释

①**有度**：有法度，即摈弃一切私心，一切都由法度裁决。

译 文

贤明的君主坚持一定的准则听取议论，所以不犯错误。坚持一定的准则并依据它来听取议论，就不可以被欺骗了，不可以疑惧了，不可以被恐吓了，不可以被取悦了。普通人的智慧，对于自己已经了解的不糊涂，对于自己还不了解的却是糊涂的。如果凭着这种智慧听取议论，就容易被别人欺骗了，就可能疑惧了，可能被恐吓了，可能被取悦了，这是了解得不清楚造成的。

有个客人问季子说："根据什么知道舜有才能？"季子说："尧本来已经治理好天下了，舜谈论治理天下的方法符合尧的想法，因此知道他有才能。"客人问："你虽然知道他有才能，又根据什么知道他不会谋求私利呢？"季子说："那些能治理天下的人，一定是通晓生命本性的人，应该是没有私心的了。夏天不穿皮裘，并不是爱惜皮裘，而是因为温暖有余。冬天不用扇子，并不是爱惜扇子，而是因为寒凉有余。圣人不谋求私利，并不是爱惜财货，而是因为要节制自己。如能节制自己，贪心浊欲尚且能够抑止，又何况圣人呢？"

许由辞让天下并不是勉强做出来的，而是因为对生命本性有所通晓。有所通晓，就会摒弃不义不洁之利了。孔丘、墨翟的弟子门徒布满天下，他们都用仁义之道教导天下的人，但是他们的主张在哪个地方也得不到推行。教导他们的孔丘、墨翟尚且不能使自己的主张得到推行，又何况这些被教导的弟子？这是什么缘故呢？因为仁义之道是外在的。用外在的仁义克服内在的私心，平民百姓尚且做不到，又何况君主！只要通晓生命本性，仁义之道自然就能得以推行了。

先王不能无所不知，他们坚守根本之道，就把天下治理好了。使人不能执守根本之道的原因，是外物的扰动。所以说要弄通思想上的惑乱，解开心志上的纠结，去掉德行上的拖累，打通大道上的阻塞。高贵、富有、显荣、威严、声名、财利，这六种东西是惑乱思想的。容貌、举止、神情、辞理、意气、情意，这六种东西是扰乱心志的。嫌恶、爱恋、欣喜、愤怒、悲伤、欢乐，这六种东西是拖累德行的。智慧、才能、背离、趋就、择取、舍弃，这六种东西是阻塞大道的。这四类东西不在心中扰动，思想就纯正了，纯正就会平静，平静就会清净明澈，清净明澈就会虚无，做到虚无就会无所不为了。

分 职[1]

原 文

先王用非其有，如己有之，通乎君道者也。夫君也者，处虚素服而无智，故能使众智也；智反无能，故能使众能也；能执无为，故能使众为也。无智、无能、无为，此君主所执也。人主之所惑者则不然，以其智强智，以其能强能，以其为强为，此处人臣之职也。处人臣之职而欲无壅塞，虽舜不能为。

武王之佐五人，武王之于五人者之事无能也，然而世皆曰：“取天下者武王也。”故武王取非其有，如己有之，通乎君道也。通乎君道，则能令智者谋矣，能令勇者怒矣，能令辩者语矣。夫马者，伯乐相之，造父御之，贤主乘之，一日千里，无御相之劳而有其功，则知所乘矣。

今召客者，酒酣，歌舞鼓瑟吹竽，明日不拜乐己者，而拜主人，主人使之也。先王之立功名，有似于此，使众能与众贤，功名大立于世，不予佐之者，而予其主，其主使之也。譬之若为宫室，必任巧匠，奚故？曰：“匠不巧则宫室不善。”夫国，重物也，其不善也，岂特宫室哉？巧匠为宫室，为圆必以规，为方必以矩，为平直必以准绳。功已就，不知规矩绳墨，而赏匠巧匠也。宫室已成，不知巧匠，而皆曰：“善。此某君某王之宫室也。”此不可不察也。人主之不通主道者则不然，自为人则不能，任贤者则恶之，与不肖者议之，此功名之所以伤，国家之所以危。

枣，棘之有；裘，狐之有也。食棘之枣，衣狐之皮，先王固用非其有，而己有之。汤、武一日而尽有夏、商之民，尽有夏、商之地，尽有夏、商之财，以其民安而天下莫敢之危，以其地封而天下莫敢不说，以其财赏而天下皆竞，无费乎郼与岐周，而天下称大仁、称大义，通乎用非其有。

白公胜得荆国，不能以其府库分人。七日，石乞曰：“患至矣。不能分人则焚之，毋令人以害我。”白公又不能。九日，叶公入，乃发太府之货予众，出高库之兵以赋民，因攻之。十有九日而白公死。国非其有也而欲有之，可谓至贪矣；不能为人，又不能自为，可谓至愚矣。譬白公之啬，若枭之爱其子也。

●八骏巡游

卫灵公天寒凿池，宛春谏曰：“天寒起役，恐伤民。”公曰：“天寒乎？”宛春曰：“公衣狐裘，坐熊席，陬隅有灶，是以不寒。

今民衣弊不补，履决不组。君则不寒矣，民则寒矣。”公曰：“善。”令罢役。左右以谏曰：“君凿池，不知天之寒也，而春也知之。以春之知之也而令罢之，福将归于春也，而怨将归于君。”公曰：“不然。夫春也，鲁国之匹夫也，而我举之，夫民未有见焉，今将令民以此见之。曰春也有善，于寡人有也，春之善非寡人之善欤？”灵公之论宛春，可谓知君道矣。

君者固无任，而以职受任。工拙，下也；赏罚，法也，君奚事哉？若是则受赏者无德，而抵诛者无怨矣，人自反而已，此治之至也。

注释

①**分职**：君王要把职责区分开，不要越权而行，懂得为君之道。

译文

先王使用不是自身所有的东西就像自己所有的一样，这是因为他们通晓为君之道。君主这种人，居于清虚，执守朴素，看来没有什么智慧，所以能使用众人的智慧。智慧回归到无所能的境地，所以能使用众人的才能。能执守无为的原则，所以能使用众人的作为。这种无智、无能、无为，是君主所执守的。君主中的糊涂者却不是这样，他们硬凭自己有限的智慧逞聪明，硬凭自己有限的才能逞能，硬凭自己有限的作为做事情，这是使自己处于人臣的职位。使自己处于人臣的职位，又想不耳目闭塞，就是舜也办不到。

周武王的辅佐大臣有五个人，武王对于这五个人的职能一样也做不来，但世上都说取得天下的是武王。武王取用不是他自身所有的东西就像自己所有的一样，这是通晓为君之道啊！通晓为君之道，就能让聪明的人谋划，就能让勇武的人振奋，就能让善于言辞的人议论。马，伯乐这种人相察它，造父这种人驾驭它，贤明的君主乘坐马车，可以日行千里，没有相察和驾驭的辛劳，却有一日千里的结果，这就是知道乘马之道了。

譬如召请客人，饮酒酣畅之际，倡优歌舞弹唱。第二天，客人不拜谢使自己快乐的倡优，而拜谢主人，因为是主人命他们这样做的。先王建立功名与此相似，使用各位能人和贤人，在世上功名卓著，人们不把功名归于辅佐他的人，而归于君主，因为是君主使辅臣这样做的。这就像建造宫室一定要任用巧匠一样，是什么缘故呢？答案是工匠不巧，宫室就造不好。国家是极重要的东西，如果国家治理不好，所带来的危害岂止像宫室建造不好那样呢！巧匠建造宫室的时候，画圆一定要用圆规，画方一定要用矩尺，取平直一定要用墨线。事情完成以后，主人不知圆规、矩尺和墨线，只是赏赐巧匠。宫室造好以后，人们不知巧匠，而都说：“造得好，这是某某君主、某某帝王的宫室。”这个道理是不可不体察的。君主中不通晓为君之道的人则不是这样，自己去做做不了，任用贤者又对他们不放心，跟不肖的人议论他们，这是功名所以毁败、国家所以陷入危机的原因。

枣子是酸枣树结的，皮裘是狐皮做的。而人们吃酸枣树结的枣子，穿狐皮做的皮裘，先王当然也要把不是自身所有的事物当作自己所有来使用。商汤、周武王在短短的时间内就完全占有了夏商的百姓，完全占有了夏商的土地，完全占有了夏商的财富。他们凭借夏商的百姓安定自身，天下没有人敢危害他们，他们利用夏商的土地分封诸侯，天下没有人敢表示不悦，他们利用夏商的财富赏赐臣下，天下就都争相效力。没有耗费自己的一点东西，可是天下都称颂他们的大仁，称颂他们的大义，这是因为他们通晓了使用不是自身所有的东西的道理。

白公胜控制了楚国，舍不得把楚国仓库的财物分给别人。事发七天，石乞说："祸患就要到了，舍不得分给别人就把它烧掉，不要让别人利用它来危害我们。"白公胜又舍不得这样做。到了第九天，叶公进入国都，就发放太府的财物给民众，拿出高库的兵器分配给百姓，借以进攻白公。事发十九天，白公就失败而死。国家不是自己所有的，却想占有它，可以说是贪婪到极点了。占有了国家，不能用来为别人谋利，又不能用来为自己谋利，可以说是愚蠢到极点了。给白公的吝啬打个比喻，就好像猫头鹰疼爱自己的子女最后反被子女吃掉一样。

卫灵公让民众在天冷时挖池，宛春劝谏说："天冷时兴办工程，恐怕损害百姓。"灵公说："天冷吗？"宛春说："您穿着狐皮裘，坐着熊皮席，屋角又有火灶，所以不觉得冷。如今百姓衣服破旧不得缝补，鞋子坏了不得编织，您是不冷了，百姓可冷呢！"灵公说："你说得好。"就下令停止工程。侍从们劝谏说："您下令挖池，不知道天冷，宛春却知道。因为宛春知道就下令停止工程，好处将归于宛春，而怨恨将归于您。"灵公说："不是这样。宛春只是鲁国的一个平民，我举用了他，百姓对他还没有什么了解，现在要让百姓通过这件事了解他。而且宛春有善行就如同我有一样，宛春的善行不就是我的善行吗？"灵公这样议论宛春，可算是懂得为君之道了。

做君主的人，本来就没有具体职责，而是要根据臣下的职位委派他们责任。事情做得好坏，由臣下负责，该赏该罚，由法律规定，君主何必亲自去做呢？这样受赏的人就无须感激谁，被处死的人也无须怨恨谁，人人都反躬自省就够了，这是治理国家的最高明的做法。

处　方

原　文

凡为治必先定分[1]，君臣父子夫妇。君臣父子夫妇六者当位，则下不逾节而上不苟为矣，少不悍辟而长不简慢矣。金木异任，水火殊事，阴阳不同，其为民利一也。故异所以安同也，同所以危异也。同异之分，贵贱之别，长少之义，此先王之所慎，而治乱之纪也。

今夫射者仪毫而失墙，画者仪发而易貌，言审本也。本不审，虽尧、舜不能以治。故凡乱也者，必始乎近而后及远，必始乎本而后及末。治亦然。故百里奚处乎虞而虞亡，处乎秦而秦霸；向挚处乎商而商灭，处乎周而周王。百里奚之处乎虞，智非愚也；向挚之处乎商，典非恶也，无其本也。其处于秦也，智非加益也；其处于周也，典非加善也，有其本也。其本也者，定分之谓也。

齐令章子将而与韩、魏攻荆，荆令唐蔑将而拒之。军相当，六月而不战，齐令周最趣章子急战，其辞甚刻。章子对周最曰："杀之免之，残其家，王能得此于臣。不可以战而战，可以战而不战，王不能得此于臣。"与荆人夹泚水而军，章子令人视水可绝者，荆人射之，水不可得近。有刍水旁者，告齐候者，曰："水浅深易知。荆人所盛守，尽其浅者也；所简守，皆其深者也。"候者载刍者与见章子，章子甚喜，因练卒以夜奄荆人之所盛守，果杀唐蔑。章子可谓知将分矣。

韩昭釐侯出弋，靷偏缓。昭釐侯居车上，谓其仆："靷不偏缓乎？"其仆曰："然。"至，舍，昭釐侯射鸟，其右摄其一靷，适之。昭釐侯已射，驾而归，上车，选间，曰："乡者靷偏缓，今适，何也？"其右从后对曰："今者臣适之。"昭釐侯至，诘车令，各避舍[②]。故擅为妄意之道，虽当，贤主不由也。

今有人于此，擅矫行则免国家，利轻重则若衡石，为方圜则若规矩，此则工矣巧矣，而不足法。法也者，众之所同也，贤不肖之所以其力也。谋出乎不可用，事出乎不可同，此为先王之所舍也。

注　释

①分：名分、职分。**②避舍**：离开房屋，露宿在外，形容惶恐请罪。

译　文

凡治国一定要先确定名分，使君臣、父子、夫妇名实相副。君臣、父子、夫妇六种人各居其位，那么地位低下的人就不会超越礼法，地位尊贵的人就不会随意而行了，晚辈就不会凶暴邪僻、长者就不会怠惰轻忽了。金木功用各异，水火用途有别，阴阳性质不同，但它们作为对人们有用之物则是相同的。所以差异是保证同一的，同一是端正差异的。同一和差异的区分，尊贵和卑贱的区别，长辈和晚辈的伦理，这是先王所慎重的，是国家太

平或者混乱的关键。

而今射箭的人，仔细观察毫毛就会看不见墙壁；画画的人，仔细观察毛发就会忽略容貌，这说明要弄清根本。根本的东西不弄清，即使尧舜也不能治理好天下。所以凡是祸乱，一定先从身边产生而后延及远处，一定先从根本产生而后延及微末。国家太平也是如此。百里奚在虞国而虞国灭亡，在秦国而秦国称霸。向挚在殷商而殷商覆灭，在周国而周国称王。百里奚在虞国的时候，他的才智并不低下，向挚在殷商的时候，所掌管的典籍并不是不好。虞、商之所以灭亡，是因为没有明白治国之本。百里奚在秦国时，他的才智并没有进一步增加；向挚在周国的时候，他的典籍并没有进一步完善。秦、周之所以兴盛，是因为具有治国之本。所谓治国之本，说的就是确定名分。

齐王命令章子率兵同韩、魏两国攻楚，楚命唐蔑率兵应敌。两军对峙，六个月不交战。齐王命周最催促章子迅速开战，言辞非常刻薄。章子回答周最说："杀死我，罢免我，杀戮我的全族，这些齐王对我都可以做到，不可交战硬让交战，可以交战不让交战，这些齐王在我这里办不到。"齐军与楚军隔沘水驻军对垒，章子派人察看河水可以横渡之处，楚军放箭，齐军的侦察兵无法靠近河边。有一个人在河边割草，告诉齐军侦察兵说："河水的深浅很容易知道。凡是楚军防守严密的，都是水浅的地方；防守松懈的，都是水深的地方。"齐军侦察兵让割草的人坐上车，和他一起来见章子。章子非常高兴，于是就乘着黑夜用精兵突袭楚军严密防守的地方，果然大胜，杀死了唐蔑。章子可算是知道为将的职责了。

韩昭釐侯外出射猎，边马拉车的皮带有一侧松了。昭釐侯在车上，对他的车夫说："皮带不是有一侧松了吗？"车夫说："是的。"到了猎场，车停了下来，昭釐侯去射鸟，他的车右把那侧松了的皮带重新拴紧，使它长短适宜。昭釐侯射猎结束以后，套好车回去。昭釐侯上了车，过了一会儿，说："先前皮带有一侧松了，现在长短适宜，这是怎么回事？"他的车右从身后回答："刚才我把它拴好了。"昭釐侯回到朝中，就此事责问车令，车令和车右都惶恐地离开住室请罪。所以擅自行动、凭空猜测的做法，即使恰当，贤主也不照此而行。

假如有这样一个人，擅自假托君命行事可使国家免于祸患，确定轻重可以像衡器那样准确，画方圆可以像用圆规矩尺那样标准，这种人精巧是很精巧，但是不值得效法。所谓法，是众人共同遵守的，是使贤与不肖之人都竭尽其力的。计谋想出来不能采用，事情做出来不能普遍推行，这是先王所舍弃的做事方法。

慎 小

原 文

上尊下卑。卑则不得以小观上。尊则恣，恣则轻小物，轻小物则上无道知下，下无道知上。上下不相知，则上非下，下怨上矣。人臣之情，不能

为所怨；人主之情，不能爱所非，此上下大相失道也，故贤主谨小物以论好恶。巨防容蝼，而漂邑杀人；突泄一熛，而焚宫烧积；将失一令，而军破身死；主过一言，而国残名辱，为后世笑。

卫献公戒孙林父、宁殖食。鸿集于囿，虞人以告，公如囿射鸿。二子待君，日晏，公不来至，来不释皮冠而见二子[①]，二子不说，逐献公，立公子黚。

卫庄公立，欲逐石圃，登台以望，见戎州而问之曰："是何为者也？"侍者曰："戎州也。"庄公曰："我姬姓也，戎人安敢居国？"使夺之宅，残其州。晋人适攻卫，戎州人因与石圃杀庄公，立公子起。此小物不审也。人之情不蹶于山，而蹶于垤。

齐桓公即位，三年三言，而天下称贤，群臣皆说。去肉食之兽，去食粟之鸟，去丝罝之网。

吴起治西河，欲谕其信于民，夜日置表于南门之外，令于邑中曰："明日有人偾南门之外表者，仕长大夫。"明日日晏矣，莫有偾表者。民相谓曰："此必不信。"有一人曰："试往偾表，不得赏而已，何伤？"往偾表，来谒吴起。吴起自见而出，仕之长大夫。夜日又复立表，又令于邑中如前。邑人守门争表，表加植，不得所赏。自是之后，民信吴起之赏罚。赏罚信乎民，何事而不成，岂独兵乎？

注　释

①**皮冠**：白鹿皮制成的帽子。不释皮冠，是一种不礼貌的行为。

译　文

主上地位尊贵，臣下地位低贱。地位低贱就不能通过小事观察了解主上。地位尊贵就会骄恣，骄恣就会忽视小事，忽视小事，主上就没有途径了解臣下，臣下也没有途径了解主上。上下互相不了解，主上就会责怪臣下，臣下就会怨恨主上了。就人臣的常情来说，不能为自己所怨恨的君主尽忠竭力；就君主的常情来说，也不能喜爱自己所责怪的臣下，这是造成上下出现严重隔阂的原因。所以贤明的君主慎重对待小事，以表明自己的爱憎。大堤中伏藏一只蝼蛄，就会引起水灾，冲毁城邑，淹死民众。烟囱里漏出一个火星，就会引起大火，焚毁宫室，烧掉积聚的财物。将领下错一道命令，就会导致兵败身死。君主说错一句话，就会导致国破名辱，被后世讥笑。

卫献公约孙林父、宁殖吃饭。正巧有雁群落在苑囿中，虞人把它报告给献公，献公就

去苑囿射雁。孙林父、宁殖两个人等待国君，天色已晚，献公还不回来。回来以后，又连皮冠也不摘就与二人见礼，孙林父和宁殖很不高兴，就驱逐了献公，立公子黚为君。

卫庄公被立为国君，打算驱逐石圃，他登上高台远望，看到了戎州，就问道："这里是什么地方？"侍从说："这是戎州。"庄公说："我和周天子同为姬姓，戎人怎么敢住在我的国家？"派人抢夺戎人的住宅，毁坏他们的州邑。这时恰好晋国攻卫，戎人乘机跟石圃一起攻杀庄公，立公子起为君。这是由于对小事不谨慎造成的。人之常情都是如此，谁也不会被高山绊倒，却往往会被蚁穴绊倒。

齐桓公做了国君，三年只说了三句话，天下就称颂他的贤德，群臣也都很高兴。这三句话是：赶走苑囿中吃肉的野兽，赶走宫廷中吃粮食的鸟雀，去掉用丝编织的兽网。

吴起治理西河，想向百姓表明自己的信用，前一天在南门外竖起一根木柱，对全城百姓下令："明天如果有人能把南门外的木柱扳倒，就让他做长大夫。"第二天直到天黑，也没有人去扳倒木柱。人们一起议论："这些话一定不是真的。"有一个人说："我去把木柱扳倒试试，最多得不到赏赐罢了，有什么妨害？"这个人去扳倒了木柱，来禀告吴起。吴起亲自接见他，把他送出来，任命他为长大夫。而后又在前一天立起木柱，像前一次一样又对全城百姓下了命令。全城人都围在南门争相去扳木柱，木柱埋得很深，谁也没有得到赏赐。从此以后，百姓相信了吴起的赏罚措施。赏罚取信于百姓，做什么做不成？岂止是用兵呢！

士容论第六

士　容

原　文

士不偏不党，柔而坚，虚而实。其状朗然不儇[1]，若失其一。傲小物而志属于大，似无勇而未可恐狼，执固横敢而不可辱害，临患涉难而处义不越，南面称寡而不以侈大。今日君民而欲服海外，节物甚高而细利弗赖，耳目遗俗而可与定世，富贵弗就而贫贱弗揭，德行尊理而羞用巧卫，宽裕不訾而中心甚厉，难动以物而必不妄折，此国士之容也。

齐有善相狗者，其邻假以买取鼠之狗，期年乃得之，曰："是良狗也。"

其邻畜之数年，而不取鼠，以告相者。相者曰："此良狗也。其志在獐麋豕鹿，不在鼠，欲其取鼠也则桎之。"其邻桎其后足[2]，狗乃取鼠。夫骥骜之气，鸿鹄之志，有谕乎人心者，诚也。人亦然，诚有之则神应乎人矣，言岂足以谕之哉？此谓不言之言也。

客有见田骈者，被服中法，进退中度，趋翔闲雅，辞令逊敏。田骈听之毕而辞之。客出，田骈送之以目。弟子谓田骈曰："客，士欤？"田骈曰："殆乎非士也。今者客所弇敛，士所术施也；士所弇敛，客所术施也。客殆乎非士也。"故火烛一隅，则室偏无光。骨节蚤成，空窍哭历，身必不长。众无谋方，乞谨视见，多故不良。志必不公，不能立功。好得恶予，国虽大不为王，祸灾日至。故君子之容，纯乎其若钟山之玉，桔乎其若陵上之木，淳淳乎慎谨畏化，而不肯自足，乾乾乎取舍不悦，而心甚素朴。

唐尚敌年为史，其故人谓唐尚愿之，以谓唐尚。唐尚曰："吾非不得为史也，羞而不为也。"其故人不信也。及魏围邯郸，唐尚说惠王而解之围，以与伯阳，其故人乃信其羞为史也。居有间，其故人为其兄请，唐尚曰："卫君死，吾将汝兄以代之。"其故人反兴再拜而信之。夫可信而不信，不可信而信，此愚者之患也。知人情不能自遗，以此为君，虽有天下，何益？故败莫大于愚。愚之患，在必自用。自用则戆陋之人从而贺之，有国若此，不若无有。古之与贤，从此生矣。非恶其子孙也，非徼而矜其名也，反其实也[3]。

注　释

①**朗**：明亮。②**桎**：本意是脚镣，这里为动词，指用器械束缚。③**反**：依据。

译　文

士人不偏私、不结党，柔弱而又刚强，清虚而又充实。他们看上去光明磊落而不刁滑，好像忘记了自身的存在。他们藐视琐事而专心于远大的目标，似乎没有胆气却又不可恐吓威胁，坚定勇悍而不可被污辱伤害，遭遇危难能够守义不失，南面称王也不傲慢恣睢。一旦君临天下就准备收服海外，行事高瞻远瞩而不热衷于小利，视听超尘绝俗可以安定社会，不追求富贵、不摒弃贫贱，德行尊重理义而羞于使用奸巧诈伪，胸怀宽广不诋毁他人，心志非常高远，难用外物打动而决不妄自屈节，这些就是国士的风范。

齐国有个擅长相狗的人，邻居委托他买一条捕鼠的狗。他用了整整一年时间才买到，对邻居说："这是一条出色的狗啊！"他的邻居喂养了好几年，狗却不捕鼠，邻居就把这种

情况告诉了相狗的人。相狗的人说："这是一条出色的狗。它的志向在猎取獐麋猪鹿，不在捕鼠。想让它捕鼠就要把它的后腿用绳子拴在一起。"邻居拴住了狗的后腿，狗这才捕鼠。桀骜的气质，鸿鹄的心志，能够被人们知晓，是因为这种气质和心志确实存在。人也是如此，确实具备了心志，精神就能使别人感知了，言语哪能完全使人相信呢？这就是不言之言啊！

有个前来拜见田骈的客人，服饰合乎规范，进退合乎礼仪，举止娴静文雅，言辞恭顺敏锐。田骈刚听他说完话，便谢绝了他。客人离去的时候，田骈一直注视着他。弟子们对田骈说："来客是位士人吧？"田骈说："恐怕不是士人啊！刚才来客遮蔽隐藏的地方，正是士人申说施行的地方，而士人遮蔽隐藏的地方，也正是来客申说施行的地方，来客恐怕不是个士人啊！"所以火光只照一个角落，就有半间房屋没有光亮。骨骼过早长成，质地就疏松不实，身材一定长不高大。常人不谋求道义，只是拘泥于外在仪表，就会巧诈多端。心志如果不正，就不能建立功业。喜好聚敛而不愿施舍，国家再大也不能统一天下，灾祸就会天天发生。所以君子的仪容风范，像昆仑山的玉石一样美好，像高山上的大树一样挺拔，他们朴实，言行谨慎，敬畏教令，而不敢骄傲自满，他们孜孜不倦，取舍严肃不苟，而心地非常淳朴。

唐尚的同龄人有的做了史官，他的旧友以为他也希望这样，就把消息告诉了唐尚。唐尚说："我并不是没有机会做史官，而是感到羞耻不去做。"他的旧友并不相信。到了魏国围困邯郸的时候，唐尚通过劝说魏惠王解了邯郸之围，赵国就把伯阳邑封给唐尚，他的旧友这才相信他真的羞于做史官。过了一些日子，这个旧友又为自己的哥哥申请官职。唐尚说："等卫国君主死了，我让你哥哥代替他。"他的旧友起身离席，退避再拜，竟然信以为真。这个人对可信的事不相信，对不可信的事反倒相信，这是蠢人的弊病。知道别人贪求私利，自己却不能远离这种欲望，靠这个做君主，即使据有天下，又有什么益处？所以没有比愚蠢更能坏事的了。愚蠢的弊病，在于刚愎自用。刚愎自用，憨直无知的人就会跑来祝贺他。像这样据有国家，就不如没有。古代让贤的事情就是由此产生的。让贤的人并不是憎恶自己的子孙，并不是追求和夸耀这个名声，而是基于实际情况才这样做的。

务　大①

原　文

尝试观于上志，三王之佐，其名无不荣者，其实无不安者，功大故也。俗主之佐，其欲名实也与三王之佐同，其名无不辱者，其实无不危者，无功故也。皆患其身不贵于其国也，而不患其主之不贵于天下也，此所以欲荣而逾辱也，欲安而逾危也。

孔子曰："燕爵争善处于一屋之下[②]，母子相哺也，区区焉相乐也，自以为安矣。灶突决，上栋焚，燕爵颜色不变，是何也？不知祸之将及之也，不亦愚乎？为人臣而免于燕爵之智者寡矣。夫为人臣者，进其爵禄富贵[③]，父子兄弟相与比周于一国，区区焉相乐也，而以危其社稷，其为灶突近矣，而终不知也，其与燕爵之智不异。"故曰：天下大乱，无有安国；一国尽乱，无有安家；一家尽乱，无有安身。此之谓也。故细[④]之安必待大，大之安必待小。细大贱贵，交相为赞，然后皆得其所乐。

薄疑说卫嗣君以王术，嗣君应之曰："所有者千乘也，愿以受教。"薄疑对曰："乌获举千钧，又况一斤？"杜赫以安天下说周昭文君，昭文君谓杜赫曰："愿学所以安周。"杜赫对曰："臣之所言者不可，则不能安周矣；臣之所言者可，则周自安矣。"此所谓以弗安而安者也。

郑君问于被瞻曰："闻先生之义，不死君，不亡君，信有之乎？"被瞻对曰："有之。夫言不听，道不行，则固不事君也。若言听道行，又何死亡哉？"故被瞻之不死亡也，贤乎其死亡者也。

昔有舜欲服海外而不成，既足以成帝矣。禹欲帝而不成，既足以王海内矣。汤、武欲继禹而不成，既足以王通达矣。五伯欲继汤、武而不成，既足以为诸侯长矣。孔、墨欲行大道于世而不成，既足以成显荣矣。夫大义之不成，既有成已，故务事大。

注释

①**务大**：做大事。②**爵**：通"雀"。③**进**：增益。④**细**：微小，这里指局部。

译文

试看古代的记载，三王的辅佐之臣，名声没有不荣耀的，地位没有不安稳的，这是因为功劳很大的缘故。平庸君主的辅佐之臣，他们希望获得荣耀的名声和安稳的地位，这和三王的辅佐之臣是相同的，但名声没有不被认为是耻辱的，地位没有不危险的，这是因为没有功劳的缘故。他们都担心自身不显贵于本国，却不担心君主不显贵于天下，这是他们希望荣耀反而更加耻辱，希望安定反而更加危险的原因。

孔子说："燕雀争相在屋檐下的好地方筑巢，母鸟喂养着小鸟，怡然自得地一起嬉戏，自以为很安全了。即使烟囱破裂，头上的房梁燃烧起来，燕雀仍然面不改色，这是什么缘故呢？是因为它们不知道灾祸将殃及自身，这不是很愚蠢吗？做臣子的，能够避免有燕雀

这种见识的人太少了，那些做臣子的人，增益他们的爵禄富贵，父子兄弟一起在国内结党营私，怡然自得地一起游乐，以此危害国家。他们离烟囱很近了，但始终也察觉不到，这同燕雀的见识恐怕没有什么区别。”所以说天下大乱，就没有安定的国家；国家大乱，就没有安定的家室；家室大乱，就没有安定的个人。这些话说的就是上述情况。所以局部的安定，一定要靠全局的安定；全局的安定，也一定要靠局部的安定。全局和局部、尊贵和卑贱互相帮助，然后才能各自都实现自己的愿望。

薄疑用统一天下的方略游说卫嗣君，卫嗣君对他说：“我拥有的只是个有着千辆兵车的小国，希望就此听取您的指教。”薄疑回答：“假如能像乌获那样力举千钧，那么又何况一斤呢？”杜赫用安定天下的方法游说周昭文君，昭文君对杜赫说：“我希望学习安定周国的方法。”杜赫回答：“我所说的如果您做不到，那么周国也就不能安定，我所说的您做到了，那么周国自然就会安定了。”杜赫的这种方法，就是所谓不去安定它，而使它自然得以安定。

郑君问被瞻说：“听说您的主张是不为君主而死，不为君主出亡，真的有这样的话吗？”被瞻说：“有。如果言论不被听从，主张不被实行，那么这本来就不算侍奉君主，如果言论被听从，主张被实行，君主自然身安，又哪里需要为他去死、为他出亡呢？”所以被瞻不为君主死难出亡，胜过那些为君主死难出亡的人。

从前舜想征服海外而没有成功，但已足以成就帝业了。禹想成就帝业而没有成功，但已足以统一海内了。商汤、周武王想继承禹的功业而没有成功，但已足以统一人力舟车所能到达的地区了。五霸想继承商汤、周武的功业没有成功，但已足以成为诸侯之长了。孔丘、墨翟想在天下实行大道而没有成功，但已足以成为显荣之人了。大事不能成功，结果还是会有所成就，所以一定要努力干大事。

上　农[1]

原　文

古先圣王之所以导其民者，先务于农。民农非徒为地利也，贵其志也。民农则朴，朴则易用，易用则边境安，主位尊。民农则重，重则少私义，少私义则公法立，力专一。民农则其产复，其产复则重徙，重徙则死其处而无二虑。民舍本而事末则不令，不令则不可以守，不可以战。民舍本而事末则其产约，其产约则轻迁徙，轻迁徙则国家有患皆有远志，无有居心。民舍本而事末则好智，好智则多诈，多诈则巧法令[2]，以是为非，以非为是。

后稷曰：“所以务耕织者，以为本教也。”是故天子亲率诸侯耕帝籍田，大夫士皆有功业。是故当时之务，农不见于国，以教民尊地产也。后妃率

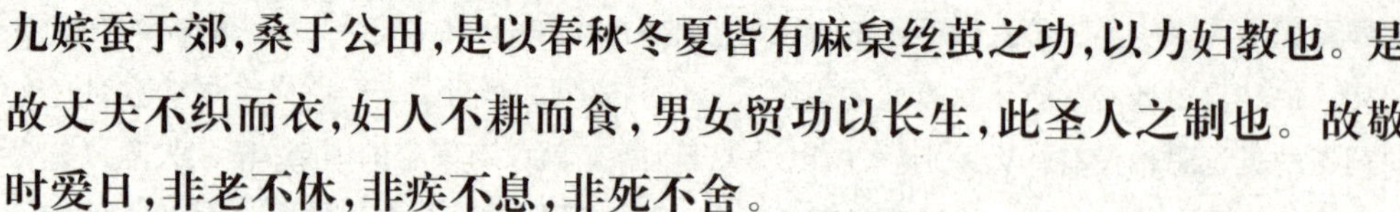

九嫔蚕于郊，桑于公田，是以春秋冬夏皆有麻枲丝茧之功，以力妇教也。是故丈夫不织而衣，妇人不耕而食，男女贸功以长生，此圣人之制也。故敬时爱日，非老不休，非疾不息，非死不舍。

上田，夫食九人，下田，夫食五人，可以益，不可以损。一人治之，十人食之，六畜皆在其中矣。此大任地之道也。

故当时之务，不兴土功，不作师徒，庶人不冠弁、娶妻、嫁女、享祀，不酒醴聚众，农不上闻，不敢私籍于庸，为害于时也。然后制野禁，苟非同姓，农不出御，女不外嫁，以安农也。

野禁有五：地未辟易，不操麻，不出粪；齿年未长，不敢为园囿；量力不足，不敢渠地而耕；农不敢行贾；不敢为异事，为害于时也。

然后制四时之禁：山不敢伐材下木，泽人不敢灰僇，缳网罝罦不敢出于门，罛罟不敢入于渊，泽非舟虞不敢缘名，为害其时也。

若民不力田，墨乃家畜[3]。国家难治，三疑乃极。是谓背本反则，失毁其国。

凡民自七尺以上属诸三官，农攻粟，工攻器，贾攻货。时事不共，是谓大凶。夺之以土功，是谓稽，不绝忧唯，必丧其秕；夺之以水事，是谓籥，丧以继乐，四邻来虚；夺之以兵事，是谓厉，祸因胥岁，不举铚艾。数夺民时，大饥乃来。野有寝耒，或谈或歌，旦则有昏，丧粟甚多。皆知其末，莫知其本真。

注　释

①**上农**：崇尚农业。本篇是农家学派的观点。②**巧法令**：玩弄法令。③**墨**：通“没”，罚没。

译　文

古代圣王引导他的百姓的方法，首先是致力于农业。使百姓从事农业，不仅是为了地利的出产，而且是为了陶冶他们的心志。百姓从事农业生产，思想就会朴实，朴实就容易役使，容易役使那么边境就会安定，国君地位就会受到尊崇。百姓从事农业生产，作风就会持重，持重就会很少私下发表议论，很少私下发表议论，国家的法制就能确立，民力就能专一。百姓从事农业，家产就繁多，家产繁多就会害怕迁徙，害怕迁徙就会老死故乡而没有别的考虑。百姓舍弃农业而从事工商就会不听从命令，不听从命令就不能依靠他们防守，不能依靠他们攻战。百姓舍弃农业从事工商业，家产就简单，家产简单就会随意迁徙，

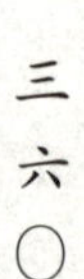

随意迁徙，国家遭遇患难就会都想远走高飞，没有安居之心。百姓舍弃农业从事工商，就会喜好要弄智谋，喜好要弄智谋，其行为就诡诈多端，行为诡诈多端就会在法令上要机巧，把对的说成是错的，把错的说成是对的。

后稷说：“之所以要致力于耕织，是因为这是教化的根本。”因此天子亲自率领诸侯耕种籍田，大夫、士人也都有各自的职责。正当农忙的时候，农民不得在都邑出现，以此教育他们重视田地里的生产。后妃率领九嫔到郊外养蚕，到公田采桑，因而一年四季都有麻的种植、缫丝等事情要做，以此来尽力完成对妇女的教化。所以男子不织布却有衣穿，妇女不种田却有饭吃，男女交换劳动得以维持生活，这是圣人的法度。所以要慎守农时，爱惜光阴，不到年老不得停止劳作，不是患病不得休息，不到死时不得舍弃农事。

●耕种

种上等田地，每个农夫要供养九个人，种下等田地，每个农夫要供养五个人，供养的人数只能增加，不能减少。一个人种田，要供十个人消费，饲养的各种家畜都包括在这一要求之内，可以折合计算。这是充分利用土地的方法。

所以正当农事大忙的时候，不要大兴土木，不要进行战争，平民如果不是加冠、娶妻、嫁女、祭祀，就不得摆酒聚会。农民如果不是向官府申请得到批准，就不得私自雇人代耕，因为这些事都是妨碍农事的。如果不是因为同姓的缘故，男子就不得从外地娶妻，女子也不得出嫁到外地，以便使农民安居于一地。

乡野的禁令有五条：土地尚未整治，不得种麻，不得扫除污秽；未上年纪，不得从事园圃中的劳动；估计力量不足，不得扩大耕地；农民不得经商；不得去做其他的事情，因为这些事都妨碍农时。

还要规定各个季节的禁令：不到适当的季节，山中不得伐木取材，水泽地区不得烧灰割草，捕获鸟兽的罗网不得带出门外，渔网不得下水，不是主管舟船的官员不得找借口行

船，因为这些事都妨碍农时。

如果百姓不尽力于农耕，就没收他们的家产。因为不这样做，农、工、商就会互相效仿，国家就难以治理。这就叫作背离根本，违反法则，就会导致国家的丧亡毁灭。

凡是百姓，自成年以上就分别归属于农、工、商三种职业。农民生产粮食，工匠制作器物，商人经营货物。举措与农时不相适应，这叫作不祥之至。以大兴土木侵夺农时，叫作“延误”，百姓就会忧思不断，田里一定连税谷也收不到。以治理水患侵夺农时，叫作“浸泡”，悲伤就会继欢乐之后来到，四方邻国就会来侵害。用进行战争侵夺农时，叫作“虐害”，灾祸就会终年不断，根本不能开镰收割。连续侵夺百姓农时，严重的饥荒就会发生。田中到处是闲置的农具，农民有的闲谈，有的唱歌，早上看是如此，到傍晚仍照旧，农民人人无心劳动，损失的粮食必定很多。人们看到了这种现象，却没有谁知道重农这个根本。

任　地[1]

原　文

后稷曰：“子能以窐为突乎[2]？子能藏其恶而揖之以阴乎？子能使吾士靖而甽浴士乎？子能使保湿安地而处乎？子能使雚夷毋淫乎？子能使子之野尽为泠风乎？子能使藁数节而茎坚乎？子能使穗大而坚均乎？子能使粟圜而薄糠乎？子能使米多沃而食之强乎？无之若何？”

凡耕之大方：力者欲柔，柔者欲力；息者欲劳，劳者欲息；棘者欲肥，肥者欲棘；急者欲缓，缓者欲急；湿者欲燥，燥者欲湿。上田弃亩，下田弃甽。五耕五耨，必审以尽。其深殖之度，阴土必得，大草不生，又无螟蜮。今兹美禾，来兹美麦。

是以六尺之耜，所以成亩也；其博八寸，所以成甽也。耨柄尺，此其度也；其耨六寸，所以间稼也。地可使肥，又可使棘。人肥必以泽，使苗坚而地隙；人耨必以早，使地肥而土缓。

草諯大月。冬至后五旬七日，菖始生。菖者，百草之先生者也，于是始耕。孟夏之昔，杀三叶而获大麦。日至，苦菜死而资生，而树麻与菽，此告民地宝尽死。凡草生藏日中出，狶首生而麦无叶，而从事于蓄藏，此告民究也。五时见生而树生，见死而获死。天下时，地生财，不与民谋。

有年瘗土，无年瘗土。无失民时，无使之治下。知贫富利器，皆时至而

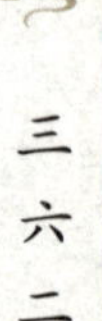

作，濁时而止。是以老弱之力可尽起，其用日半，其功可使倍。

不知事者，时未至而逆之，时既往而慕之，当时而薄之，使其民而郄之。民既郄，乃以良时慕，此从事之下也。操事则苦，不知高下，民乃逾处。种稑禾不为稑，种重禾不为重，是以粟少而失功。

注释

①任地：利用土地。**②以窐为突**：把低洼的土地改造为较高的土地。窐，同“洼”。

译文

后稷说：“你能把洼地改造成高地吗？你能把劣土除掉而代之以湿润的土吗？你能使土地状况合宜并用垄沟排水吗？你能使种子播得深浅适度并在土里保持湿润吗？你能使田里的杂草不滋长蔓延吗？你能使你的田地吹遍和风吗？你能使谷物节多而茎秆坚挺吗？你能使庄稼穗大而且坚实均匀吗？你能使籽粒饱满，麸皮又薄吗？你能使谷米油性大，吃着有嚼劲吗？这些应该怎样做到呢？”

耕作的大原则是：刚硬的土地要使它柔软些，柔软的土地要使它刚硬些；闲置的土地要频繁种植，频繁种植的土地要休耕；贫瘠的土地要使它肥沃，过于肥沃的土地要使它贫瘠些；坚实的土地要使它疏松些，疏松的土地要使它坚实些；过湿的土地要使它干燥些，干燥的土地要使它湿润些。高处的田地，不要把庄稼种在田垄上，低洼的田地，不要把庄稼种在垄沟里。播种之前耕五次，播种之后锄五次，一定要做得仔细彻底。耕种的深度，以见到湿土为准。这样田垦就不生杂草，又没有各种害虫。今年种谷子，就收好谷子，明年种麦子，就收好麦子。

耜的长度为六尺，是为了用来测定田垄的宽窄，它的刃宽八寸，是为了用来挖出标准的垄沟。锄的柄长一尺，这是作物行距的标准；它的刃宽六寸，这是为了便于间苗。土地可以使它肥沃，也可以使它贫瘠。耕地一定要趁土地湿润的时候，这样可使土中有空隙，苗根扎得牢固；锄地一定要在土地干燥时，这样可使地表疏松，保持土壤肥力。

草类到十月就要枯萎。冬至以后的第五十七天，菖蒲开始萌生。菖蒲是百草中最先萌生的，这时开始耕地。四月下旬，荠、葶苈、菥蓂三种植物枯死，这时就要收获大麦。夏至，苦菜枯死，蒺藜长出，这时就要种植麻和小豆，这是告诉人们种地的宝贵时节已到尽头。秋分，豨首生出，谷子黄熟，这时就要进行收割蓄藏，这是告诉人们一年的农事已毕。百草的生死可作为农事活动的依据。一年四季，见到某种草类萌生，就要种植应在此时萌生的作物，见到某种草类枯死，就要收获正当这时成熟的作物。上天降四时，土地生财富，这是自然之道，不必与下民商量的。

丰收要祭祀土神，歉收也要祭祀土神。不要使百姓错过农时，不要使他们做蠢事。要使民众懂得致富之道，做到时令一到就行动，时令结束就停止。这样连老弱的力量都可以

完全调动起来，收到事半功倍之效。

不懂农事的人，农时未到就提前行动，农时已过则后悔不已，而正当农时却又毫不在意，役使百姓而延误农时。已经把百姓的农时贻误了，事后却又因此对大好时光思念不已，这是管理农事最愚笨的方法。这就会把事情办坏，不知怎样做是高明，怎样做是愚笨，百姓就会苟且偷安。种早熟庄稼不像早熟庄稼，种晚熟庄稼不像晚熟庄稼，因而收获的粮食很少，没有什么成效。

辩　土[①]

原　文

凡耕之道，必始于垆，为其寡泽而后枯。必厚其靹，为其唯厚而及。飬者莛之，坚者耕之，泽其靹而后之。上田则被其处，下田则尽其污。无与三盗任地[②]。夫四序参发，大甽小亩，为青鱼胠，苗若直猎，地窃之也。既种而无行，耕而不长，则苗相窃也[③]。弗除则芜，除之则虚，则草窃之也。故去此三盗者，而后粟可多也。

所谓今之耕也，营而无获者，其蚤者先时，晚者不及时，寒暑不节，稼乃多菑。实其为亩也，高而危则泽夺，陂则埒，见风则蹶，高培则拔，寒则雕，热则修，一时而五六死，故不能为来。不俱生而俱死，虚稼先死，众盗乃窃，望之似有余，就之则虚。农夫知其田之易也，不知其稼之疏而不适也；知其田之际也，不知其稼居地之虚也。不除则芜，除之则虚，此事之伤也。

●翻耕

故亩欲广以平，甽欲小以深，下得阴，上得阳，然后咸生。稼欲生于尘而殖于坚者，慎其种，勿使数，亦无使疏，于其施土，无使

不足，亦无使有余。熟有耰也，必务其培，其耰也植，植者其生也必先。其施土也均，均者其生也必坚。是以亩广以平则不丧本。茎生于地者，五分之以地。茎生有行，故速长；弱不相害，故速大。衡行必得，纵行必术。正其行，通其风，夬心中央，帅为泠风。苗，其弱也欲孤，其长也欲相与居，其熟也欲相扶。是故三以为族，乃多粟。

凡禾之患，不俱生而俱死。是以先生者美米，后生者为秕。是故其耨也，长其兄而去其弟。树肥无使扶疏，树垸不欲专生而族居。肥而扶疏则多秕，垸而专居则多死。不知稼者，其耨也，去其兄而养其弟，不收其粟而收其秕。上下不安，则禾多死。厚土则孽不通，薄土则蕃镭而不发。

垆埴冥色，刚土柔种，免耕杀匿，使农事得。

注　释

①辩土：耕作时要分辨土地的不同情况，来选择耕种方法。**②三盗：**地窃、苗窃、草窃。**③苗相窃：**庄稼没有行列，说明庄稼种得太密，互相争夺养分。

译　文

耕地的原则是：一定要从垆土开始，因为这种土水分少，干土层厚。一定要把柔润的地放到后面耕，因为这种土即使拖延一下也还来得及耕种。水分饱和的土地要缓耕，坚硬的土地要立即耕，柔润的土地要放在一边推迟耕。高处的土地耕后要把地面耙平，低湿的土地首先要把积水排净。不要让“三盗”和自己一起使用土地。四时依次出现，是与农事相参验的。有些人田畦做得太窄，垄沟做得太宽，田畦看上去就像一条条被困在地上的青鱼，上面的禾苗长得像兽颈上的鬃毛，这是地盗，地把苗侵吞了。庄稼种下去却密密麻麻地没有行列，尽力耕耘也难以长大，这是苗盗，苗与苗相互侵吞了。不除杂草，地就要荒芜，清除杂草又会弄伤苗根，这是草盗，草把苗侵吞了。所以必须除掉这三盗，然后才能多收获粮食。

当今有些人从事农耕，尽力经营却没有收获，这是因为他们行动早的先于农时，行动迟的赶不上农时，四季的劳作不合时节，所以庄稼多遭灾害。他们修治田畦，修得又高又陡，这样水分就容易散失；畦坡过于倾斜，畦面就容易倾塌。庄稼种在这样的田畦上，遇风就会倒伏，培土过高就会连根拔出，天气冷一点就会凋零，天气热一点就会枯萎。同时有五六种致死的途径，所以不可能有好收成。庄稼不同时出土，却同时成熟。现在根虚活的提前死掉，于是地盗、苗盗、草盗就会出现。这种庄稼，远望似乎长势很旺，走近一看，原来没有什么籽实。农夫只知道他的田地已经整过，却不知道他的庄稼过于稀疏，密度不

够，只知道他的田地已经管过，却不知道他的庄稼在地里扎根不牢。杂草不除，土地就要荒芜；清除杂草，又会弄伤苗根，这是农事的大害。

所以田畦应该又宽又平，垄沟应该又小又深。这样庄稼下得水分，上得阳光，才能苗全苗壮。庄稼应在细软的土中萌发，而在坚实的土中生长。播种一定要小心，不要使它过密，也不要使它过稀。在覆土盖种方面，不要使土不足，也不要使土过厚。这件事要仔细去做，一定要在盖种的土上多下功夫。盖种的土要打得细碎，细碎了庄稼出苗就一定快；盖种的土要撒得均匀，均匀了庄稼扎根就一定牢。所以田畦又宽又平，就能使庄稼根部不受损害。禾苗生于田畦中，把田畦均分为五份。禾苗出土成行，所以迅速生长；秧苗小时互不妨害，所以发育很快。横行一定要恰当，纵行一定要端直。要使行列端正，和风通畅，一定注意疏通田地的中心，使田中到处吹到和风。禾苗幼小时以独生为宜，长起来以后应靠拢在一起，成熟时应互相依扶。所以禾苗三四株长成一簇，就能多打粮食。

耕种农作物的难处在于尽管不同时出苗，时令一到却要同时死去。所以早出土的结粒就好，后出土的长出的多是秕子。因此锄草育苗的时候，要安养早生的壮苗，去掉后生的弱苗。在肥沃的土地上种植，不要种得过稀而使庄稼疯长；在贫瘠的土地上种植，不要种得过密而使庄稼挤在一起。土地肥沃，庄稼又长势过旺，秕子就会结得多；土地贫瘠，庄稼又挤在一起，禾苗就会死得多。不会种田的人，他们间苗时，去掉早生的壮苗而留下后生的弱苗，结果收不到粮食而只能收些秕子。对禾苗和土地都处理不当，庄稼就会大量死亡。覆土过厚，萌芽就钻不出地面；覆土过薄，种子就会遭到闭锢而不能发芽。

垆土、埴土颜色发暗，这些刚硬的土地要使它软熟以后再种，要勤加翻耕以消灭宿草害虫，使农事活动进行得当。

审　时[1]

原　文

凡农之道，厚之为宝。斩木不时，不折必穗。稼就而不获，必遇天菑。夫稼，为之者人也，生之者地也，养之者天也。是以人稼之容足，耨之容耨，据之容手，此之谓耕道。

是以得时之禾，长稠长穗[2]，大本而茎杀，疏穖而穗大，其粟圆而薄糠，其米多沃而食之强，如此者不风。先时者，茎叶带芒以短衡，穗钜而芳夺，秮米而不香。后时者，茎叶带芒而末衡，穗阅而青零，多秕而不满。

得时之黍，芒茎而徼下，穗芒以长，抟米而薄糠，舂之易，而食之不噮而香，如此者不饴。先时者，大本而华，茎杀而不遂，叶藁短穗。后时者，

小茎而麻长，短穗而厚糠，小米钳而不香。

得时之稻，大本而茎葆，长稠疏穊。穗如马尾，大粒无芒，抟米而薄糠，舂之易而食之香，如此者不益。先时者，本大而茎叶格对，短稠短穗，多秕厚糠，薄米多芒。后时者，纤茎而不滋，厚糠多秕，庞辟米，不得恃定熟，卬天而死。

得时之麻，必芒以长，疏节而色阳，小本而茎坚，厚枲以均，后熟多荣，日夜分复生，如此者不蝗。

得时之菽，长茎而短足，其荚二七以为族，多枝数节，竞叶蕃实，大菽则圆，小菽则抟以芳，称之重，食之息以香，如此者不虫。先时者，必长以蔓，浮叶疏节，小荚不实。后时者，短茎疏节，本虚不实。

得时之麦，稠长而颈黑，二七以为行，而服薄糕而赤色，称之重，食之致香以息，使人肌泽且有力，如此者不蚼蛆。先时者，暑雨未至，胕动蚼蛆而多疾，其次羊以节。后时者，弱苗而穗苍狼，薄色而美芒。

是故得时之稼兴，失时之稼约。茎相若，称之，得时者重，粟之多。量粟相若而舂之，得时者多米。量米相若而食之，得时者忍饥。是故得时之稼，其臭香，其味甘，其气章，百日食之，耳目聪明，心意睿智，四卫变强，殉气不入，身无苛殃。黄帝曰："四时之不正也，正五谷而已矣。"

注　释

①**审时**：详察时令，适应天时。②**稠**：禾穗的总梗。

译　文

进行农事的原则，以笃守天时最为重要。伐木不顺应天时，木材不是折断就是弯曲。庄稼熟了不及时收获，一定会遭到天灾。庄稼，种它的是人，生它的是地，养它的是天。所以播种要使田间放得下脚，锄地要使田间伸得进锄，收摘要使田间插得进手，这叫作耕作之道。

因此种得适时的谷子，穗的总梗长，穗也长，根部发达，秸秆较矮，禾籽疏落，谷粒圆而皮薄，米有油性，吃着有嚼劲，这样的谷子，籽粒不因刮风而散落。种得过早的谷子，秸秆和叶子上布满细毛，穗子总梗短，穗子大但子房脱落，米容易变味，又没有香气。种得过迟的谷子，秸秆和叶子布满细毛，总梗短，谷穗尖而颜色发青，秕子多，籽粒不饱满。

种得适时的黍子，秸秆布满细毛，底部不出枝杈，米粒圆而外皮薄，舂起来容易，吃

起来香而不腻。这样的黍子，做出饭来不易变味。种得过早的黍子，根部发达，植株阔大，秸秆低矮而不顺畅，叶子肥厚，穗子短小。种得过晚的黍子，茎秆又细又小，穗子短，糠皮厚，米粒小而颜色发黑，又没有香气。

种得适时的稻子，根部发达，茎秆丛生，总梗长，禾籽稀，穗像马尾，籽粒大，稻芒少，米粒圆，糠皮薄，舂起来容易，吃起来香。这样的稻子，吃着好吃。种得过早的稻子，根部发达，秸秆和叶子挤在一起，总梗和穗短，秕子多，糠皮厚，籽粒少而稻芒多。种得过晚的稻子，秸秆细又不分蘖，糠皮厚，秕子多。籽粒不实，等不到成熟，就仰首朝天枯死。

种得适时的麻，必定带有细毛而且较长，茎节稀疏，色泽鲜亮，根部小但茎秆坚实，纤维又厚又均匀，成熟晚的开花多，到了秋分麻果累累，这样的麻不招蝗虫。

种得适时的豆子，分枝长而总秆短，豆荚二七成为一簇。分枝多，举节密，叶子繁茂，籽实盛多，大豆籽粒滚圆，小豆籽粒鼓胀，而且有香气，称起来重，吃起来有嚼头而且很香，这样的豆子不生虫。种得过早的豆子，一定长得过长而且爬蔓，叶子孱弱，茎节稀疏，豆荚小又不长粒。种得过晚的豆子，分枝短，茎节稀，根子弱，不长粒。

种得适时的小麦，总梗长，穗深绿，麦粒二七排成一行，麦壳薄，麦粒颜色发红，称起来重，吃起来特别香而且有嚼劲，使人肌肤润泽而且有力，这样的麦子不生蚼蛆。种得过早的麦子，夏雨没到就发生病虫害，麦粒又瘦又小。种得太晚的麦子，麦苗弱，穗发青，颜色暗，只是麦芒长得好。

所以种植适时的庄稼就兴旺高产，种植不适时的庄稼就衰弱低产。种法不同，茎秆数量相等，称一称，种植适时的分量重；脱了粒，种植适时的打粮多。同样多的粮食，舂出米来，种植适时的出米多。同样多的米，做出饭来，种植适时的吃了不容易饿。所以种植适时的庄稼，它的气味香，它的味道美，有嚼劲。吃上一百天，就能耳聪目明，心神清爽，四肢强健，邪气不入，不生灾病。黄帝说：“四时之气不正，只要使人吃的五谷纯正就可以了。”